齋藤元紀・澤田 直・渡名喜庸哲・西山雄二 編

終わりなきデリダ

ハイデガー、サルトル、レヴィナスとの対話

ジャック・デリダ
亀井大輔
宮﨑裕助
川口茂雄
峰尾公也
フランソワ・ヌーデルマン
翠川博之
藤本一勇
北見秀司
オリエッタ・オンブロージ
馬場智一
小手川正二郎
藤岡俊博
桐谷 慧
島田貴史
長坂真澄
松田智裕
吉松 覚

法政大学出版局

Jacques Derrida, “Une certaine possibilité impossible de dire l’événement”
in “*Dire l’événement, est-ce possible ? : Séminaire de Montréal, pour Jacques Derrida*”
de Jacques Derrida, Gad Soussana et Alexis Nouss
Collection Esthétiques

終わりなきデリダ——ハイデガー、サルトル、レヴィナスとの対話◉目次

第二部　デリダ×サルトル

第三部　デリダ×レヴィナス

凡例

一、本書で参照される以下の主要文献については共通の略号を用い、アラビア数字で原書の頁数／漢数字で日本語訳書の頁数を示す。たとえば、「DG 36／上・五二」は、『根源の彼方に――グラマトロジーについて』の原書三六頁、日本語訳書上巻五二頁を指示している。
二、これら以外の頻出文献については、各論考において個別に略号を設定する場合がある。
三、本書における引用は、日本語訳が示されている際にも、筆者が原文から訳出している場合がある。
四、引用および翻訳論文における〔　〕は引用者・訳者による補足を示す。

ジャック・デリダ（Jacques Derrida）

ED: *L'écriture et la différence*, Seuil, 1967.『エクリチュールと差異』合田正人・谷口博史訳、法政大学出版局、二〇一三年。

DG: *De la grammatologie*, Minuit, 1967.『根源の彼方に――グラマトロジーについて』全二巻、足立和浩訳、現代思潮新社、一九七二年。

PM: *Papier Machine*, Galilée, 2001.『パピエ・マシン』全二巻、中山元訳、ちくま学芸文庫、二〇〇五年。

AN: *L'animal que donc je suis*, Marie-Louise Mallet (éd.), Galilée, 2006.『動物を追う、ゆえに私は（動物で）ある』鵜飼哲訳、筑摩書房、二〇一四年。（『動物を追う』と略記。）

マルティン・ハイデガー（Martin Heidegger）

GM: *Die Grundbegriffe der Metaphysik. Welt-Endlichkeit-Einsamkeit*, in *Gesamtausgabe*, vol. 29/30. [hrsg. von Friedrich-Wilhelm von Herrmann, Vittorio Klostermann], 1983.『ハイデッガー全集　第29／30巻――形而上学の根本諸概念』川原栄峰、セヴェリン・ミュラー訳、創文社、一九九八年。（『根本諸概念』と略記。訳書の欄外に原書頁の記載があるため、日本語訳頁は割愛する。）

ジャン＝ポール・サルトル（Jean-Paul Sartre）

EN: *L'Être et le Néant, Gallimard*, collection Tel, 1976 [1943].『存在と無――現象学的存在論の試み』全三巻、松浪信三郎訳、ちくま学芸文庫、二〇〇七年。

エマニュエル・レヴィナス（Emmanuel Levinas）

TI: *Totalité et infini : essai sur l'extériorité*, Livre de poche, 1990 [1961].『全体性と無限』全二巻、熊野純彦訳、岩波文庫、二〇〇五―〇六年。

DL: *Difficile liberté*, Livre de poche, 2003 [1963].『困難な自由［増補版・定本全訳］』合田正人監訳、三浦直希訳、法政大学出版局、二〇〇八年。

終わりなきデリダ——ハイデガー、サルトル、レヴィナスとの対話

はじめに（西山雄二）

「脱構築」で知られるフランスの思想家ジャック・デリダ（一九三〇年生）は、数年間に及ぶ膵臓癌との闘病の末、二〇〇四年一〇月九日に七四年の生涯を閉じた。デリダが没してからも数多くの著作や関連書籍が刊行され続けており、没後一〇年後の二〇一四年には世界各地（フランス、アメリカ合衆国、ポルトガル、ブラジル、日本、中国など）で国際会議が開催された。

日本では、鵜飼哲らが発起人となって「脱構築研究会」が二〇一三年に発足した。デリダから派生した脱構築に関係する思想家の研究ネットワークを形成することが研究会の目的である。本論集は、脱構築研究会がデリダ没後一〇年の機会に他の研究会との合同で実施した二つのワークショップをもとにして編まれている。

一つ目は、ハイデガー研究会とレヴィナス研究会との共催で開催されたワークショップ「デリダ×ハイデガー×レヴィナス」（二〇一四年一〇月一一日、早稲田大学）である。一九六四年、若きデリダは高等師範学校にて講義「ハイデガー——存在の問いと歴史」を実施し、レヴィナス論「暴力と形而上学」を発表し、彼らとの哲学的対話を深化させていたが、その五〇年後の節目でもあった。後にデリダが発展させていくハイデガー論の主題群の萌芽が散りばめられた「ハイデガー」講義（Jacques Derrida, *Heidegger: la question de l'Être et l'histoire: cours de l'École normale supérieure, 1964-1965*, dir. Thomas Dutoit, Galiée, 2013）は、両者の関係を再検討する上で不可欠な文献で、本書では亀井論文が言語の問題に論及している。また、レヴィナス倫理学の脱構築的読解においてデリダが示した暴力の主題は根本的なもので、本書でも小手川論文が今日的な再解釈を加えている。

二つ目は、日本サルトル学会との共催でおこなわれたワークショップ「サルトル／デリダ」（二〇一四年一二月六日、立教大学）である。本書で西山と澤田の論考が示しているように、デリダは若い頃、少なくともアルジェリアの高校時代から一九五二年に高等師範学校に入学するまで、サルトルの文学と哲学に深い影響を受け、実存主義の熱気の渦中にいた。しかし、巻末の参考文献リストからわかるように、デリダとサルトルに関する先行研究は少ない。両者を比較するワークショップが実施され、これだけの分量の論考がまとまって収録されていることはデリダ研究としては貴重である。

ワークショップが盛会に終わった後、本論集の企画が進められ、各研究会・学会から一名ずつが共編者となって準備がおこなわれた。中堅研究者が主導する小規模な研究共同体が互いに連携して共同研究をおこない、論集の形で成果を刊行できることは大変喜ばしいことである。

本書の目的は、デリダと二〇世紀の思想家（ハイデガー、サルトル、レヴィナス）との対話を明らかにし、その思想的な意義を解明することである。四者は現象学の研鑽を積んでいる点で共通しているが、それぞれが後に、存在論、実存主義、倫理学、脱構築といった独自の思想を展開し、哲学史に計り知れないほどの知的遺産を残した。彼らの思想的交流からは、二〇世紀のヨーロッパ哲学（とりわけフランスとドイツ）の背骨ともいえる重要な歴史的文脈が浮き彫りになるだろう。

本書の構成として、まず、冒頭に、デリダのテクスト「出来事を語ることのある種の不可能な可能性」の翻訳を配した。一九九七年にカナダ・モントリオールで実施された講演録で、「出来事を語ることは可能か」という問いが「贈与」や「赦し」の事例とともに展開されていく。ハイデガーやレヴィナスへの参照もあり、デリダの脱構築思想のエッセンスをわかりやすく伝えているテクストなので、読者には有益な導入となるだろう。

それ以後は三部構成になっており、「デリダ×ハイデガー」「デリダ×サルトル」「デリダ×レヴィナス」の各部に論考と翻訳が置かれている。その概要に関しては、各部の冒頭に編者らが導入文を執筆しているので、そちらを参照されたい。

巻末には参考文献リストを収めた。ハイデガー、サルトル、レヴィナスに関するデリダの一次文献が解題付きで列挙され、研究資料が網羅的に掲載されている。今後のデリダ研究を担っていく若手研究者らによる力作である。没後一〇年を経てデリダ研究は著しく進展しているが、この参考文献リストはその見取り図を示す貴重な日本語版資料である。

本書では、デリダと他の思想家との脱構築的な対話をめぐって、現前性、暴力、他者、実存主義、文学、弁証法、ユダヤ性、贈与といった主題群が最新の研究を踏まえて考察される。比較研究のアプローチにおいて当然のことだが、各論考が目指すのは、デリダと他の思想家を比べて互いの優劣を評定することではない。思想家たちが共有した哲学的な問いの射程を、彼らの思索の相違点や類似点を踏まえつつ深く描き出し、今日に生きる私たちにも通底する問いとして練り上げ直すことが重要である。

本書ではさまざまな主題が扱われているが、全体の統一感をもたせるために、動物の問いに関する論考を各部に配し、デリダの動物論をめぐる三人の思想家との対話に焦点を当てている。デリダの思索において動物の形象や問題系は初期からいたるところに現れているが、とりわけ晩年には動物の問いを主題的に論じる著作が刊行された。一九九七年の講演をもとに編まれた『動物を追う、ゆえに私は〈動物で〉ある』（マリ＝ルイーズ・マレ編、鵜飼哲訳、筑摩書房、二〇一四年）、二〇〇一〜〇三年に社会科学高等研究院で実施された最後のセミネール『獣

と主権者』（第一巻、西山雄二・郷原佳以・亀井大輔・佐藤朋子訳、白水社、二〇一四年／第二巻、西山雄二・亀井大輔・荒金直人・佐藤嘉幸訳、白水社、二〇一六年）である。

たとえば『グラマトロジーについて』におけるレヴィ＝ストロース批判が物語っているように、デリダは早い時期から自然／文化の形而上学的な二分法を問いに付し、両者の脱構築的な読解を試みてきた。自然／文化の境界の問いはまさに動物の問いに深く関わる。西欧の伝統的な規定によれば、人間はたしかに動物ではあるものの、しかし、理性と言語を備えている点で動物一般とは区別される。逆に言えば、動物に対して明瞭な境界線を引くことで、人間の固有性が確保されるのである。動物を二次的で周縁的な存在とみなすことで人間の優位性を確立することは、政治的な暴力の発端でもあり、生きもの一般に対して人間は支配や統御の権能をもつようになる。デリダは、西洋において理性と言語に絶対的な特権を認める男性中心主義的な象徴的構造のことを「ファロス－ロゴス中心主義」と呼んで批判を加えてきたが、晩年の動物論ではさらに、動物の肉食供犠という支配構造を踏まえて、「肉食－ファロス－ロゴス中心主義」と名づけていたのだった。こうした動物の問いは、デリダの脱構築的思想の重要なモティーフ、たとえば、暴力の制定と正当化による供犠の構造、他者への応答可能性＝責任、動物に対する人間の主権性、自らに固有な死の経験の可能性／不可能性の区別、生きものの世界経験の相違などと深く関連しているのである。

本書では、宮﨑論文がデリダの動物論の概略を的確に描き出しながら、ハイデガーの『形而上学の根本諸概念』における動物論との比較検討を加えている。齋藤論文では、『形而上学の根本諸概念』における退屈論と動物論の連関が「哲学知」や「ロゴス」にあることが指摘され、ロゴスの根源的な隠蔽性を克服する可能性として世界貧乏的な動物の立場が肯定される。ヌーデルマン論文では、サルトルの犬とデリダの猫という独創的な比較を通じて、両者の動物の思想の絡み合いがまなざしの現象学や世界の偶然性といった主題とともに浮き彫りになる。デリダはレヴィナスが収容所で出会った犬に主観性を認めず、動物には〈顔〉がないとする点でその人間中心主義を批判しているが、オンブロージ論文は、デリダが言及している犬だけにとどまらないレヴィナスの動物誌（らくだ、ライオン、ロバ、雄鶏、コウモリなど）を解釈することで積極的な応答を試みている。

デリダが提唱した脱構築はたんなる構築でも破壊でもなく、政治的・歴史的・文化的な秩序のなかに潜む形而上学的な階層秩序を暴き出し、抑圧され否認され排除された他者へと応答する試みである。デリダがさまざまなテクストに脱構築的な読解をほどこしたとしても、それは当のテクストが孕む矛盾や断層、余白によってテクスト自身に別の仕方で語らせるためである。デリダ自身はそれゆえ、「忠実でありながら不忠実な遺産相続者」「保守主義から解放されたいと願う伝統愛好者」の立場を貫いてきたと何度か語っている。デリダにとって「遺産相続」とは、遺産をありのままの形で継承することではなく、新たな出来事が到来するように遺産を肯定し直すことである。生ける哲学は哲学の伝統との対話が不可避であるが、ハイデガー、サルトル、レヴィナスに対するデリダの遺産相続の所作から脱構築的な対話の特異性をうかがい知ることができるだろう。

デリダの没後から一〇年以上が経ったとはいえ、全四三巻にも上るという講義録をはじめとして、彼の著作の刊行は続いている。デリダとハイデガー、サルトル、レヴィナスの思想的布置を論じた本書が今後のデリダ読解にとって有益な一書となることを願っている。

本書の刊行に関しては、法政大学出版局に引き受けていただき、編集部の高橋浩貴氏に大変お世話になった。的確かつ迅速な編集作業によって、本書が刊行される運びとなったことに心から謝意を表明する次第である。

二〇一六年一〇月一二日　編者を代表して

出来事を語ることのある種の不可能な可能性

ジャック・デリダ（西山雄二・亀井大輔 訳）

［〔ガッド・スサナによる〕「夜に由来する出来事について」の朗読とともにセミネールの第一幕が終了］

ありがとうございます。ご安心ください、私がいまから述べることはガッド・スサナの素晴らしい講演に比べてはるかに貧弱で、無防備なものでしょう。ただたどしく何か言う前に、すでに表明された感謝に同意し、フィリス・ランバート[1]に、招聘し迎え入れてくださった全員に、私がこのように賜わった歓待にどれほど感謝しているのかを述べたいと思います。私たちのあいだで取り決めたのはごくわずかなことだけですが、いずれにせよ、私はガッド・スサナのあとに何かしら述べ、次にアレクシス・ヌースに発言してもらい、その次に私がその発言をもう少し長い形で引き取るということです。私はごく簡単に述べることで、この一回目の発言時間の約束を果たしたいと思います。

まず指摘しておくべきこととして、出来事は、驚き、露呈、予期しえぬものを前提としています。私たちのあいだで少なくとも合意していたのは、この会議や討論の議題は私のまわりにいる友人たちによって選び取られるということです。これもこの機会にお伝えしますと、私がこのように無防備に身をさらすことを受け入れねばならないと考えたのは、友情によるもので、私のまわりの人々だけでなく、ケベックの友人たちの友情によるものです。私が長いあいだお会いしていなかった人々がこの会場に来ていますので、その方々にご挨拶します。私はかなりの程度まで即興でおこなわれるこの公開会議が、こうして友情という出来事のしるしのもとに銘記されることを願います。もちろん友情を前提とするものは、驚きと予期しえぬものをも前提としています。すでに了解済みのように、この会議の題名はガッド・スサナとアレクシス・ヌースによって選び取られ、私はそこでどうにかこうにか、応答ではなく即興の考察を披露しようと試みます。明らかなように、もし出来事があるとすれば、それはけっして予言されてはならず、プログラムされてはならず、真に決定されてもなりません。

述べているのは一緒に話をするためのたんなる口実であり、もしかすると無駄話に終わるかもしれませんが、他者に話すため、他者に言葉を差し向けるための口実です。とはいえ、話す内容よりも、他者に向けて話すということの方が重要です。問いを構成し、会議のタイトルをつくる「出来事を語ることは可能か？（Dire l'événement, est-ce possible ?）」という文はひとつの問いです。この文は問いの形式をしています。これは五つないし六つの語からなるひとつの問いです。出来事（événement）というひとつの名詞があり、「語ること（dire）」と「〔である〕か（est-ce que）」というふたつの動詞があります。「〔である〕か（est-ce）」はいかなる動詞でもよいわけではなく、いかなる叙法でもよいわけではありません。次に、「可能（possible）」というひとつの形容詞があります。「可能か？（est-ce possible ?）」。私の第一の懸案は、これらの言葉のうちのどれに力点を置くかという問いに関わりました。言葉にならない出来事があるのかどうかを自問する前から——ガッド・スサナはリルケに関する素晴らしい考察のなかでこの主題について多くのことを述べました——、したがって、私の条件を定義づける「到来した最初の言葉とともにつくられる、技巧のない言説」のなかでこのことを自問する前から、私は、この文——そのなかからどれかに問いをしぼらねばなりませんでした——の第一の事柄は、まさに問いなのではないか、と自問していました。まさに問いが、この文の問いかける様態が問題だという理由からです。いまは手短かにお話しします。ひとつかふたつの道を切り開くだけにして、アレクシス・ヌースが話をしたあとでこのことに取り組むことにします。

「出来事を語ることは可能か?」というこの文にはふたつの方向性があります。私はこの疑問符を、ふたつの可能性の入口に見てとります。一方では哲学の可能性です。私たちは建築にささげられた場所〔カナダ建築センター〕にいるわけですが、みなさんはずっと以前から建築、建築学、哲学のあいだにある類似性がいかなるものかをご存じでしょう。問いというものは、おそらくずっと以前から、長きにわたって哲学的態度そのものとして規定されてきました。「出来事を語ることは可能か?」というような問いは私たちを真に哲学的態度のなかに住まわせます。私たちは哲学者として話します。専門的な哲学者であろうとなかろうと、ただ哲学者だけがこのような問いを提起することができます、誰かがそのことに注意を払ってくれることを願いながら。

「出来事を語ることは可能か?」。さて、この問いに対して、私が答えたいのはまったく端的に「ウイ」です。出来事に「ウイ」、出来事を語ることが可能であることに「ウイ」ではありません。まず初めに、私は感謝のしるしとしてみなさんに「ウイ」と述べたいと思います。哲学それ自身はつねに問いの技法、経験、歴史として考えられてきました。哲学者たちは、何についても意見が一致しなくても、結局は次のように述べます。「ウイ、でも結局のところ私たちは問いを提起する人間です。少なくともこの点については同意しましょう。私たちは問いの機会を守りたいのです」。このことはプラトンとともに始まり、まさにある時期のハイデガーまで続きました。しかし、現代でも、問いよりも前に――ここで「前に」とは時間の順序ではなく、時間よりも前の「前に」です――したがって問いよりも前に、何らかの「ウイ」の、何らかの承諾の可能性であるような可能性がある、と考えたひともいます。ハイデガーはかなり晩年のある日、彼なりの仕方で、こう述べました。問うこと（*Fragen*）や問い（*Frage*）が思考の敬虔さ（*Frömmigkeit des Denkens*）であると前もって言ったのであれば、矛盾することなく、問いの「前」に承諾（*Zusage*）と呼ぶものがあると言わねばならない、と。(2) 一種の合意、肯定です。

それは問いに抵抗する独断的な肯定＝断言ではありません。そうではなくて、問いが提起されるための、問いが誰かに差し向けられるための、私がみなさんに語りかけるための「ウイ」です。なぜなら、実のところ私が述べたように、私がここにいるのは、たとえ無駄話に終わるとしても、みなさんに話しかけ、みなさんに言葉を差し向けるためだからです。問いを差し向けるためでさえ、誰かに向かうときには、問いよりも前に承諾がなければなりません。すなわち、「私はきみに話します、ウイ、ウイ、ようこそ、私はきみに話します、私はここにいますよ、きみはここにいますね、やあ！」。この問いよりも前の――論理的でも時間の順序でもない「前」です――「ウイ」は、問いそれ自身に宿っています。この「ウイ」は問いかけではありません。

したがって問いの中心には何らかの「ウイ」、～への「ウイ」、他者への「ウイ」があります。他者はおそらく、出来事への「ウイ」、言い換えれば、やって来るもの、来るがままにさせるものへの「ウイ」と無関係ではありません。出来事とは、やって来るもの、到来するものでもあります。やって来るもの、到来するものとしての出来事について、今日はのちにたくさん論じることになるでしょう。出来事への「ウイ」、あるいは他者への「ウイ」が、他者としての、他者からやって来るものとしての出来事への「ウイ」があります。このことについて、まさにこのようなことが語られているのか、この「ウイ」が語られているのかどうか、と問うこともできます。そこで、この根源的な「ウイ」について語った人々のなかに、レヴィナスとローゼンツヴァイクがいます。

ローゼンツヴァイクは、「ウイ」は原‐根源的な語（un mot archi-originaire）である、と述べました。「ウイ」が発せられなくても、何らかの「ウイ」があります。すべての文のなかで聞き取られるべき沈黙の、言葉にならない「ウイ」があります。ひとつの文は「ウイ」と述べることからはじまります。最も否定的な、最も批判的な、最も破壊的な文章でさえ、この「ウイ」を含んでいます。私は「出来事を語ることは可能か？」の疑問符を、この「ウイ」に、さらにはこの「ウイ」の好機もしくは脅威に吊るしておこうと思います。最初の「ウイ」と次のもうひとつの「ウイ」。今晩ここで自分のことを話そうとは思いませんが、私は、あのハイデガーのZusage〔承諾〕

に非常に興味を持ち、解釈を試みてきました。私はこの「ウイ」の問いに、ある意味で「ノン」よりも前の「ウイ」の問いに深くかかわってきました。もうひとつの「〜へのウイ」について語るために、私はもうひとつの参照をします。私は「〜へのウイ」が、あなた〔ガッド・スサナ〕も話題にしたレヴィナスの側で反響するのを聞きます。私がレヴィナスを参照するのは、あなたが述べたことに呼応するためでもあります。レヴィナスは、私は性急に進めることを余儀なくされていますが——私たちは定義上、性急に進めます。そのうえ出来事はとても性急に進むものです。出来事があるのは、それが待ってくれないとき、もはや人々が待つことができないとき、到来するものの来着が待つことを中断するときだけです。それゆえ、性急に進めねばなりません——、レヴィナスは長いあいだ、倫理の起源を、ほとんど双極＝決闘的な状況における他者との対面と定義してきました。

　あなたは先ほど、ヘーゲルの非常に美しい一文(3)についてお話しされました。他者が私を見ているのを私が見ているときに交差する眼差しの深淵に言及するものです。他者の眼はもはや眼に見える眼であるだけでなく、見ている眼でもあり、他者の見ている眼は私には見えません。レヴィナスは倫理との関係を、他者との対面と定義していますが、次に彼は、他者との対面という倫理的な決闘のなかに、第三者がいたということを認めねばなりませんでした。第三者とは、誰か、三番目の者、*terstis*〔証言者〕(4)、決闘に加わりに来る目撃者ではありません。第三者はつねにすでに決闘のなかに、対面のなかにいます。レヴィナスは、この第三者、この第三者がつねにすでに到来しやって来ていることが、問いの起源あるいはむしろ問いの誕生であると述べています。正義への呼びかけが問いとして現われるのはまさに第三者とともになのです。第三者とは、対面において私を問いにかける者であり、第三者によって私は、もし私が他者の他者である第三者を考慮にいれなければ、突如として対面としての倫理は不正義になる恐れがある、と感じさせられます。問い、問いの誕生は、レヴィナスによれば正義のなかで私を問いに付すものとまさに一体であり、他者への「ウイ」は正義としての問いの誕生に含まれます。まもなく、私たちは出来事について語り直し、そして出来事について語ることが可能かどうかと自問しますが、そのとき、この第三者と正義の問いの言及が不在ではないことを私は望みます。ところで私は、この「出来事を語ることは可能か?」という文において何に力点を置くべきかと自問していました。私がここまで述べたのはいずれかの語についてではなく、ただ疑問符についてのみ、文の様態についてのみです。それは問いです。問いとは何を意味するのでしょうか。問いと「ウイ」のあいだにはどんな関係があるのでしょうか。しかし、私がこの文についてもっと語るべきだとすれば、つまり疑問符の宙吊り状態を強調するだけで満足すべきでないとすれば、この文のなかからひとつの語を選ばねばなりません。五つないし六つの語があると言いました。冠詞をのぞけば、ひとつの名詞、ふたつの動詞、ひとつの形容詞です。

あなたが力強く強調したように、ある問いが誰かに差し向けられるときにはいつも、問いへの答えがすで問いの形式そのもののなかに仄めかされている恐れがあります。この意味での問いの暴力が生じるのは、問いが前もって押しつけ、問いが可能な答えを前もって課す場合です。正義が含意するのは、問いを提起されたひとが問いを逆に向けて、他者に次のように尋ねるということです。「きみは何を言いたいのか? 答える前に、きみが何を言いたいのか、きみの問いが何を言いたいのかを知っておきたい」。このことが前提とするのは、ひとはひとつ以上の文をつくり、問いを枠にはめているということです。おわかりのように、ここでの私の即興での発言は、それぞれの発表を準備した友人たちによって強力に枠をはめられています。「きみは何を言いたいの?」、私が彼らに尋ねるのは、結局のところ、このことです。

「彼らは何を言いたいのか?」、このことについて語るために、彼らは私をここに連れてきたわけです。そして私は、そのなかで私がおこなうつもりのことを告げます。もちろんこのすべての語に関心を寄せるつもりですが、私はあとで再び発言するとき、「可能」という語に最も強い強調点を置くことを選びました。このことはすぐに再論することにします。というわけで、「語ること」、「出来事」、「〔である〕か」について、しかしとりわけ「可能」について、再び論じることになるでしょう。私は「可能(possible)」を性急に「不可能(impossible)」に転じたいと思います。私がもうすぐ述べ、示そうとするつもりなのは、次のことです。すなわち、いかなる点において不可能性は、出来事を語ることのある種の不可能性は、あるいは出来事を語ることのある種の不可能な可能性は、「語ること」の意味するもの、「出来事」の意味するものだけでなく、哲学の歴史において可能の意味するものをも、別様に考えるよう私たちに強いるのか、ということです。言いかえれば、この文における「可能」という語を私はなぜ、どのように理解するのか、を説明しようとするつもりです。この文において、この「可能な」ものは、たんに「不可能な」もの「と異なる」とか、それ「と対立する」ものではありません。なぜここで「可能な」ものと「不可能な」ものは同じことを意味するのでしょうか。しかしいまはもう少し待っていただくことにして、まもなくこの説明を試みるつもりです。

［アレクシス・ヌースによって「声なき言葉」の講演がおこなわれ、セミネールの質疑の二回目が開幕］

こう述べて、みなさんを驚かせるつもりはないのですが、やはり私を怖じ気づかせるほど素晴らしいもうひとつの講演のあとで、私は自分がとても無防備であると感じています。私に残された時間のなかで、私が最後に語る者であってはなりません。これは「セミネール」とも呼ばれます。つまり私たちは、いわゆる「対話的《インタラクティヴ》」であるために、質問のための時間を確保しなければなりません。あらゆることが語られましたが、お許しいただけるなら、私は追伸の時間のなかで何かしらのことを付け加えたいと思います。私はあなた［アレクシス・ヌース］が述べたことにとても感謝しています。ここで発せられた幾人かの名前は、語ることと出来事についての考察を見守っているに違いありません。私はリルケのあとに、ツェランや、故人となった、あるいは存命中の私の友人たちの何人か、ドゥルーズ、バルト、サラ＝コフマンのことも思い浮かべます。あなたが彼らの名前を挙げられたことにいたく感動しました。ブランショについても同様です。

さて、私に先立つ人々によって見事に練り上げられた問いへと急ごうとするために、味気ない即興の発言に戻ることをお許しください。私は「出来事を語ることは可能か?」という問いのあとに開かれるべき複数の方向性があると言いました。私は問いそのもの、疑問符、問いかける様態についてお話ししました。今度は、「語ること(dire)」が出来事に関して何を意味しうるか、ということについて話したいと思います。出来事に関して、語ることを規定する少なくとも二つの方法があります。少なくとも二つです。語ることは、話すこと——声なき言葉はあるのでしょうか、また語りなき言葉、言葉なき語りはあるのでしょうか——、言明すること、参照すること、名づけること、記述すること、知るために与えること、知らせること、を意味することができます。実際、語ることの最初の様態ないし規定は、知について語ること、つまり、存在するものを語ることです。出来事を語ることは、到来するものを語ること、現在あるもの、現在起きていることを語ろうとすること、したがって存在するもの、やって来るもの、到来するもの、起きていることを語ろうとすることでもあります。それは知や情報、何かについて何かを語る陳述に近い形の語りです。次に、語ることによって行為する語り、行為し、働く語りがあります。今朝、私はテレビを見ていましたが——テレビについて、情報についてお話しするつもりです。なぜならこれは情報についての、情報としての知についての問いでもあるからです——、〔テレビで〕ケベックの一連の報道を見ていたら、たまたまルネ・レヴェック(5)についての短い場面、記録資料、概要に出くわしました。そこではルネ・レヴェックの台頭、彼の行動と相対的な失敗、そうした失敗の前後に起こったことが見られました。ジャーナリストあるいはこの番組を放映した人物による言い方は次のようでした——「ルネ・レヴェックは出来事を起こしたあと、その出来事についてコメントしなければならなかった」。彼は引退したとき、出来事について語りました。以前なら彼がとりわけ自分の発言によって出来事を起こしたわけですが。みなさんご存知のように(私はみなさんに事実確認的なものと行為遂行的なものについての講義をおこないたくありませんが)、事実確認的と呼ばれる発言があります。それは理論的で、存在するものを語ること、存在するものを記述し、確認することです。また、行為遂行的と呼ばれる発言があり、それは話すことによって行為します。たとえば約束するとき、私は出来事を語るわけではありません。私は誓いによって出来事をつくるのです。私は約束し、語ります。私は「ウイ」と言います、先ほどは「ウイ」から始めました。「ウイ」は行為遂行的です。行為遂行的なものが話題になるときにいつも引用されるのは結婚の例です。「あなたはXを夫に、妻にしますか……?――ウイ」。この「ウイ」は出来事を語ってはいませんが、出来事をつくり、出来事を構成します。それは〈出来事‐発言〉、〈出来事‐語ること〉です。

ここには大きなふたつの古典的な方向性があります。たとえ(私の場合のように)いまや標準となっていることの対立に最後まで同意するわけではないとしても、ともかく最初の段階では、私たちが扱うべきもろもろの問いを少し整理しようとするために、この対立を信用することができます。まず、知の、確認の、情報の機能をもった語りを取り上げましょう。

出来事を語ることは、存在するものを語ること、したがって自らを呈示するがままの事象、起こったがままの歴史的出来事を語ることです。それは情報の問いです。先ほどあなたがとてもうまく示唆し、証明さえしたように、知や情報の言明としてのこの出来事について語ること、記述といういわば認知的な語り、このような出来事について語ることは、ある意味でつねに問題含みです。なぜなら、語ることの構造のおかげで、語ることは出来事のあとからやって来るからです。他方で、語ることとして、したがって言語構造として、語ることはある種の一般性に、ある種の反復可能性に、ある種の繰り返し可能性に捧げられているという事実ゆえに、語ることはつねに出来事の特異性を欠いています。出来事の特徴のひとつは、ただ予見不可能なもの、歴史の通常の流れを切り裂きに来るものとしてやって来るだけではなく、絶対的に特異なものでもあるということです。ところで、出来事について語ること、出来事に関する知について語ることは、あとからやって来るという、そして一般性のなかで特異性を失うという端的な事実ゆえに、ある意味でア・プリオリに、最初から、出来事の特異性を欠いています。しかし、それでもなお政治的な諸次元に注意を払おうとすれば、もっと重大なことがあります。情報という形で出来事について語ることが話題になるとき、あなた方はどちらも非常に重大な仕方でこのことを指摘しました。出来事について語ることに関して頭に浮かぶ最初のイメージは、長いあいだ、しかしとりわけ近代に、もろもろの出来事の報告として拡散してきたもの、すなわち情報です。テレビ、ラジオ、新聞は、出来事を私たちに伝え、起こったこと、起こっている最中のことを私たちに語ります。情報機器、出来事を語ることに適した機器の並外れた進歩は、出来事に関する発言力、情報発言力をある意味で増大させている、という印象を受けます。

ところで、一言指摘しておくと——明白なことですが——、この出来事について語ると称するもの、さらにはこの出来事の呈示は、けっしてもとから出来事にぴったり合っているわけではなく、けっしてア・プリオリに信頼できるものではありません。

出来事を無媒介に語り、無媒介に示す能力が発達するにつれ、語ることと示すことの技術は介入し、解釈し、選択し、選別しており、その結果、出来事がつくられるのだ、ということが知られています。今日、起こっていること、湾岸戦争のなかで生じたことを「生放送《ライブ》で」、直接私たちに示すと称されるとき、知られているように、言説と映像がどれほど直接的で、表向きは無媒介であるとしても、映像の捕捉、投影、検閲の極度に洗練された技術によって、それらを一瞬で枠に入れ、選択し、解釈することができ、私たちに直接示されるものがすでに、出来事を語ることや示すことではなく、出来事の生産であるように仕向けることができます。解釈は端的に言明し、示し、教えると称するのですが、解釈が語る内容を解釈がつくるのです。実際、解釈は生産します。それはすでにある意味で行為遂行的です。当然ながら語られず、告げられず、表明されない形で、出来事について語ること、出来事について語るために出来事をつくるような語りが流通しています。このことから私たちに求められる政治的警戒は、もちろん、出来事をつくり、解釈し、生産するにもかかわらず出来事を語ると称しているすべての機構について批判的認識を組織することです。

この〈出来事－語ること〉のあらゆる様態に対するこの批判的警戒は、たんにスタジオのなかで作動する技術にのみ向けられるべきではありません。スタジオでは、知られるように二五台のカメラがあり、一瞬で映像を枠に入れ、あるものより別のものを捉えるようジャーナリストに求めます。私たちの警戒は、それだけではなく、莫大な情報機器やテレビチャンネルの占有機構にも向けられるべきです。

こうした占有は国家的なものに限りません。占有は国際的、超国家的であり、こうして出来事について語ることを支配し、さまざまな場にその権力を集中します。そうした場を今度は私たちが分析し、さらには異議を唱え、変革することを学ぶべきです。そこにはこの語ることに関する莫大な分析と批判の領域があります。それはたんに出来事を言明し、記述し、報告するだけと称しているにもかかわらず、出来事をつくっています。出来事をつくることが出来事を語ることにひそかに取って代わるのです。このことは私たちに、もちろん、出来事を語ることのあのもうひとつの次元についての手がかりをもたらします。すなわち、出来事は、固有に行為遂行的なものとして自らを告げるのです。話すこととは、何かを知らせ、報告し、詳述し、記述し、事実確認するのではなく、発言によって何かを到来させることであるような、そうしたあらゆる様式の言葉。それについて数多くの例を挙げることができるでしょう。了解済みですが、私たちは討議すべきなので、あまりに長いあいだ発言を続けたくありません。私は、こうした出来事をつくり、到来させるような出来事を語ることについての可能な分析のため、いくつかの目印を指摘するだけにとどめるつもりです。出来事を語ることは、この可能性のなかに宿る不可能性にあります。

例を三つか四つ挙げましょう。告白の例を挙げましょう。告白は、たんに起こったことを語ることではありません。たとえば私が犯罪を犯したならば、警察に「私は犯罪を犯した」と述べるという事実は、それ自体では告白をなしません。これが告白になるのは、知らせるという働きを越えたところで、私が有罪であることを認めるときです。言いかえれば、告白のなかには、たんに起こったことを知らせるということはありません。私は自分が有罪であることを表明せずとも、誰かに過ちをとてもうまく通知することができます。告白のなかには、知らせることとは異なる何か、出来事についての事実確認的ないし認知的な語りとは異なる何かがあります。私の他人との関係に変化があるのです。そこで私は自分が有罪であることを示し、「私は有罪だ、私はきみにただこのことを教えるだけではなく、私がこのことについて有罪であることを表明する」と述べます。

聖アウグスティヌスは『告白』〔第一一巻第一章〕において、神に「なぜあなたはすべてを知っているのか、私はまだあなたに私のことを告白すべきなのか。あなたは私の過ちのすべてを知っている、あなたは全知だ」とたずねました。言いかえれば、告白、告解とは、神の知っていることを神に教えることではありません。それは神に私の罪を通知する知の言明ではありません。重要なのは、告白において、私の他人との関係を変化させること、自分の罪責性を告白することで私自身を変化させることです。言いかえれば、告白のなかにあるのは、変化を生み出し、もうひとつの出来事を生み出し、たんに知について語ることではないような、出来事や起こったことについての語りなのです。〈出来事－語ること〉がこうした情報、知、認知の次元からはみだすたびに、この〈出来事－語ること〉は夜に巻き込まれます――あなたは夜についてたくさんお話しされました――、非－知の夜、たんに無知ではないが、もはや知の秩序には属さない秩序にある何ものかの夜に。非－知は欠陥ではなく、たんに蒙昧主義、無知、非科学ではありません。それはただ知とは異質なものなのです。〈出来事－語ること〉、知を越えて出来事をつくる語ること。このような語ることは、しかじかの出来事が起こる可能性がついに不可能なものとして自らを告げる、そうしたたくさんの経験のなかに見られます。

いくつかの例を挙げましょう。出版されたいくつかのテクストで私が注目したものもあれば、そうでないものもあります。贈与の例を挙げます。贈与は出来事であるべきです。贈与は他者からやって来る、あるいは他者へとやって来る驚きのように到来すべきです。それは交換のエコノミー的循環をはみ出すべきです。贈与が可能であるためには、贈与の出来事が可能であるためには、ある意味で贈与は不可能なものとして自らを告げる必要があります。なぜでしょうか。私が他者に感謝として、交換として与えるなら、贈与は生じません。他方で、他者が私に感謝したり、私の贈与を認めたり、何らかの仕方で、象徴的ないし物質的ないし物理的に、交換として私に何かを返してくれることを私が他者に期待するなら、これまた贈与はありません。たとえ感謝が純粋に象徴的なものであるとしても、感謝は贈与を無効にします。贈与は感謝の彼方にある必要があります。ある意味で他者は、私が他者に受け取られるべく何かを与えていることを知らない必要さえあります。なぜなら他者が知ったとたん、感謝と恩恵の循環のなかにいることになり、贈与を無効にするからです。同じく、究極的には、自分が与えていることを私自身も知らないことが必要です。私が与えていることを知っていたら、「ほら、私は与えている、私はプレゼントをしている」と自分に言うなら——プレゼント〔現在、現前者〕と出来事のあいだにある結びつきはご存じですね——、私はプレゼントをしています。私が贈与者として自分に現われるなら、すでに自分自身をほめているなら、自分に感謝するなら、自分自身に贈与を恩恵として与えるなら、その結果、贈与の端的な意識は贈与を失効します。贈与が即座に失効されるには、贈与が他者への、あるいは自分自身への贈与として現われること、受贈者にであれ、贈与者にであれ、それとして現われることで十分でしょう。これが意味するのは、性急に言えば、贈与としての贈与が可能であるのは、それが不可能にみえるときだけだ、ということです。贈与が生じるためには、贈与はそれとして現われないことが必要なのです。しかし贈与が生じているかどうかはけっしてわからないでしょう。満足のいく認識基準でもって「しかじかの贈与が生じた」とか、「私は与えた」「私は受け取った」などと言うことは誰にもけっしてできないでしょう。したがって贈与は、それがあるとすれば、それが可能であるとすれば、不可能なものとして現われねばなりません。その結果、与えることは不可能なことをおこなうこととなるのです。贈与の出来事は語られえません。語られるやいなや、それは破壊されます。言いかえれば、出来事の可能性の尺度はその不可能性によって与えられます。贈与は不可能です、不可能なものとしてしか可能ではありえません。交換を、歴史の流れを、エコノミーの循環を中断する贈与よりも出来事的な出来事はありません。現われもせず、自らを現わしもしない贈与の可能性はありません。それは不可能なものそのものです。

贈与（don）にとても近しい語、赦し（pardon）をとりあげましょう。赦しもまたひとつの贈与です。私がただ赦しうるものだけを赦すなら、私は何も赦していません。誰かが過ちを、侮辱を、〔アレクシス・ヌースが〕先ほど言及した忌まわしい犯罪――〔ユダヤ人大虐殺のための〕強制収容所――のひとつをおこない、尺度を越えた犯罪がなされた。私はこれを赦すことができません。赦されるほど軽い、すなわち大目にみてもらえる、赦しうる、軽度な過ちにすぎないもの、測定された、測定されうる、規定され制限された過ちにすぎないものを私が赦すなら、そのとき、私は何も赦していません。赦しうるものだから、赦すのが容易だからという理由で私が赦すなら、私は赦していません。したがって、もし私が赦すとするなら、赦しえないものがあるときにしか赦すことができないのです。赦すことが可能でないときにしか。言いかえれば、赦しは、もしそのようなものがあるとして、赦しえないものを赦さねばなりません。そうでなければそれは赦しではありません。赦しは、それが可能であるとして、不可能なものとしてしか起こりません。しかしこの不可能性は、たんに否定的なものではありません。これが意味するのは、不可能なものをおこなう必要がある、ということです。出来事は、もしそのようなものがあるとして、不可能なことをおこなうことにあるのです。しかし、誰かが不可能なことをおこなうとき、この行為の当事者をはじめとして誰も、彼自身によって保証された理論的な語りをこの出来事に合致することはできませんし、「このことが起こった」とか「赦しが起こった」とか「私は赦した」などと言うことはできません。「私は赦す」とか「私は赦した」というような言葉は不条理であり、まずもってみだらです。赦しえないものが忘却され、なおざりにされ、赦しうる過ちに還元されるよりも、私には赦す権利がある、私は実際に赦しをおこなった、ということをどうすれば私は確信できるでしょうか。「私は与える」と言うことができてはならないのと同様、「私は赦す」と言うことができてはなりません。これは不可能な言葉です。私はつねにそう語ることはできますが、そう語るとき、私は自分が意味することを裏切ってさえいます。私は何も語っていないのです。「私は与える」とか「私は赦す」などと言うことはけっしてできてはなりません。

したがって、贈与や赦しは、そのようなものがあるとして、不可能なものとして自らを告げねばならず、あらゆる理論的、認知的な語り、「これはあれである」という型のあらゆる判断、「赦しがある」「私は赦している」「贈与が与えられる」といった型の判断を寄せつけないものでなければなりません。

かつて発明（invention）について展開しようと試みたことのあるもうひとつの例をとりあげましょう。私たちはいま、創造、芸術、発明のための場所〔カナダ建築センター〕にいます。発明はひとつの出来事です。そのうえ、〔inventionという〕言葉がそのことを暗示しています。まだここになかったものを発見し、やって来させ、起こるようにさせるということです。[6] 発明とは、もしそれが可能ならば、発明ではありません。これはどういう意味でしょうか。おわかりのように、私はあの可能なものの問いに近づきます、この問いによって私たちはここに集まっています。私が発明するものを発明できるなら、私が発明するものを発明可能であるなら、このことは、発明はある意味で潜在性に、私のうちにある能力につき従っていることを意味します。これは新しいことを何ももたらしません。これは出来事をつくりません。私はこのことを到来させることができますが、その結果、出来事、ここに到来するものは何も中断せず、それは絶対的な驚きではありません。同様に、私が与えうるとき、私が与えうるものを与えるなら、私がもっているもの、与えうるものを与えるなら、私は与えていません。もっているものを与える富者は与えていません。プロティノス、ハイデガー、ラカンが述べたように、もっていないものを与える必要があるのです。もっているものを与えるなら、与えてはいません。同じ仕方で、発明しうるもの、発明することが私にとって可能なものを発明するなら、私は発明してはいません。同じように、科学認識論的な分析、あるいは科学と技術の歴史の分析において、発明――理論的、数学的、技術的な発明――が可能である領域を分析するとき、分析される領域は、誰かとともにパラダイムと名づけうる領域、あるいは別の誰かとともににエピステーメー、あるいはまた布置と名づけうる領域でありえます。この発明が領域の構造によって可能となるなら（しかじかの時期に、しかじかの建築的発明が可能となったのは、社会の、建築の歴史の、建築理論の状態がそのことを可能にしただろうからだということ）、この発明は発明ではありません。まさにこうした発明が可能であるという理由からです。それは可能なものを、すでに存在している潜在性を広げ、詳らかにするだけです。それゆえそれは出来事をつくりません。発明の出来事があるためには、発明は不可能なものとして現われる必要があります。すなわち、可能でなかったものが可能になるのです。言いかえれば、発明の唯一の可能性とは、不可能なものの発明なのです。この言明は言葉遊びや修辞上の矛盾のようにみえるかもしれません。実際、私はその必然性はきわめて還元不可能だと思います。いくばくかの発明があるとすれば――贈与や赦しがけっしてないのと同様、もしかしたら発明もけっしてないのかもしれません――、いくばくかの発明があるとすれば、それは不可能であるという条件下でしか可能ではありません。この不可能なものの可能性が、出来事の出来事性を条件づけています。出来事として到来するものは、それが不可能なものであるときしか到来するはずがありません。それが可能であったら、予見可能であったら、それは到来しないのです。

会場のみなさんに発言していただく前に私が示す最後の例になるでしょうが、歓待の例をとりあげましょう。私は招聘してくださった方々に感謝を述べて、この歓待から話を始めました。あなた方は出来事について、到来するものとしてだけでなく、到来者としてもお話しされました。絶対的な到来者とは、私が迎え入れる準備をし、迎え入れることのできるような、たんに招待された客にはとどまりえない誰かのことです。それは、その思いがけない、予見不可能な来着、訪問――私は訪問を招待と対置するつもりです――が、私が迎え入れる準備さえしていないような不意の来訪であるような誰かです。真の歓待があるためには、私が準備さえしていない必要があります。予見できないだけでなく、やって来る誰かが前もって定義できないことも必要です。国境でおこなわれるように、やって来る者に対して「きみの名前は？　きみの市民権は？　どこから来たのか？　ここに何をしに来たのか？　きみは働くつもりか？」とたずねることも。絶対的な客とは、その者を待つ地平すらないこうした到来者であり、私は受け入れる者を受け入れる準備さえしていないのに対し、いわば私の待つ地平すら破裂させる者です。これが歓待です。歓待は、たんに受け入れることのできるものを受け入れることにはありません。レヴィナスはどこかで、主体はその迎え入れの能力を越えて無限なものを迎え入れるべき主人である、と述べています。迎え入れ能力を越えて迎え入れること、これが意味するのは、私は受け入れねばならないということ、私は受け入れることができず、他者の来着は私を超過し、私の家よりも大きくみえるとはいえ、私は受け入れるということです。他者の来着は私の家を混乱させるでしょう。わが家で、わが都市で、わが国家で、わが国で、他者が品行よくしてくれるかどうかを私は予見できません。したがって到来者が出来事をなすのは、私が到来者を迎え入れる能力がないとき、まさしく私にその能力がないのに到来者を受け入れるときだけです。到来者の到着は私に襲いかかる絶対的な他者なのです。この事象の垂直性を強調しておきます、なぜなら驚きがやって来るのは高みから以外にないからです。それゆえ、レヴィナスやブランショが「至高者」について語るのは、たんに宗教的な言葉ではありません。それはつまり、出来事としての、絶対的な驚きとしての出来事は私に上から落下してくるのでなければならない、ということです。なぜでしょうか。なぜなら、上から落下してくるのでないなら、それがやって来るのが見えるので、待つ地平があることになるからです。水平にであれば、それがやって来るのを見て、予見して、予言します。そして出来事は語られえますが、けっして予言されえないものです。予言される出来事は出来事ではありません。それが上から私に落下してくるのは、それがやって来るのが見えないからです。出来事は、到来者のように、垂直に私に上から落下してくるものであって、私がそれを見ることができるということはありません。出来事が到来する前に私に現われうるのは、不可能なものとしてのみです。このことは、出来事は到来しない、そんなものはない、ということではありません。理論的な様式で出来事を語ることはできない、それを予言することもできないということです。発明、到来、出来事にかかわる以上すべてのことによって次のように考えさせられます。この不可能性そのものによって、語ることは無力、絶対的に無力にとどまる、また他者の、他者としての出来事のつねに唯一的で例外的で予見不可能な来着を前にして、語ることは途方にくれている、そうでなければならない、と。私は絶対的に無力のままでなければなりません。とはいえ、この無力さ、この傷つきやすさ、この露呈はけっして純粋で絶対的ではありません。先ほど述べたように、出来事について語ることは、反復可能性による出来事の避けがたい中性化を前提としており、語ることはつねに語り直す可能性を自己のうちにもっています。ある言葉を理解できるのは、ただそれが繰り返されうるからです。私が話をするやいなや、反復可能な言葉を使い、唯一性はこの反復可能性のなかに連れ去られます。同じように、出来事が現われるとき、そのものとして現われうるのは、その唯一性そのものにおいてすでに反復可能であるものに対してのみです。思考するのが難しいのですが、これは、ただちに反復可能である限りでの唯一性という観念、レヴィナスならこう言ったでしょうが、ただちに身代わりのなかに巻き込まれる限りでの特異性という観念です。身代わりはたんに置換可能な唯一的なものの置換ではありません。身代わりは置換不可能なものを置換します。語ることの黎明からすでに、あるいは出来事が最初に出現するやいなや、絶対的唯一性のなかに、絶対的特異性のなかに反復可能性と回帰が生じることによって、到来者の来着――もしくは最初の出来事の来着――が迎え入れられうるのは、回帰、再来＝幽霊性（revenance）、亡霊的再来としてのみだ、ということになります。

時間があれば、ただし討論で再論できればと思いますが、この再来＝幽霊性のモチーフを――これは〔アレクシス・ヌースの講演のなかで〕リルケ、ツエラン、プリーモ・レーヴィとともにすでに語られたことと反響しています――、つまり再来＝幽霊性、亡霊性について語ったことを、可能なものにとり憑くこの不可能性の経験に適合させてみたいところです。何ものかが可能なものとして到来するとき、ある出来事が可能なものとして到来するときですら、それは不可能でなければならないだろう、可能な発明は不可能でなければならないだろうという事実、この不可能性が可能性にとり憑き続けます。出来事に対する私の関係は次のような関係です。すなわち、私がもっている出来事の経験において、出来事がその構造上不可能であっただろうという事実が可能性にとり憑き続ける、そのような関係です。それは不可能にとどまり、もしかしたら起こったのかもしれませんが、不可能にとどまります。私が赦しをおこなったとすれば、そのことを知ることなく、語ることなく、とりわけ他者へと語ることなく、私が赦しをおこなったとすれば、赦しは不可能にとどまり、赦しえないものの赦しにとどまります。私が赦すとき、私が赦したがゆえに過ち、傷、損害、侮辱が赦しうるものになるなら、それでお終いとなり、もはや赦しはありません。赦しえないものは赦しにおける赦しえないものにとどまる必要があり、赦しの不可能性は赦しにとり憑き続ける必要があります。贈与の不可能性は贈与にとり憑き続ける必要があります。こうしたとり憑きはこの出来事の経験の亡霊的構造であり、それは絶対的に本質的なものです。

私は二年前からパリで歓待についてのセミネール〔一九九五～九七年〕をおこなっています。私たちはとりわけ人類学的な視点からメキシコの古代の人々のしかじかの歓待の儀式について研究しました。そこでは、他者の、客の到着に際し、女性たちは涙を流す必要がありました。通常は、歓待の儀式において誰かを受け入れるとき、ひとは微笑みます。微笑まねばならず、笑いや微笑みが〔歓待に〕参与する必要があります。敵意にみちた顔で、あるいはひきつった顔で、誰かを歓待的に受け入れるわけはなく、笑顔である必要があります。かの地では、女性たちは客の到着に対して泣かねばなりませんでした、この場合、客はフランス人です（これはジャン・ド・レリーの旅行記です）(7)。この涙をどう解釈しましょう。この女性たちは到来者を再来者＝幽霊だと考えた、死者たちが再来したのだ、と言われています。喪の涙によって再来者＝幽霊としての彼らに挨拶せねばならなかったのです。歓待と喪のあいだにはある種の親近性があります。私の迎え入れ能力を超えてやって来る者を迎え入れるとき、私はこの人物に、その来着に挨拶をせねばなりません――到来者に当てはまることは出来事にも当てはまります――、再来着のように。それは新しいことではない、というわけではありません。それは新しい、来着は絶対的に新しい。しかしこの来着の新しさはそれ自身のうちに再来＝幽霊性を含みます。私が訪問者を迎え入れるとき、思いがけない訪問者の訪問は、それが唯一的な、予見不可能な、特異な、置換不可能な出来事であるためには、その都度唯一的な経験でなければなりません。しかし同時に、家と置換不可能なものの来着との閾《しきい》からすでに、反復が前提とされていなければなりません。私はきみを迎え入れる、これが意味するのは、「私はきみをまだ迎え入れることをきみに約束する」ということです。私が誰かを「うん、今回はいいよ、でも……」と言って受け入れるなら、これは破綻しています。すでに反復が約束されている必要があるのです。「ウイ」において、私が誰かに「ウイ」と言うとき、「ウイ」の反復が即座に含まれねばならないのと同様です。行為遂行的なものの例を繰り返せば、結婚するとき私は「ウイ」と言いますが、特異で、唯一的な、最初の「ウイ」のなかには、一秒後だけでなく、明日も、明後日も、人生の終わりにおいても、私は「ウイ」を確証できる状態にある、ということがただちに含まれます。「ウイ」の反復は最初の「ウイ」からすでに含まれている必要があるのです。同じように、出来事の特異性のなかには、反復がすでに作動し、反復とともに最初の状況の消去がすでに入り込んでいる必要があります。ここに、根源的なものとしての出来事の最初の瞬間を封印する喪、死後、喪失が由来します。そこに喪があるのです。涙が歓待の笑いに混ざり合わないことはありえません。ある意味で、死が参与しているのです。

会場のみなさんに発言していただく前に、話を締めくくるためにこう言っておきましょう。可能な－不可能なもの、「出来事を語ることは可能か?」、〔この問いに〕同時にウイとノン、可能、不可能、不可能としての可能、と答えねばならないという事実についてのこうした考察は、私たちの西洋の哲学的伝統を特徴づけるこの可能性の価値全体を再考することに私たちを巻き込むにちがいありません。哲学の歴史は可能が意味するもの、存在する（*être*）ことと可能である（*être possible*）ことが意味するものをめぐる考察の歴史です。アリストテレスからベルクソンへといたるデュナミス、潜在性のこの巨大な伝統、可能性の条件についての超越論的哲学におけるこの考察は、可能なものと不可能なものの区別や可能なものと不可能なものの対立をかき乱すものとしての出来事の経験によって触発されています。ここで不‐可能な（im-possible）出来事について語る必要があります。たんなる不可能ではなく、可能なもののたんなる反対物ではなく、可能なものの条件ないし機会でもある不‐可能なもの。可能なものの経験そのものである不‐可能なもの。そのためには思考を、あるいは経験を、可能なものや不可能なものの経験について語ることを、変革する必要があります。それは職業上の哲学者にとっての思弁の課題にとどまらないと私は思います。今日では、お望みなら、情報のことに立ち戻りますが、映像や知覚の技術的領野における潜《ヴァーチャル》在化と幽《スペクトル》霊化とともに起こることを考えること——潜在的な出来事、結局のところ「出来事を語ることは可能か?」は潜在性の問いに向かってもいます。潜在的な出来事とは何か。ここまで出来事性と潜在性を同じことのように考えることはできませんでした——潜在的な出来事を考えるためには、それゆえ、可能なものや不可能なものについての私たちの論理をかき乱す必要があるのです。時間があれば、情報についての政治的批判や、情報にもとづく、さらには科学、科学技術にもとづく〈出来事‐語ること〉について先ほど示唆したことを、また、可能な‐不可能なものの潜在性についていましがた述べたことを、この方向に組み立ててみたいところです。

［質問——バシュラールの言葉に関して会場からの質問］

「欲することとは、自分ができないことを欲することである」、これは実に見事で正確な表現だと思います。これはおそらく、私が身を投じたいと思っている方向です。バシュラールの文脈を再構成することはできません。この文を——おそらく不正確なやり方で——解釈したり議論したりしなければならないならば、何としてもこの文を我が物にしたいと思うならば、私は何かを変えてしまうでしょう。なぜなら、私は自分ができないこと、つまり、不可能なこと、自分の能力や権力を逸脱することをまさに語るからであり、これは私が欲することができないものです。少なくとも欲求についての伝統的な思想を変形することなしには。出来事の経験が私の欲求を解体するときに、私は現に存在しているのです。自分が欲すること、自分が欲しうることを欲するのならば——これは力への意志です——、私が欲することや欲しうることは私の決断に釣り合っています。私は逆に、決断の思考によって、いわば、決断の論理を変形させてしまう何かの思考によって試されているのです——結局、私は決断という言葉を発しませんでしたが、実際はこの言葉のことを考えていました。概して、「私は与える」「私は赦す」とあまりにもたやすく言ってしまうのと同じく、私たちは「私は決断する」、あるいは「私が責任をとる」「私に責任がある」とたやすく言ってしまいます。私からすれば、これらの文は互いに不可逆的であるようにもみえます。「私は決断する」と言うこと、「私が決断するとあなた方が知っている、私が決断すると私が知っている」と言うことは、私は自分の決断の能力をもち、これを支配することができることを意味し、私が決断すると言うことを可能にする尺度を私がもっていることを意味します。実際にそうだとすれば、決断とはいわば私の能力、私の可能性の表現です。そのとき、私の能力のうちにあって、私の可能性を表現するそうした決断は何も中断することがなく、可能なものの流れ、歴史の流れを切り裂きはしません——いかなる決断もそうした流れを切り裂くはずなのですが。これはその名に値する決断ではありません。

決断は切り裂くはずで——これが決断という言葉が意味することです——、したがって、可能なものの骨組みを中断させるはずです。「私の決断」や「私は決断する」と言うとき、その都度、きっと、私が間違っていると思われるかもしれません。こうした命題がいかなる古典的な論理においても受け入れられないようにみえることはわかっていますが、私の決断は、決断というものはつねに、他者の決断であるはずでしょう。私の決断は実際は他者の決断なのです。このことで、いかなる責任も私から除外されたり、免除されたりするわけではありません。私の決断はけっして私のものではありえず、それはつねに私の内なる他者の決断であり、私は決断においてある意味で受動的なのです。決断が出来事をつくり出すために、私の権力、私の可能性、私に可能なことを中断するために、歴史の通常の流れを中断させるためには、私は自分の決断を受けなければならないのです――これは明らかに、いかなる論理においても受け入れられないことです。こうして、私は、つねに他者の決断であるような決断の思想を練り上げたいと思っています。なぜなら、他者に対して責任があり、他者に対して私は決断するのであり、「私の」責任を私が免除されることなく、他者こそが私の内で決断するのですから。こういうわけで、レヴィナスはつねに自由を責任の後に置くのです。自分ができないことを私が欲するならば、この欲求は伝統において欲求が纏っているものを剝ぎ取っているはずです。欲求として規定されるもの、つまり、活動、統御、「私は自分ができることを欲する」ということを剝ぎ取っているはずです。ここで問われているのは、自らが欲しうることを越えて欲することです。受け入れられるとすれば、この文はその代わりに、欲求の概念そのものを破壊し、脱構築し、解体するはずです。これがおそらく、「自分ができないことを、極限的には、欲しえないことを欲する」という逆説的な文でバシュラールが言わんとしたことです。

ジャンケレヴィッチについてですが、当然ながら、私は彼のことを考えていました。赦しのことを考える場合、〔赦しを論じた〕彼のことを考えなくてはなりませんから。そして、おわかりのように、私は赦しえないホロコーストの例のことも考えました。他にも数多くの赦しえないものがあります。「私は赦す」と私が言えない理由のひとつは、たんに私の厳格さ、強情さのため、強情に糾弾するためではなく、端的に私が赦す権利をけっしてもっていないからです。つねに他者こそが私を赦さなければならず、私は他者の名において赦すことができません。ホロコーストの犠牲者の名において私は赦すことができません。生存者たちでさえ、プリーモ・レーヴィのように、存命していた人々、存続し生き残った人々でさえ、赦す権利をもたないのです。それはたんに彼らが非難し続けなければならないからではなく、他者たちの代わりに赦すことができないからです。ひとは赦す権利をもっておらず、赦しとは不可能なものです。赦しが不可能なものにとどまるのは、赦すことに意味があるのは、赦しえないものを赦すからで、かりに赦しが起こるとして、何か赦しが起こりうるのはそうした場合です。一般的に、支配的な人間－神学的な構造において、「神のみが赦すことができる、私は赦す権利をもたない」と言われます。有限な存在はつねに無限な過ちを赦すことができないとされます。赦しえないことは無限を意味します。神の名はこの場合、贈与する可能性、「私は与える」「私は決断する」と言う可能性と同じく、赦す権利がつねに委ねられる〈他者〉を名づけます。贈与（don）や赦し（pardon）はつねに他者の名においてなされるのです。

［質問――二つの質問が提起される。一つは、本セミネールの「出来事を語ること」という〔動詞の〕不定形の表現について、もう一つは出来事における秘密について］

私は本日の討論の主題を考案した人物ではないので、会場のみなさんと同じように、この問いとその文字通りの表現の前に立たされています。私もまた、ある点でみなさんと同じいくつかの問いを立てました。この主題に関して私が言わなければならないのは、結局、ここで起こっていることは、それが予見しえないことである限りにおいて――私が予見しえないまま、私たちは大部分を即興でおこないました――、何か出来事が起こったことになるだろうということです。これは〔実際に〕起こっており、計画されてはいませんでした。かなり計画しましたが、すべてを計画したわけではありません。到来するものが予言されていない限りにおいて、何か出来事が起こるのです。この出来事を通じて何かが語られ、出来事について何かが語られます。誰がこのことを語るのかということについては、問いは開かれたままです。会場のみなさんと同じく、私もなぜ不定形なのか、と自問しました。しばしば、不定形はタイトルの修辞です。議論のために提起された主題が不定形のままにされ、ここで私たちはそうした主題を検証しています。しかし、不定形の非人称性からとくに考えたことですが、誰も現存しない場合、先ほど喚起したように、異なった叙法で出来事を語るためのいかなる発話主体も現存しない場合、もはや事実確認、理論、記述といった立場でも、行為遂行的な産出といった形式でもなく、症候という様式による言述行為があるのです。真理を語ることの彼方で、出来事を産み出す行為遂行性の彼方で、この症候（symptôme）という言葉を別の用語として提示しておきましょう。出来事は事実確認と行為遂行、「私は知っている」と「私は思う」を混乱させます。質問した方が語ってくれた物語〔ロバートソン・デイヴィス『五番目の男』〕では、秘密が作動しています。出来事が情報、理論的な言述化、知らせること、知に抵抗するところで、秘密が参与しています。出来事はつねに秘密です。私が述べた理由から、贈与や赦しが秘密のままでなければならないように、出来事は秘密のままでなければならないのです。秘密は出来事の構造に属しています。私的なもの、内密なもの、隠されたものという意味での秘密ではなく、現われないものとしての秘密です。あらゆる実証化、真理や知のあらゆる言説を越えて、症候とは、誰も統御していない、いかなる意識も、いかなる意識的な主体も我有化しえず統御しえない出来事の意義です。理論的ないし司法的な事実確認の形式でも、行為遂行的な産出の形式でも、統御しえないのです。何らかの症候があります、たとえば、ここで起こっていることのなかに。私たちはかなり大勢ですが、各々が解釈し、予見し、予期し、手が回らずに、出来事と呼びうるものに直面して驚いています。各々がそれらの出来事に読み取りうるもの、さらには、表現しうるものを越えて、何らかの症候があります。真理の効果、真理の探究さえも症候の次元に属しています。それらの症候に関しては、数々の分析がありえます。あなたは分化した知について語りましたが、数々の主体が言表する立場の同一化、リビドー的欲動の同一化、権力の戦略の同一化にも言及することができます。

これらすべてを越えて、何らかの症候学（symptomatologie）、つまり、いかなる理論素も汲み尽くしえない意義があります。この症候の観念をその臨床的ないし精神分析的な規範から除外させつつ、先ほど垂直性について述べたことと関係づけてみましょう。症候とは落下するものです。私たちに上方から落下してくるものです。垂直に上方から私たちに落下してくるものこそが、症候をなすものです。いかなる出来事にも、秘密と症候学があります。ドゥルーズもまたこの主題で症候について語っていたと思います。先ほど論じた出来事性の価値に合致する言説とは、つねに症候的な言説、つまり症候学的な言説で、これは唯一のもの、事例、例外に関する言説であるはずです。出来事はつねに例外的である――これが出来事のありうべき定義です。出来事は例外的で、規則外であるはずです。あれやこれ、起こることや起こらないことを評価するための規則、規範、したがって基準ができるやいなや、出来事はありません。出来事は例外的でなければならず、こうした規則なき例外の特異性こそがひとえに数々の症候を引き起こしうるのです。これは、知ること、あるいは哲学することを諦めるということではありません。哲学的な知は、たんに否定的な――麻痺させる――わけではないこうした有望なアポリアを受け入れるのです。この有望なアポリアは可能なもの－不可能なものという形式、ニーチェが「おそらく」と呼んだものの形式をとります。ニーチェのテクストによれば、来たるべき哲学者たちによって待望されているものは、あらゆる伝統的な哲学者が抵抗してきた「おそらく」の思想です。たんに経験的な様式ではない「おそらく」。「おそらく」に関する、「おそらく」を思考する人々――経験論者でしょう――に関する、ヘーゲルの素晴らしいテクストがあります。ニーチェは、たんに経験的ではない「おそらく」の様式を思考しようとします。可能なもの－不可能なものについて私が語ったのは「おそらく」のことです。贈与について言えば、もしそのようなものがあるとして、「おそらく」何らかの贈与があります。もしそのようなものがあるとして、それについて語ることができるはずはなく、確信がもてるはずがありません。「おそらく」赦しも、「おそらく」出来事も。換言すれば、「おそらく」のカテゴリーは、可能なものと不可能なもののあいだで、症候や秘密と同じ布置に属しているのです。困難なことは、首尾一貫した理論的な言説を、知や理論への多大なる挑戦にみえるこの様式に適合させることとです。症候、「おそらく」、可能なもの－不可能なもの、代替可能である限りでの唯一のもの、反復可能である限りでの特異性、これらすべては、弁証法化されえない矛盾に似ています。困難なことは、たんに印象主義的で厳密さを欠いているわけではない言説を、古典的な論理への多大な挑戦をなす諸構造に適合させることです。私はご質問に答えたでしょうか。「おそらく」。

［質問――約束と出来事の関係を解明してほしいという質問］

私は約束について手短かに言及しました。約束は、スピーチ・アクト理論において、行為遂行的なものに関するあらゆる言説にとっての特権的な事例です。「私は約束します」と言うとき、私は他の何かを描写しているわけではなく、何も語っていません。私は何かをつくり出しており、それはひとつの出来事です。約束とは出来事です。「私は約束する」は出来事を産み出し、先在するいかなる出来事も参照してはいません。私が「約束する」ということは先在するいかなる出来事も語らないで、出来事を産み出す言述行為です。スピーチ・アクトの理論家たちは、数ある行為遂行の一例として、約束の事例を取り上げます。私としては、いかなる文も、いかなる行為遂行も何らかの約束を含んでいる、約束は数ある行為遂行のひとつではないと言いたいところです。私が他者に語りかけ、「私は君に話す」と言うやいなや、私はすでに約束の秩序の内にいるのです。「私は君に話す」、それは「私は話を続ける、文の最後まで続けることを約束する。たとえ嘘をついているとしても、本当のことを言うと君に約束する」ということです――ちなみに、嘘をつくためには、本当のことを言うと約束しなければなりません。約束は言語表現の境位《エレメント》そのものです。ここで出来事を語ることとは、出来事という対象を語ることではなく、言述行為が産み出す出来事を語ることでしょう。スピーチ・アクトの真面目な理論家たちは、約束はつねに何か良いことを約束しなければならないと考えます。ひとは悪いことを約束しません。なら、それは脅迫することであって、約束することではありません。ひとは誰かに「お前を殺すことを約束する」とは言わず、誰かに「贈与することを、会合の約束があることを、忠実であることを、あなたの夫ないし妻であることを約束します」。約束はつねに、善の約束、有益で好意的な約束を含意します。悪を約束するふりをするなら、それは約束を装った脅迫でしょう。母親が息子に「そんなことをしたら、お尻をたたくよ」と言うとき、それは約束ではなく脅迫です。約束は脅迫ではないというのが、スピーチ・アクトの古典的な理論なのです。

あえて主張しておきたいのですが、約束は脅迫に、その脅迫への変化につねにとり憑かれうるはずで、それなしに約束は約束ではありません。自分が約束することが善である、善は悪に変化しえない、約束された贈り物は毒に変化しえない、反転するgift-gift（贈与＝毒）の古来の論理[8]にしたがって、贈与から毒へ、有益な贈り物から悪意ある贈り物へと変化しえないと私が確信しているならば、約束は善で、悪に反転するはずはないと私がもしも確信しているならば、そんなものは約束ではないでしょう。約束は裏切られる可能性、意識的にせよ無意識的にせよ、自らを裏切る可能性によって脅迫されているはずです。倒錯する可能性がなければ、善が倒錯しうるものでないならば、それは善ではありません。約束が可能であるためには、約束は裏切られて悪となる可能性にとり憑かれたり脅迫されたりしなければなりません。スピーチ・アクトの理論家たちは真面目な人たちです。彼らは言うでしょう、「私が会合を約束する場合、本気ではなく、嘘をついているとして、会合には行かない、会合に行くために自分にできることをやらないとすでに知っているならば」、それは約束ではない、と。約束は真面目でなければならず、真面目な意図に応答しなければなりません。少なくとも、「私は明日、会合に行きます」と、予測の口調ではなく、約束の口調で言う場合には。実際、「明日、私は会合に行きます」と言う二つの方法があります。「明朝、私は朝食をとります」は予測の方法で、「明日、朝食をとるためにあなたとここにいます」と言う場合はさらに別の方法です。約束が本当に約束であるためには、スピーチアクトの理論家たちによれば、真面目なものでなければなりません。つまり、自分の約束を守るために、できる限りのことをすると誓約しなければなりません。何か良いことの約束です。そのような約束が内在的に倒錯しえないならば、つまり、真面目で誠実ではないかもしれない、裏切られるかもしれないと脅迫されえないならば、私からすれば、それは約束ではありません。約束は裏切られえなければならず、そうでなければ、それは約束ではなく、予測や予言です。裏切りや倒錯は約束の誓約の核心にあり、約束と脅迫の区別はけっして確実なものではあってはなりません。私がここで展開していることは抽象的な思弁ではありません。

経験上知られていることですが、贈与は脅迫的なものになりえますし、もっとも有益な約束でさえ自ずから損なわれえますし、私は善を約束しながら悪をなすことがあります。これは〔約束の〕内在的な可能性で、私たちはそのいくつもの事例を挙げることができるでしょう。約束が約束であるためには、こうした倒錯可能性が善なるもの、良き約束の核心になければなりません。可能となるために、可能となるチャンスを得るために、約束は必然的に、約束されないかもしれず、裏切られるかもしれません。この脅迫は悪いことではなく、約束のチャンスです。脅迫がなければ、約束はありえないでしょう。約束が自動的に守られるならば、それは機械、コンピュータ、計算でしょう。約束が機械的な計算やプログラム化とならないために、約束は裏切られうる必要があります。こうした裏切りの可能性はもっとも純朴な約束にも棲み着いているはずです。

さらに重大なことを付け加えましょう。自らが語る当の出来事を語り、産み出すにもかかわらず、行為遂行は純粋な出来事、その名に値する出来事は事実確認的なものと同じく、行為遂行的なものも混乱させます。いつの「私はできる」(*I can, I may*)「私は能力がある」等々と出来事を制御し続ける限り、出来事は中和化もされます。いつの日かここからありとあらゆる帰結を引き出さなければなりません。

冒頭で私が正義について語ったことに立ち戻ると――なぜなら、私はこの「ウイ」から、レヴィナスにおける正義から話し始めたからです――、正義でありうるためには、正義はそれ自体、その反対物によって、偽誓に働きかけられたりとり憑かれたりしなければなりません。たとえば、対面――他者の尊重と倫理の条件、レヴィナスが他者の顔と呼ぶものの条件――において、第三者がすでに現存しているわけではない場合、他者の関係にほかならない正義はすでに偽誓でしょう。また逆に、第三者が双極＝決闘的な関係――この関係から私は特異な他者のもとで対面に関与します――に参入するやいなや、すでに何らかの偽誓があります。したがって、正義や宣誓された信、誓約、宣誓と偽誓のあいだに単純な対立はないのです。宣誓された信が本当に可能であるためには、偽誓が宣誓された信の核心になければなりません。一時的なものとして、抹消しうる事故としてではなく、偽誓が除外しえない形で正義の核心になければならないのです。善や正義が可能であるためには、悪や偽誓の可能性がこれらに内在していなければならないのです。つまり、不可能なものが可能なものの核心になければならないのです

［質問――技術的な装置に関する質問から、出来事の情報や垂直性の情報に立ち戻る。］

私からすれば、たしかに、出来事は解釈され、再び我有化され、情報のフィルターを介するなかで、再我有化、変形（transformation）ないし変形された情報（trans-information）に抗うもの――そのようなものがあるとして――であるようにみえます。質問した方は湾岸戦争の例を取り上げました。強調したいのですが、かの地で起こったことは、生中継で私たちに伝えられたことは、こうした解釈されるべき情報、変形された情報に還元されませんし、模像《シミュラークル》にも還元されません。戦争が起こらなかったと言うボードリヤールと同じ視点を私はまったくもちあわせていません。結局メディアによる我有化や消費に還元できない出来事とは、何千人もの死者がいたということです。これはそのつど特異な出来事であり、知や情報のいかなる言述もこれを単純化したり中性化したりできないでしょう。変形された情報、再我有化、これらの出来事の模像化やテレビ化と綽名されるもののメカニズムを際限なく分析しなければならないと言っておきましょう。これを政治‐歴史的な面で分析し、またできれば、いずれにせよそうした類のものに還元されえない何らかの出来事が起こったということを忘れてはなりません。いかなる言述にもおそらく還元されない何らかの出来事。それは語りえないもので、たとえば、死者たちのことです。

あなたが気にかけている垂直性ですが、外国人が国境線からやって来る者、その到来が見える者でもあるとい

うことを私は十分に意識しています。とりわけ税関吏や移民局職員は外国人がやって来るのを見て、移民の流れを統御しようとします。自分のセミネールでもっと時間があるとき、フランスでこうした事柄と闘っているとき、今日の講演と比べて、私は話を少し複雑にします。水平性を考慮し、この水平性が私たちに要求することを考慮しなければならないことは意識しています。垂直性によって、私は言い表わしたいのですが、外国人＝異他者(étranger)、つまり、他者のもとに到来する何か還元不可能なもの——たんに労働者でも、市民でもなく、容易に同定しえないもの——とは、他者のもとにいて私に予告をせず、期待の水平性をまさに逸脱するものです。垂直性を語りながら私が強調したいことは、他者は待ってくれないということです。他者は、私が彼を受け入れること、滞在許可証を提供することを待ってはくれません。無条件の歓待があるならば、いつ何時にも、私が知らないうちに到来しうる他者の訪問に開けていなければなりません。それはメシア的なものでもあります。メシアは到来することがあります。いかなるときにも、上方から、やって来る姿が見えないところから到来することがあります。私の話において、垂直性の観念は必ずしも、至高者へと高まる宗教的ないし神学的意味で用いられるわけではありません。おそらく宗教はここで始まるのです。垂直性、絶対的な到来性について私がしている話をひとが話しうるとすれば、必ずや、信仰表明——それは必ずしも宗教、しかじかの宗教とは限りません——がすでに開始されていて、知のない、知の彼方にある、信のある種の空間がなくてはなりません。つまり、私は信について語ることを受け入れているのでしょう。

訳者解説

本稿は、Jacques Derrida, Gad Soussana et Alexis Nouss, *Dire l'événement, est-ce possible ? Séminaire de Montréal, pour Jacques Derrida*, L'Harmattan, 2001に収録されているジャック・デリダの発言 « Une certaine possibilité impossible de dire l'événement » の翻訳である。共著者のガッド・スサナはカナダのエドゥアール・モンティ大学基礎教養機関の哲学教師である。アレクシス・ヌースはイギリス・カー

ディフ大学の教授で、証言文学や亡命文学、多言語での文学を研究しており、著作に*La modernité* (PUF, coll. « Que sais-je ? », 1995), *Plaidoyer pour un monde métis* (Textuel, 2005), *Paul Celan. Les lieux d'un déplacement* (Éditions Le Bord de l'Eau, 2010) などがある。

この本は一九九七年四月一日にモントリールのカナダ建築センターで開催された同名の講演の記録である。まず、ガッド・スサナが講演「夜に由来する出来事について」をおこない、言語や知よりも前にある闇夜から、語りえないものが思考に侵入してくるという出来事性をリルケやレヴィナスを引きながら描き出した。次にアレクシス・ヌースは講演「声なき言葉」において、ツェランの数々の詩篇のなかに声にならない窒息した言葉を聴き取り、強制収容所での出来事を語ることの文学的倫理を考察した。デリダは各々の講演後にコメントを挟み、最後の討論では会場からの質問に答えた。本稿はデリダのそれらの発言部分をまとめたものである。「出来事を語ることは可能か」という問いをめぐって、到来することなく何かが到来するという行為遂行性こそが出来事を生み出す、という主張が「贈与」や「赦し」の事例とともに展開される。出来事への根源的な「ウイ」を考察するくだりでは、ウイかノンかの二者択一の手前にあるウイを指摘したハイデガーのZusage（受諾）、他人の〈顔〉との対面から倫理の根源を説いたレヴィナスに言及されるため、本論集に訳出した次第である。

註

（1）フィリス・ランバート（Phyllis Lambert）は〔この会議が開催された〕カナダ建築センターを創設した。

（2）〔訳註〕ハイデガーは一九五三年の講演「技術への問い」で現代世界の危機的状況をもたらしている技術の本質を論究し、「問うことは思考の敬虔さである」と話を締めくくっている（『技術への問い』関口浩訳、平凡社、二〇〇九年、六〇頁）。彼は一九五七年の講演「言葉の本質」でこの表現を自ら注釈して、「思考にとっての本来的な振る舞いは、問うことではなく――問われるべきものの方が語りかけてくるのを聴くことである」としている（『言葉への途上〔ハイデッガー全集第一二巻〕』亀山健吉、ヘルムート・クロス訳、創文社、一九九六年、二一〇―二一一頁）。

（3）〔訳註〕ガッド・スサナが講演のなかで引用したヘーゲルの言葉を指す。参照されているのは、一八〇五年にヘーゲルがイェーナ大学でおこなった一連の講義「実在哲学」のうち、「精神哲学」講義草稿の冒頭である。「これは夜である。幻想的な表象のうちに――対自的に――実在する自然の内面である。これはあたり一面の夜である。そのとき、ここで血塗れの頭が、あそこで別の白い人影が突然現われては、同時に姿を消す。この夜はひとがある人間を眼中に見つめるときに発見される――ひとはその眼差しを恐るべきものとなる夜のなかに沈める。これは、各々と出会うために前進していく世界の夜なのだ。」（『イェーナ体系構想――精神哲学草稿I・II』加藤尚武監訳、法政大学出版局、一九九九年、二八―二九頁）

（4）〔訳註〕フランス語témoin（証人、証言者）はラテン語terstisやtestisに由来する。これらは印欧祖語tris-（三）からなり、「裁判や訴訟において第三者の立場に立つ者」を意味する。

（5）〔訳註〕ルネ・レヴェック（René Lévesque）はケベック州の元首相（一九七六～八五年）。若い頃ジャーナリストとして勤務した後、一九六〇年、ケベック自由党から政界入りし、閣僚を歴任。一九六八年、カナダからの分離独立を主唱してケベック党を創設した。同党は一九七六年の選挙で大勝して政権につくが、一九八〇年、「ケベック独立」構想をめぐる州民投票で敗北した。

（6）〔訳註〕inventionはラテン語inventioに由来し、in-（中に）＋venire（やって来ること）の含意がある。

（7）〔訳註〕ジャン・ド・レリー（Jean de Léry, 1536-1613）の『ブラジル旅行記』（一五七八年）のこと。第一八章では、ブラジル沿岸部に暮らすトゥピナンバ族の女性たちが、涙を流しながら客人を歓迎する儀礼が描かれている。「やおら女性たちが寝床の周囲に集まって来て、地べたにしゃがみ、両手で顔を覆って泣きながら件の客人を歓迎し、さまざまに客人を賞め讃えるのである」（「ブラジル旅行記」二宮敬訳、『大航海時代叢書　第II期20　フランスとアメリカ大陸（二）』岩波書店、一九八七年、二八一―二八二頁）。なお、この話題へのデリダの言及は、一九九七年一月八日の講義用ノートを採録した以下のテクストにもみられる。Jacques Derrida, "Hospitality," *Acts of Religion*, ed. Gil Anidjar, Routledge, 2002, pp. 358-359.

（8）〔訳註〕ゲルマン語系の語giftには「贈り物」と「毒」の両義的な意味があった。

第一部

デリダ×ハイデガー

序（齋藤元紀）

ジャック・デリダの思想を考えるにあたっては、マルティン・ハイデガー（一八八九―一九七六年）の思想を抜きにすることはできない。デリダは哲学から文学、言語学、精神分析、政治学にいたるまで、じつに幅広い問題関心のなかで独自の思想を練り上げたが、その生涯にわたる思想的営為の中心に位置するのが、ハイデガーの哲学との緊張感に満ちた対決である。

デリダがハイデガーのさまざまな思想的モチーフを自家薬籠中のものとし、さらにそれらに独自の磨きをかけ、ハイデガー哲学のみならず、西洋哲学全体の暗黙の前提に対して抜本的な批判を加えていったことはよく知られている。一九五〇年代末、デリダは講師として勤め始めるとほぼ同時にハイデガーを講義で取り上げ、またハイデガーに言及した著作を発表し始めるが、しかし遥かそれ以前の高等師範学校時代から、デリダは少しずつ、しかし着実にハイデガーへの関心を醸成していた。フッサール現象学から開始されたデリダの出発点ともいうべき修士論文『フッサール哲学における発生の問題』（一九五三／五四年）からして、デリダによれば、すでにしてハイデガーへの参照のもとに書き上げられたものであった。

六〇年代に入ると、デリダは同時代の構造主義の興隆のなかで独自の記号論や言語論を展開してゆくが、『声と現象』（一九六七年）、『グラマトロジーについて』（同年）、『エクリチュールと差異』（同年）といった一連の著作において提起された「差延」や「脱構築」といった諸概念をはじめ、そこで打ち出された形而上学批判の姿勢は、明らかにハイデガーの諸概念や哲学史観を踏まえたものであった。その後デリダは哲学教育から文芸批評、分析哲学や哲学的解釈学との対話にいたるまで、国境を越えて幅広い思想活動を活発化させていった。そのさい同時にプラトン、カント、ヘーゲル、ニーチェといった伝統的な西洋形而上学の批判的読解や、サルトル、フーコー、レヴィナス、リクールら同時代のフランス哲学との論争も繰り広げられたが、そうしたなかでもハイデガーとの対決は決して途切れることなく、最晩年まで継続的に行われた。わけても『精神について』（一九九〇年）以降は、ハイデガーの国家社会主義関与の問題を契機として、動物と人間の区別や、哲学の特権性、そして他者をめぐる諸問題についての多様な考察が展開されることになった。こうした意味で、斬新かつ批判的な思考でつねに新たに時代の最先端の局面を切り開いていったデリダに伴走していたのは、他ならぬハイデガーの思想であったと言えるだろう。

とはいえ、両者の関係はたんなる影響関係や継承関係に還元できるものでは決してなく、賛同と批判の交錯する複合的な緊張関係を呈している。ときに軽口と皮肉を交えながら、またときにこの上ない辛辣な攻撃を仕掛けながら展開されるデリダのハイデガーとの関係は、決して一筋縄では読み解けない難解さに満ちている。しかしそれだけに両者の関係は、ハイデガーとデリダ双方の研究者のみならず、現代思想を学ぶ者の関心を引いてやまない、奇妙な魅力溢れる磁場を形作っていると言わねばならない。

本書第一部「デリダ×ハイデガー」に収録した各論文は、こうした複雑な磁場を形づくっている両者の対決を、主にデリダの思想の各位相における主題に着目して考察している。それぞれの主題となっているのは「動物と人間の区別」、「音声中心主義」、「現前性」、そして「言語」である。以下では、各主題順にそれぞれの論文の概要を示しておこう。

「動物と人間の区別」という主題については、まず宮﨑裕助の論文「人間／動物のリミトロフィー――ジャック・デリダによるハイデガーの動物論講義」が、ハイデガーの『形而上学の根本諸概念』講義における動物論の概略を辿りつつ、晩年のデリダがその独特な読解をとおして展開した「動物への問い」の内実を究明している。デリダは、デカルト的主体性を斥けると称するハイデガー存在論に根深く潜む形而上学的人間主義のありかを、動物の両義性に見定めている。宮﨑論文は、そこでのデリダの議論の不備を指摘する一方、「として」構造を媒介する「痕跡」の議論を導入することで、人間と動物の区別を重層化させてゆくデリダの「リミトロフィー」の戦略を浮彫りにするとともに、そこから導き出されうる新たな示唆を明らかにしている。

「動物と人間の区別」の主題をめぐるもう一つの論文は、齋藤元紀の「精神と動物について――ハイデガーとデリダ」である。本論では、『形而上学の根本諸概念』講義における「退屈論」と「動物論」を結ぶ全体の構図が、デリダを参照しつつ、ロゴスやソフィア、ピュシスなどの諸概念におけるハイデガー独自の含意の究明をとおして明らかにされるとともに、現存在とは異なる動物の存在の特異性が描き出されている。齋藤論文によれば、退屈はのちに「精神」と呼ばれることになるソフィアの根本気分を意味しているが、ハイデガーはそうしたソフィアもロゴスもピュシスの支配の前には無力であると捉えているとされる。しかし本論では、ハイデガーは同時にそうしたピュシスの圧倒的な支配を動物の存在のうちにも見ていたことが明らかにされる。

「音声中心主義」を主題とするのが、川口茂雄の論文「前代未聞、音声中心主義」である。本論では、初期デリダの『グラマトロジーについて』と中期ハイデガーの『形而上学入門』を参照しつつ、「エクリチュール（書かれた文字）」と「パロール（語られる言葉）」ないし「フォーネー（声）」との差異、そして現れるものと現れの差異の根源が究明される。川口論文はデリダに寄り添いながら、音と文字の差異、音と音の差異が「聴かれえない＝前代未聞」の差異であることを明らかにする一方、プラトンのイデア論を「現前（者）の形而上学」とみなすハイデガーの批判を経由することによって、「エスパスマン（語間）」と「空け透き」という両者の概念の近さを指摘し、そのうえで最終的に「決して聴かれえない」差異の根源的統一が問題となることを明らかにしている。

「現前性」を主題に掲げるのは、峰尾公也の論文「ハイデガー、デリダ、現前性の形而上学——その「批判」の解明」である。本論は、ハイデガーの前期から後期にいたる「現前性」概念の変遷をたどりつつ、「ウーシアとグランメー」を参照しながら、ハイデガーの「現前性の形而上学」への捕囚に対するデリダの批判の内実を究明している。峰尾論文によれば、ハイデガーを「現前性の形而上学」として批判するデリダの意図は、ハイデガーの思想や立場にではなく、「形而上学の言葉」を用いたその克服のやり方に向けられているが、しかしその批判は返す刀で、「存在論的差異」に由来する「差延」を用いるデリダ自身にもまた突きつけられざるをえないとされる。

そして最後に「言語」を主題とするのは、亀井大輔の論文「脱構築の継承と「言語の問題」——一九六三—六五年のジャック・デリダ」である。本論は、一九六四・六五年講義『ハイデガー——存在の問いと歴史』、およびそれに先立つ一九六三年のレヴィナス論「暴力と形而上学」を参照しつつ、ハイデガーとレヴィナス双方における「言語」との対決をとおして、デリダの脱構築思想がいかにして形作られていったのかが明らかにされる。亀井論文によれば、デリダは、ハイデガーが従来の伝統的ロゴスをその「内」から「解体」していると捉える一方、レヴィナスが従来の伝統的ロゴスを「外」から「解体」していると捉える。その上でデリダ自身は、両者のモチーフをともに織り込んだ独自の脱構築を構想してゆく。最終的に亀井論文は、ハイデガーとレヴィナスにおける「終末論」と「問い」という二つの契機へのデリダの着目を補助線としながら、脱構築の企てが「エクリチュール」という「武器」を手にして始動するまでの歩みを描き出している。

以上の各論文は、デリダの晩年から初期へと時代を遡るかたちで配しているため、ハイデガーとデリダの対決の最新の動向に関心があるという場合は、冒頭の「動物と人間の差異」を主題とする論文から順に読み進めても文から逆順で読んでもらえればと思う。しかしいずれの論文の主題も、相互に絡み合いつつ、ハイデガーとデリダの対決の磁場の深層を浮かび上がらせるものとなっている。さらに、各論文で扱われている主題やさまざまな諸概念は、本書第二部のサルトル、第三部のレヴィナスをめぐる議論ともきわめて密接につながっている。読者諸氏がそれぞれにハイデガーとデリダの対決を引き受け、この磁場の深層に歩み入り、自ら両者への「終わりなき」対決を試みていただければ幸いである。

人間／動物のリミトロフィー——ジャック・デリダによるハイデガーの動物論講義

宮﨑裕助

はじめに

晩年のデリダにとって喫緊の課題のひとつは「動物への問い」だった。デリダが一九九七年七月、スリジー・ラ・サルにおける研究集会「自伝的動物」で発表した一連の講演「動物を追う、ゆえに私は（動物で）ある」は、とりわけ重要な到達点とみなしうるだろう。本講演のいくつかの部分はすでに出版されていたものの、その全体が同題名のもとに出版されたのは、二〇〇四年のデリダの死後、ようやく二〇〇六年になってからのことである。

本書は、したがって、デリダ自身が生前一冊の書物にすることを計画していながら未完に終わった講演をひとつにまとめたものである。要するに遺稿集であり、著作としての完成度という点では、本人みずからが刊行まで手を入れて仕上げた他の生前の著作と同列に扱うには留保が必要かもしれない。だがそのことは、本書がデリダの著作のなかで占める重要性をけっして損ねるものではない。二〇〇一年からの講義が「獣と主権者」(1)と題されていることからもみてとれるように、「動物への問い」はまさに晩年のデリダにとって進行中の課題だったのであり、もっとも主要な問いのトポスのひとつだったのである。

そもそもデリダのテクストには初期著作からして数多くの動物が登場する。デリダ当人も動物への問いは「ほとんどすべての私の書物においてたいてい直接的かつ明確な仕方で取り組まれている」[2]と折に触れ強調している。それゆえデリダが晩年になってはじめて動物論に取り組んだかのように言うとすれば、誤解を招くものとなるだろう。にもかかわらず、それまで散発的に扱われていた「動物への問い」がこの講演にいたってようやく明確な像を結び始め、「動物」――この一般名詞の扱いには注意が必要なのだが――そのものが主題の中心にくるようになったと思われるのである。

以下では、晩年のデリダによる「動物への問い」の内実を明らかにするために、本書『動物を追う』におけるハイデガーの扱いに焦点を絞ることにしたい。というのもデリダの動物論にとって、ハイデガーの哲学こそ、批判の矛先を差し向けるべき顕著な対象でありながら、もっとも頻繁かつ持続的な参照点となっているからである。関連するデリダのハイデガー論は、たとえば「人間の終焉」「ゲシュレヒト」「ハイデガーの手（ゲシュレヒトⅡ）」『精神について』「ハイデガーの耳（ゲシュレヒトⅣ）」『アポリア』等々、本書以外にも数多くある[3]。しかし、いずれの書物・論文においても「動物への問い」そのものが中心的な主題となっているわけではなく、予備的な扱いにとどまっているように思われる。

他方、あらかじめ断っておくなら、本書では、ハイデガーとの関連で「動物への問い」が十全に展開されているかといえば疑問なしとはしない。ハイデガーを中心的に扱った章（最終章）が即興での口頭発表の記録にとどまっており、他の章にも増して充分に練り上げられたものとは言えないからである。しかしながらこの箇所でのハイデガーの動物論の扱いに注目するならば、デリダの「動物への問い」がハイデガーとの緊張関係のなかでこそ練り上げられているという事情が見えてくるだろう。以下ではそうしたことに留意しつつ、この問いに対する晩年のデリダのアプローチが際立つよう努めることにしたい。

1 人間主義の回帰

〔……〕プラトンからハイデガーまで大哲学者の側からも、動物のと言われる問い、そして動物と人間の境界の問いに、哲学的に、それ自体として取り組む誰の側からも、動物なるものというこの一般的単数形に対する原理的抗議、首尾一貫した抗議というものを私はたえて認めたことがない。(AN 64／八〇)

デリダは「動物への問い」を立てるさいに、過去の哲学者が「動物なるもの」を規定してきたその仕方をなによりも問題視している。彼らは、さまざまな種のさまざまな個体からなる動物を引き合いに出しながら、結局のところそれらを一括りに「動物」という均質な集合体へと一般化したうえでこれを人間から峻別する。つまり、人間と(人間以外の)動物一般のあいだに単一の分割線を引くことによって両者を対立させるのである。

典型的な例はデカルトである。デカルトにとって動物とは、人間とは異なって本質的に魂を欠いており、言葉で応答するのではなく機械のごとく刺激に反応する存在にすぎない。あるいは少なくとも動物は「私は考える」存在としてみずからを把握しえないかぎりで思考能力を欠いた存在である。デカルトがそのようにして人間と動物を根本的に区別するということはよく知られている通りである(『方法序説』第五部等参照)。デリダによれば、このようにして人間と動物を区別することがこれまでの哲学者の前提をなしてきたのである。

もちろん過去にはさまざまな哲学者がいた。たとえばとりわけ、プルタルコス、モンテーニュ、ベンサム、ニーチェといった哲学者が動物について述べたことを振り返ってみるならば、彼らが、人間を動物と対立させる哲学者たちの系譜のうちで例外であることがわかるだろう。デリダは当然そのことも承知している。しかしデカルトはもとより、プラトン、アリストテレス、カント、ヘーゲル、フッサール、ハイデガー等々、どの哲学者たちをとっても、彼らはそれ自体が多様な存在であるはずの動物を、それにふさわしい仕方でみずからの哲学のなかで処遇することはなかった。問題なのは、結局のところ、動物たちを十把一絡げにして人間と区別するということが、哲学の支配的な伝統を構成し続けてきたということである。

これは理由のないことではない。また、哲学的伝統とは別に動物誌を精緻化したり動物愛護論を唱えたりすれば克服できるようなことでもない。デリダは、人間／動物の分割線を問題視する一方で、そうした伝統を無視して動物と同等の側に立つと称し、人間と動物の同質的な連続性、たとえば生物学主義的な連続性を語ることに対してよりいっそうの警戒を促している（Cf. AN 52／六三）。既存の伝統に無自覚なまま、そのような連続性を強調することは、往々にしてさらなる人間中心主義の密輸入、批判していたはずの当の伝統の再強化、少なくともその補完にならざるをえない[4]。

晩年のデリダの一見動物愛護的な活動がどのようなものであろうと（デリダは反闘牛協会の名誉会長まで務めた）、デリダの「動物への問い」が企図するところはそれ以上の射程をそなえている。そもそもデリダが人間／動物の分割を問い直す場合に企てているのは、両者の共通性や連続性を見出すことによってその差異を抹消しようとすることではない。そうではなく、問題なのは、そのような分割の単一性そのものである。後で見るように、人間と動物のあいだの分割線は単一ではない。決定的な分割というものはなく、かといって境界が曖昧になり、連続的になるわけでもない。類や種に応じて、さらには個体に応じて、最終的にそれらを超えて、それ自体が多種多様な存在が織りなすひとつひとつの差異を見極めていくことが必要なのだ。要するに「境界は分割不可能な一線ではなく、ひとつならぬ線を深淵状に形成している」（AN 53／六四）。そうした境界上の企てが、デリダの「動物への問い」の際立った特徴なのである。

デリダによるそのような境界の戦略がもっとも注目すべきかたちでみてとれる企てが、ハイデガーの動物論の読解だと言えよう。ハイデガーがフライブルク大学で一九二九―三〇年冬学期に行なった講義録『形而上学の根本諸概念　世界‐有限性‐孤独』には、周知のように、まとまった動物論が含まれている。デリダは一九八七年の『精神について』ですでにこの動物論を簡潔に取り上げていたが、『動物を追う』には、より包括的なアプローチがみとめられる。先ほど触れたように、検討の対象とすべきはとくに第Ⅳ章（最終章）であり、そこからデリダによる境界上の企てを再構成してみよう。

まず注意すべき点として、ハイデガーの動物論を、先に述べたようなデカルト以来の近代哲学の伝統に属するものとして扱おうとするならば、ただちにこう反問されることになるだろう。ハイデガーの基礎存在論の企て、とりわけ『存在と時間』の主要な標的のひとつはむしろデカルトだったのであり、ハイデガーの動物論を、デカルトの動物機械論と同じ伝統のなかで扱い、同様の人間／動物の分割線をみとめようとするのは根本的に間違いではないのか。そもそもハイデガーの基礎存在論においては人間の概念的地位そのものが問いに付されていたのであり、人間的本質の根源的構造を問い直している世界内存在は、人間／動物のような既存の二項対立を受け容れないのではないか？

たしかにその通りだろう。だがデリダは、ハイデガーの哲学が、デカルト的主体性の形而上学から根本的に袂を分かつものであること、人間の本質を「理性的動物」と定義することで他の動物との差別化を図ろうとする類いの従来の哲学とは異なるということを充分に自覚している。実際、デリダは『形而上学の根本諸概念』前半の「気分（Stimmung）」への問いが、後半をなす動物論の前提となっている点を喚起しており、この問いが、従来の自己意識や理性主義による人間把握とは異なるものであることを強調している。デリダの参照するハイデガーの言葉を引いておけば、「気分を呼び覚ますこと、気分というこの奇妙なものに近づこうとする試みとは、結局人間についてのわれわれの把握を完全に切り替えよという要求と一致する」（GM 93）。

そこで問題になっているのは、現存在に特有の気分であり、「根本気分（Grundstimmung）」とハイデガーが呼ぶものである。アリストテレスに即してハイデガーが説明するところでは、気分は、世界における感覚《アイステーシス》の束縛として現れるが、それも「たんに感覚の束縛ではなく、自分がそれではないような他の存在者を受け容れることができないという観点における本質の被束縛性である」（GM 94）。この束縛のあり方のうちに、現存在としての人間とその他の動物とのあいだの独特の差異が検討されることになる。

したがって、ハイデガーの哲学から出発することは、従来と同列の人間中心主義の哲学であるどころか、むしろ逆、人間／動物という従来の境界を、情動的気分という観点から攪乱し再定義するかぎりで、当の境界を再考する重要な第一歩を踏み出すことであるのだ。その意味ではデリダはハイデガーが示した方向に直接異議を唱えるものではないし（デリダはハイデガーの問題提起に応答するかのように「恥」の情動について論じている。Cf. AN 18-20, 85ff／一八―二二、一二二頁以下）、ハイデガーに負っているとさえ言いうる。

しかしそれにもかかわらず、あるいはそれゆえにデリダが論証しようとするのは「ハイデガーがここで世界と動物についての新たな問いかけのほうに進んでいくまさにそのとき、形而上学の全体を、とりわけ主体性、デカルト的主体性の形而上学等を解体するまさにそのとき、ハイデガーの所作が、それでもなお、こと動物に関しては根深くデカルト的である」（AN 201／二七六）からにほかならない。結果、デリダの企ては、人間／動物という境界を攪乱するはずのハイデガー的解体そのものの人間主義を明るみに出す。これこそが「脱構築」と呼ばれる企てをなすとするならば、デカルトやカントといった過去の哲学者たちのみならず、ハイデガー、レヴィナス、ラカン、ドゥルーズ、同時代を生きた思想家たちの動物論に対して脱構築がまずもって成し遂げようとするのは、それらの動物論にそれでもなお人間主義がくり返し立ち戻ってくる回帰の規則を明らかにすることである。デリダにとってこの作業を潜り抜けることなくしては、その先の「動物への問い」はありえないのである。

2　動物的貧しさの両義性

では、実際のところ、デリダはハイデガーの動物論へどのようにアプローチするのだろうか。デリダの読解が一貫してねらいを定めているのは、ハイデガーの現存在分析において現れる動物の位置の両義性である。それは、次のような命題で言い表わされるだろう。動物は死ぬ、かつ死なない（つまり動物は命果てる〔verenden〕だけであり、実存論的には死な〔sterben〕ない）。動物は時間をもつ、かつもたない。動物は言語をもつ、かつもたない。動物は世界をもつ、かつもたない。動物は人間と共生する、かつ共生しない。動物はふるまう（benehmen）、かつ態度をとる（verhalten）わけではない。動物は開かれている（offen）、かつ開示的（offenbar）ではない――等々。

ハイデガーは、一方で、生物学や動物行動学の知見（ユクスキュル、ドリーシュ、ボイテンディク等）を活用しながら、動物が人間とともに生きる世界の諸相を詳細に記述していく（とりわけユクスキュルの「環世界」の概念を取り上げたことはよく知られている。Cf. GM 383ff）。それらの知見は、従来の安易な動物機械論や人間主義的な偏見を正すものであり、それ自体興味深い記述をなしているが、他方、ハイデガーがそのような記述に訴えるのは、まさにそうした生物学主義から袂を分かつため、すなわち、人間の世界と動物の世界の相同性や連続性から両者の関係を理解しようとする仕方から距離をとるためにほかならない。ハイデガーのこうした身ぶりは見事なまでに一貫している。かくして生物学への経由とその切断という点から、一連の両義的な命題が出てくることになる。

デリダはこうした両義性を、ハイデガーのこの講義においてもっとも有名なテーゼ「動物は世界が貧しい」に即して検討している。デリダの問題提起に踏み込む前に、まずはハイデガーの議論の骨子をみておこう。

（1）「石は世界がない（weltlos：世界欠如的である）」

（2）「動物は世界が貧しい（weltarm：世界窮乏的である）」
（3）「人間は世界形成的（weltbildend）である」

これら三つのテーゼは、それぞれ無機物（石）と有機体（動物と人間）を比較しながら、それらをとりまく「世界」の観点から各々を分節している。当然のことながら、ここで「世界」とは、いかなる意味で言われているのかが問われなければならない。ハイデガーにとってはまさにそのことが問題なのだが、ここでまず明確にされるべきは（ハイデガーが他のところでよくやるような）ある種の語源探索や概念史が問題になっているのでも（『存在と時間』でのような）日常性解釈からのアプローチが問題になっているのでもないということである。

ハイデガーはそのどちらでもない第三の道、「比較考察」――ハイデガーが通常は採用しないアプローチだ――によって「世界への問い」を提起すると強調している。すなわち、石と動物と人間という類型に即して世界との関係を問うならば、それぞれ、無世界性（世界がないこと）、世界窮乏性（世界が貧しいこと）、世界形成性という仕方で特徴づけられる点において「世界」の含意は明らかになるというわけである。加えてハイデガーのここでのアプローチに特徴的なのは、三つのテーゼのうちの両極（石と人間）を対象とするのではなく、その中間（動物）を積極的に焦点化するという点である。ハイデガーの最終的な課題自体は「人間とは何か」（GM 10）という問いである。しかしここでハイデガーは「人間の人間性の本質」を直接問い質すのではなく、それと対立する「動物の動物性の本質」（GM 265）に問いかけることでそれを浮き彫りにしようとするのである。

では、二番目のテーゼ「動物は世界が貧しい」とは、どういうことか。ハイデガーはさしあたりこう述べている。貧しいということは豊かではないということ、多に比して少ということであり、このテーゼを言い換えれば「動物は（人間より）少なく世界をもつ」ということである。つまり、動物に関して世界の持ちようが少ないということは「動物にアクセスしうるもの（das ihm zugänglich ist）」、すなわち、動物が動物として付き合うことのできる相手、動物が動物として襲われるかもしれない、その襲ってくるもの、動物が生きているものとしてそれとの関係のなかに立っているその相手」(GM 284) が少ないということである。

ハイデガーの挙げる例に即して、より具体的に言い換えるならこうである。たとえば、ミツバチは巣箱と蜜房、花弁、他のミツバチ等々と関係をもつが、ミツバチの世界は限定されており、その範囲は固定的である。固定的で限定されているといっても絶対的にではなく、結局のところ、人間の世界に比してそうだということである。それに対して人間は、他の動物とは異なり、関わりうる他のものの範囲を――身体的訓練を通じてであれ、道具やその他のテクノロジーを用いるのであれ――たえず拡大することができ、関わり合いの厚みや深みも増幅させることができる。同じ花でも、蜜を蓄えた房をそういうものとして知っており、それだけでなく、雄しべなり花弁の数なり、他の植物とともに当の花の知識を得ることができるし、それに応じて花に対してさまざまな関係をもつことができる(植物の一種というだけでなく花飾りにしたり食用にしたりする等)。このように、みずからを取り囲む対象への関係性やアクセス可能性という点で、動物のほうは世界が貧しく、人間のほうは世界形成的だということになる。

こうしたこと自体は――ハイデガーの特殊な言い回しを除けば――常識的に理解できる事柄であり、ハイデガー独自の主張というには及ばない。以上についてハイデガーがまずもって注意を促しているのは、世界の貧しさといっても価値評価を下すものではけっしてないという点である。この「世界の貧しさ」は生物間の種差に即した優劣、高級や低級、完全や不完全といった序列の価値判断を表わしたものではない。鷹の眼の把捉能力や、犬の嗅覚能力はむしろ人間以上の「豊かさ」を示すように、尺度に応じて価値は変わる。「アメーバと滴虫が象と猿よりも不完全な動物であると考えるのはひとつの根本誤謬である。どんな動物も、動物のどんな種類も、そのようなものとして、どれもみな同じように完全なのである」(GM 287)。

にもかかわらず、動物は根本的な意味において「欠如している」とハイデガーは言う。貧しいとは「欠如していること（Entbehren）」の謂いである。そしてとりわけそれがあてはまるのは、なにか客観的な状態としての欠如ではなく、「貧しく」ある当の動物がいかにこの欠如を受け入れているか、いかなる気持ちのなかで受け入れるのかという観点においてである。つまり、この貧しさ（Armut）は（ハイデガーが造語して示すところの）「貧しい気持ちで（armmütig）」（GM 288）あるという欠如の情動のことなのである。石の場合は、そもそも世界自体がなく、感じることすら成り立たない。すなわち情動そのものの欠如である。

問題はしかし、こうした欠如がいかに人間に比して価値上の劣位や程度の低さという意味にならずに済むのか、本当にそれが可能なのかという点である。デリダの問題提起が介入するのはこの点である。デリダはこの貧しさが、いかなる価値序列にもとらわれていないとするハイデガーの見解について「支持するのが難しい」と述べ、こう問い質している（AN 122／二九〇）。「貧しいとは豊かさが少ないことなのに、そもそもなぜ貧しいと言うのでしょうか」。この点についてハイデガーは次のように述べている（デリダが引用していない箇所も含めて引いておく）。「貧しい気持ちという意味での窮乏存在とは、所有に対するたんなる無関心ということではなく、あたかも持たないかのごとくでありながら実は持っているという意味での卓越した所持のことである」（GM 288）。

なぜ「貧しい」のに「卓越」なのだろうか。人間との対比のなかで、欠如しているとされながら「卓越した所持」と言われる、動物的な生の両義性。この一節について、デリダは「もっとも難解な場所のひとつ」と述べている。実際、この両義性へのアプローチが、デリダ特有の立場を際立たせることになるだろう。あらかじめ指摘しておけば、『動物を追う』所収のハイデガーを論じた章は、即興の講演という性格もあって扱うべき論点を充分取り上げているとは言いがたい。以下では、デリダのここでの議論に欠落していると思われる論点を補うことによって、デリダの「動物への問い」が最終的に目指す方向を明らかにすることを試みよう。

3 動物的生の「本質的な震撼」

「動物は世界が貧しい」とされる場合に、ハイデガーは依然として動物における「欠如」を主張している。これは、先ほど見たように、人間との対比のなかで現れるかぎり、まずもってみずからを取り囲む対象や他者へのアクセス可能性の乏しさという意味で理解しうる。ハイデガーの別の言い回しによれば、みずからの抱えるこうした「欠如」のうちに、動物は「呆然自失」ないし「朦朧状態（Benommenheit：とらわれていること）」（GM 347）で包囲され幽閉されているとされる。

くり返すが、ハイデガー自身は、人間と動物のこうした対比のうちに動物を貶めたり侮蔑的に扱ったりする意図はなく、動物のテーゼにそのような含意もないと述べている。しかしここでの問題は、複数の価値尺度が問題になるケース（嗅覚や視覚がいくつかの動物のほうが優位である場合等）とは別に、根本的な意味で本当にそう述べることができるのかという点である。たとえば、人間－動物－石の三幅対における「貧しさ」というハイデガーの用語法は、結局のところ、神－人間を頂点とする伝統的な階層秩序を踏襲した人間中心主義の残滓を印づけているのではないか。ハイデガーはそうした陥穽を回避できているのだろうか。

要するに、動物における世界の貧しさが価値尺度によっては一概に貧しいわけではないと言うだけでは充分ではない。さらに踏み込んで、この貧しさこそが「卓越した所持」となるということを明確にしなければならない。実のところハイデガーの議論を注意深くたどっていけば、ハイデガーはそうした問いかけを先取りしつつ、動物的な貧しさの両義性についての説明を与えていることがわかる。次の一節は決定的な箇所である。

動物における世界の貧しさを動物性そのものの内部にある問題として展開するのに、ペシミズムさえ必要ではない。動物は抑止解除するものに対して、朦朧状態のなかで本質的に他者へと開放されている。そしてその他者は、なるほどたしかに〔人間の場合のように〕存在者としても非存在者としても開示（offenbar）されえないものだが、抑止解除するものとして、動物の本質のうちに、ひとつの本質的な震撼を導入するのである。

（GM 396）

ここで「抑止解除するもの（das Enthemmende）」と言われているのは、平たく言えば、当の動物の縄張りを規定しつつそのなかで作動する外界の刺激（たとえば蛾が飛び込んでゆく光源等）のことであり、言うなれば、他の対象や他者への潜在的衝動をせき止めている閂《かんぬき》を外すもののことである。動物はそうしたものに対して盲目的に開かれている存在（Offensein）であるとされる。

それに対して人間は、そのような盲目的な開かれにそのまま身を委ねることができない。というのも、人間は、蛾と同じ光を見るとしても光というものをそういうものとして知っており、外界の刺激に反射的に従うにとどまることなく、つねにそこから身をそらし、別のものへと身を向け変えることができるという撤回可能性のなかで光を見るからである。この可能性こそ、ハイデガーが動物の開放性（Offenheit）と区別して、開示可能性（Offenbarkeit）と呼ぶものであり、人間の世界形成性を導く当の可能性にほかならない。

しかしこう説明するからといって、動物の貧しさに対して消極的ないし侮蔑的な価値付与を行なうことにはならない。先に引用したハイデガーの一節が語るのは、人間にとってのこうした可能性が、動物にとって可能であった他者からの「本質的な震撼（wesenhafte Erschütterung）」を失ってしまうということにほかならないからである。

有名な例を参照するなら、ユクスキュルが挙げたダニの例である（ドゥルーズやアガンベンが好んで引用した例だ）[5]。ダニは何年ものあいだ灌木の陰から、獲物となる哺乳類がみずからの下を通りがかるのを待ち伏せ続ける。いざ獲物が通りがかるや、ダニは獲物から発散される酪酸の匂いに反応してその標的へと落下し、吸血する。

そのあとにダニに残されているのは、地面で産卵することのみである。ダニは言うなればこの一回的な経験に生涯のほとんどを捧げるのである。

人間はそのときダニが享受する「本質的な震撼」以上に強烈な経験をすることができるだろうか。人間はハイデガーのいう世界形成性を本質とするかぎり、つねに他でもありえた撤回可能性のなかで外界との関係を生きざるをえない。換言すれば、ほかでもないこの経験の一回性の濃密さに直面することができない。人間に対して想定された世界の多様性や可変性は、むしろそうした「本質的な震撼」の享受を人間に禁じるのである。逆説的にも、世界形成的な「豊かさ」を生きるはずの人間に特有なのは、そうした震撼の享受不可能性の気分であり、そうした（動物の場合とは別の意味での）「欠如」の気分である。ハイデガーがこの動物論の前半で「退屈」を、現存在の根本気分として――人間が根源的に回避しえないニヒリズムの情態的位相として――取り上げたことの理由は、ハイデガーが人間と動物のあいだに認めたこの対称的な交叉《キアスム》関係から理解することができる。

こうした「本質的な震撼」は、「世界が貧しい」がゆえにこそ動物に可能となっている「豊かさ」の決定的な論点をなしている。ここからこそ、人間との関係において動物が劣位にあるとみなされるべきでない理由を導き出さねばならない。もしそれでもハイデガーのテーゼ「動物は世界が貧しい」における人間中心主義的な含意を問題視しようとするのであれば、この論点をこそ分析しなければならなかったはずだ。

しかしながら奇妙にも、デリダは当該の一節を取り上げて論じていない。なぜだろうか。これは、デリダのハイデガー読解の不備を示しているにすぎないのだろうか。たしかにひとつには――何度も言うが――デリダのここでのハイデガー読解が、即興の講演という制約から充分に議論を展開できなかったという点は考慮されなければならない。だが、そうした蓋然的な理由によって納得するのでは充分ではない。デリダの議論が向かうところはさらにその先にあると考えられるからだ。

そもそも動物的貧しさにこそ世界経験の「本質的な震撼」を見出すというハイデガーの議論の枠組みは、人間と動物の関係の明確な対称性に基づいている。ハイデガーは人間中心主義的な偏見に陥らないようつねに警戒しており、だからこそ、動物的な「貧しさ」の気持ちのうちに、むしろ人間以上に「豊か」で濃密な情動的経験の可能性をみてとることができた。この方向で議論を推し進めるならば、貧しさこそ生そのものの簡素さや無垢さのうちに真の豊かさの質を開示するのだとみなす見地から、動物的生の一種の理想化を主張できるかもしれない(6)。だがハイデガーにしてみれば、それはどこまでも人間には到達しえない境地にすぎない。事実ハイデガーがこの講義の後の部分で展開する論点とは、動物に特徴的な朦朧状態が一見人間にとっての退屈という根本気分と近似しているかにみえて、いかに両者は決定的に異なるのか、その違いを際立たせることである。

たしかにハイデガー自身は、人間の生に代えて動物的生をナイーヴに礼讃する類いの発想からは根本的に袂を分かっている。そこに人間中心主義的な価値秩序への批判、またそこから動物的生の一種の理想化のような論点が引き出されうるにしても、ハイデガーが動物的生の本質の分析に入り込むにつれてますます浮き彫りになるのは、人間がそこに到達することの不可能性であり、人間とその他の動物との決定的な差異なのである。

しかし真に問い直すべきは、この差異ではないだろうか。この差異があたかも一義的に形づくっているようにみえる二項対立を根本的に問い質すことにこそ「動物への問い」の最終的な賭け金があるのではないか。もちろんハイデガーにとって、人間／動物の対立は、議論の仮説的な出発点として持ち出されているにすぎない、あるいは人間／動物／石をめぐる三つのテーゼは、あくまで方法上の理念型にすぎない、そのような反論があるかもしれない。実際ハイデガー自身は人間中心主義も生物学主義も慎重に斥けつつこれらの対立を扱う。だがそれにもかかわらず、いつまでもこの対立の構図そのものが問題視されるにはいたらないのである。

そうした構図が維持されるかぎり、これは依然としてある種の人間中心主義の密輸入にとどまるのではないだろうか。とすれば、ハイデガーの人間主義批判はそう称されるほど妥当なのだろうか。ハイデガーの斥けようとしている人間主義が、実のところ、人間と動物の分割を画そうとするハイデガー自身の所作そのものにおいて相変わらず機能し続けるのだとしたら？

要するに、ハイデガーによって真剣に提起されていないように思われる問いとは次のようなものだ。ハイデガーによって人間は、他の動物との対比を経ることで、動物が持たないとされるさまざまな固有性――世界形成性であれ、死の可能性であれ――を付与されるにいたる。しかし人間は、そういうものを人間固有の能力として持つと本当に言えるのだろうか。まさにそうした固有性の核心に、動物的とみなされてきた諸要素が入り込んでくる余地はないだろうか。それどころか、そうした「人間的」固有性の形成は、そのような「動物的」要素をこそ本質的な条件としていないだろうか――デリダの「動物への問い」が最終的にねらいを定めるのは、まさにこの点に対してである。

4 「として構造」を媒介する痕跡の構造

デリダがこうした問いを投げかけるさいにもっとも顕著なトポスとなるのは、ハイデガーの用語で「として構造（als-Struktur）」と呼ばれるものである。これは、ハイデガーが現存在の固有性や、関連して人間と動物の差異を説明するさいに決まって持ち出す論点である。「として構造」とは、存在者みずからにとって他の存在者を、そのような存在者として、「そうしたものとして（als solches）」打ち立て、そこに関わってゆく構造のことを指す。それは、接続詞「als...」の存在論的な機能に基づく構造であり、たとえばひとは、他者や対象に対して漫然と関係しているのではなく、花なら花として、友なら友として関わっていくことができる。それはとりもなおさず、そういうものとして関わらないこともできる可能性であり、そうして関わっているふりをする可能性でもある。『存在と時間』では、これはひとつの現象学的構造として、すなわち、ロゴスの働きを基礎づけている挙示的な（apophantisch）構造として論究されている（第七節B）。ハイデガーの用語に深入りせずに換言すれば、それは、他なる存在者を自体的に捉えるのではなく、諸存在者の織りなす一定の関係の布置のなかでそうしたものとして見させ（aufweisend）枠づける働きによって捉える構造であると言えよう（言語行為論の用語でパフォーマティヴ［行為遂行的］と呼ばれる作用に通じる働きだ）。

人間の言語活動はまさにそうした「として構造」に基づいていると想定される。ハイデガーにとってこの構造こそまさに、動物がけっして持つことがない構造、すなわち、存在者に関わっていてもそうしたものとしては持ちえないとみなすことでハイデガーが動物に認めない構造なのである。この点が、ハイデガーが動物は本質的に言語を奪われた存在とみなす理由にもなる。

デリダにしてみれば、動物を言語活動から隔てるこうした仕方は、デカルト以来、カントからレヴィナス、ラカンにいたるまで、西洋形而上学の伝統に典型的な身ぶりである。そもそも「として構造」が根本的に含意している論点とは、ある存在者へと関わる当の存在者が、みずからの関与をそうしたものとして把握し制御しうるという自己の能力にあると言うことができる。デカルトであれば「コギト」、ラカンであれば「シニフィアンの主体」と呼ばれるようなこうした審級を人間固有の能力に帰すという想定が、デリダが別のところで問題視している一連の伝統的な区別をもたらしているのである。すなわち、反射的な「反応（réaction）」と責任ある「応答（réponse）」、みずからの意図と「みずからの意図を知っていること」、コミュニケーションとメタコミュニケーション、こうしたもろもろの区別であり、前者は動物にもそなわっているが、後者は人間にのみ許される能力とされてきた。

一般に「として構造」は、一方における存在者Aと、他方における「存在者A」として枠づけられた存在者A′との差異――「現象学的な」差異であり、必要な変更を加えれば「超越論的な」差異――を欠いては成立しない。ハイデガーの「として構造」に含意されるこうした階層化こそ、デリダが一貫して問題視する伝統的区別に棹さすものなのである。残念ながら『動物を追う』のハイデガー講義の部分（第Ⅳ章）は、それに先立つ部分（第Ⅰ～Ⅲ章）との連関が見えやすいとは言いがたい。だが、第Ⅲ章のラカン論の部分へと迂回するならば、当の「として構造」に対するデリダの明確な異議申し立てを再構成することができる。

ラカンの動物論は、動物と人間の本質的な差異を画すべく、次のような議論を展開している。デリダが取り上げる論点に即して見てみよう。

さまざまな動物が生死を賭けて抗争や性的誇示を行なうのに擬態を駆使するとしても、それは単純な偽装にとどまるのであって、偽装の偽装を行なうわけではない。つまり嘘や悪行をなす主体として、偽装そのものを操作して誠実のふりをしたり、隠していないのに隠しているふりをしたりして相手を攪乱させることをするわけではない。要するに、動物の偽装はいわば第一階のレベルにとどまるのであり、偽装を「偽装として」操作する高階の偽装に関与することはできない。後者は（先の「として構造」で見たような）階層化の操作を必要としており、これこそ人間固有の能力である、というのがラカンの主張する基本的な論点である。(7) はたして本当にそう言えるのだろうか。

そもそも動物が行なうあらゆるふるまいには、マークないし痕跡の構造がそなわっている。当然のことだが、いかなる動物の行動も、それを受け取るのが人間であれ他の動物であれ、他者の感覚器官に対してなにがしかの効果を跡づける（ここで想定されている「痕跡」は最広義のそれである）。のみならず、動物はみずから痕跡を残したりマーキングをしたりすることができるが、ラカンによれば、偽装の偽装はできない以上、みずから付けた痕跡を消すことはできない。たとえば、敵の追跡を攪乱するために足跡を付けたり消したり、あるいは別のものに置き換えたりといったことを選択的に操作する動物がいるだろうか。ラカンにしてみれば、それができるのは人間だけなのだ、ということになる。

これに対してデリダは次のように反論する。痕跡の構造とは、そのような主体の能力を想定するまでもなく、痕跡そのものが〈アプリオリにおのれを抹消しうること〉に存する。痕跡を印づけた主体の能力如何にかかわらず、当の痕跡が担っていたとされる意図や意味を超えて、むしろそのイデア的同一性の抹消を介して、その不在の可能性を通じて当の痕跡は反復され、判読され、機能し続けるということが、そもそもの痕跡の構造なのである。「つねにおのれを抹消すること、つねにおのれを抹消しうることが、痕跡の本領なのだ」[8]（AN 186／二四九）。このことは、人間と動物のあいだに想定されてきた分割に甚大な帰結をもたらさざるをえない。デリダは続けてこう述べている。

それがおのれを抹消しうるということは〔……〕神にせよ、人間にせよ、動物にせよ、誰であれそのことの主人的な主体であってそれを抹消しうる力能を意のままに行使しうるということを意味しない。その反対である。この点に関して人間は、単数定冠詞付で「動物」と言われたもの以上に、おのれの痕跡を抹消しうる力能を持っているわけではない。〔……〕痕跡は（おのれを）抹消する。それは万物と同様であるが、それを抹消することが、とりわけその抹消を「判断する」ことが〔……〕本性上保証された力能によってそうすることが誰の力能にも属さない、ということが痕跡の構造の本領なのである。（AN 186／二四九―五〇）

デリダの主張の要点とは、いかなる言語的ないし記号的ふるまいにも痕跡の構造がそなわっているかぎり、人間はみずからの有意的なふるまいを、主人的ないし主意的に操作したり偽装を「偽装として」制御したりしうる最終的な権能を持ち得ないということである。むしろそのような権能の不在こそが痕跡が痕跡として機能する構造を保証しているのである。その権能の有無は、動物と人間を分かつ分割線にはなりえないのだ。

ここで問い質されているのは、デリダの言葉に即していえば「人間とおのれを呼ぶものが、まったき厳密さにおいて、それが動物に拒絶するものを人間に帰する権利を、ゆえにおのれに帰する権利を本当に持っているのかどうか、そしてそうした権利について純粋、厳密かつ分割不可能な概念をそれとして果たして持っているのかどうか」（AN 185-86／二四八）ということである。結果、「として構造」が前提としている現象学的ないし超越論的な階層化は、それが依存している痕跡の構造によってその内部から掻き消され、浸食されてしまう。そのような階層化そのものが権利上禁じられるというわけではないが、それは、痕跡の働きがそうした階層化を貫通してしまうかぎり、どこまでも暫定的な想定にとどまらざるをえない。それは、ラカンやハイデガーが望むような意味で、けっして動物から人間を本性上区別する特権を保証するものにはなりえないのである。(9)

誤解してはならないが、デリダのこうした主張のねらいは、人間の行動にも動物的な本能の次元があり、ときには欲望の赴くままにふるまうといった類いの経験論的ないし生物学的事実を喚起することではない。断じてそうではない。痕跡のアプリオリな構造から導出しうることの要諦とは、人間的なロゴス（理性・言語・論理）を基礎づけている「として構造」の現象学的ないし超越論的な差異そのもののうちに、反復可能で、非主人的かつ非主意主義的な非応答、いわば「動物的な」反応性、さらに言えば「機械的な」自動性が宿っているということにほかならない。

このことを真剣に受け止めるならば、けっして狭義の言語論や哲学研究の文脈に押しとどめることのできない重大な帰結が引き出されるだろう。それが含意しているのは、いかなる責任ある主体による応答も一種の非応答性に、つまり「動物的」とみなされてきた反応性に構造的に媒介されざるをえないということであり、また、いかなる生き生きとした現前的応答も、人間的自己性の不在と死の可能性によってアプリオリに構成されざるをえないということである。

それは、責任＝応答可能性（responsablilité）の概念そのものを問い質す。このことは、人間を決定と応答の特権的な帰責主体とみなしてきた近代的な法体系の限界を画すのであり、そのかぎりで逆に、そうした法権利の体系に依存しない新たな責任概念の必要を思考するようわれわれを促すのである。と同時に、他方でこのことは、人間が、人間以外の動物のみならず、ＡＩを初めとした機械＝非人間的なものと本質的かつ実質的なコミュニケーションをなしうること——ただしそれはコミュニケーション概念の前提そのものをも覆すだろうが——のあらゆる根拠になりうるということを証し立てている。

もちろんこのように言ったからといって、ただちに人間以外の動物が法的な権利主体となるべきだとか、さまざまな動物を「人間扱い」すべきだなどと主張することにはならない。そのような主張はそのじつ人間中心主義的に組織されてきた権利概念や法体系を他の動物に押し付けることにしかならない。あるいは、いっそう素朴な意味での「擬人化」を動物に施すことにしかならない。同様に、どんな動物も嘘をついたりできるとか、夢を見ることができるとか、そういった一般化をしようというわけではない。しかし、それにもかかわらず少なくともはっきりしているのは、ある種の動物からそうした能力を剥奪できない余地が構造的に残るということなのであり、人間と動物のあいだの諸相をさまざまに分割する示差的なグラデーションのなかで、その多種多様な差異のなかで、ある動物が夢をみたり、嘘をついたりする可能性を斥けることができなくなるということなのである。

また、いっそう根本的な次元で、当の痕跡の構造が人間と動物の境界を複雑化してしまうからといって、ただちに一部の人間を「非人道的な」扱いに付してよいとか、人権の概念を否定してもよいとか、そうした正当化——一部の功利主義者がトロッコ問題などで戯画的に主張するような——につながるわけではない。まったく逆である。人間と動物との分割を疑問に付すということは、人間と動物の既存の概念をそのままに両者を連続的に同一したり混同したりすることではありえない。そうではなく、両者の区別を単一的ではない仕方で見定めること、いっそう繊細で微妙な差異において、対立的でも二元的でもない個々の差異において尊重することなのである。

そのとき、人間にせよ動物にせよ、それらを均質化して二項対立の両極へと割りふることはできなくなるだろう。そもそも「人間」や「動物」といった一般名に甘んじることはできなくなるだろう。そうではなく、デリダ自身の言葉に即して言えば、種差や類差を超えた、最終的には個体差をも超えた「無限に差異化された差異」が問題なのであり、「質の、強度の差異を抹消するのではなく、逆にそれを、経験および生の世界の差異化された全領野において考慮することが問題なのである」（AN 173／二三四）。

要するに次の通りである。人間／動物をたんに二極化させるのではなく、「人間的」と呼ばれていたもののうちに「動物的」と呼ばれていたものを見出し、あるいはその逆の事態を見出すことにより、実のところ両者が入れ子状に錯綜し、境界が重層化しているあり方を「生けるものたちの異質的な多数多様性」（AN 53／六五）として再発見すること。こうしたことこそ、デリダが「動物への問い」を通じて試みている企てである。境界の形象を増殖させ、単線を複線化し、脱線状化へともたらすそのような働きは「リミトロフィー（limitrophie）」（limen［境・閾］＋trophein［培養する］からなる語）と呼ばれている。「問題なのは、限界で、限界の周りで、限界によっておのれを維持することで生い育つものであるのみならず、限界を養うもの、それを生成し、育成し、複雑にするものでもあるのだ」（AN 51／六二）。デリダの企てが目論むのは、このリミトロフィーを可能なかぎり促進し増幅することにほかならない。

5　自伝的動物、あるいは動物の見る夢

デリダのリミトロフィーの企ては、人間／動物の境界に関して言えば、次のように要約できる。人間固有とされてきた諸条件（たとえばロゴスや「として構造」）の核心に「動物的」とされてきた諸要素を本質的な条件（たとえば痕跡の構造）として見出すこと。そうして「動物的」諸要素が、人間的固有性の可能性の条件であるとともに不可能性の条件をなしているということを証示すること。結果、そのことによって人間的なものも動物的なものもその純粋性を主張することができなくなるだろう。人間／動物の境界は、入れ子状に折り返され、単

一でなくなり、各々の動物たちの、個々の動物素の、複数の限界形象が出現するだろう。

おそらくそれは最終的には人間でも動物でもない「たんなる生の断片」とでも呼ぶほかないようなものだ。ここからこそ、デリダの「動物への問い」が、文学における特異な動物形象に着目する理由も理解されるだろうし、さらには文学的形象のみならず、ある種の個人的なエピソード、すなわち、浴室でみずからの裸姿をみつめる愛猫のまなざし、そしてこの愛猫が自分自身に惹き起こした恥の情動（cf. AN 18-20, 85ff／一八―二一、一一二頁以下）――この情動自体はただちに誰もが共感しうるありふれた経験というよりデリダ自身の経験にすぎない――が問われることになる理由も理解されるだろう。それらは一回的でかけがえのない経験でありながら、たんに動物の一般性を例示する契機にはとどまりえないような特異な普遍性を宿した瞬間なのだ。それはいわば、経験の当事者がもはやたんなる人間でも動物でもなくなる瞬間であるだろう。そのような個別的ないし特異的な経験に委ねつつ――デリダ独特の用語に託していえば――この「動物」ないし動物たち《アニモ》（animaux）、あるいは「動物語《アニモ》（animot）」、いま・ここにいる、かけがえのない生として、そのような存在を印づける記述こそ、「自伝的動物（animal autobiographique：自己の生を記述する動物）」の書き残した痕跡だということになるだろう。

ハイデガーは『形而上学の根本諸概念』の初めのほうで、通りすがりといったふうに、動物の眠りについて言及していた。

> 私たちは石が眠るとか目覚めるとかとは言わない。では植物についてはどうか。こうなるとすでに私たちは不確かである。植物が眠るかどうかはきわめて疑わしい。植物が目覚めるかどうかが疑わしいからである。動物については、動物が眠ることを私たちは知っている。しかしそれでも、動物のこの眠りが人間の眠りと同じであるかどうか、そして眠りとは一般にいったい何なのかという問いは依然として残る。（GM 93-94）

ハイデガーは、こうした動物の眠りについて人間との曖昧な共通性を指摘しつつも、はたして両者の眠りが同じなのかというみずからの問いを展開することはしていない。動物が寝るとはどういうことなのか。なにをしていることになるのか。なんらかの表象、意識・前意識・無意識のようなものを想定することは許されるのか。そのような表象を解釈することは可能なのだろうか。

翻って、ハイデガーに対してデリダが提起した「動物への問い」とはいかなるものだったのか。その重要な問いかけのひとつは「動物は夢を見るか」である。動物が夢を見るということ自体は、実験心理学・動物行動学的に実証されている現象である。[10]では、いかなる夢なのか。かつてフロイトはこう答えていた。「動物がどんな夢を見るのか、私は知らない。私は、講義の聴講生から、それを知っていると主張する諺のことを教えてもらった。「ガチョウはどんな夢を見るのか」と問われて、「トウモロコシ」と答える。この諺は、夢は欲望充足であるとする理論全体が、この問答のうちに含まれている」[11]。

デリダはこの問いに正面から取り組むわけではない（そのような問答は人間／動物の分割の罠にふたたび陥る形而上学的身ぶりを反復することになる）。そうではなく、夢を見るとされる例外的な動物たちのように、あたかも彼らの夢が自分自身の夢であるかのように、みずから「自伝的動物」としていわばそれを上演してみせるのである。言い換えれば、動物の夢を夢見るのだ、彼らの情動に同調するように。ハイデガーの言葉に従うなら、彼らにみずからを移し置き、彼らとともに「同行する（mitgehen）」（GM 296 ff）ようにして。しかしどうすればそんなことが可能なのだろうか？

最後に、少なくともその方向性を与えるために、デリダが自身の試みをどのようなものとして差し出そうとしているのかについてみずから示唆している印象的な一節を引いて結語に代えておきたい。それは、けっして大上段に理念や理想を振りかざすものではないし、ただちに解決をもたらすような手立てを用意するものでもない。

ある意味ではささやかな試みだが、別の意味ではこれほど途方もない試みもないだろう。動物たち自身の夢解釈であるかのようだ。いずれにせよ、少なくともそれは、われわれがいまだ出会っていない動物たち、これから出会うかもしれない来たるべき動物たち、もはや「動物」という呼称すら適切でないようなところであれら生きものたちと生と死のリズムを同期させ、その音調を合わせたり外したりしながら共鳴地点を印づける問いの痕跡として、まさにそうした共鳴をそこここに反響させる思考の痕跡として、ありうべきもっとも繊細にして貴重な試みのひとつをわれわれに指し示してくれるように思われるのである。

> 〔……〕私は〔「動物は夢を見るか」とそれに連なる〕もろもろの問いに対するある種の鍵（clef）をあえて差し出すことにしよう。そしてそれを回すことにしよう。万能鍵のようにではなく、また籠や動物園の檻の開放前の錠前をこじあける道具のようにでもなく。人間化途上の人類と齢を同じくする監禁や包囲の犠牲となってきたなんらかの動物族の解放や、動物の権利にかんする新たな宣言の準備を目指すためでもなく〔……〕。そうではなく、より音楽的な意味で、シャープやフラットのようなひとまとまりの規則的な臨時記号を示すための、音部記号（clef）や調号のようにである。私はただ、ある楽譜の全体に変化をもたらすある調性、音程を示したいのである。固有に動物的であるようなものの存在にかんする、先述の問いの射程＝楽譜をどうしたら変えることができるだろう？　どうしたらこれらの設問の音部記号に、いわばフラットを付して調子を和らげ、音楽を変化させることができるだろう？（AN 92／一二〇―一）

註

（1）Cf. Jacques Derrida, *Séminaire : La bête et le souverain, volume 1 (2001-2002)*, Galilée, 2008;『獣と主権者Ⅰ（ジャック・デリダ講義録）』

西山雄二・郷原佳以・亀井大輔・佐藤朋子訳、白水社、二〇一四年。および、*Séminaire : La bête et le souverain, volume 2* (2002-2003), Galilée, 2010;『獣と主権者Ⅱ（ジャック・デリダ講義録）』西山雄二・亀井大輔・荒金直人・佐藤嘉幸訳、白水社、二〇一六年。

（2）Jacques Derrida et Élisabeth Roudinesco, *De quoi demain... Dialogue*, Fayard-Galilée, 2001, p. 107n; ジャック・デリダ「動物たちへの暴力」（エリザベート・ルディネスコとの対談）、『来たるべき世界のために』藤本一勇・金澤忠信訳、岩波書店、二〇〇三年、三〇一頁。Cf. AN 60-61／七五—六。

（3）Cf. Jacques Derrida, « Les fins de l'homme » in *Marges : de la philosophie*, Minuit, 1972;『哲学の余白』上巻、高橋允昭・藤本一勇訳、法政大学出版局、二〇〇七年。« Geschletcht : Différence sexuelle, différence ontologique » et « La main de Heidegger (Geschlecht II) » in *Psyché. Inventions de l'autre*, Galilée; nouv. éd. augmentée, t. 2, 2003. *De l'esprit. Heidegger et la question*, Galilée, 1987;『精神について——ハイデッガーと問い』港道隆訳、平凡社ライブラリー、二〇一〇年。« L'oreille de Heidegger. Philopolemologie (Geschlecht IV) » in *Politiques de l'amitié*, Galilée, 1994;『友愛のポリティックス2』鵜飼哲・大西雅一郎・松葉祥一訳、みすず書房、二〇〇三年。*Apories. Mourir – s'attendre aux « limites de la vérité »*, Galilée, 1996;『アポリア　死す——「真理の諸限界」を［で／相］待–期する』港道隆訳、人文書院、二〇〇〇年。

（4）たとえば、動物の権利についてデリダはこう述べている。「動物の権利というと、人権概念だった法律上の概念を動物たちへ複写し、拡張することであるように考える向きがあまりに多いですが、それは誤りだし、それでは弱いと思います。それは共感に満ちてはいるものの維持しえない素朴さに陥ってしまいます。〔……〕「動物」たちになんらかの権利を授けること、あるいは認知することは、人間主体に関するある特定の解釈を確認する隠された暗黙のやり方なのです。そして、人間主体に関するこの解釈は、人間以外の生けるものたちに対する最悪の暴力を発動させる当のものだったはずなのです」（前掲『来たるべき世界のために』九五—六頁）。また「動物の権利」宣言に関しては、AN 122／一六五頁以下を参照。

（5）ジル・ドゥルーズ、フェリックス・ガタリ『千のプラトー』「一七三〇年——強度になること、動物になること、知覚しえぬものになること」（宇野邦一ほか訳、河出文庫、二〇一〇年、中巻・一九九頁以下）や、ジョルジョ・アガンベン『開かれ』（岡田温司・多賀健太郎訳、平凡社ライブラリー、二〇一一年）第一一章などを参照。

（6）たとえば、ドゥルーズの『差異と反復』の動物論は、そうした理想化と無縁とは言えないだろう。本書のよく知られた「愚かさ（bêtise）」の概念は、動物と人間との関係にあって、ここでの「貧しさ」に並行する概念として理解することができる。それによれば、通常信じられていることとは異なり、「愚かさは動物性ではない。動物を「愚かな［bête：獣］」存在にさせない特有の諸形式によって動物は守られている」（Gilles Deleuze, *Différence et répétition*, PUF, 1968, p. 196; ジル・ドゥルーズ『差異と反復』財津理訳、河出文庫、二〇〇七年、上巻・四〇一頁）。「動物そのものは、ある意味で、その明白な形式によって、そうした根底から守られている」（p. 197; 四〇四頁）。つまり愚かさは、むしろ人間に固有な事態であって、というのもそれは、認識上の真偽（誤謬）や、知識や学問上の正当性にではなく、判断力の過誤（lapsus judicii）という知性そのものの本質に関わっているからである。実のところ貧しいのは動物ではなく人間であるのと同様、本当に愚かでありうるのは人間だけなのだ。かくしてドゥルーズは、シェリングの議論を踏まえつつ、人間的自由の本質を、思考そのものの愚かさの問いへと差し戻すことになる。

デリダは晩年の講義「獣と主権者」（二〇〇二年二月六日）において、まさにこの点に、ドゥルーズの動物論において密輸入された人間中心主義の契機を読み取っている。本稿の議論に関するかぎりで一瞥しておこう。ドゥルーズはここで一見、動物を獣（愚かな存在）そのものとして扱う動物蔑視を批判しているようにみえるが、こうした構図自体が、人間／動物の分割を前提とした人間中心主義的排除に加担してしまっている。なぜなら、そのようにシェリングの「始源的根底＝無底（Urgrund）」ないし「底なき底」に想を得た「愚かさ」は、あらかじめ他の動物から区別された人間にとっての「愚かさ」だからであり、動物自身が「そうした根底から守られている」としても、初めから「愚かさ」が問われる枠組みの埒外に置かれているからである。しかしデリダが反問するのは、まさに「そうした根底から守られている」と言われるかぎりで動物は当の根底に無関係でいられないのではないかということである。そもそもそのような人間固有の「愚かさ」の説明は、人間の他者としての動物の表象に依存せずにいられるだろうか。それどころか「多くの動物たちのうちに、底なき底との関係を、人間の場合と比べてより魅力的で、魅惑され、不安に駆られ、不安に苛まれた関係を、少なくとも人間の場合と同じように深淵のような関係を感じ取ろうとしない人がいるでしょうか。そして彼らをそうした底から保護するというものにおいてさえも、まさしく動物たちが自分の身を守ろうとするという——といっても人間たちも同様ですが——その底の、つねに差し迫った、強迫的な、脅威的な近さを感じ取ろうとしない人がいるでしょうか」（Derrida, *Séminaire : La bête et le souverain, volume 1 (2001-2002)*, p. 244; デリダ『獣と主権者Ⅰ』二一七頁）。

（7）Cf. Jacques Lacan, « Subversion du sujet et dialectique du désir dans l'inconscient freudien » in *Écrits*, Seuil, 1966, p. 807. ジャック・ラカン「フロイトの無意識における主体の壊乱と欲望の弁証法」佐々木孝次訳、『エクリⅢ』弘文堂、一九八一年、三一六頁。より具体的・一般的な観点から付言しておけば、動物の行なうさまざまな「擬態」や「偽装」のうち、とりわけ興味深い例として「擬死」がある。この現象は、昆虫類、甲殻類、クモ類、魚類から、爬虫類（ワニ、ヘビ）、両生類（カエル）、鳥類（ニワトリ、ガチョウ）、哺乳類（リス、オポッサム、タヌキ）等にいたるまで、きわめて多岐にわたる動物種にみとめられる（西野浩史「擬死」『動物の生き残り術――行動とそのしくみ』酒井正樹・日本比較生理生化学会編、共立出版、二〇〇九年、第四章参照）。近年の研究は、擬死のメカニズム（カタレプシー）やその環境適応的な意義（身体損傷の防御、カムフラージュ効果、その他生存戦略）を、神経生理学的な見地（たとえば筋電図を通じた擬死誘発の運動ニューロンの精査）から説明しており、これらがいずれも「偽装」の真相を――「偽装」を「偽装として」操作する主体の権能にではなく――個体の能力に外在的な身体的・生態学的要因へと還元するものであるかぎりで、こうした説明をラカンの議論への傍証とみなすこともできよう。

　しかしながら、以下で本稿がデリダに即して問題化するのは、そうした動物のふるまいにそなわる痕跡の構造が、その種の動物行動学的な理解を――たんに斥けるわけではないにせよ――アプリオリに限界づけてしまうという点にほかならない。関連して、こうした論点を、デリダの動物論とダニエル・デネットの認知科学との対比から検討した重要な論考として次の文献を特筆しておきたい。Cary Wolfe, "Language, Representation, and Species: Cognitive Science versus Deconstruction," in *What Is Posthumanism?*, University of Minnesota Press, 2010, pp. 31-47; ケアリー・ウルフ「言語、表象、種――認知科学 対 脱構築」三松幸雄訳、『思想』第一〇八八号（二〇一四年一二月）、一九六―二二二頁。

（8）痕跡に関するこうした論点は、本書の動物論において唐突に持ち出されたわけではなく、初期の著作から一貫して主張されてきたデリダのエクリチュール論に基づくものである。たとえば、『グラマトロジーについて』の以下の記述を参照。「他者への関係を印づける痕跡は、形而上学が痕跡の隠蔽された運動から出発して〈現前存在するもの〉と規定してきた存在者の全領野に、自己の可能性を分節する。存在者以前に痕跡を考えねばならない。しかし痕跡の運動は必然的に隠蔽されており、それは自己隠蔽として産み出される。他者が自己自身をそのものとして告げ知らせるとき、それは自己偽装のうちに現れる。〔……〕そのものとしての他者の現前化、つまり痕跡の「そのものとして」の自己偽装は、つねにすでに始まっていたのであって、存在者のいかなる構造もそれを免れないのである」（DG 69／上・九八―九九）。

（9）正確を期して言えば、ラカンは、デリダが『動物を追う』で論じている「主体の壊乱」論文（一九六〇年）以前に、すでに一九五八年のセミネールにおいて「動物の言語」に関して踏み込んだ指摘を行なっており、デリダは最晩年（二〇〇三年三月一二日）の講義でこれを取り上げている。該当箇所においてラカンは「家畜のなかには人間が言葉を話すことにつながりのある何らかの満足感を体験しているものがいると考えることは、ある程度まで不可能ではない」と述べ、毛皮用に飼われているミンクの例を挙げている。それによれば「誰かがこのミンクと会話することがなければ衰弱してしまい、毛皮職人たちにはおよそつまらない産物しか残らない」とされる。もうひとつ例は「条件反射に関するパブロフの研究」であり、ラカンは「どうしてよく訓練された動物たちに、ある種の言語を学ばせるということに行き着かないのか」と問うている（Jacques Lacan, *Le Séminaire. Livre V. Les formations de l'inconscient* (1957-1958), ed. Jacques-Alain Miller, Seuil, 1998, pp. 339ff; ジャック・ラカン『無意識の形成物（下）』佐々木孝次ほか訳、岩波書店、二〇〇六年、一三五頁以下）。

ラカンの回答は、原則的には「大文字の〈他者〉に対する関係」――シニフィアンの統一的体系の場を構成しシニフィアン連鎖を秩序づける法――が、動物には欠けているというものである。「まったく明らかなことですが、〔動物では〕そうした法が参照されている形跡はありません。すなわち、信号の彼方、あるいは一度つくられた信号の短い連鎖の彼方にある何かを参照している形跡はありません」（傍点引用者）。

ここでラカンは「信号の短い連鎖」と述べていることに注意が必要である。「短い」ながらも、動物がシニフィアンに関与するということ自体はラカンは認めているのである。続けてラカンはこう述べている。「それは動物にとって大文字の〈他者〉のいかなる次元も存在していないということではありません。そうではなく、それはたんに、実際に動物には何もそこから言説として分節されるものはない、ということなのです」（傍点引用者）。

この一連のくだりに対してデリダは次のような注釈を加え、ラカンの議論の綻びを指摘している。「ここでの〔ラカンの〕考えは、大文字の〈他者〉への接近、その経験――ラカンは動物がこうした経験を持ちうることを認めています――と言説とを切り離すことであり、それはラカンが他の箇所では決して行なっていないことです。言い換えれば、ラカンの概念機構において、動物にとって大文字の〈他者〉、シニフィアン、真理が欠けているわけではありません。そうではなく、欠けているのは言説なのです。ここでのラカンの譲歩を掘り下げれば、ラカン的機構全体を完全に蝕んでしまうほど遠くに行ってしまうことになるでしょう」（Derrida, *Séminaire : La bête et le souverain, volume 2* (2002-2003), p. 348n; デリダ『獣と主権者Ⅱ』XXIX頁・註42）。

（10）ここで詳細を扱うことはできないが、参考のために、近年の紹介記事から一例を挙げておく。Cf. Liz Langley, "Do Animals Dream?", *National Geographic*, September 5, 2015. URL = http://news.nationalgeographic.com/2015/09/150905-animals-sleep-science-dreaming-cats-brains/

（11）ジークムント・フロイト『夢解釈』第三章（*Gesammelte Werke*, Bd. II/III, S. 137;『フロイト全集4――夢解釈Ⅰ』新宮一成訳、岩波書店、二〇〇七年、一七六頁）参照。

精神と動物について——ハイデガーとデリダ

齋藤元紀

思想家にとって、また感受性の豊かなすべての人にとって、
退屈は愉しい航海と快い順風の前触れとなる、あの厄介な魂の「凪」である[1]
おお人間の腐敗した姿よ。冷たい金属と
沈んだ森の夜と驚愕、
そして動物の焼き焦がす荒廃とから組み合わされたこの姿。
魂の凪[2]

はじめに

ハイデガーの一九二九／三〇年冬学期講義『形而上学の根本諸概念　世界 - 有限性 - 孤独』（以下『根本諸概念』講義と略記）は、一九八三年の刊行以来、多くの論者の注目の的となってきた。講義録ながら草稿で二六〇頁、全集版で五三二頁におよぶ大著であるという以上に、本書で注目を集めたのは、彼の存在論のなかでもきわめて特異な二つの問題、すなわち「退屈」と「動物」をめぐる分析であった。これらはいずれも『存在と時間』では主題とされてはいなかったため、この講義は基礎存在論を継承しつつも、それを乗り越える新たな一歩を踏み出す「第二の主著」として評価されもしたのだが[3]、しかし他方では激しい論争を引き起こすことにもなった。とい

うのも、「退屈」と「動物」のいずれの分析も、十分な説明もなくいささか恣意的な前提のもとで導入されているように見えるうえ、相互の連関もきわめて不明瞭であったからである。それどころか、そもそもこれらの分析が題名に掲げられた「形而上学」といういわゆる「第一哲学」の考察に相応しいものであるのかどうかも、きわめて不明確なのである。

こうしたハイデガーの議論の問題点を鋭く突いたのが、デリダであった。周知のように、デリダは『精神について――ハイデガーと問い』において、わけても動物についての「世界貧困的」というテーゼを、「権威主義的レトリック」によって表現された「人間中心主義の回帰」に基づくものとして批判した。[4] そのさいデリダは、この人間中心主義の根底に「精神」が潜んでいると見定め、とりわけ三〇年代以降ハイデガーの「形而上学」をめぐる思想が「自民族中心主義」という差別的な「政治」的問題を孕んでいることを指摘したのであった。ハイデガーにおける動物と人間の差異をめぐるこの哲学＝政治学的問題を、デリダはさらに『動物を追う、ゆえに私は（動物で）ある』や『獣と主権者』などの晩年の講演においても執拗に追いかけた。[5] こうしたデリダの批判の影響下、今もなお多くの論者が「ハイデガーの動物論は人間中心主義である」という批判を繰り返し行っている。[6]

こうした精神と動物をめぐるデリダの脱構築的読解は、ハイデガー存在論の核心に切り込む問題提起であることは確かである。わけても『獣と主権者Ⅱ』では、『ロビンソン・クルーソー』と『根本諸概念』講義を参照しつつ、ハイデガーの主張するような人間と動物の世界の差異のみならず、さらには両者の共通性をも描き出しつつ、「主権」としての「支配」の政治神学的含意が際立たせられている。すでにデリダが『精神について』で巧みに考察しているように、生や死、世界、ロゴス、支配といった諸概念、わけても「精神」の概念は、ハイデガー存在論における人間と動物の境界線をめぐるきわめて重要な概念であると言わねばならない。もっとも、こうしたデリダの批判に対する反論もないわけではない。例えばクレルは、ハイデガーにおける「精神」という語の用法を精査しつつ、『存在と時間』ならびに『根本諸概念』講義において「回避」したのは伝統的な意味でのそれであって、必ずしも三〇年代の用法とは同一視できないと主張した。[7] しかしそれでもやはりなお「精神」はハイデガー存在論にとってひとつの根本的な術語であって、しかもきわめて形而上学的かつ政治的な含意をもった術語として考えなければならない。とはいえ、ただちに付け加えておかねばならないが、その根本的な意義は、デリダにおいてもまた多くの論者たちによっても十分に見てとられてこなかった。そしてそのために、『根本諸概念』講義の退屈論や動物論の根本的な意図はもちろん、その相互の関係も誤解されたままにとどまってきたのである。

そこで本論では、主として『根本諸概念』講義におけるハイデガーの議論に寄り添いながら、『精神について』におけるデリダの脱構築的読解において見落とされた「精神」をめぐるいくつかの論点を、とりわけ「退屈」と「ロゴス」を中心に辿りつつ、最終的に『獣と主権者Ⅱ』に即して、「精神」と「動物」をめぐって両者の形而上学的思考が交錯し、かつ相違する点を見極めたいと思う。「精神」の究明をとおして、最終的に本論が答えようとするのは、デリダの提示する次のような問いである。人間にそなわるロゴスを、「として」構造を動物はほんとうに持っていないのか。人間のように動物は「死ぬ」ことはできないのか。逆に、人間は「純粋な」ロゴスを、「純粋な」として構造を持っているのか。人間と動物は共同に存在することはできないのか。――こうした問いを問うにあたって堅持しなければならないのは、『根本諸概念』講義が、基礎存在論をその裏側から捉え返す「反転（Umschlag）」、つまり「メタ存在論」の一環であるとともに、のちの「転回（Kehre）」へといたる変転と移行の歩みのうちに位置しているという点である。デリダに倣って言えば、それはいわば《外されるべきではない鍵括弧を外す》作業にあたる。それはすなわち頽落を頽落ならぬものへと変えること、非本来性を本来性へと《反転》することであり、さらにはそうした一切の《反転》の《源泉》そのものを問うことを意味しているのである。[8]

本論では、まず基礎存在論およびそれ以前の初期講義を参照しつつ、『根本諸概念』講義における「退屈」概念の由来を明らかにする（Ⅰ）。次いで『根本諸概念』講義が、「形而上学」を「自然学」へ解体するというハイデガー独自の形而上学批判の企図のもとで構成されていることを示す（Ⅱ）。そして一九三五年夏学期講義『形而上学入門』を経由しつつ、『根本諸概念』講義におけるハイデガーの「精神」と「ロゴス」の含意、そして「精神」と「動物」との差異の意義を、デリダの上述の問いを念頭に究明する（Ⅲ）。そして最後に、ハイデガーとデリダの精神と動物をめぐる政治的含意の相違の一端を「島」と「航海」の比喩をとおして示唆しておくことにしたい。

Ⅰ　退屈の形而上学

ハイデガーにおける精神という語の意味を究明するために、「退屈」概念の由来と内実を考察することから始めたい。『根本諸概念』講義において、第二部の動物をめぐる考察に先んじて第一部の退屈の分析が置かれているのは、たんなる偶然ではない。ハイデガーは動物をめぐる考察の準備段階として、退屈をあらかじめ人間に固有の存在了解にともなう根本気分として際立たせようとしている。確かにデリダも「根本気分」が近代的な「意識」や「理性」の問題ではないこと、また『根本諸概念』講義の「予備考察」に登場するノヴァーリスの「郷愁」が「動物についての修辞的な予示」であることも指摘しており、加えて「退屈」が「現存在――今日の現存在、現代の現存在――の時間化」とかかわる「深く歴史的でもある分析」であることも見抜いている[9]。ところがデリダによれば、「退屈」は「主観性のゼロ地点」であるとはいえ、形式的にはなお「自己」に拘束されたものであるとされている[10]。しかし果たして退屈の射程は「自己」に収まりきるものといえるのだろうか。デリダとは異なり、あらかじめ本論の立場を述べておくなら、退屈は何より哲学知と観想知にかかわる根本気分であり、しかも主観性の立場からは遥かに遠い射程を切り開く根本気分として理解されねばならない。そしてこの立場からはじめて、「精神」と「動物」の連関も見通せるようになるのである。

すでに述べたように、『存在と時間』では退屈についての言及は見当たらない。だがそれ以前のさまざまな講義録の文章に目を通すと、一九二五年夏学期講義『時間概念の歴史への序説』（以下『序説』と略記）第二九節「現存在の根本動性としての頽落」の「（c）曖昧さ（Zweideutigkeit）」において、退屈への言及が見出せる。「曖昧さ」は、世間話や好奇心とともに頽落を構成する第三の現象であり、世間話や好奇心を増大させる役割を担う。公共性は世間話や好奇心による一定の既成解釈によって規定されており、曖昧さはそこで現存在を世人の漠然とした予感の状態へと抑圧する。曖昧さは予感をあくまで予感にとどめ、じっさいに何かが実行されることを拒否するのである。というのも「実行するということは、なるほど現存在を強いて自己自身へと立ち戻ることを求める。公共的にみればそうした存在は退屈（langweilig）であって、さらに世間話は予感されていたことが実行されるのを目の当たりにして、そうすることもできただろう——それもみな共に予感していたのだから、というふうに間髪入れずに確認するのが常なのである」（GA20 385f.）。曖昧さは予感をあくまでも世人の公共性のうちで宙吊りにしておこうとするため、予感されたことがいったん現実に起こるやいなや、世人はその出来事に退屈し、新たに起こるであろう別な出来事への曖昧な予感のうちへと関心を移してしまうのである。

『存在と時間』第三七節「曖昧さ」は、ほぼこの『序説』第二九節の記述を踏まえて構成されているものの、「退屈」についての記述自体は省かれてしまっている。ところが、この「退屈」を名指す別の表現が『序説』と『存在と時間』でほぼ同一の次の一文に見出せる。「さてところが、懸命にことにあたる現存在が実行してみたもののほんとうに挫折して沈黙するとき、そうした現存在の時間は、《生き急ぐ》世間話の時間とはまったく別の時間であって、公共的にみれば本質的にはるかに緩やかな時間（ein wesentlich langsamere Zeit）なので、世間話のほうはとっくに別なものに、つまりそのときどきの最新のものへとたどり着いてしまっている」（SZ 174; GA20

386［強調は引用者］)。好奇心によって忙しなく新しいものを追いかけ、その新しいものを世間話の肴にして、すべてを曖昧なままにしておく公共的世人の立場からみれば、予感されていたものを現実のものとしようとして現存在が真剣に取り組み、それに失敗して沈黙するという一連の出来事は、あまりにも緩慢な時間のなかで行われる退屈なことがらなのである。

この《退屈な時間》についての記述は、頽落や公共性の観点から否定的に、しかもごくわずかに語られているにすぎない。しかしこの記述を、それに先立つ第三六節「好奇心」における「見ること（Sehen）」、「落ち着かなさ（Unverweilen）」、「気晴らし（Zerstreuung）」、「所在なさ（Aufenthaltlosigkeit）」といった一連の非本来的な諸概念と重ねあわせて考えるなら、『根本諸概念』講義での退屈論への《反転》の歩みが見えてくる。パルメニデスの「ノエイン」に由来する好奇心は、日常性の水準では「見ること」への傾向性から規定されているが、『序説』で詳細に述べられているとおり、そのもともとの由来は「テオレイン」という「理論的態度」によって動機づけられている（SZ 170; GA20 381）。次から次へと目移りばかりする「好奇心」は、「驚嘆（タウマゼイン）」とは全く別なものであって、「落ち着かなさ」と「気晴らし」によって構成されており、そこからどこにも寄る辺がないという「所在なさ」が生じてくる（SZ 172f.）。さらにこうした傾向性がさらに高まり、配慮を差し控え、目の前の存在者をひたすら見つめる「滞在すること（Verweilen）」や「滞在（Aufenthalt）」といった概念は、主として理論的態度として特徴づけられることになる（SZ 61f.）。

これら一連の概念の否定的な特徴づけが「テオリア」に向けられていることから、従来の解釈は、「実践知（フロネーシス）」を本来的なものとして強調する一方、理論を含めた「観想知」を非本来的なものとして否定的に捉えてきた。しかしそれはあくまで基礎存在論の枠組みの内部でのことにすぎない。さらに注意深く見てみるならば、「見ること」や「視（Sicht）」といった概念は、基礎存在論においても「了解（Verstehen）」の概念をはじめとしてさまざまな箇所で積極的に活用されている（SZ 146f.）。つまり上記の一連の諸概念は、公共的に頽落した形態としてのテオリア、もしくは狭い意味での理論としてのテオリアの非本来性を特徴づけるものであって、テオリアそのものを否定しているわけではないのである。じっさいハイデガーは、初期講義でもテオリアやヌース、あるいは「滞在」といった諸概念を必ずしも否定的に特徴づけてはいない。それぱかりか、『存在と時間』以後の講義では、むしろ積極的な意味を与えなおそうとしている。[11] つまり基礎存在論における平均的日常性におけるテオリアや退屈な時間の概念は、非本来性の水準にとどまり、その背後には本来性の側面が控えている。言い換えれば、テオリアや退屈の概念自体、じつは文字どおり曖昧さ＝二重性のうちに位置づけられているのである。

この曖昧さ＝両義性を反転しようとする試みが、『存在と時間』以降のいわゆる「形而上学期」において本格化し始める。現存在の超越を徹底化するその歩みは、平均的日常性の分析において否定的に特徴づけられた上記の一連の諸概念を、いわばその裏側から積極的に捉えなおし、拡張する作業と言ってよい。それは言い換えれば、従来非本来的とみなされてきた「ソフィア」と「テオリア」を形而上学と超越の運動のなかで本来性へと反転することだと言えよう。その第一歩が「メタ存在論」のうちで展開された「気晴らし＝分散（Zerstreuung）」の分析である[12]（GA26 173f.）。ハイデガーはこの分析が「時間性」ないし「歴史性」および「空間性」という二つの方向への超越論的拡張であることを強調しているが、じっさいに強調されているのは身体や自然といった「空間性」の側面である。それに対して、『存在と時間』の平均的日常性の分析でほぼ抹消されていた「退屈」は、この超越論的反転をとおして、時間性と空間性の双方へ広がる現存在の事実的な情態性の一契機として捉えられている。『形而上学とは何か』で述べられているように、「退屈」はあらゆるものを「無関心さ（Gleichgültigkeit）」へと押し込むが、その「無関心さ」は『存在と時間』におけるような配慮の欠如的様態としてではなく、むしろ現存在を「全体としての存在者」へと直面させる（GA9 110）。他方、『根本諸概念』講義でも明確に述べられているとおり、「退屈」は「時間への関係」をもつ「時間感情」のひとつである（GM 129）。退屈とは、現存在をその伸張する時間のなかで自然＝全体としての存在者へと際会させる、際立った情態性なのである。

このように辿ってくるなら、「退屈」が、じつはソフィアやテオリアの誕生のきっかけとなった「閑暇（スコレー）」を指すものであることが見えてくる。周知のようにアリストテレスは『形而上学』第一巻第一章で、「学問知（エピステーメー）」が生活上の「必要」や「快楽」のためではなく、「暇な生活をすごす（スコラゼイン）」人々のもとで発生したと述べている。[13] 他方でアリストテレスは、「学問知」よりも「より多く知恵（ソフィア）をもつ」「観想知（テオリア）」として「哲学知（ソフィア）」を挙げ、それが「安寧さ」や「娯楽」が満たされたうえで「全宇宙の生成」に「驚嘆」を覚えることによって開始されたものであるとともに、「自然全体における最高善」という「目的」ないし「起源（アルケー）」を探求するものであるとも述べている。[14] この箇所によせてハイデガーは一九二二年夏学期講義の『形而上学』解釈において次のように述べている。「閑暇の本来的な状態と哲学知をめぐる徹底的な配慮の意味（それは了解への気遣いである！　ただし具体的な状況下にあって、ただ眺めているというわけではなく、むしろ徹底的にその了解の気遣いを形成している。フィロソフィアの時熟意味と時熟傾向は、立場において異なっている）」（GA62 96）。ハイデガーはそこで『政治学』での平時と戦時における閑暇の相違を引用しているが、[15] 重要なのは、閑暇と哲学知にはその立場におうじて相違が、曖昧さ＝二重性が含まれているという点である。このような現存在の動態は「滞在（Aufenthalt）」とも呼ばれるが、それは一方では「生が最も厳密な意味でおのれを見出しており、それゆえ生がおのれ自身のもとでおのれ自身のほうから自らがそれであるところのもの、自身が現にそうであるところのものとして存在するような、そうした立場」であるとともに、他方ではこのように「滞在すること（Verweilen）は、存在者のもとに純粋に滞在することになる」ような「生の本来的な動性」なのである（GA62 97）。

この初期講義でも『根本諸概念』講義でも、閑暇と哲学知の連関について明確に述べられているわけではない。だが上記の考察からすれば、次のように言えるだろう。内存在者のもとへ滞在し、そこに没入するような閑暇のもとでの哲学知は、公共的に頽落した好奇心が行き着く果ての理論的な学問知にすぎない。だが、このような曖昧さ＝二重性が反転されるとき、本来の閑暇のもとで哲学知は、現存在の本来の自己を存在するとともに、全体としての存在者へ直面させられる。この本来の閑暇の意味での「退屈」こそ、ハイデガーにとって形而上学と哲学をその始まりにおいて気分づけている「根本気分」なのである。

II　形而上学としての自然学

このように考えるなら、『根本諸概念』講義の企図と構成全体もきわめて見通しやすいものになる。まず「予備考察」の第一章でハイデガーは、アリストテレスに倣って、もろもろの「学問知」とは異なる「哲学知」と「観想知」の性格を前面に打ち出そうとしている。それは「哲学」が「諸学問」からではなく、どこまでも「哲学」自身から規定されるべき「自立的かつ究極的なもの」であるという点、また「形而上学」の根本諸概念が「全体としての存在者」とその只中の「実存」を包括するものであるとされている点からも読みとれよう（GM 3, 13）。続く「予備考察」の第二章は、「哲学」と「形而上学」にまつわる「曖昧さ＝両義性」が問題視されるところから始まる。ここで取り上げられるのは、先に『存在と時間』において確認しておいた「哲学知」と「観想知」にまつわる曖昧さ＝両義性であるが、しかしいまやその問題が、『存在と時間』の基礎存在論の前提にかかわる水準に設定されているという点には注意すべきである。

そもそも『存在と時間』は「哲学」を考察の主題としているわけではなく、その基礎となる問いを問い始めた段階にとどまっている。「存在の意味への問いを主導的な問いとして携えることによって、本書の考察は哲学一般の基礎となる問いにかかわっている」（SZ 27）。前章で見たように、「哲学」そのものの問いは基礎存在論では前景化されることなく曖昧さ＝二重性を帯びていたが、ここではその原因はもはや公共的な頽落のせいだけではなく、「哲学」が現存在の本来の営為であるかぎりで、現存在自身に、そして哲学自身に根ざすものとして考えられている。「人間における現存在が、哲学することのうちで、人間に攻撃をしかける」(GM 31)。人間は存在するかぎりにおいて必ずや全体としての存在者のもとで哲学し、問いを発さなければならないが、しかし同時にいつでも哲学の本質を捉えきれず、哲学から逸脱するよう仕向けられている。哲学する者は「すべての問うことと存在とにつきまとう克服しがたい曖昧さ＝両義性との闘い」にいつでも巻き込まれざるをえないのである(GM 31)。

「哲学知」と「観想知」につきまとう曖昧さ＝両義性を乗り越えようとする『根本諸概念』講義における試みは、メタ存在論における超越論的反転の試みを受け継ぎ、「哲学知」と「観想知」にそなわる遠心力を大きく二つの方向へと展開するものと言える。ひとつは、「退屈」の分析に見られたように、「時間性」へと展開する方向である。すでに見たとおり、「退屈」の分析はたんに「今日」の「われわれの状況」を掘り下げるだけでなく、「閑暇」という「哲学知」の始まりへと立ち返る歴史的性格を帯びたものでもあった。いまや「哲学」と「形而上学」の意義についても、そうした歴史的遡行が開始される。そのさいハイデガーがアリストテレスではなく、フォアゾクラティカーに依拠しているのは、こうした「哲学知」の始まりへの遠心的遡行を象徴するものと言える。すでに一九二八・二九年冬学期講義『哲学入門』では、ホメロスとヘシオドスにおける「智者(ソフォス)」という言葉が「船大工」や「航海」にまつわる「手仕事」にかかわるものであることも指摘されているのは、おそらくそうした遠心的遡行を象徴させようとしたものと考えられるが(GA27 21)、その詳細な解釈の対象とされるのはヘラクレイトスである。「わたしがその言うところを聞いたかぎりのすべての人びとのうち、誰一人として、賢くある(ソフォン)とはすべてのものからかけ離れているものだということを認識するまでには至っていない」[16]。このヘラクレイトスの断片一〇八は、「哲学知」と「観想知」の曖昧さ＝両義性を乗り越えるための遠心力が「時間性」という方向性のみならず、「空間性」というもう一つの方向性を持つことを示している。というのもハイデガーによれば、このヘラクレイトスの断片において「離れている（κεχωρισμένον）」という表現は「それ固有の場所にある何らかのもの」、「自分に自分で自分固有の場所を形成する何らかのもの」を意味しているからである（GM 34）。哲学は、常識や既存のものの一切から最も遠く離れているがゆえに、その離れた場所をこそみずからに最も固有な場所として形作ることができる。その意味で、哲学はいつでも今いる場所に馴染めぬままつねに違和感を覚えており、自分本来の場所へと赴くよう、今ある場所から離れるよう誘われるのである。

このように見てくるなら、このヘラクレイトスの引用に先立ち、「予備考察」の第一章でノヴァーリスの「郷愁」が「哲学することの根本気分」として言及されていたことの意義もまた明瞭になる（GM 12）。「哲学とは本来郷愁であり、どこでも家にいたいと願うひとつの衝動である」[17]。この哲学の「郷愁」の衝動は、ハイデガーによれば、「哲学」が「全体として」の「世界」への「途上」にあることを意味する（GM 7f.）。「郷愁」は、「閑暇」としての「退屈」にすら先立ち、哲学する者が「家にいるようにはいない」ことに気づき、そのことに「心打たれる（ergriffen）」ことによって、それ自体としては輪郭の不明瞭な「全体」へと誘われるような根本気分である[18]（GM 9, 12）。デリダも正確に見てとっているように、この「感動（Ergriffenheit）」はまさしく「驚き、タウマゼイン」である[19]。哲学が帰りゆくべき場所、滞在すべき本来の場所としての「全体」は、そこでは「暗がり（Dunkel）」として現れる。「われわれが哲学そのものを真剣に問いかけるやいなや、哲学はわれわれから離れてある独特な暗がりのなかへ脱去する、すなわち哲学は、人間的現存在の本質の根底にある人間の行為として、その本来の場所へと脱去する」のである（GM 11）。したがって「郷愁」は、現実に存在している故郷へ帰りたいという感情とはまったく異なり、人間が哲学するかぎり、遠く遥かに暗く謎めく「全体」へと立ち戻り、そこへと滞在するよう否応なく誘われることなのである[20]。

さらにハイデガーは「形而上学」の曖昧さ＝両義性を乗り越えるにあたって、「形而上学（メタ・タ・ピュシカ)」を「自然(ピュシス)」へ、すなわち「全体としての存在者」へと還元するという独自の戦略をとる。周知のように、アリストテレスの『形而上学』の命名は、『自然学』と呼ばれる一連の講義録の「後(メタ)」に置かれたという編纂技術上の処理に由来するが、ハイデガーはそこに独特な問題連関を見てとる。すでに「ナトルプ報告」に示されていたように、「神的存在者」としての「不動の動者」は本来「自然」ないし「自然的存在者」を意味しているのであって、そうした存在者の「運動」が「として」によって、つまり「ロゴス」によっていかに分節化されるのかを究明することが、そもそもハイデガーのアリストテレス解釈の狙いであった(GA62 387-396)。『根本諸概念』講義でもこの点は明瞭に述べられている。「メタ」は本来「あるものから離れて他のものへ」という「メタボレー」、「反転(Umschlag)」を意味し、ラテン語を経由したさいにそれが「ピュシカから離れて別な存在者へ向く」という意味での「超越」へ、そして「超感性的なもの」への「超越」へと転じたのだが、これはハイデガーによれば「表面的」で「混乱をきたした」「本来的問題に無頓着」な変容である(GM 58f., 62f., 66)。むしろ逆に、「神」を「ピュシス」へ、「ピュシス」をさらにその根源へと反転し遡行すること、最も遠く離れゆくことが、いわば本来の「メタ」なのである。

こうしたハイデガーの解釈は、形而上学の主題領域たる「神的存在者」としての「ピュシス」と「ウーシア」をめぐる「二重性」の問題を、つまり形而上学の曖昧さ＝両義性の問題を解決しようとするものと言える(GA37; GM 52)。そこで引き合いに出されるのは、またしてもヘラクレイトスである。ヘラクレイトスの断片一二三「ピュシスは隠れることを好む」をハイデガーは次のように訳している。「もろもろのものの支配はそれ自身みずからを隠す傾向をもつ」[21](GM 41)。ハイデガーはこの断片ではピュシスに「支配(アルケイン)」の訳語を宛ててその根源的な隠蔽性を指摘している。デリダも的確に指摘しているように、ピュシスは何よりもまず「支配」として理解されるべきものなのである。[22] しかし他方、断片九三ではピュシスと対立するロゴスの露呈性が明確に際立たせられている。「その神託がデルフォイにある主は、語りもせず隠すこともせず、むしろひとつの印を与える（指し－示す）[23]」（GM 40f.）。ピュシスはたんなる支配ではなく、隠蔽性としての支配なのである。

　ヘラクレイトスの隠れた調和の着想に寄り添いながらも、こうしてハイデガーは形而上学の曖昧さ＝両義性の本来の由来を、ピュシスの隠蔽性のうちに見る。ハイデガーによるヘラクレイトスの断片三〇の翻訳は、それを明確に示している。「このコスモス〔私はこの言葉を意図的に訳さないでおく〕は、すべてのものを貫いて同一であり、これは神々のうちの誰かが造ったわけでもなければ、人間の誰かが造ったわけでもなく、このようなピュシスは常に燃えている火であったし、今も常にそうであるし、これからも常にそうであろう、尺度にしたがって燃え上がり、尺度にしたがって消えながら[24]」（GM 47）。コスモスの翻訳を回避しつつ、コスモスをピュシスと重ね合わせるこの意図的な改訳は、形而上学の曖昧さ＝両義性の遠因として、ピュシスの根源的な「暗がり」や「隠蔽性」を強調しようとするものと言ってよい。「開けて白日のもとに晒されているものよりもより高く、より強力であるのは、おのれを示さない（隠蔽された）調和[25]」。ハイデガーによれば、このヘラクレイトスの断片五四が意味しているのは「ピュシスが隠蔽しているのはまさにピュシスの本来的なもの、白日のもとに晒されていないもの」だということであり、ロゴスの「語りによって露わにする（アポパイネスタイ）」という意味は、このピュシスとの対応から理解されねばならない（GM 44）。隠蔽するものとしてのピュシスとの対応においてのみ、ロゴスの露呈は行われるのである。

　したがってロゴスを行使する人間は、その本質からして、ピュシスの隠蔽性としての支配によって徹底的に支配されている。この点は、ヘラクレイトスの断片一一二に寄せたハイデガーの翻訳が示しているとおりである。「人間が意のままにできる最高のことは、〔全体を〕省察することであり、賢さ〔省慮〕とは非隠蔽的なものを非隠蔽的なものとして言うことであり、ものごとの支配に従い、それに耳を傾けながら行為することである[26]」（GM 42）。哲学とはまさに、ピュシスの支配を、隠蔽性を隠蔽性としてロゴスによって語る営みである。「ピュシスとは支配するものが支配することであり、ロゴスとはこの支配することを隠蔽性から取り出す語である。この語において生起するすべてのことは、ソフィアの事柄、すなわち哲学者の事柄である。言い換えれば、哲学というのは、存在者が支配することを、ピュシスを、ピュシスをロゴスにおいて語り出すことを省慮することなのである」(GM 42)。ピュシスは「生殖、誕生、幼年、成熟、老化、死」といった人間が自他を問わず経験する「もろもろの出来事」を直接に貫き、「人間の運命と人間の歴史」を含み込んで支配している(GM 39)。ロゴスとソフィアはそれに抗って、ピュシスを露呈する。しかしそこで見落としてはならないのは、ロゴスはピュシスとの対応関係にあるとはいえ、ピュシスの支配をすべて白日のもとに晒すことはできず、隠蔽性を隠蔽性として、隠蔽されたものを隠蔽されたままに語らざるをえない、という点である。言い換えれば、いかにロゴスがピュシスの隠蔽性を全面的に露呈しようと強いるにしても、ピュシスはそうしたロゴスに抗って隠蔽性へと脱去するのである。

振り返ってみれば、「退屈」という根本気分とはそもそもこのようなピュシスの圧倒的な隠蔽性を告知するものではなかったのだろうか。Iの冒頭で述べたように、デリダは「退屈」を「自己」に拘束されたものであるとみなしていた。しかしそこでデリダが言及していたのが、退屈の三形式のうちの第二形式であった点には注意が必要である。第一形式においては、特定の「退屈なもの」としての存在者によって退屈させられるが、第二形式においては不特定の「退屈」な状況全体によって退屈させられる。これらに対して「なんとなく退屈である(es ist einem langweilig)」と定式化される第三形式は、第一・第二形式の可能性の条件をなすものであり、「それ(es)」すなわち「全体としての存在者」がその「無関心さ」において「現存在のあらゆる諸可能性」を「拒絶」しつつ、なおかつその「拒絶」のうちで「現存在をそのものとして根源的に可能にすることへと強制すること」である(GM 173, 208, 212, 216)。ハイデガーは三つの形式のいずれにおいても主客図式の混入を斥けているが、わけても第三形式においては「日常的な人間性」や「襲来する存在者」ばかりでなく、「この特定の状況の全体」も「個人的な主観としてのわれわれ自身」をも含むすべてが無効化されている(GM 207)。この第三形式の退屈はまさしく、主観や世人の立場を完全に無効化し、全体としての存在者＝ピュシスが現存在の根源的な可能性を開示しつつも、その全可能性を隠蔽し、否定するのである。

こうしたピュシスの隠蔽性の支配は、人間のみならず、当然ながら自然的存在者にも及んでいる。「ピュシスとは天空であり、それは星辰であり、海、大地、人間を不断に脅かすが、しかし同時に守り、促し、担い、養うものであって、このように脅かし支えながら、人間とはかかわりなくおのずから支配するもの」である（GM 46）。一見するとピュシスはこれらの自然的存在者を支配するものであるように見えるが、しかしそうではない。というのも、ハイデガーがこの前後で述べているように、「支配すること」というピュシス本来の意義が「支配するもの」という意義と競り合った結果、「未決着のまま」で「支配するもの」のみが前面化したのであって、そのため「やや狭い意味」で理解されてしまっている（GM 46）。したがって、厳密に言えば、ピュシスは自然的存在者を支配するものではなく、むしろそうした自然的存在者そのものにおける支配することであり、自然的存在者そのものにおける隠蔽性の支配のことなのである。

Ⅲ　精神と動物

こうして退屈が哲学知と観想知の根本気分であり、また現存在からは遥かに遠く離れた、全体としての存在者をその隠蔽性において開示するものであることが明らかとなった。こうした根本気分をそなえた哲学知ないし観想知の概念が、じつはやがて三〇年代に前景化する「精神」の概念の先駆形態をなしている。『精神について』におけるデリダの功績は、この概念の特異な前面化を指摘した点にあるが、しかし上述のような由来にまで踏み込んではいなかった。「哲学知」ないし「観想知」の本質に位置するものは「精神」である。そのためハイデガーは一九三五年の『形而上学入門』の第二節では、いまや「曖昧さ＝両義性」が「精神」とその「本質的な形態」の一つである「哲学」に及んでいることを指摘するに至る。「精神のいずれの本質的な形態も曖昧さ＝両義性のうちにある。その形態がほかの形態と比較しえないものであればあるほど、その形態が引き起こす誤解はますます多様になる。……哲学について流布している誤解は、おまけにこれまた多かれ少なかれかけ離れた立場から何ごとかを言い当てているので、見渡すことができない」（GA40 11）。

ハイデガーはそこで「哲学の本質についての過剰な要求」と「哲学のはたらきの意義の歪曲」という二つの誤解を指摘している。それに続く第一五節では、冒頭でデリダも取り上げた「世界の暗黒化（Weltverdüsterung）」や「精神の脱権化（Entmachtung）」が述べられたのち[27]、「精神」をめぐる四つの誤解が挙げられる。それは第一に精神の知性への改釈、第二にこのように改釈された精神の道具化、第三にその道具化に伴う精神的な出来事――そこには詩や造形芸術、国家形成や宗教、そしてハイデガーは明言していないが、おそらくは哲学も数え入れられるように思われる――の意識的な育成と計画化、そして第四に精神の文化という目的への奉仕、である（GA40 48-53）。「精神」をはじめ、その「本質的な形態」たる哲学、芸術、政治、宗教が道具化され計画化されるというこの世界史的かつ惑星的な動向は、ハイデガーがのちに「総駆り立て体制（Ge-stell）」と呼んだものに他ならない。「原存在（Seyn）」――それはまたピュシスでもあるのだが――に由来するこの「総駆り立て体制」がいまや、時空間のすべてにおよぶあらゆる「曖昧さ＝両義性」と「誤解」を哲学、芸術、政治、宗教、そして「精神」に対して生みだしているのである。

こうして『形而上学入門』は「総長就任演説」における精神の定義へと至りつく。上述のような「曖昧さ＝両義性」と「誤解」に抗うような「精神とは、存在の本質へと根源的に気分づけられた知的（wissend）決断である。精神とは全体としての存在者そのものの諸力への授権（Ermächtigung）である」（GA40 53; vgl. GA16 112）。ここで精神は、かつて哲学や観想が担っていた「気分」や「知」を携えつつ、「存在の本質」へ向かい、「全体としての存在者」を開示するとともに、それに抗して「授権」する「力」を備えたものとして考えられている。だがここでの「知」の身分は、じつは『根本諸概念』講義とはいささか位相を違えている。それが明瞭になるのは、ハイデガーによる一連のソフォクレスの『アンティゴネー』解釈とパルメニデス解釈である。

　ここでも基本的な対立軸とされているのは、人間の「レゲイン」＝「ロゴス」と、全体としての存在者たる「ピュシス」の対であるが、人間の「レゲイン」＝「ロゴス」のもとには、テクネー、そしてノエインまでもが従えられている。ソフォクレスの『アンティゴネー』解釈では、「最も不気味なもの（デイノタトン）」たる人間の行使する「力（Gewalt）」を規定しているのは、「芸術」における現出させるはたらき、すなわち「作品の中に置きうること（Ins-Werk-setezen-können）」を成就する「知（Wissen）」としての「テクネー」であるとされる（GA40 168f.）。続くパルメニデスの断片六「存在者が存在するということを語り（レゲイン）、また考え（ノエイン）ねばならない」についての解釈をとおして、「レゲイン」は「ノエイン」に先立つとされる[28]（GA40 178）。つまりここでは、「ロゴス」が「ヌース」＝「聞き知ること（Vernehmen）」＝「観想知」に先立ち、そして「知」としての「テクネー」にも先立つものとされているのである。人間の一切の能力を統帥する力は、他ならぬロゴスである。「人間存在は……ロゴスであり、収集であり、存在者の存在を聞き知ることである。それは最も不気味なものの生起である。そこでの力の行使（Gewalt-tätigkeit）によって、圧倒的なもの（Überwältigende）が現象へもたらされ、存立することになる」（GA40 180）。

　ここでのハイデガーの立場は明らかに、形而上学を自然学へと還元しようとする『根本諸概念』講義から一歩踏み出し、自然学からさらにその先へ、さらに《遠く離れた》場所へ向かおうとしている。一九五三年の刊行時に付加された記述はそれを裏づける。「本質的につねに《自然学》にとどまっている伝統的な形而上学の領域においては、この問い〔人間の問い〕を十分に問うことはできない」（GA40 149）。とはいうものの、こうした「ロゴス」も、人間における力の行使として「最も不気味なもの」であるかぎりにおいて、かの隠蔽性の支配がまとわりついたままである。「言葉の根源はいつも秘密（Geheimnis）」であり、ロゴスの力の行使は「海という圧倒するもののなかへの船出」のような「冒険（トルマ）」であるかぎりにおいて、「立派なものや高貴なもの」ばかりでなく、「劣悪なもの」、「放埒と敗北」、「存在の隠蔽」としての「世間話」、「無秩序への分散」にも至らざるをえない（GA40 180f., 162ff., 170）。

　このようにロゴスはやはり隠蔽性の支配の下に、ピュシスとしての存在の圧倒的な支配のもとに置かれているのだが、しかしこの支配を克服する可能性を新たにハイデガーは提示する。それは現れ出る支配を拒否すること、開けを拒むことである。「最も不気味なものの力の行使には、不遜が属している。……それはつまり、現れ出る支配に対してあらゆる開けを拒否することによってこの現れ出る支配を克服することであり、この現れ出る支配の全能に現れの場を閉ざしておくことでこの現れ出る支配と肩を並べることである」（GA40 185）。それは現存在が「自らの本質を放棄すること」、「存在から外へと歩み出ること」もしくは「現存在を決して引き受けないこと」、「存在に対する最も極端な遠さ」としての「非現存在（Nichtdasein）」たること、「生まれないこと（μὴ φῦναι）」である。これをハイデガーは、『コロノスのオイディプス』の一節「この世に生を享けないことが／すべてにましていちばんよいこと」を次のように翻訳することで示している。[29]「けっして現存在のなかへ歩み入らないことが、全体としての存在者の集められてあることに勝利する」（GA40 185f.）。

　最善は生まれないことで次善は早く死ぬことだ、というこのペシミスティックな言い回しのヴァリエーションは、周知のようにテオグニスやニーチェ、ショーペンハウアーにも見出される。しかしハイデガーが指摘しているように、ここでの問題は人生に対する悲観的な価値判断などではなく、どれだけ力を行使するにせよ、現存在は事実的に存在の前には必ずや打ち砕かれざるをえず、そしてそうした現存在にとって存在を克服する可能性は非現存在たることでしかないという点である。現存在が現存在たるかぎり、「現存在は存在に対する力の行使の挫折と再起の絶えざる急迫」のうちにあらざるをえない。再起が可能であるのも、現存在が隠蔽性の支配に服従して挫折せざるをえないからである。それゆえこの隠蔽性の支配に対する完全なる抵抗と勝利は、究極的には現存在が現存在ではありえないという可能性においてしか成し遂げることができないのである。では、このようにそもそも生まれなかった者とは誰のことなのだろうか。死んでしまった者ではなく、いまだに現存在のうちへと立ち入っていない者、現存在の生を生きていない者、現存在へと立ち入ることを許されず阻まれている者とは、何者なのだろうか。ハイデガーはそれを明確に述べてはいないが、いまやひとつの答えを想定することができる。それは現存在の世界に乏しい者、現存在の世界を持たない者、つまり動物であり、石である。

さて、ここであらためて『根本諸概念』講義へと立ち返り、精神と動物との差異について考察しよう。もっぱら哲学知と観想知に定位しているかに見える『根本諸概念』講義ではあるが、じつはすでに詩作とロゴスの優位への助走が開始されていた点は見逃すことができない。デリダも的確に指摘しているように、ハイデガーは「詩人たちは嘘八百を並べたてる」というアリストテレスの『形而上学』の警告を取り上げつつも、それに対しては肯定も否定もしていない[30]。しかしその直後に続く一文では、詩を含む芸術と哲学は、明らかに諸学問とは位階の異なる各上の「姉妹」として位置づけられている。「芸術——これには詩も属しているが——は哲学の姉妹であり、そしてすべての学問は哲学との関係においてはおそらく一個の下僕にすぎない」(GM 7)。こうした芸術と哲学の関係は、さらに第三四節で明確に際立たせられている。すでに退屈の三つの形式が分析し終えられ、あらためて第三形式の「深い退屈」の問いを掘り下げるにあたって、いまこそ「本質認識」としての「哲学」が、「哲学する実存が出動する可能性(Einsatzmöglichkeit)」が真に問題にされるべきだとして、ハイデガーは次のように述べる。「芸術としてであれ、哲学ないし宗教としてであれ——すべての全体における本質的な行為というものは、最も内的に類似しているという点に沿って言えば、詩人に当てはまることは哲学にも当てはまる——詩人はうたをうたえ、お喋りをするな、と」(GM 231f.)。哲学と芸術は——ソフィアとテクネーは——その本質において——すなわち「精神」において——類似したものである。それゆえ哲学に向けられる真の警告は、「哲学者は哲学をせよ、お喋りをするな」となろう。[31] ――とはいえすでに繰り返し見てきたように、この「お喋り」、「世間話」という曖昧さ＝両義性は、本質的に哲学が服従するピュシスの隠蔽性の支配によるものである以上、それを逃れることはできないのだが。

ハイデガーは哲学に対して、こうした芸術との本質的な類似性を認めつつ、他方で「世界形成」という根源的生起に基づく「ロゴス」が備わっていることを強調する。「人間は生起の根本生成としての移行（Übergang）」として「歴史」のうちへ「投げ出され」つつ「実存している」のであり、そこで「現実的なもの」を「授けられてある（versehensein）」とともに「可能的なものの中へと移し置かれて（versetzt）」いる。そこで「すべての哲学することの息づかい」として生じるのが「驚嘆の至福（die Seligkeit des Staunens）――かの覚醒せる恍惚（jene wache Hingerissenheit）」である（GM 531）。「人間は世界形成的である」という第三テーゼから導き出されるこの一連の結論に対して、第二テーゼ「動物は世界貧困的である」、そして第一テーゼ「石は無世界的である」は、こうした人間の世界形成の可能性の一切が、動物には阻まれている、あるいはそもそも石には与えられていない、ということを示している。動物学や生物学の成果を参照しつつもそれを斥け、ハイデガーが一貫して主張するのは、人間の世界と動物の世界、そして石の世界の根本的な存在論的差異である。動物の存在は「朦朧（Benommenheit）」であり、環境に対して開かれてはいるが、しかし人間とは異なり、その開かれのうちに「囚われた存在（Eingenommensein）」である。『存在と時間』においても述べられていたように、そしてデリダも指摘するように、「死（Sterben）」を能くすることができるのは人間だけであって、生物は「終焉（Verenden）」するものであるがゆえに、人間のように死ぬことはできない（GM 388; SZ 240f.）。石には世界がそもそも開かれていない。石はそもそも生きていないので、死ぬこともない（GM 265）。動物と石の存在は、現存在の存在構造についての基礎存在論的分析からこうした「欠如的解釈」をとおして導き出されているのだが（SZ 50; vgl. 58, 194）、その決定的な境界線を形作っているのは、世界を世界として開示する「として構造」の有無であり、「ロゴス」の有無である。

「ロゴス」は精神と動物のあいだの決して横断しえない境界線として設定されているが、しかしそれにもかかわらず、人間と動物、そしておそらくは石にも共通するものがある。すでに見たように、人間のロゴスにそなわる「力（Ge-walt）」はピュシスの「支配（Walten）」に服従するものとして、その服従のうちでのみ抗うことのできるものであった。じつはハイデガーは動物のうちにもそうした支配を見てとっている。動物はそれ独自の囲み（Umring）のうちに存在しているが、「この複数の囲みのこうした輪のうちで、存在者一般の内部での生き物のあるいっそう内的な支配性格がわれわれに開示されているのだが、それはある内的な、生それ自身のうちで生きられ、生それ自身を超える、自然の崇高さである」（GM 403）。デリダは「支配」が「存在者の全体」を「覆って」おり、したがって「動物的な生き物」や「人間」をも「覆って」いると述べているが、これはいささか正確さを欠いている。[32] ピュシスは存在者のように他の存在者を「覆っている」わけではない。ピュシスはむしろ、全体としての存在者そのものである。人間のロゴスはこうしたピュシスの隠蔽性の支配の下にある以上、もとより決して動物の世界の全容を開示することはできない。しかしそれでもなお、そうした人間のロゴスの分節化をとおしてかろうじて動物の存在論的性格のうちに開示されてくるのは、まさに動物それ自身が自然の支配であるということ、崇高のごとく、まさしくわれわれの構想力を遥かに超える、ピュシスの隠蔽性の支配そのものだということなのである。[33] このように考えるなら、石の存在もまた次のように言えるだろう。石が人間のロゴスに対して開示してくるのは、崇高さすらをも欠く、まったき世界の無としてのピュシスの隠蔽性の支配である、と。

　動物と石は、全体としての存在者に抱かれつつ、自然の支配そのものとして、退屈において現存在の全可能性を無効化するものとして立ち現われてくる。そのとき動物と石は、現存在の存在へとそもそも入り込んでいない者として、いまだ生まれてこない非現存在として、あるいは生まれてくることのなかった非現存在として、人間からみれば、すでにしてピュシスに対して勝利を収めている。いや、いっそう正確に言えば、動物と石はピュシスに対して勝利することもない。勝利も敗北もなく、高貴さも劣悪さもなく、動物と石はひたすらにピュシスの隠蔽性の支配を存在している。テクネーにとっても、観想にとっても、哲学やロゴスにとっても遥かに遠く離れている場は、まさに人間にとってみずからが誕生する以前の場所、みずからがそもそも非存在であるような場所である。とはいえその場所こそがおそらくは、人間にとっての本来帰るべき場所、滞在すべき場所に違いない。そうであるからこそ、人間はいつでも馴染みの場所にいることのない非土着的な者、最も不気味な者なのである。

おわりに——島と航海

こうしてようやく、冒頭に掲げたデリダのいくつかの問いにも答えることができるだろう。人間にそなわるロゴスを、「として」構造を動物はおそらく持っていない。人間のように動物が「死ぬ」こともおそらくできない。とはいえ人間とて「純粋な」ロゴスを、「純粋な」として構造を持てるわけでもない。そしてこうした人間と動物は、互いに共同に存在することもできない。人間と動物のあいだに、ピュシスの隠蔽性の支配が厳然と横たわっているかぎりにおいて、両者は絶対的に隔てられたままである。精神であれ哲学であれロゴスであれ、ピュシスの隠蔽性の支配の下にあるかぎり、世界の一切を開示することはできず、動物に対しても、ましてや石に対しても、ひたすらみずからの無力さを思い知らされるばかりなのである。

このように見てくるなら、動物ばかりでなく、いまや精神にも「貧しさ」が認められて然るべきであるように考えられよう。一九四五年の講演「貧しさ（Die Armut）」において、ハイデガーはヘルダーリンの詩「われわれにおいては、すべてが精神的なものに集中する／われわれは豊かにならんがために貧しくなった」を引き、精神が「ソフィアの力」であること、またあらゆる存在者を取り囲む「存在」と「人間」との関係が「崇高な関係」

であること、そして「不必要なもののみを欠く」ことが「貧しさ」であるが、それが同時に「自由な開かれにして自由にするもの」であることを指摘している。[34] ラクー＝ラバルトは慧眼にも、その救済への悲劇的反転のうちに政治的革命の含意を批判的に読みとっているが、ここでは立ち入れない。[35] 注目すべきは、ハイデガーがここで行っている反転の作業が、これまで厳格な境界線で区切られていた精神と動物の差異を攪乱しているように見える点である。ここでの精神の自由な開かれは、あたかも動物の《閉じられた開かれ》として捉えられることにより、ピュシスの隠蔽性の支配のうちでいっそう深く思考されなおしているように思われる。

さらにもうひとつ、動物から人間へ向かう境界線の攪乱作業が、一九五三年の『詩と言葉』のなかに見出される。そこでハイデガーは、トラークルの詩『魂の春』における「魂は地上にあっては見知らぬものである」から始めて、[36] しばらくあとで「夜歌」の一節「獣のまなこは／青さに怖じて、その神聖さに怖じて凝固する／大いなるかな、石にこもる沈黙は」を取り上げている。[37] この一節は、デリダも「炎」としての「精神」について言及した『詩と言葉』の第二節に先んじて、第一節のうちで考察されている。「獣のまなこ」の「青さ」は「その集中と隠蔽において初めて輝くところの深さのために、聖なるもの」であり、「この青さに直面し、獣の顔は凝固する」が、その「硬直は死滅したものの硬直」ではなく、「獣の視覚は凝集する」。他方「石は苦痛の凝集した山塊」として「その鉱物性のうちに、かくまいつつ心鎮めるものを集めている」ために、「獣のまなざしは青さに直面して打ち消され和らぎに至る」（GA12 40f.）。ここでは、かつて人間のロゴスのみが担っていた取り集めを、いまや獣も石すらも能う者として、しかも「怖れ」や「和らぎ」といった気分をそなえた者として描き出されている。[38] ハイデガーはこの「青い獣」について「おそらくはその動物性が動物的なもののうちにはないもの」、「いまだ遠くほとんど見通せないもの」、「いまだ確立されていない思考するアニマル・ラチオナーレ」としての「死すべきもの（Sterbliche）」と呼ぶ一方、「人間の本質を捨て去って」いるとも述べている（GA12 41f.）。それはいまだ人間とはなっていない動物、そして人間であることをやめた動物である。この詩的比喩のなかでは、動物はあたかも人間の《開かれた開かれ》として捉えられることにより、かえってピュシスの隠蔽性の支配のうちでさらに深く思考されなおしているように思われるのである。

ハイデガーは、はじめから支配＝主権をピュシスに認めていた。とはいえ人間にももちろん、相応の主権は認められねばならない。無人の「島」に漂着したロビンソン・クルーソーがそうであったように。デリダがハイデガー読解の見事な補助線としているように、デフォーは自伝という虚構のなかで、孤独なロビンソン・クルーソーが退屈することなく主権を発動し、技術、道具、機械、宗教を再発明する過程を描いた。ロゴス、ソフィア、テクネー、ヌースといった主権の一切がピュシスの隠蔽性の支配に服従する以上、ハイデガーの描く現存在は、おそらく退屈はしないであろうものの、やはりなお孤独ではある。あるいはもしかすると、動物やテクネーやソフィアやロゴスをめぐるハイデガーの想定自体、じつはピュシスの隠蔽性の支配のもとでの一個の虚構された主権にすぎなかったのだろうか。ともあれいずれにせよ、人間と動物の境界線を攪乱しつつ、ハイデガーは主権をピュシスへ、そして動物へ、石へと委譲している。そのさい、これまで見てきたように、この主権の委譲の過程でハイデガーがたびたび哲学知に触れるときに用いていた「航海」の比喩には、おそらく見過ごしがたい重要な意味が託されているように思われる。それはひとつには、もちろん生きているあいだの人間の知的冒険が、つねに不安と期待、そして危険と葛藤に満ちた船旅であることを描こうとするためであろう。この船旅にあっては、人間の本質、動物の本質を問う作業も、十分な熟慮のうえで引いた両者の境界線ですらそのつど引き裂かれるという経験を伴う。だがおそらく、ハイデガーが「航海」の比喩を用いた理由はそれだけに尽きるようには思われない。ハイデガーの視点は、そもそものはじめから、誰一人存在しない遥か遠い洋上に置かれていたのではないだろうか。ロビンソン・クルーソーが無人島に漂着して主権を揮うためには、「難破」を経験しなければならなかった。デリダも指摘するように、知が近さと遠さを区別し、方向づけをするためには、まず「方向喪失」が、つまり「地上や海上の道にかんするあらゆる確実性の喪失や停止」、「歩行者、地理学者、地質学者、船乗りが羅針盤を失」い、「途方に暮れる」ことが必要である。[39] 島に生きてたどり着くためには、難破を克服しなければならない。そうした難破が航海にはつきものである。だが嵐が過ぎ去ったあとには、凪がやってくる。[40] それはニーチェの言うように、人間にとっては愉しい思考の旅を前にした束の間の退屈さであるとともに、トラークルの言うように、人間や動物や石を容赦なく荒海のうちへと飲み込んでなお安らいつづける、自然の茫洋たる退屈さなのである。

凡例

ハイデガーからの引用については、以下のクロスターマン版全集に従い、括弧内にGA（Gesamtausgabe）の略号に続いて巻数と頁数を示す。『存在と時間』については、以下ニーマイヤー版に従い、括弧内にSZ（*Sein und Zeit*）の略号に続いて巻数と頁数を示す。なおハイデガーのGMとデリダのANの略号については、本書凡例のとおりである。

GA12: *Unterwegs zur Sprache*（1950–1959）, 1985.
GA20: *Prolegomena zur Geschichte des Zeibegriffs*（SS 1925）, 2. Auflage 1988.
GA26: *Metaphysische Anfangsgründe der Logik im Ausgang von Leibniz*（SS 1928）, 2. Auflage 1990.
GA27: *Einleitung in die Philosophie*（WS 1928/29）, 1996.
GA40: *Einführung in die Metaphysik*（SS 1935）, 1983.
GA62: *Phänomenologische Interpretation ausgewählter Abhandlungen des Aristoteles zu Ontologie und Logik*（SS 1922）, 2005.
SZ: *Sein und Zeit*（1927）, Max Niemeyer, Tübingen 16. Aufl. 1986.

註

（1） F. Nietzsche, *Die fröhliche Wissenschaft*, Erstes Buch, Nr. 42, in: F. Nietzsche, *Kritische Studien Ausgabe*, Bd. 3, Deutscher Taschenbuch Verlag, München 1999, S. 408f.

(2) G. Trakl, Siebengesang des Todes, in: G. Trakl, *Dichtungen*, Otto Müller, Salzburg 1938, S. 142.

(3) ザフランスキーは『根本諸概念』講義を「第二の主著」と呼んで高く評価しているが、その意義を明確に捉えきれていない。R. Safranski, *Ein Meister aus Deutschland: Heidegger und seine Zeit*, Carl Hanser Verlag, München 1994, S. 239.

(4) J. Derrida, *De l'esprit: Heidegger et la question*, Galilée, Paris 1987.（港道隆訳『精神について――ハイデッガーと問い』平凡社ライブラリー、二〇一〇年）

(5) J. Derrida, *L'Animal que donc je suis*（AN）; J. Derrida, Édition établie par M. Lisse, M.-L. Mallet, G. Michaud, *Séminaire La bête et le souverain, Volume I (2001-2002)*, Galilée, Paris 2008（西山雄二・郷原佳以・亀井大輔・佐藤朋子訳『獣と主権者I』白水社、二〇一四年）; J. Derrida, Édition établie par M. Lisse, M.-L. Mallet, G. Michaud, *Séminaire La bête et le souverain, Volume II (2002-2003)*, Galilée, Paris 2010.（西山雄二・亀井大輔・荒金直人・佐藤嘉幸訳『獣と主権者II』白水社、二〇一六年）なおアガンベンはデリダとは異なる角度からハイデガーの動物と人間の差異のうちに「剝き出しの生」という生政治的問題を剔抉したが、デリダはそうした問題設定そのものをも『獣と主権者I』では厳しく批判している。デリダが批判したのはアガンベンの『ホモ・サケル』であるが、その射程はハイデガーの退屈論と動物論を全面的に扱った『開かれ』にも及んでおり、この問題をめぐるデリダの「こだわり」ぶりが窺える。G. Agamben, *Homo Sacer: Il potere sovrano e la nuda vita*, Einaudi, Torino 1995（高桑和巳訳『ホモ・サケル――主権権力と剝き出しの生』以文社、一九九五年）; G. Agamben, *L'aperto. L'uomo e l'animale*, Bollati Boringhieri, Torino 2002.（岡田温司・多賀健太郎訳『開かれ――人間と動物』平凡社、二〇〇四年）

(6) A. Lippit, *Electric Animal: Toward a Rhetoric of Wildlife*, University of Minnesota Press, London/Minneapolis 2000; C. Wolfe *Zoontologies: The Question of the Animal*, University of Minnesota Press, London & Minneapolis 2003; M. Calarco, Heidegger's Zoontology, in ed. M. Calarco and P. Atterton (eds.), *Animal Philosophy: Essential Readings in Continental Thought*, Continuum, London/New York 2004; J.-C. Bailly, Le versant animal, Bayard Jeunesse, Paris 2007.（石田和男・山口俊洋訳『思考する動物たち――人間と動物の共生をもとめて』出版館ブック・クラブ、二〇一三年）; L. Lawlor, *This is Not Sufficient: An Essay on Animality and Human Nature in Derrida*, Columbia University Press, New York 2007; M. Calarco, *Zoographies: The Question of the Animal from Heidegger to Derrida*, Columbia University Press, New York 2008; K. Oliver, *Animal Lessons: How They Teach Us To Be Human*, Columbia University Press, New York 2009.

(7) D. F. Krell, Spiriting Heidegger, in: D. Wood (ed.), *Of Derrida, Heidegger, and Spirit*, Northwestern University Press, Evanston 1993, pp.

11-40.

（8）本論では、一九二〇年代末のいわゆる「形而上学」期のメタ存在論における「反転」以降、三〇年代の『形而上学入門』や『哲学への寄与』ならびにそれ以後に展開された「転回」を、多義的ながら統一的に相関する意義をもつ概念として捉える。その点で本論は、いささか形式的ではあるものの、「転回」概念の多義性とそれらの相関関係を示したシーハンの有益な分析に依拠している。T. Sheehan, Kehre and Ereignis: A Prolegomenon to Introduction to Metaphysics, in G. Fried and R. Polt (ed.), A Companion to Martin Heidegger's Introduction to Metaphysics, Yale University Press, New Haven 2000, pp. 3-16, pp. 263-274; T. Sheehan, The Turn, in B. W. Davis (ed.), *Martin Heidegger: Key Concepts*, Acumen Publishing, Durham 2009, pp. 82-101; T. Sheehan, The Turn – All Three of Them, in: F. Raffoul and E. S. Nelson (ed.), *The Bloomsbury Companion to Heidegger*, Bloomsbury, London 2013, pp. 31-38;

（9）AN 202-203／二七八; J. Derrida, *Séminaire La bête et le souverain, Volume II*, p. 59, pp. 112-118.（上掲訳書五二頁、一〇〇—一〇五頁）

（10）J. Derrida, *Séminaire La bête et le souverain, Volume II*, p. 117.（上掲訳書一〇四頁）

（11）拙著『存在の解釈学——ハイデガー『存在と時間』の構造・転回・反復』法政大学出版局、二〇一二年、第九章第五節、第六節を参照。

（12）『存在と時間』では「気晴らし」は、好奇心が新しいものへと目を奪われる契機を特徴づけるものであったが、ここでは「分散」は、「身体性」や「共同存在」といった現存在の事実的な存在者性に定位しつつ、主に「自然」へ広がる超越論的動態として特徴づけられている。

（13）Aristoteles, *Metaphysica*, 981b20-25. ハイデガーはこの箇所について、「スコラゼイン」が「より多く見る」という「テオリア」によって構成される「自立的」かつ「最も本来的な」現存在の様態と関連している点を指摘している。「事実的生は、スコラゼインのためにことさらたっぷり時間をかけ、時間を与えるのでなければならず、最も身近な配慮を進めてゆくなかで、この配慮へと没入しつつ、事実的にほかの何ものかのための時間をも持たないのである」（GA62 67）。もっとも、ここでの「テオリア」と「スコラゼイン」は、『存在と時間』にみられるような、公共的に頽落したヌースからの理論的態度の発生を特徴づけている。

（14）Aristoteles, *Metaphysica*, 982b6-b2.

（15）Aristoteles, *Politeia*, 1334a22-30.

（16）Heraclitus, Fragment 108, in: H. Diels, *Die Fragment der Vorsokratiker Griechisch und Deutsch*, Weidmannsche Buchhandlung, Berlin 1903, S. 81.（内山勝利編『ソクラテス以前哲学者断片集　別冊』岩波書店、二〇〇九年、五六頁。ただし訳文には変更を加えてある）

(17) Novalis, Das allgemeine Brouillon, Materialien zur Enzyklopädistik 1798/99, Nr. 857, in: Novalis, *Werke*, G. Schulz (hg.), C. H. Beck, München 1981, S. 491.

(18) したがって「退屈」のうちにも「郷愁」は通底していると考えられる。その点で「退屈」が「郷愁」を呼び起こすものであるとする川原の指摘は正鵠を射ている。参照、川原栄峰「ハイデッガーの「退屈」説」実存思想協会編『実存と時間——実存思想論集Ⅳ』以文社、一九八九年、五—二三頁。

(19) J. Derrida, *Séminaire La bête et le souverain, Volume II*, p. 167.(上掲訳書一四七頁)

(20) ハイデガーは、先のヘラクレイトスの哲学をめぐる断片を論じた箇所で、哲学を「転倒した世界」と呼んだヘーゲルにも言及し、「転倒した世界」こそが「現存在自身の本来のまともな姿」であると述べている。ハイデガーは言及していないが、ヘーゲル自身はノヴァーリスとは異なり、ギリシア人にとって哲学は「家にいる」ことだと捉えていた。「ギリシア人がみずからのもとで家にいるように、哲学とはまさしく、みずからのもとで家にいることである——すなわち、人間はその精神において家におり、おのれのもとで故郷にいるのである」(G. W. F. Hegel, *Werke 18: Vorlesungen über die Geschichte der Philosophie I*, Suhrkamp, Berlin 1986, S. 175)。Vgl. R. Mehring, *Heideggers Überlieferungsgeschick: eine dionysische Selbstinszenierung*, Königshausen & Neumann, Würzburg 1992, S. 40, Anm. 14.

(21) Heraclitus, Fragment 123, in: H. Diels, *Die Fragment der Vorsokratiker Griechisch und Deutsch*, S. 83.

(22) J. Derrida, *Séminaire La bête et le souverain, Volume II*, pp. 73-74.(上掲訳書六五頁)

(23) Heraclitus, Fragment 93, in: H. Diels, *Die Fragment der Vorsokratiker Griechisch und Deutsch*, S. 79.

(24) Heraclitus, Fragment 30, in: H. Diels, *Die Fragment der Vorsokratiker Griechisch und Deutsch*, S. 70. 原文にしたがった邦訳は以下のとおり。「この秩序だった世界(コスモス)、万人に同一のものとしてあるこの世界は、神々のどなたかが造ったものでもないし、人間の誰かが造ったものでもない。それは、いつも生きている火として、いつでもあったし、現にあり、またありつづけるであろう——定量だけ燃え、定量だけ消えながら」(上掲訳書四〇頁)。

(25) Heraclitus, Fragment 54, in: H. Diels, *Die Fragment der Vorsokratiker Griechisch und Deutsch*, S. 74.

(26) Heraclitus, Fragment 112, in: H. Diels, *Die Fragment der Vorsokratiker Griechisch und Deutsch*, S. 81.

(27) J. Derrida, *De l'esprit: Heidegger et la question*, pp. 73-75.(上掲訳書七七—七九頁)またこの「世界の暗黒化」や「精神の脱権化」と反ユダヤ主義との関係については、以下拙論を参照。「「黒ノート」はハイデガーの評価に何をもたらすのか?」ペーター・トラヴニー＋中田光雄＋齋藤元紀編『ハイデガー哲学は反ユダヤ主義か――「黒ノート」をめぐる討議』水声社、二〇一五年、六八―九〇頁。

（28）Parmenides, Fragment 6, in: H. Diels, *Die Fragment der Vorsokratiker Griechisch und Deutsch*, S. 121.

（29）高津春繁訳『コロノスのオイディプス』岩波文庫、一九七三年、七二頁。なお訳文には若干の変更を加えてある。

（30）J. Derrida, *Séminaire La bête et le souverain, Volume II*, p. 149.（上掲訳書一三一―一三三頁）; AN 199／二七三。

（31）この点は、以下の拙論でも指摘しておいた。「ハイデガー――哲学と芸術をめぐって」伊藤直樹・齋藤元紀・増田靖彦編『ヨーロッパ現代哲学への招待』梓出版社、二〇〇九年、一二六―一四九頁。

（32）J. Derrida, *Séminaire La bête et le souverain, Volume II*, p. 75.（上掲訳書六六頁）

（33）M. Riedel, Naturhermeneutik und Ethik im Denken Heideggers, in: *Heidegger-Studies*, vol. 5, 1989, S. 153-173; M. Riedel, Das Natürliche in der Natur. Heideggers Schritt zum "anderen Anfang" der Philosophie, in: H.-H. Gander（Hg.）, *Von Heidegger her*, Vittorio Klostermann, Frankfurt/Main 1991, S. 51-73.

（34）M. Heidegger, Die Armut, in: *Heidegger Studies*, vol. 10, 1994, S. 5-11.

（35）M. Heidegger, *La Pauvreté*（*Die Armut*）, trad. P. Lacoue-Labarthe et A. S. Samardzija, éd. P. Lacoue-Labarthe, Presses Universitaires de Strasbourg, Strasbourg 2004.（西山達也訳『貧しさ』藤原書店、二〇〇七年）

（36）G. Trakl, Frühling der Seele, in: *Dichtungen*, S. 149f.

（37）G. Trakl, Nachtlied, in: *Dichtungen*, S. 85.

（38）Cf. A. J. Mitchell, Heidegger's Later Thinking of Animality: The End of World Poverty, in: *Gatherings: The Heidegger Circle Annual*, vol. 1, 2011, pp. 74-85.

（39）J. Derrida, *Séminaire La bête et le souverain, Volume II*, p. 117.（上掲訳書一〇四頁）

（40）デリダはもっぱら「島」の比喩に立脚して「主権」の議論を組み立てているが、こうした「主権」をあらかじめ区切るものとして、「難破」を宿命づけられた「海」と「航海」の比喩の複合的な含意を思想史的観点から論じたブルーメンベルクの考察は、デリダの議論を相対化する点で示唆に富んでいる。Vgl. H. Blumenberg, *Schiffbruch mit Zuschauer. Paradigma einer Daseinsmetapher*, Suhrkamp, Frankfurt 1979.

＊なお本論は、二〇一六年七月三一日に立正大学で開催されたハイデガー研究会・脱構築研究会共催「動物をめぐる形而上学的思考の行方——ハイデガーとデリダ」での発表原稿を基にしている。本論には、当日パネリストとして同席した宮﨑裕助氏の発表、ならびにコメンテーターを務めていただいた西山達也氏と川口茂雄氏の意見、ならびに会場からの意見に対する応答も可能な限りで反映させた。各氏ならびに参加者の方々にこの場を借りて御礼申し上げる。

前代未聞、音声中心主義

川口茂雄

1　聴き取りえない差異――ハイデガーの講演テクスト?

ドイツで四半世紀を越えて続々と編集刊行されてきたクロスターマン版ハイデガー全集。この全集のそれぞれの巻には短い「編者後書き」が付されていて、その巻の底本がなにであったのか(ハイデガーの手書き草稿、タイプライターに転写された原稿、また講義受講者のノート、等々)が、ごく簡単に紹介されている。時に簡単すぎる場合もあり、研究者にとっては(文献学的な正当性の面で)いささか気になる点ではある。実際、ハイデガー全集の邦訳書では、「編者後書き」の不備について訳者の指摘が付記されている場合も少なくない。

あるとき私は、ハイデガー全集の第七九巻『ブレーメン講演とフライブルク講演』(この巻は森一郎訳の邦訳書でご存じの方も多いだろう)の編者P・イェーガーによる「編者後書き」を読んでいた。ブレーメン講演は一九四九年一二月に行われた四つの連続講演で、第二講演と第三講演が公式に活字化されるのは今回の全集版が初めてであり……、といった経緯の紹介説明の後に、以下のようなことが記してある。

> この巻に掲載されているテクストすべてにおいて、ハイデガーの独特な書き方（eigentümliche Schreibweisen Heideggers）は維持されている。彼の書き方が該当する正書法に違反している場合であっても、表記に揺れがある場合であっても、維持された。後者の場合はとりわけ「Sein」と「Seyn」という書き方の事例にあてはまる。これらは――すでに〔著者の生前に、部分的に〕公刊されていた諸テクストのようにではなく――「Sein」という書き方に統一はされていない。（GA79 179-180）

色々と編者も大変そうだ。そのくらいの感想を、最初、私はもった。手書きの原稿を解読する困難。そして、ハイデガーがSeynという表記をどういうときに使ってどういうときに使わないか（同一論稿内のどの箇所で、あるいは、年代上のいつの時期に）の判断可能性・不可能性。

しかし少々時間をおいて冷静に考えてみると、この「編者後書き」はなにかいうべきことをいっていないようにも思えてきた。なにか足りない。編者が苦心したことはよくわかった。だがブレーメン講演は、講演である。[1] 講演は講演者の声で、音として聴かれる。講演者が手にもっている原稿中の「Sein」（存在）と「Seyn」（㞢在）との文字上の表記の違いがどうあれ、その違いは、聴き手にはわからないのではないか。講演会場の聴き手たちには「ザイン」としか聴こえない。その差異は聴こえないのではないだろうか。

間違いなく、書き手にして講演者であるハイデガー自身は、SeinとSeynとが音声上区別できないことをわかっていた。わかっていて使っていたのだ。鼓膜《タンパン》に響かないその同音異字を。

――そしておそらく、ハイデガー本人だけでなく、ジャック・デリダもまた、このことを把握していたはずである。[2]

ではここで、本稿[3]のテーマをごく簡略に定めよう。テーマは、差異と音と現われである。さて、SeinとSeynという表記が提示しているのはなにか。それは、書かれた言葉と語られる言葉との差異である。エクリチュール

（書かれた文字）と、パロール（語られる言葉）ないしフォネー（声）との、差異である。

2　デリダが指摘する「音声中心主義」＝「自分が語るのを自分で聴く」とは
——「フォネー」が隠蔽している差異、文字、音素

ここでデリダのほうに話を移すことにする。すなわち、エクリチュール、パロール、そしてフォネー *phonè* についてデリダ（特に前期デリダ）が論じていたことに。

一九六七年にデリダが立て続けに刊行した諸著作のなかで、とくに『声と現象』と『グラマトロジーについて』では、西洋哲学・西洋の形而上学における「音声中心主義 phonocentrisme」すなわち「現前の形而上学 métaphysique de la présence」を指摘するということが中心的モティーフになっていた。

少し端折ってただちに核心に入ることとしよう。『声と現象』および『グラマトロジーについて』でデリダが指摘したのは、なにか。それは「フォネー（声、音）」。古くは古代ギリシア以来、中世・近世・近代を経て現代にまでいたる西洋の形而上学（の歴史）を支配している、「形而上学の歴史全体に含意されている、フォネーの必然的特権」（VP 15）である。そしてフォネーとは「自分が語るのを自分で聴く s'entendre-parler」仕組みである、とデリダは指摘するのだ。(4) またこの指摘にくわえて、〝フォネーの特権・パロールの優位のもとでエクリチュールという契機が抑圧隠蔽されている〟というデリダ思想のおそらくもっとも有名なテーゼが、そこであわせて提起されてくるのである。

ただ、こうして簡略なテーゼを掲げるだけでは十分でないだろう。デリダが「声《ヴォワ》」ないし「フォネーの特権」ということで照準を当てているのはいったいなになのか？

声や音は、聴覚にかかわる事柄とみなされる。

通例、感覚論という枠組みでは、聴覚は視覚とともに遠官（遠感）[5]とカテゴライズされる。他の感覚（感官）に比べて対象との距離が大きくあるということだ（ゆえに味覚などに比してより高級な感覚、より知的な感覚とされる）。したがって、（主客未分の混沌状態ではなくて）感覚される対象と感覚する主体との区別がはっきりしている。ということに通例なっている。だとすると、聴覚とは自分から離れた他者の言葉《パロール》に耳を傾けることのできるものであり、閉じた自己円環的システムには程遠い気もする。

しかし、デリダが突くのはその先である。その手前、といってもよい。どういうことか。なるほどひとは他者の言葉を自分の言葉ではないものとして聴覚で聴くかもしれない。たしかに。でもそのとき、他者の言葉を自分の言葉とは他なるものとして聴くわけではない。同一の言葉の使用として聴くのである。その言葉、その言葉の意味は、私が理解する言葉、私が理解する意味として聴覚で聴き取られる。ここでデリダは問う。その《意味を聴く》とはどういう事態なのか、と。その意味の同一性はどこに存在しているのか、と。かくして聴覚と声の本質が明らかになる。聴くこととはすべからく、私が私の理解している意味（と同じもの）を聴くこと、私たちが私たちの理解している意味（と同じもの）を聴くこと、である。[6] 私は自分が言っていることの意味が自分でわかる。「自分を理解する＝自分を聴く」こと。このことに意味の同一性が基づいていよう。

あなたは、あなたが話していることの意味を自分でわかっている。そうでしょう？　もちろん。私だって、私が話していることを同時に自分で聴いていて、《話している内容＝聴こえている内容》を自分でわかっている。話している内容イコール聴こえている内容。換言すれば、音イコール意味。この《イコール》が表わす隔たりはあまりに小さくて、限りなくゼロに近いのであろう。このイコール（すなわちフォネー）は、たんに内世界的《ムンダン》なものではたぶんない。それは私という主体の内面性において（のみ）成り立つもの、私の私にたいする透明性において（のみ）成り立つものであるはずだろう。透明で無媒介な音声的自己触発auto-affection、ないし耳己触発oto-affectionとして。[7]

自己が語るのを自身で聴くこと。私たちが語るのを私たちが聴くこと。言葉と意味の「自己への現前présence à soi」。そこが《意味》というものの次元である。なおそれは同時に「自己意識conscience de soi」の場であり、「主体性」の場であり、空間と時間にかかわらず持続する——人によってはこれを世界の消滅や私の生物学的死の後にも持続するものと考えもしよう——私の《自己同一性》を支える場でもある。

議論を先へ進めよう。

意味を聴く、というときには、聴こえる意味と理解される意味とが同一である、そこに同一性がある、ということが前提されている。強固に前提されている。その同一性はいつでもどこでも私（たち）の自己意識にとって同一に保持されているのでなければならない。いつでもどこでも「イヌ」は「イヌ」であり、「主体」は「主体」であり、いつでもどこでも「三角形」は「三角形」である。だが本当にそうなのか。

ここでデリダと共に、まずはソシュール的な言語学的・記号学的《セミオロジー》観点に依拠して、[8]事態をひっくりかえす必要がある。

さて、たとえば「キカン」という音を聴いて、あなたはどのような《意味》を聴きとるだろうか……？　それが日本語だと想定するならば、「キカン」は「期間」かもしれない。あるいは、「帰還」かもしれない。「気管」、「器官」、「機関」かもしれない。明らかに、類似の例は枚挙にいとまがない。ドイツ語なら、「Meer（海）」「mehr（より多く）」、「Lehre（学説）」「Leere（空虚）」、「Wende（転回）」「Wände（壁）」。そしてフランス語では、「soi（自己）」「soie（絹）」「soit（……である）」、「voix（声）」「voie（道）」「vois（見る）」、「saint（聖人）」「sain（健康な）」「sein（胸）」等々……。

この観点からすると、《話している内容＝聴こえている内容》つまり《音＝意味》のイコールが表わす隔たりは、およそゼロではありえない。イコールではない。隔たりがある。そう、どうやっても解消できなさそうな根本的な隔たりが、「差異 différence」がそこにはあると確認できる。

ところで、なぜ音と意味との差異は解消不可能、還元不可能なのか。——それは、その差異自体は音として聴かれることができないからである。

この〈聴き取りえない差異〉という事柄が見いだされた時点で、一挙にひとは通常のソシュール的記号論《セミオロジー》の問題系から、デリダ的なエクリチュール論（＝文字論《グラマトロジー》）の問題系のうちへと投げ込まれる。『声と現象』『グラマトロジーについて』のデリダが示そうとしたもの、それはこの聴き取りえない差異である。耳では読めない差異である。そしてデリダが「フォネー」と名指したもの、それはこの聴き取りえない差異を抑圧隠蔽する契機、差異などなかったことにする契機、のことだったのである。「声は、現前を警備する警備員であるかのように偽装している」（VP 15）のだ。

そしてフォネーによって隠蔽されている差異化・差異生成の契機、それが「エクリチュール」である。先に挙げた「キカン」の例で容易に把握できるように、本当は音と意味とのあいだには決定的な隔たりがある。その隔たりは、「期間」や「帰還」といった文字《グラム》すなわちエクリチュールがつくりだす差異にほかならない。したがって、〈私やあなたの〉自己意識のうちに成り立っていると想定されていた《自己の自己にたいする透明性》は、つねにすでに、エクリチュール（のインクや墨）によって汚され濁らされていたのだ。私が私を聴くフォネーの透明な円環（＝自己円環的コギト）の内部に、音なき文字が濁りと裂け目を入れる。

自己意識にはつねにすでに諸々の文字が割り込んでしまっている。より厳密にいおう。《自己への現前》における《音＝意味》のイコール等号はじつは、エクリチュールという差異のほうが（その装われた等号・一致よりも）すでに先にあったがゆえに、初めて出現可能になっていたのだ。逆ではない。音と意味とをつなぐにはエクリチュールの橋をまたぐしかない。エクリチュールなしにいかなる思考も可能でない。エクリチュールなしに意識は可能ではない。ただしエクリチュールは思考の自己完結性・意識の自己円環性・自己の自己にたいする現前に、あらかじめ隙間を入れてしまっている。濁りを書き込んでしまっている。

エクリチュールという契機について基本的に述べるべきことは以上であった。ただ、『グラマトロジーについて』のデリダがもう一歩さらに踏み込んで述べていることがある（この時期のデリダはそれを「原《アルシ》‐エクリチュール」の問題系とも呼ぶ）。本節の最後にその点に触れておくべきだろう。

音と文字との差異は聴かれえない、とは先に確認された。そこからさらに最後の一歩を踏み込んでデリダは、音と音との差異は耳で聴かれえないし、文字と文字との差異は眼で見られえない、と指摘するにいたるのである。たとえば、あなたが「ア」という音を聴くとしよう。低い声《ヴォワ》の人の「ア」。高い声の人の「ア」。くぐもった声の「ア」。不明瞭で他の音と聴き分け難い「ア」。歌のなかの「ア」。等々。それぞれ音としての性質、調子《トーン》、高低《シュティムング》は異なるが、いずれも同一の「ア」という音＝言語要素単位として私はその音を聴きとる。しかるに、それらそれぞれの「ア」を「ア」とみなさせる同一性そのものは、いったいなんなのか？ それは聴こえうる音ではない。ノイズではない。音素「ア」そのものは聴かれえない。そう、「ア」そのものなるものを、あなたは思い浮かべることさえできない。「音素はそれ自体、想像不可能なものである」（DG 66／九五）。

ソシュール的‐記号論《セミオロジー》的にいうなら、ひとつの文字（記号）は他の文字との差異においてのみその文字たりうる（文字「イヌ」は「イス」との差異によって、文字「犬」は「大」との差異によって、「chien」は「chine」との差異によって、はじめてそれとして認知可能となる）。そして同様に、ひとつの音素《フォネーム》単位は、他の音素との差異においてのみその音素たりうるということになる。「ア」という音《フォネー》は「エ」や「オ」という他の音との差異によってのみ、有意味に「ア」でありうる。だが――さらにデリダ的‐文字論《グラマトロジー》的にいうなら――、音としての「ア」と「エ」との差異自体は、聴かれえない。差異は耳に聴こえない。ところが「ア」や「エ」を成立可能・聴取可能にしているのは、ほかならぬその聴かれえない差異なのである。

声が充たす諸単位間の差異は、聴かれえない＝前代未聞のままにとどまる。[9]（DG 95／一二九）

差異こそがそれぞれの音を可能にしている。そうであるのにひとは、「ア」とか「オ」とか「アオ」「アカ」という音のほうしか意識しない、意識できない。差異は隠れる。「聴こえない＝途方もない＝前代未聞の inouï」[10]差異は、徹頭徹尾忘却されている。その「イデア的でも実在的でもなく、英知的でも感覚的でもない」（DG 95／一二九）差異は。音を現われせしめ、差異は退く。音は鳴り、差異は鳴らない。

この、差異の〈隠れ〉と差異の〈不可欠性〉という表裏の事態を、『グラマトロジー』のデリダは次のように喝破する。しかもまさしくかなりの程度ハイデガー的な、いや、まったく端的にハイデガー的な表現で、喝破するのである。

〈現われているもの〉と〈現われること〉とのあいだの聴かれえない＝前代未聞の差異は、他のあらゆる諸差異の条件である、……（DG 95／一二八）

ひとは〈現われているもの〉、すなわち存在者ばかりを認知している。存在者ばかりを見たり聴いたりしている。そうしてひとは現われているものの〈現われること〉そのものを見落とし聴き落とす。現われを可能にしている差異を見落とし聴き落とす。ひとは現前するもの（存在者）に心を奪われ、現前すること（存在）そのものをとらえ損ねる。とらえ損ね続ける。現前するものを現前させつつ、現前することそのものは、隠れる。

3　「輝き現われ＝仮象」。あるいは〈現前者の〉形而上学の始まり

『グラマトロジー』でデリダが言及した、〈現われているもの〉と〈現われること〉とのあいだの差異。これは、ハイデガーの『形而上学入門』（一九三五年の講義録で、一九五三年に刊行）での論をふまえた言及である。デリダはハイデガーから、どういう論を引きとっているのか。

『グラマトロジー』でデリダが批判したのが、音・意味・自己の透明な短絡連結を装う「フォネー」、〈現われているもの〉と〈現われること〉との差異を隠蔽抑圧する「フォネー」の形而上学（の歴史）だったとするならば、ハイデガーが『形而上学入門』で指摘するのはなにか。ハイデガーが批判するのは、西洋形而上学の歴史の大いなる端緒のひとつ、紀元前四世紀のプラトンの〈イデア論〉である。

『形而上学入門』は、ハイデガーのフライブルク大学総長辞任後まもない時期におこなわれた講義である（最近刊行が始まった遺稿『黒ノート』によって喚起された政治的論点には今回は触れない）。総長職でのどたばたと挫折を経てどこか吹っ切れたのか、静かながら率直な語り口の講義になっている。いつもならば、雄弁なようでいていざ核心的なところでは言葉を惜しみ、口ごもってしまうように見えるハイデガーが、しかしここ『形而上学入門』では、直截に長年温めてきた考えを披露している面がある。デリダが重視するのもうなずける。そしてそのなかのクライマックスといえるのが、「Schein（輝き現われ）」という語を鍵としてのプラトン解釈だ。「Schein」は、プラトンが〈現われ〉〈現前〉についてなにを考えていたかを一挙に露わにさせるためにハイデガーが引き合いにだす鍵語なのであった。（『存在と時間』でもScheinは「現象学《フェノメノロギー》」と「パイノメノン」を説明する際に、わずかに登場してはいた（SZ 29）。『形而上学入門』では、まさに《カント→デカルト→アリストテレス》と時代を遡るハイデガー的《破壊《デストルクツィオン》》の終着点になるはずの、プラトンとの対決という場においてこのScheinが登場してくる。）

プラトン解釈に入る前に、「Schein」について確認をしよう。

「Schein」とはなにか。ドイツ語の単語「Schein」は多義語である。ハイデガーは「Schein」が表わす三つのものごとの様態を整理する（GA40 107）。①輝くこと、照らすこと、明るみ。②なにかが現われること、現出、現象すること（erscheinen）。③仮象、見せかけ、外見（Anschein）、たんなる現われ。――具体例を挙げながら、ハイデガーは次のようにこの多義性を描出する。

> 私たちは「輝き《シャイン》」と言う。……太陽は輝く（Die Sonne scheint）。「部屋は一本のろうそくの光（Schein）で鈍く照らされていた」。……私たちは聖者についての描写から、聖者の輝き《ハイリゲンシャイン》（Heiligenschein）、すなわち頭の周囲で照らす光輪〔後光〕のことを知っている。だが私たちはまた、贋の聖者《シャインハイリゲ》（Scheinheilige）も知っている。それは聖者のように見えるがしかしなんら聖者ではない者である。……太陽は輝く（scheint）ことで、地球の周りを動いているようにみずからを見せかける（scheint）。（GA40 107）

なるほど。「光」と「見せかけ」。「聖者の輝き」と「贋の聖者」。このように「Schein」の多義性は、ドイツ語の日常的使用のうちにありふれた仕方で根ざしている。

とはいえ、哲学的な考察の一般的観点からすると、要するに②の様態、「現象Erscheinung」が中心なのだとみなしたくなる。正常で通常な「現象」。カント哲学をふまえるととくにそうだ。②の意味が中心で、①と③は付随的、派生的な事象ととらえておけばいいのでは……？　いや。むしろハイデガーは、「Schein」の②「現象」の意味が、①「輝き」と③「仮象」との両方に属しているという分裂にこそ、踏みとどまるに値するなにかがある、と看取する。

ごくふつうに私たちが考えるならば、哲学史的にもまた日常常識的にも、〈見せかけのもの〉は、〈本当に存在するもの〉と対立するように思われる。つまり、仮象と現象との対立。仮象と存在との区別。「存在と仮象との区別は、私たちにはなじみの、使い古された多くの貨幣のひとつである」（GA40 106）。古くは古代ギリシアのパルメニデス以来（＝つまりプラトンよりも以前から）、中世・近世・近代を経て、新カント派やフッサール現象学にいたるまで、続いてきた区別である。[11] したがって、②と③は正反対に対立している。しかも②「現象」こそが根本事象で、③「仮象」は②からの欠損様態・欠如様態にすぎない、というかたちで対立しているのだ……と、結論づけたくなる。だがどうもハイデガーの見方は違う。ハイデガーは日常的常識や「近代的認識論の誤解」（GA40 105）をあえてかいくぐって、どこかナイーヴにさえ思える仕方で、①「輝き」や、③「仮象」としての「Schein」のほうに、より原初的ななにかをとらえようとする。

さて、「Schein」について整理したうえで、ハイデガーはプラトンの〈イデア論〉にたいする哲学的・哲学史的解釈に突入する。

プラトンの存在論＝形而上学は、「〈存在《ウーシア》οὐσία〉[12]を〈イデアἰδέα〉として解釈すること」（GA40 190）に存している。しかるに、存在をイデアとして解釈するとはどういうことか。「イデア」とは語源的にいうと「見られたもの」である。だが、プラトンにおける「イデア」は、或るものの「外見」であるのみでない。或るものの「外見」であると同時に、その或るものの「なにであるか（本質）τι ἐστιν, Was-sein」を形成するものである。「外見」かつ「なにであるか」。いうなれば、プラトンのイデアは《現われ》でありかつ《本質》である。西洋の歴史のうえに聳え立つ巨人プラトン、彼の比類なき天才は、一挙に《現われ－かつ－本質》たるイデアを提示してみせたことに存するのだろう。

諸物のうえで輝くイデア。イデアはもっともよく現われ見られるものであり、もっともよく物事の本質を示すものであり、かつその本質で在《あ》る。あらゆる《真》なる存在者は《真》のイデアを基準としてなんらか《真》であり、あらゆる《美》なる存在者は《美》のイデアを基準としてなんらか《美》である。これがイデア論、プラトンの存在論だ。

ハイデガーもこの天才的学説（の登場）の必然性を否定しない。〈存在〉をイデアとして解釈することは「開き立ちつつ輝き現われること *das aufgehende Scheinen* としての存在の本質からの、ひとつの必然的帰結である」（GA40 191 強調はハイデガー）。かつてプラトンやソクラテスよりもより早く古い、古きギリシアにおいて〈存在〉が〈現われ出ること＝ピュシス *φύσις*〉[13]として経験されたという「端緒 Anfang」、西洋的思考の端緒が、しばしの時を経てプラトン的解釈を受け取った。「〈イデア〉としての存在解釈が〈ピュシス〉としての存在の根本経験から生じてくることは、実際、否定されえない」（GA40 191）。その意味で「プラトンは端緒の完成である」。ギリシア哲学の完成者、プラトン。たしかにプラトンは、より古きギリシアにおいて経験された端緒の存在経験に、なにも足さず、なにも引かない。

しかしながら、である。なるほどなにかが足されたりなにかが引かれたりはしていないとしても、だがプラトン的思考のなかで、なにかの位置がふとずらされ、そのずれが端緒の経験とはまったく異なるなにかを帰結せしめてしまっている、ということは、はたして、ないのか。

かくしてここでハイデガーは、決定的なことを述べる。[14]プラトンにおいて、なにかがずれた。もし、輝き現われることという〈存在〉の本質、この存在の

> 本質からの帰結（Wesens*folge*）であるものが、本質そのものへと持ち上げられ、本質の位置へとずれ込んで（rückt）いったら、どうなるだろうか？　そのとき、離落（Abfall）が起こる。この離落は離落の側で固有の諸帰結をもたらさざるをえない（muß zeitigen）。……ピュシスがイデアとして印しづけられたのではそも

そもなくて、イデアが存在についての唯一にして基準制定的な解釈として台頭したのだ。そして以後、イデアは決定的なものであり続けてきた。[15]（GA40 191）

イデア論において、端緒からのずれが、「離落」が起こった。「離落」「ずれ込み」とここでハイデガーが呼んでいる事態、それはすなわち、輝き現われることとしての存在（＝イデアの輝き現われとしての側面）からの帰結にすぎないイデアという存在者／存在者としてのイデアを、究極の決定的なものの位置に置き据えてしまうことである。帰結と源泉が転倒される。イデアの輝きが、輝くイデアへと転倒される。かくして、立ち現われ・輝き現われ・明るみ《リヒトゥング》としての存在の本質《ヴェーゼン》は隠蔽抑圧され、そして、イデアという存在者——のちの中世哲学における用語でいえば、エッセンティア（本質）という存在者——が格上げされて、すべてを支配し規定するものの位置につく。

以後、存在論の話題はイデア（エッセンティア）という「本来的存在者」を模範（ないし最高存在者）として据え、他のあらゆる諸々の存在者をそれと比較するという、諸存在者間の関係ないしヒエラルキー（＝イデアを《分有》し《模倣》することの程度）のみをもっぱら取り扱うものとなる。当然、イデアよりも低次の諸存在者、「現象するもの〔現象者〕は、たんなる現象にすぎず、本来的にいえば、仮象（Schein）であることになる。すなわちいまや、ひとつの欠如であることになる」（GA40 193 強調ハイデガー）。イデアは存在者として完全であるため、あますところなく完全に現われている。そしてそこに隠れているものはなにもないことになる。存在者が現われることそのもの、存在者が現前することそのもの、現前者の現前そのものは、話題にもならなくなる。現前者と現前との差異は問われなくなる。隠れる。

これが、形而上学の成立であった。少なくともハイデガーはそう考えた。

プラトンが始めた形而上学、プラトン以後の形而上学、それは、存在者だけの存在論である。現われること・

輝き現われることを抑圧隠蔽した、《現われているものと現われることとの差異》を消去抹消した、めくるめく現前者だけの形而上学である。ハイデガーがこのように解読した西洋の形而上学のありようを、デリダは少しいいかえて「現前の形而上学」と呼び表わした。私たちはそれをもう少しいいかえて、〈現前者の形而上学〉と呼ぼう。イデアの差異消去の形而上学、それは存在者の形而上学、現前者の形而上学である。

プラトンの〈イデア論〉の登場という決定的出来事ののちに、形而上学の歴史がどのような道筋をたどったのか……、これについていま多くを語る余裕はない。一点だけ指摘するにとどめる。

哲学＝形而上学において、存在者としてのイデアへとひとの思考が向かう際にはとりわけ、イデアは完全な存在者（エッセンティア）であるがゆえに純粋に完全に現われているのだと即座に解される。無条件に徹底的にそう解されるがゆえに、存在者を現われさせる《輝き現われSchein》が、イデアの影に隠れているということは、なおさらまったく看取されなくなる。ところで、ひとの思考がより低次とされる存在者、《仮象Schein》に向かう際にはどうか？　むしろその場合のほうが、存在者の影、存在者の存在の隠れ、存在者と存在との差異の隠れが、じつはかすかにみずからを告げているのではないか。形而上学のヒエラルキーの頂点に位置するイデアよりも、形而上学のうちで低次・非本質的と位置づけられている《仮象》のほうにこそ、形而上学の閉域に裂け目を入れるなにかがひそんでいないか。そうハイデガーはとらえているように思われる。かりに、〃完全〃で〃真実〃なものが現われるのは自明である《ゼルプストフェアシュテントリヒ》としよう。では、なぜ〃不完全〃なものは、現われうるのか。なぜ〃低次な〃もの、〃非-真理〃、〃見せかけだけ〃と思われるものが現われるのか。なぜ仮象は現われるのか。むしろ、現われないのではなく。その事態にこそむしろ問うに値するなにかがある。

だからこそ――ここに「Schein」という多義語の脱構築的威力の焦点がある――プラトンの「イデア」を遠く引き継ぐ「理念Idee」という契機を主題的に打ち出し、かつ、その「理念」をまさしく「超越論的仮象der transzendentale Schein」〔『純粋理性批判』A295/B352〕の場と定義したカント哲学に、西洋形而上学史上での例外的な重要性が存しているのである。この「Schein」の問題系を、「Bild」を鍵概念に据えて展開された『カントと形而上学の問題』〔一九二九年〕では、(16)ハイデガーは末尾部分でほのめかすことしかできなかった。しかし、その後苦渋の数年を経たのち、『形而上学入門』でようやくハイデガーは、この「Schein」の問題系を表立って展開するにいたったのだといえる。

〈抽象的な〉普遍的概念にして〈具体的な〉最高存在者でもあるというイデアの形而上学の性質を、のちに一九五〇年代になってハイデガーは〈存在論かつ神学〉である「存在‐神‐論 Onto-Theo-Logie」と定式化するにいたるが、この「存在‐神‐論」という語は『純粋理性批判』のA632/B660に登場する「Ontotheologie」という語彙をもとにしていると思われる。かくのごとく、「Schein」と「Onto-Theo-Logie」がいずれも『純粋理性批判』〔しかもその「弁証論」部分!〕に依っているという事実は、ハイデガーが形而上学の歴史について考えていたことの最深部に触れるであろう機微を秘めている。だがいまはそれを示唆するにとどめておこう。

4 単語のメタフィジークのデストルクツィオン。あるいは、余白と私

「イデアはみずからを聴くのみである」(OG 156n)。そうデリダは最初の公刊著作『「幾何学の起源」序説』ですでに指摘していた。続く『声と現象』ではこう指摘される。プラトン以後的形而上学の時代、「フォネーの時代は、現前という形式の存在の時代……すなわちイデア性〔理念性〕の時代」(VP 83)である、と。イデアとは無媒介に――文字《エクリチュール》などの夾雑物を介さず――みずからを外部なしに理解せしめるもの、つまりフォネー的体系《システム》そのものである。

本稿の最後に、デリダが《イデア＝フォネー》の自己円環性をつくりなしている重要な共犯者としてひとつ見出しているものを、取り上げることとしたい。

フォネーとは音と意味との差異を隠蔽抑圧するもののことである、と私たちは先にすでに確認していた。フォネーは音と意味との短絡《ショート・カット》である。ひとはエクリチュール（文字）を目にするとき、そこからただちに音と意味とを（耳で）受け取ったと思う。安んじてそう思う。つまり、ひとはエクリチュールを差異生成の契機として見てはいない。ひとはエクリチュールを、さしあたりたいてい、音と意味との同一性の保証装置として見ている。

どうもデリダが述べていたのとは違う事態が、現実には成立しているかのように思える。なぜ、差異生成の契機であるはずのエクリチュールが、同一性の保証装置へと逆転されているのか？　この逆転・転倒・短絡そのものがフォネーの運動であるとするなら、そのときエクリチュールはどうなっているのか？

デリダの回答は、こうだ。そういうときひとは、「ひとつの音声複合とひとつの意味との統一性＝単位（unité）」（VP 45）である、「単語」（mot）という同一性保証装置を受け取っているのである。『声と現象』『グラマトロジーについて』でデリダが究極的に狙いをつけているもの、それはこの「単語」というなにものかであったのだ。そう、誰もが知っているが、誰も知らないなにか。

単語は音と意味との統一体である。つまり単語とはまさにフォネー（イデア）そのものである。単語を単語として受け取るとき――フォネー的に、自分が話す単語を自分の鼓膜で聴くように――、そこには「言語活動《ランガージュ》の物理的出来事が不在であるように見える」（VP 45）。たしかに。イヌ。イス。アカ。アオ。

単語の統一性――単語を単語として、同一の単語（*le même* mot）として認知させるもの……、単語の同一性（le *même*）はイデア的（idéal）である、……そしてどの経験的出来事を還元〔捨象〕しても、それゆえあらゆ

る経験的出来事を還元しても、単語の同一性はなにも失わない。（VP 45 強調デリダ）

だからひとつの音は、ひとつの音＝意味つまり単語は、どの時どの空間で誰によって発せられようとも同一の単語、同一の意味・音であることになろう。同一の単語／単語の同一性は、何百回、何千回、何億回、無際限の回数に、無際限の人物に使用されようとも、一切の経験的諸状況とは無差別に、フォネーのうちで、イデア的に、同一にとどまるのであろう。[17] イヌイヌイヌイヌイヌイヌイヌイヌ。……そういうことなのか？

いや。現実にはそのようなわけはない。

私たちはすでにまた確認していた。実際には、文字《エクリチュール》なしに単語を聴くことはできない。端的に不可能である。Meer, mehr, Lehre, Leere, voix, voie, vois, …

単語という契機において、エクリチュールの隠蔽抑圧がまた作動している。《イデア＝フォネー》としての単語は、それがエクリチュールという「物体＝肉体 corps」でもあることを隠している。幽霊《ガイスト》のごとく振る舞っている。しかし現実にはエクリチュールなしには単語は単語として《現われる》ことはできない。現前することはできない。エクリチュールが単語を可能にしているのであって、逆ではない。エクリチュールが音のまとまりとしての単語を可能にしているのであり、逆ではない。

この事態をじつに巧みに示してみせた文字が、ご存じのように、デリダ記すところの「différance」であった。「différence（差異）」と「différance（差移）」[18] との差異は、（フランス語では同じ発音となり）音として聴かれることはできない。差異と差移との差異は音声中心主義にとって前代未聞にとどまる。――本稿の暫定的結論として指摘するなら、音声中心主義は単語の形而上学である。

単語のエクリチュール性は以上で確認された。ただ、これだけだと、ソシュール的記号論《セミオロジー》の範囲内ではないかと思われてしまうかもしれない。デリダの文字学《グラマトロジー》はもちろん、危険なもう一歩を進める。

単語（の形而上学）を成立させているのは、音だけではない。フランス語あるいはドイツ語で、単語を成立させているのはなにか。単語という統一体＝単位を成立させているのはなにか。デリダは指摘する。それは語と語のあいだの余白《マルジュ》、語間《エスパスマン》である。

　デリダが頻繁にいうところの「エスパスマン espacement」はこれ自体多義的であり、時間化（時熟）にたいする《空間化》という意味を中軸に、[19] 多様な意味負荷を帯びている。だがやはり、普通の仏語辞書を引いてかならず出てくる語義のうちのひとつである《字間、語間》という用法こそは、まったく決定的である。「書かれた単語間の間隔 espacement entre les mots écrits」（DG 87）。単語と単語とのあいだの間隔、スペース、これは文字ですらない。眼に見えず耳にも聴こえない。しかしこの空白は還元不可能である。空白こそが文字単語を可能にし、単語と単語との差異を差異化している。（マラルメがいうように詩だけが特別にたっぷりの余白とかかわっているわけではないだろう。あらゆる単語は、したがってあらゆるエクリチュールは、余白という差異生成契機によって支えられている。）ゆえにつまり、前期デリダ的にいえば、エスパスマンは原－エクリチュールであるのだろう。単語と単語のあいだには《なにもない＝無がある》。（それは西洋系アルファベット言語の場合であり日本語は異なると考える人もいるかもしれない。この点をめぐっては最終節でひとつの試みを行う。）あなたが思考する際、思考はただ言語によってのみ可能になっているのだとするならば、語間《エスパスマン》は思考するときの思考の隙間、空け透き《リヒトウング》、空白である。

　「私」という単語もまた、スペースによって区切られて成り立ったエクリチュール以外のなにものでもない。フランス語の「je」であれ、ドイツ語の「Ich」であれ、ラテン語の「ego」であれ、日本語の「私」（ぼく、ウチ、オレ）であれ、それはエクリチュールであり、エスパスマンの結果でしかありえない。デカルトはすべてを疑ったつもりだったが、「私は（現在）在る *je suis*」がエクリチュールとして表明されることは疑いの対象としなかった。問いただされなかった。でもいまや、こう問うべきだろう。その「私《ジュ》」という単語はなんなのか？

本稿の限られた範囲内では詳しく論じることはできないが、ひとつ明確にいえるのは、「私」という一般的で形式的な単語にすぎないものの、つねに場合によって違う人物を指し示す節操なき単語の、よそよそしさ、不気味さを、感じ直す必要があるということである。

「私」という単語は私が発明したものではない。絶対にない。ひとはそのことを忘却しすぎているのである。この、「私」という単語へのフォネー的ななじみがなんらかのかたちで切れ目を入れられわずかに裂けるとき、ひとは戦慄させる不気味さに気づく、

……《私》が、見知らぬ誰かによって書かれたかのような、状況。（VP 107）

その不気味さに。しかし本当はつねにひとはこの不気味さ（気分《シュティムング》）のなかにいるのである。「私」という文字を書くときに。「私」という文字を見るときに。そして私という音を聴くたびごとに。ただ、フォネーの世人《ダス・マン》的響きのなかで、心地よいノイズとサウンドのなかで、すなわち単語の形而上学、現前者の形而上学、音声中心主義の差異なき世界、出口なき「迷宮」（VP 117）のなかで、私は、「私」という文字の不気味さ《ウンハイムリヒカイト》を忘れる。隠蔽抑圧している。――ここで、言語学的ないし言語行為論的なスマートな解決策を探ってもむだである。たとえば、「私」とは「語りながら自己自身を指示するところの人物」である、とする客観的らしげな定義を採ったとしよう。しかしそんな定義を採用したところで、「私は不条理を増し加えるだけであろう。《私はうれしい》という代わりに、《語りながら自己自身を指示するところの人物はうれしい》とするのであろうから」（VP 105）。

実際、「私は（現在）死んでいる *je suis mort*」という言明を生ける私が有意義に発話することは一見不可能であるように思われるかもしれない。だが、いうまでもなく、まったくもって「私は死んでいる」は理解可能である、

とデリダは確認する。それを理解不可能だと考えるのは、パロールによるエクリチュールの隠蔽抑圧というフォネー的思考運動のなせる業である。「私」がエクリチュールであるからこそ、われわれは見知らぬ著者が書いた「私」という文字を理解することが可能であり、そしてすでに「その著者が死んでいるとき」（VP 107）にさえ、理解することが可能である。私とは死せる文字でしかない。ロジェ・シャルチエを引用するなら、書かれた文字に面するとは、《死者を眼で聴くこと》(20)。

「私は書く《ジエクリ》 j'écris」（の主観性）に、「書かれた《私》《ジュ・エクリ》 le *Je* écrit」（の匿名性）が必然的に先立つといわなければならない。生ける現在に、死せるエクリチュールが先立つ。

私の永遠不変性というイデア的‐フォネー的《仮象》が覆い隠しているのは、私という文字を現われさせる空け透きの《輝き現われ》、語間の余白の眼に見えない輝きである。

5　むすびにかえて――一度も聴かれたことのないものへ

ざいんとざいんとのみみにきこえないさいのはなしからしゅっぱつしておんせいちゅうしんしゅぎということででりだがなにをしめそうとしているのかそれがはいでがーのどのようなもてぃーふとからみあっているのかをここまでみてきた。おんせいちゅうしんしゅぎはげんぜんしゃのけいじじょうがくであるということそしてさらにといをおしすすめておんせいちゅうしんしゅぎはたんごのけいじじょうがくであるというところまでわたしたちはかくにんするにいたったのであった。

そのさきはあるのだろうか。

そんざいしゃのけいじじょうがくのへいいきにさけめをいれるようなといもしそういうものがあるとすればそ

れは「ぜんだいみもんの＝きかれえないとい」（VP 115）であるほかないだろう。しかしもしありうるとしてそのようなといがしゅつげん（げんぜん？）したところでそのといをわたしたちはながくほじすることはできないだろう。ぜんだいみもんであったといはそれがいちどきかれるやいなやきかれたといぜんだいみもんではないといになってしまうであろう。げんぜんしゃのなかのひとつとしてかいしゅうされてしまうであろう。めくるめくたんごのけいじじょうがくのうちにからめとられてしまうであろう。

ではたんごのそとにでることがひつようなのであろうか。もはやたんごをつかわないげんごのうちへとむかうべきなのか。たんごによるげんごのそとへとでることがひつようなのであろうか？　しかしそれがのぞみのうすいこころみであることはりかいにかたくない。わたしたちはたんてきにげんごもしこうもないところにいたってといじたいがきえてなくなるか、あるいはただたんにまたべつのげんごのうちにはいりこんでしまうかどちらかしかないだろうから。

したがってたんにそとにでようとすることがいぶをしこうすることにはいみはない。はいでがーとでりだがともにとうてつしたしさくしゃであることのりゆうはかれらがこのてんをたくえつしたしかたではあくしまたわきまえていたからである。[21]（なおわたしがれゔぃなすはだいいっきゅうのしさくしゃであるといえるのかどうかじゃっかんためらうりゆうもひとしくそこにある。）でりだが『ぐらまとろじー』ではいでがーのしそうはげんぜんのけいじじょうがくをはみだしてもいるがふくみこまれてもいるという「りょうぎせいambiguïté」（DG 37）をていしているというときこのりょうぎせいということはたんにひなんではなくむしろひょうかとしてもかいされるのがてきとうであろう。いわゆるはいでがーてきはかいやでりだてきだつこうちくはけいじじょうがくの《そと》にいるのではないはず。それらがうごいているのはひとえにけいじじょうがくのれきしというばとじかんにおいてでありそれいがいにはない。どこまでもけいじじょうがくのないぶにあってそのないぶにあるけいじじょうがくのすきまあけすきをみいだそうとすることそれがかれらをうごかしているといのうんどうであった。

ふぉねーのじこかんけつするじこえんかんげんぜんしゃとたんごのけいじじょうがくのなかにありうるすきまとしてみいだされるものをふたつほどだけしさしてほんこうをとじることにしよう。

1　ひとつめは「ききまちがい」である。いであ＝ふぉねーのとうめいなえんかんはみずからをききまちがえることなどだんじてないであろう。しかしわたしたちはききまちがう。ちゃんときいていないからききまちがうのだろうか？　そうともいえるがむしろそのぜんていにある《ききうること》のありかたにひとつのこんげんてきなじたいがかくまわれている。はいでがーはへらくれいとすのろごすをめぐるだんぺんをかいしゃくしながらこうのべる。

にんげんはききまちがい（verhören）うるししばしばほんしつてきなものをききのがす（überhören）。だがまさにこれらのことをにんげんがよくするのはただにんげんがけいちょうするものとしてすでにたしゃ（anderem）にぞくしている（zugehören）がゆえにでありそしてじこじしんにぞくしてはいないがゆえにである。（GA55 246）

にんげんがきくことにおいてじこじしんにとどまっているのであるならじこどういつせいのなるしすてぃっくなえんかん（＝じぶんがかたるのをじぶんできく）をなすばかりであるならききまちがいなどけっしてしょうじることはないであろう。そうではない。《ききうること》においてにんげんはたしゃへとむかっている。にんげんはだつじしている。ゆえにききまちがうことをもよくする。

いであ＝ふぉねーてきぜったいちにききそこねのふあんはない。ふぉねーはそのじこえんかんにおいて「ぜったいてきにいきているとどうじにぜったいてきにしんでいる」（VP 115）。そこにはこえのたしゃ／たしゃのこえはあらわれえない。おんせいちゅうしんしゅぎのげんぜんのけいじじょうがくにたしゃなどいはしない。そこにはイエスものーもない。しかし——《しすべきであるがまだいきている》にんげんたちはきくということをよくする。きくということたしゃにぞくするということをよくする。しせるえくりちゅーるにささえられながら。かくしてきくということには《だつじEkstase》したがって《じかんせい》というまさしくでりだとはいでがーりょうしゃにとってのこんぽんもんだいがふかくからみはめこまれているといわねばならない。だがほんこうではこのしんえんでじゅうようなことがらについてくわしくとりあげることはできない。

2　ふたつめは——ほんこうのとちゅうでいくどもしさされていたもの——たぎごである。はいでがーとでりだとのしさくのすたいるにきょうつうしているものそれはひょっとするとたぎごのてっていてきなじゅうしということにしゅうれんしてくるのではあるまいか。かれらのてくすとはいずれもたぎごのしようらんようによってよむこときくことにゆさぶりをこころみるものではないか。

　でりだにかんしてはたぎごのいみのひけっていせいをばねにしてかれのとくにちゅうきのしごとがてんかいされたことはいまくりかえすまでもなくめいはくである。かずおおくのかれのぞうご・だじゃれもそうである（そこにはもうひとりのふらんすにおけるはいでがーしそうのさいじゅうようなけいしょうしゃらかんのえいきょうがしてきされねばならないがここではそうげんきゅうするだけにとどめる）。

　たほうはいでがーはどうか。なるほどはいでがーはじしんでえくりちゅーるについてのしゅだいてきなといをたてたことはなかった。たしかに。だがさまざまなたぎごへのてっていてきなじゅうし——たとえばさきほどみたSchein またとらーくるろんでの Geschlecht そして Geist とうとう——やそれからもちろん Sein Seyn ~~Sein~~ のききとりえないさいへのきわめていとてきなこだわりこれらのてんをかんがみるならばはいでがーにはえくりちゅーるについてのもんだいいしきがはっきりあったとさえいいきってしまってもよいようにわたしにはおもわれる。

いかがだろうか。

たぎごそれはもはやどうおんいじでさえない。えくりちゅーるとしてさえまったくどういつのもじれつである。それはたしかになおたんごだがどこかたんごてきでない。たぎごがあらわすことなるごぎのあいだのさいはめにみえない。たぎごのごぎのあいだのさいはみみにきこえない。ところがわたしたちはそれらをたぎとしてはあくする。あなたはたぎごをたぎごとしてはあくする。どうしてそんなことがかのうなのか。めでもとらえられずみみでもとらえられないならどうやってひとはそのごをたんごをとらえるのか。

おそらくわたしたちはまだきくということがどういうことなのかわかってはいないのだ。ふぉねーのそとをかいまみるえくすたしーのかがやきを。そのことをたぎごはわたしたちにおしえているのか。

『へるだーりんのしさくのかいめい』のなかでさいちょうのろんこうである「ついそう」ろんにおいてはいでがーはつぎのようにきくこと（および《いうこと》）についてしるしている。いまならわたしたちはこのはいでがーのげんめいの《とほうもなさ》をいくらかはうけとめられるだろうか。

> くちとみみというしんたいのきかんががいけんじょうことなるきりはなされたしんたいぶいにわかれているというただそのりゆうだけでわたしたちはいうこととききくこととをふたつののうりょくへとぶんかいしそしてさきだってすでにいうこととききくこととのそうごかんけいのかのうせいをになっているりょうしゃのこんげんてきなとういつをみのがしているのだ。（GA4 124）

くちでもみみでもないところにあるいうこととききくこととのきょうつうのこんげん。こんげんてきなききくことちんもく。おそらくそうしたきくことにおいてのみとりあつめるれげいんとしてのたぎごはきかれる。でもわたしたちはどこできくのか。きいているのか。なにでもってきくのか。ぶつりてきこまくというきかんできくのでないとすればなにできいているのだろう。「てつがくを――こまくにすることTympaniser - la philosohpie」によってか。あるいはもしかするとわたしはいまだかつてなにもきいてはいないのか。
きくということをたぶんわたしたちはまだしらない。

引用略号

ハイデガーのGM、デリダのDGは本書凡例のとおり。

GA4: Heidegger, *Erläuterungen zu Hölderlins Dichtung*, Gesamtausgabe Band 4, herausgegeben von Friedrich-Wilhelm von Herrmann Klostermann, 1981.（ハイデガー『ヘルダーリンの詩作の解明』）
GA40: Heidegger, *Einführung in die Metaphysik*, Gesamtausgabe Band 40, Freiburger Vorlesung Sommersemester 1935, herausgegeben von Petra Jaeger, Klostermann, 1983.（ハイデガー『形而上学入門』）
GA55: Heidegger, *Heraklit*, Gesamtausgabe Band 55, Freiburger Vorlesungen Sommersemester 1943 und Sommersemester 1944, herausgegeben von Manfred S. Frings, Klostermann, 1987.（ハイデガー『ヘラクレイトス』）
GA79: Heidegger, *Bremer und Freiburger Vorträge*, Gesamtausgabe Band 79, herausgegeben von Petra Jaeger, Klostermann, 1994.（ハイデガー『ブレーメン講演とフライブルク講演』）
OG: Husserl, *L'origine de la géométrie*, traduction et introduction par Jacques Derrida, PUF, 1962.（フッサール『幾何学の起源』）
SZ: Heidegger, *Sein und Zeit*, Niemeyer.（ハイデガー『存在と時間』）
VP: Derrida, *La voix et le phénomène*, PUF « Quadrige », 2003.（デリダ『声と現象』）

註

（1）日本ではSeynは「真存在」「原存在」「有り」等の訳出がある。ここではSeinの訳語「存在」と同音になるよう、「存」の古い異体字の一つを用いて「侟在」としておいた。

（2）ハイデガーがSeynという表記——古代・中世に遡るものではなく、おそらく十八世紀にドイツの一部で流通していたのみで、カントは使っていないがフィヒテやヘルダーリンが使っていた表記——を原稿・草稿のなかで頻繁に用いたのはだいたい一九三〇年後半から四〇年代後半までのあいだである。あくまで活字化前の原稿・草稿のなかでの話であって、生前公刊著作ではSeynはほとんど使用されていない。一九六七年の時点では、『哲学への寄与』はもちろん講義録も『形而上学入門』などを例外としてまだ出版されていない。ただたとえば『真理の本質について』の最終節にSeynが数回だけ見られる（最終節が四九年に書き替えられたときに登場。早い時期のフランス語訳*Question I*ではこの部分は訳されていない）。なおSeynはフランス語ではestreと訳される。アクサン・シルコンフレクスの古い形を活用した訳出で、発音は通常のêtreと同じとなる。

（3）本稿は二〇一四年一〇月十一日のワークショップでの発表原稿（およびそれと同一内容の当日配布原稿）を、若干修正・省略したものである。文字表記等にかんしては変更はされていない。

（4）« Le privilège de la *phonè* ne dépend pas d'un choix qu'on aurait pu éviter. ... Le système du « s'entendre-parler » à travers la substance phonique ... a dû dominer pendant toute une époque l'histoire du monde, a même produit l'idée du monde, l'idée d'origine du monde à partir de la différence entre le mondain et le non-mondain, le dohors et le dedans, l'idéalité et la non-idéalité, l'universel et le non-universel, le transcendantal et l'empirique etc. » (DG 17).

（5）〈感覚論〉という枠組みはフランス哲学的と思われるかもしれない。だが実際にはどうか。ハイデガーの『存在と時間』のなかでも、「遠官Fernsinn（e）」という語はしっかり登場している（SZ 107）。

（6）「パロールの構造そのもののうちに、話者は自分が語るのを聴いているということが、含まれている」（VP 87）

（7）古代ギリシア語で「耳」は*ους*という。なおoto-affectionというのは私の試みの造語でしかない。

（8）ただしデリダは、《ラング／パロール》というソシュールの図式はエクリチュールの契機を抑圧隠蔽している、と批判するので、ソシュール的枠組み（＝セミオロジー）がそのままデリダの議論（＝グラマトロジー）に引き継がれるわけではない。

（9）この文章箇所で続けてデリダは、文字と文字との差異もそれ自体は見られえないという点を述べる。「記入される文字体における差異もまた、不可視であるままにとどまる」（DG 95／一二九）

（10）現代フランス語では普通は「inouï(e)」は「途方もない」を意味する。ハイデガーの『ヒューマニズムについての手紙』のなかでの「ungeheuer」に対応しているのか?

（11）「仮象」はギリシア語ではいちおう「ドクサ δόξα」にあたるととらえて差し支えない。なお、ドクサをたんにもっぱら低次の事象・だめな事象と解するのは、ハイデガー独自のギリシア観によるのでない、一般的なギリシア哲学研究のパースペクティヴからしても、おそらく不適切な理解なのであろう。

（12）厳密には、ハイデガーは「ウーシア」を――「イデア」と同様に――存在者と存在とを混同した概念、差異をまるめこんだ概念としてとらえている。「ウーシアは次の両方を意味しうる：現前者の現前することと、外見の《なにであるか》におけるその現前者との、両方である」(GA40 190)。

（13）ハイデガーは「ピュシス」を「現われ出ること」と解する（「パイネスタイ」等との語根的連関がある）。したがって基本的には、しばしば通俗的ハイデガー解釈がするように、「ピュシス」を「自然」や「生成」と解するのではない。

（14）なお、一九四〇年刊行の『真理についてのプラトンの教説』では、「Schein」の語はここまで前面に出てきていない。

（15）この箇所をハイデガーによるイデア論批判（＝存在史解釈）の決定的言明として重視する解釈は、少なくはない。しかしそうした解釈でも、「Schein」との連関はひょっとするとほとんど顧みられていないように思われる。

（16）約半年後の講義録『形而上学の根本諸概念』のなかでもいくらかカントと「弁証論的仮象」（GM 422）について触れているが、ではハイデガー自身の考えはどうなのか、というところはやはり踏み込まれずに終わっている。

（17）ゆえにフッサールは『幾何学の起源』でこう言ったのだ。「ライオン Löwe という〔ドイツ語の〕単語が、ドイツ語という言語に到来したのは、ただ一回のみである」(Husserliana VI S. 368/OG 58, 180.)。

（18）通例「差延」と訳されるが、「差異」と同音が望ましいだろうから、かりに今は「差移」とした。

（19）本稿では詳しく立ち入ることができないこの論点にかんして、例えば、参照：藤本一勇「時間の脱構築」、『早稲田大学大学院文学研究科紀要　第三分冊』五九、四九―六五頁、二〇一四年。

（20）Roger Chartier, *Écouter les morts avec les yeux*, Fayard « Leçons inaugurales du Collège de France », 2008.

（21）さいきんでりだの《どうぶつろん》をそれじたいでかんけつしじりつしたなにかじったいてきなものとしてとりあつかうながれがいっていにあるようにもおもわれる。しかしにんげんはにんげんについてもじゅうぜんにとうたりかたったりすることができないのであるからましてやどうぶつについてゆういぎにかたることはこんぽんてきにいっそうこんなんなのではあるまいか。《どうぶつろん》とはにんげんがにんげんについてかたるさいになぜかかげのようにともなうがつかまえることのできないなにかでありどこまでもそうであるにとどまるのであろう。むろんおそらく《しゅりょう》や《にくしょく》はにんげん＝げんそんざいのれきしのたんちょにふれうるじゅうだいなもんだいけいをはらんでいるとすいていされるがしかしそれは「ねこ」や「だに」といったれいじによってはかえっておおいかくされてしまうかもしれないものである。ともあれどのようなれいをとるにせようぶつろんそれじたいがしゅだいてきにせいりつするものではおそらくないのだろう。

ハイデガー、デリダ、現前性の形而上学――その「批判」の解明

峰尾公也

本稿の目的は「現前性の形而上学（métaphysique de la présence）」というよく知られた問題の再検討にある。この問題を簡潔に定式化するならば次のようになるだろう。デリダが言うように、ハイデガーは「現前性の形而上学」に囚われているのか？　仮に囚われているとすれば、それはいかなる点においてそうだと言えるのか？　このように問うことでわれわれはしかし、その問いに何らかの解答を与えることを目指すのではない。すなわち「この批判によってデリダはハイデガーを乗り越えた」と主張したり、反対に「デリダのなさんとしていることは多くの点でハイデガーの仕事の単なる継承に過ぎない」と主張することによって、一方の哲学的立場を他方のそれのうちに解消することを目指すのではない。われわれの試みは、ハイデガーとデリダ双方の思想的独立性を確保したうえで、デリダの批判を明確化することだけに制限されている。

ハイデガーとデリダの関係、特に両者の「現前性の形而上学」をめぐる関係について、これまで数多くの研究(1)が提出されてきた。従来の研究においてはしかし、たいていの場合、ハイデガーはデリダ解釈の文脈上で付随的に言及されているに過ぎず、ハイデガー哲学の研究を通じてデリダの解釈を批判的に検討する仕事はほとんどない。その結果、デリダの批判が、あたかもハイデガー自身の立場や思考が「現前性の形而上学」に留まっている

という点に対して向けられたものであるかのように受け取られ、[2] これによってハイデガー哲学がまさに乗り越えられたとする誤解がしばしば通用しているように思われる。こうした誤解はさらに、後期ハイデガーの立場が「存在」と「現前性」とを同一視する立場へと移行したものとみなす解釈[3]と結び付くことでより堅固なものとなり、デリダの批判のみならずハイデガー哲学の内実をも等しく不明瞭なものとしている。

そこでわれわれはまず、前期ハイデガーにおける「現前性」概念の内実を確認し、そのような現前性に基づいて存在を規定してきた伝統形而上学に対するハイデガーの批判的議論を概観する（1）。次いで、伝統形而上学的な存在規定としての「現前性」とは区別された、後期ハイデガーにおける広義の「現前性」を考察することで、ハイデガーが彼自身の立場から「存在」と「現前性」とを同一視しているわけではないことを示す（2）。最後に、以上で得られたハイデガーの「現前性」概念全体に関わるデリダの解釈を検討することで、ハイデガーが「現前性の形而上学」に囚われている、という彼の批判が、ハイデガー自身の立場や思考に関して言われたものではなく、その語彙や文法に関して言われたものであることを明らかにする（3）。

1　前期ハイデガーにおける現前性

デリダにおける「現前性の形而上学」を適切に理解するためには、彼がこの語を用いる際に念頭に置いているハイデガーの「現前性（Anwesenheit）」をまずは正確に把握せねばならない。そのために本節では、前期ハイデガーにおける「現前性」を次の四つの観点から解明することを試みる。（a）ウーシアとしての現前性、（b）時間的な現在との結合、（c）空間的な現前との結合、（d）時間的現在と空間的現前との結合を可能にしているものとしての現在化。

（a）第一に指摘されるのは、ハイデガーがAnwesenheitという語をギリシア語の「ウーシア（οὐσία）」の訳語として使用していたことである。古代の存在論において存在は「存在する（εἶναι）」の現在分詞形「存在するもの（τὸ ὄν）」から派生した「ウーシア」として思考され、このウーシアはさらに、後世において「基体（ὑποκείμενον）」「実体（substantia）」などと解釈されてきた。ウーシアに由来するこれらの用語はしかし、ハイデガーによれば、存在そのものではなく単に「パルーシア＝傍らにあること（παρουσία）」という意味での「現前性」を表現しているに過ぎない。古代においてこのように現前性から存在が規定されたことで、「存在（Sein）」はそれ以降、その現在分詞形である「存在者（das Seiende）」を通じて一種の「存在者性（Seiendheit）」として思考されるようになる。かくして『存在と時間』のハイデガーは、現前性という存在規定を伝統的に継承してきた形而上学の歴史を解体することによって、この歴史のうちで忘却されてきた「存在」をそのものとして問い直すという課題を「基礎存在論（Fundamentalontologie）」の名のもとに引き受けていた。

（b）この課題の着手に際してハイデガーはまた、現前性という伝統的な存在規定が時間的な「現在」と暗に結びついてきたことを指摘する（cf. SZ 25）。ここで重要なのは、現前性が時間の一様態に過ぎない現在とだけ結びついている、という点である。ところで、このように現在という時間様態から存在を理解しようとする明確な方向づけは、アリストテレスの『自然学』第四巻のうちで最初に生じた。アリストテレスにとって「存在」とは畢竟「今ある」ということに他ならず、未来と過去はそれぞれ「まだ今でない」と「もはや今でない」という意味での「非存在」とみなされている。とはいえ、存在する今だけでなく、存在しないとされる過去や未来も同様に時間の一部をなしている以上、「時間は存在するものに属するのか、それとも存在しないものに属するのか」（『自然学』Δ10 217 b 30）という問いが解決不可能なままに留まらざるをえない。このアポリアの発生は、アリストテレスが時間というものを過去と未来とから切り離された点的な「今」の連続、つまり「今継起（Jetztfolge）」として理解していたことに由来する（cf. GA24 369）。したがって、今ないし現在から出発して存在を現前性として理解している限り、このアポリアを解決する術はない。

（c）現前性という存在規定は他方、時間的な現在との結合だけではなく、空間的な現前との結合においても理解されている。このことは、一般に「現在（Gegenwart）」というドイツ語が、何かが「私の目の前にあること」や「その場に居合わせていること」をも意味しうる（cf. GA21 403）、ということから確認される。同様の両義性は、フランス語のprésentや、日本語の「現在」つまり「現に在ること」のうちにも見て取れるだろう。多くの言語においてはそれゆえ、現在という時間様態と、その現在において空間的に現前していることとは、区別されていないか、あるいは少なくとも何らかの結合を有しており、このことは「存在」を「今（目の前に）あること」として理解するような現前性という存在規定にとってまさに特徴的である。

（d）現前性という存在規定において、時間的な現在と空間的な現前とがすでに何らかの仕方で結びついているとすれば、この結合は一体何によってもたらされているのか？　ハイデガーはそれを、現存在が存在者へと関わる「振る舞い（Verhalten）」のうちに認める。「存在が〔……〕現前性として理解されるとすれば、存在者そのものへと関わる純正な相応しい振る舞いは、それ自身として現在的（präsentisch）性格をもっている振る舞いである」（GA21 192）。この現在的な振る舞いをハイデガーは特に「現在化（Gegenwärtigen）」と名づけ、それを「現前者を或る現在のうちで出会わせること」と性格づける（ibid.）。時間的な現在と空間的な現前とが結合されるのはこの現在化によってに他ならない。

ところで、この現在化ないし現在は『存在と時間』においては「将来（Zukunft）」「既在性（Gewesenheit）」と並んで現存在の「脱自態（die Ekstasen）」の一つとして論じられている（SZ 329）。他方、それ以前の箇所でハイデガーは、現存在の気遣いの三つの構成契機、つまり現存在の三つの根本的な在り方を、それぞれ「それ自身に先立ってあること（Sich-vorweg-sein）」「……の内に既にあること（Schon-sein-in...）」「……の許にあること（Sein-bei...）」と性格づけていた（SZ 192f.）。いまやこれら三つの在り方を先の三つの脱自態が基礎づける。すなわち「それ自身に先立ってあること」を「将来」が、「……の内に既にあること」を「既在性」が、「……の許にあること」を「現在化」が基礎づける（SZ 327）。そしてまた、これら三つの脱自態の統一が「時間性（Zeitlichkeit）」と呼ばれ、その統一に関して「将来」が優位をもつ、と主張される（SZ 329）。このように主張することでハイデガーは、伝統的な存在規定における「現在」の優位を失効させると同時に、その規定が陥っていた先述のアポリアの打開にも成功する。というのも、ここでの根源的時間としての時間性は、現存在の脱自的な在り方に関して言われているがゆえに、三つの時間様態は存在と非存在とのあいだで分裂せず、全体として存在する、と言われうるからである。以上の問題解決はところで、まさに現前性という存在規定から距離を取ることによって、つまり非現前的時間性から存在を思考することによって可能になっている。

2　後期ハイデガーにおける現前性

これまで、前期ハイデガーの「現前性」が、存在そのものではなく存在者性として理解されていることを確認してきた。そのうえで、今度は後期ハイデガーのテクストに目を移してみることにしよう。するとわれわれを驚かせるのは、ハイデガー自身がこの「現前性」をはっきりと「存在」に結びつけているように見えること、ときに「現前化（An-wesen）」という動詞的形態を用いて存在の「現成（Wesen）」という働きに結びつけているように見えることである。「存在は現前化、現前せしめること、現前性を意味する」（GA14 14）。「存在はわれわれのもとでのみ存在として現成する（wesen）ことができ、すなわち現前化する（an-wesen）ことができる」（GA11 41）。

後期ハイデガーにしばしば見られるこれらの主張はところで、ハイデガーが「現前性の形而上学」に依然として囚われている、というデリダの指摘に外見上の裏付けを与えるものとなっている。実際、F・オラフソンや

D・F・クレルのように、ハイデガーにおけるこの主張の変化を、ハイデガー自身の立場がまさに「存在」を「現前性」とみなす立場へと移行した証拠と見る者もいる。(4) このような解釈に対してT・カーマンが提出した批判はしかし、ハイデガーが彼自身の立場として導入している主張と、形而上学的な存在規定の根本解釈として導入している主張とを明確に区別することの必要性を説くものであった。(5)「存在」と「現前性」とを同一視するハイデガーの主張は基本的に後者のタイプの主張に属するものであり、それはしたがって、ハイデガーが彼自身の立場から存在を現前性として解釈していることの証ではないのである。これら二種類の主張の混同は主に、ハイデガーにおける問いの変化を、ハイデガー自身の哲学的立場の変化と誤認することに由来している。

デリダがハイデガーに「現前性の形而上学」への捕囚があると考えているのはしかし、この誤認によってではない。実際「ウーシアとグランメー」（一九六八年）のなかでデリダは、ハイデガーにおける「現前性」概念の拡大を『存在と時間』以後に生じた問いの「地平変化」との関連で理解しつつ、後期ハイデガーのテクストのうちに二つのタイプの主張（身振り）を区別している。すなわち、形而上学的に理解された限りでの現前性の解釈に関わる主張と、現前性という規定そのものを問う、つまりそれよりも根源的なタイプの主張とを区別している(cf. M 74f.)。後で見るように、デリダが「現前性の形而上学」へのハイデガーの捕囚を指摘する場合、そこで話題となっているのは、後者の根源的なタイプの主張、すなわちハイデガーが彼自身の立場として表明している主張に関してである。ともあれそのことを理解するために、さしあたっては後期ハイデガーにおける「現前性」概念の拡大を考察することで、そのように拡大された「現前性」と「存在」とがどのように結びついているのかが明らかにされねばならない。そのことを、当時デリダが参照できなかった二つのテクスト――（a）一九二七年の「現象学の根本諸問題」講義、（b）一九三〇年の「人間的自由の本質について」講義――ならびに、デリダが参照している（c）一九六二年の「時間と存在」講演を通じて明らかにすることにしよう。

（a）プレゼンツとしての現前性――「現象学の根本諸問題」講義（一九二七年）

ハイデガーにおける「現前性」概念の拡大の最初の徴候を、われわれは『存在と時間』刊行直後のマールブルク講義「現象学の根本諸問題」第二部のうちに見出すことができる。「現存在の存在」ではなく「存在一般」の意味に関する基礎存在論的問いが展開され、それゆえまた「現存在の時間性」の問いから「存在の時性（Temporalität des Seins）」の問いへの移行が問題となっているこの箇所で、ハイデガーは脱自態としての「現在化」ないし「現在」を、それがそこへと向けて脱自するところの地平的図式としての「プレゼンツ（Praesenz）」から区別している（GA24 435）。「現前性」はと言えば、この文脈において「現在」から区別された「プレゼンツ」と等置されており（cf. GA24 439, 448f.）、われわれはこの「プレゼンツとしての現前性」を「現在としての現前性」から区別することができるだろう。ここではしかし、異なる二つの「現前性」概念があると言うよりは、同じ一つの現前性を理解する二つの観点があると言う方がより正確である。すなわち一方で、現存在の存在という観点から見られるならば、伝統形而上学がそれによって存在を理解するところの現前性（現在）は、現存在の非現前的な時間性を隠蔽しているがゆえに、現象学的に解体されるべきものである。他方で、存在一般という観点から見られるならば、そのような現前性（プレゼンツ）という存在規定は、なるほど存在一般の地平全体には対応していないが、とはいえそこに本質的に属しているがゆえに、単純に解体されるべきものではもはやない。ハイデガーにおける「現前性」概念の拡大と見えるものが生じるのはこの後者の観点への移行によってである。

（b）存在の現成に属する動的な現前化――「人間的自由の本質について」講義（一九三〇年）

このような観点の移行に伴い、ハイデガーはウーシアについてもより深い洞察に到達する。フライブルク講義「人間的自由の本質について」のなかでハイデガーは、以前に彼が「現前性」と訳していた「ウーシア」を、「現前性」と「非現前性」との「どちらでもない」ものとして、とはいえその両者に「変容可能な」ものとして解釈している。「アプーシア－パルーシアが非現前性－現前性と呼ばれる場合には、ウーシアは単に本質性（Wesenheit）を、つまり先の二つの語の上に浮かび、そのどちらでもないものを意味する。〔……〕ウーシアはある意味では、非現前性（Ab-wesenheit）と現前性（An-wesenheit）、非現在と現在、という意味に変容可能である」（GA31 60f.）。この箇所はさらに次のように続く。「特別に意味され、際立たされた、アプーシアとは対立的に立てられているパルーシアは、根源的なパルーシアに基づいてのみ存在する」（GA31 61）。ここで「根源的なパルーシア」と言われているものは、先に現前性と非現前性のどちらでもないと言われていた「本質性」としての「ウーシア」と定義上異なるものではなく、それゆえハイデガーは「アプーシア＝非現前性」の対立概念としての「パルーシア＝現前性」から、それらよりも根源的な「（パル）ウーシア（［παρ］ουσία）」（ibid.）を区別している。

単なる「現前性としてのウーシア」とここでの「根源的なウーシア」との相違を理解するうえで重要なのは、ギリシア人が「ウーシア」という語によって理解している（とハイデガーが考えている）ものと、ハイデガー自身がこの語によって理解しようとしているものとを正確に見分けることである。ギリシア人にとってウーシアとは、非現前性と対立的に理解された狭義の現前性、つまり存在者性以外の何ものをも意味しておらず、この存在者性としての現前性をハイデガーはいまや「恒常的（ständig）」あるいは「恒存的（beständig）」という形容詞を伴う形でより明示的に表現するようになる。「ウーシアは恒常的現前性（ständige Anwesenheit）に等しい。〔……〕ギリシア人は恒常的現前性の意味において存在者性を理解した」（GA31 60f.）。他方、ハイデガーが彼自身の立場からウーシアを「現前性」よりも根源的な「本質性」として解釈する場合、ここではまだ現前性と非現前性とは対立的に思考されていない。そのような対立が可能になるのは恒常的現前性として硬直化される以前の動的な「現前化（An-wesen）」という働きによってであり、この「現前化」は「非現前化（Ab-wesen）」と共に、それらよりもさらに根源的な「現成（Wesen）」という働きのうちに属している。かくして「現前化」と「非現前化」という二重の働きを存在の「現成」に共属的なものと見る、後期ハイデガーの立場が準備されることになる。

（c）性起に属する現前化——「時間と存在」講演（一九六二年）

こうして準備されてきたような立場から、本節冒頭で引用した「時間と存在」講演における記述——「存在は現前化、現前せしめること、現前性を意味する」——は展開されている。デリダが参照しているこのテクストにおいてAnwesenという語は実際、先述の動的な「現前化」として扱われている。ここでの「現前化」はさらに、存在がそれ自身を「現前者」として、言うなればプレゼントとして、人間に「与える（Es gibt）」という始原的な働きを指しており、この働き自体は確かに「性起（Es = Ereignis）」としての存在そのものに属しているのだが、そのように現前化したものの恒常的現前性から存在が思考される場合には、他方の存在の自己隠蔽化の働き、つまり「性起そのものに属している」ような「脱性起（Enteignis）」（GA14 28）が忘却される。存在そのものに属するこの非現前化という契機の忘却によって、存在はその全体が隈無く照らし出されうるような恒常的現前性として解釈されることになるわけである。このことを存在の「歴運（Geschick）」という観点から言うならば、存在は現前者として人間へと「それ自身を贈り与え（sich schicken）」つつ同時にまたそこから「脱け去る（sich entziehen）」あるいは「それ自身に留まる（an sich halten）」のであって、この「脱去」ないし「留保」の働きをハイデガーは存在の「エポケー（ἐποχή, Epoche）」と呼んでいる（GA14 13）。性起に属するこれら「脱性起」や「エポケー」についてのハイデガーの記述はまさに、「性起としての存在」の「現前性としての存在」への還元不可能性をはっきりと示していると言えるだろう。したがってハイデガーは「存在」と「現前性」とを端的に同一視するような立場に立っているわけではなく、その意味でまた、彼自身によって限界づけられた「現前性の形而上学」のうちに立っているわけでもない。

3 デリダによる批判

これまでに明らかとなったことを振り返ってみると、後期ハイデガーにおいては「存在がそれ自身を現前者として人間に贈り与える」という「現前化」についての主張と、そのような現前化に際して「存在がそれ自身に留まる」という「非現前化」についての主張との両方が見出されるために、そのどちらか一方のみを真の主張とみなすことはできず、ハイデガー自身の立場はそれら二つの極の「あいだ」にある、ということを確認できる。T・シーハンが簡潔に整理しているように、後期ハイデガーにおけるこの両極的な主張は、かつてのヘーゲル主義者たちの対立と類似した対立を、つまりハイデガーにおける「存在の現前化」についての主張を強調する「右派」と、「存在の非現前化」についての主張を強調する「左派」との対立を引き起こしてきた[6]。このような整理のうちに置かれるならば、ハイデガーを「現前性の形而上学」に囚われたものとみなすデリダの読解は一見したところ典型的な右派的読解のように見える。そして仮にそうだとすれば、われわれはハイデガーにおける他方の左派的な主張を引き合いに出すことで、デリダの読解の一面性を告発することができるだろう。実際、たとえばD・ジャニコーが行なっている批判はそのようなものであり、彼は先にふれた「性起そのものには脱性起が属している」というハイデガーの記述を引用しつつ、デリダがハイデガーにおける「性起」と「固有化（appropriation）」としての「現前性」とを不当に同一視していると非難する[7]。この種の非難はしかし、デリダのハイデガーに対する批判をそもそも根本的に誤解しているのではないか？　というのもデリダは、ハイデガーの「性起」

と「現前性」とを端的に同一視しているわけではなく、それゆえまた何らかの右派的読解を試みているわけでもないからである。最初期のテクストにおいてすでに「フッサールとハイデガーにとって、現われと隠れの共属性がいずれにせよ根源的、本質的、決定的であるように見える」（OG 151）と述べていたことを撤回していないとすれば、デリダはこの「あいだ」こそがまさにハイデガーにとって根源的だということを認めていたことになる。そしてまた「ウーシアとグランメー」の終盤で登場する、ハイデガーの形而上学的テクストの読解のうちに含まれた二つの「身振り（geste）」についての言及箇所は、ハイデガーの「現前性の形而上学」への捕囚が全面的なものではなく部分的か、さもなければ「曖昧さ」をもつものである（cf. DG 36／上・五二）、というデリダの理解を明確化するために役立つだろう。

この箇所でデリダは、形而上学的な存在規定としての「現前性」についての解釈へと充てられた「ハイデガーのほとんど全テクストを占めている」と言われる「第一の身振り」に関して「そこで行なわれる様々な位置ずらしは（現前性の）形而上学一般の内部に留まる」と述べる一方、この現前性という形而上学的規定そのものを問う、つまり「現成（Wesen）を思考すること、あるいはまだ現前化（Anwesen）ですらない現成によって思考を振動させることが問題である」ような「第二の身振り」に関しては、そこに「ギリシアの前夜もしくは彼方で現前性一般を超過するもの」がある、と述べていた（M 75）。これら二つの主張のうち、第一の身振りが「形而上学一般の内部に留まる」という主張はいかなる批判も含んでいない。というのも「現前性としての存在」に関わるこの身振りは、形而上学的な存在規定についての解釈を超え出るものではなく、ハイデガーが「形而上学の根底への帰り行き」（GA9 368）と呼ぶような課題のみに関わっているからである。したがって、デリダのハイデガーに対する「批判」と呼びうるものがあるとすれば、それは第二の身振りに関わるもの以外ではありえないだろう。確認してきたように、この第二の身振りにおいてハイデガーは、現前性と非現前性という区別に先立つ存在の現成という根源的な働きを思考している。この身振りに関してはそれゆえ、ハイデガー自身の思考を現前性と結びつけるものは何もなく、デリダは実際、この第二の身振りのうちに「現前性一般を超過するもの」があるとはっきりと認めていた。しからば、ハイデガーが「現前性の形而上学」に囚われている、というデリダの指摘は一体何を言おうとしているのか？

しばしば見られる誤解に反してわれわれが主張したいのは、デリダの意図している批判とは、ハイデガー自身の立場や思考が「現前性の形而上学」のうちに留まっているという点に向けられたものではない、ということである。彼の批判はむしろ、ハイデガー自身の立場や思考はそれを超え出ているのだが、その超過を記述するために用いられる「語彙（lexique）」や「文法（grammaire）」が形而上学的なままに留まっている、という点へと向けられている（cf. M 59, 73）。したがって、本質的な批判を含んでいるのは次の記述である。

そうだとしても、閉域の彼方でわれわれに思考させるべく与えられるものはただ単に非現前的であることはできない。もしそれが非現前的ならば、それは思考すべき何ものをもわれわれに与えないか、あるいはそれは依然として現前性の否定的様態であるか、そのいずれかということになってしまう。したがって、この超過のしるしは可能な一切の現前性－非現前性を、存在者一般の一切の産出もしくは消滅を絶対的に超過するものでなくてはならないが、にもかかわらず同時にまた何らかの仕方でそれはなおも自らを記すのでなければならない。何らかの仕方でとはつまり、そのものとしての形而上学によっては定式化不可能な仕方でということである。（M 76）

この記述から、ハイデガーが「現前性の形而上学」に囚われている、というデリダの批判を、次の二つの問題提起としてまとめることができる。第一に、前期ハイデガーに関して、彼が「現前性」としての形而上学的な存在規定のうちで忘却されているような非現前的な時間性を通じて存在の意味を問おうとする場合、その意味は依然として現前性の否定的様態としてのみ、つまり現前性との何らかの関係のうちでのみ思考されているのではないか？　第二に、後期ハイデガーに関して、彼はそこでまさに現前性と非現前性との「あいだ」に立っているのであるが、この最も根源的とされる「あいだ」を、現前性と非現前性とのあいだ、もしくは存在と存在者とのあいだのような、形而上学的な語彙によって示す仕方は依然として彼を形而上学のうちに引き止めているのではないか？

「存在論的差異（ontologische Differenz）」という語彙、あるいはそもそも「存在」という名称が依然として「形而上学の言葉」に留まっている、というこの指摘はところで、ハイデガー自身はっきりと認めていたことであった。彼が「存在」にしばしば抹消線を引き、最終的にこの語を「性起」に置き換えようとしていたのはまさにそのような問題意識に根をもっている。ともあれ、ハイデガー自身によってもはや形而上学的とみなされていない Ereignis のような語が、デリダが言うように、そこに含まれた eigen のもつ「固有性」や「存在との近接性」ゆえに、結局のところ「自己への現前性」という形而上学的遺産を継承しているとすれば（cf. M 159）、この問題はハイデガーにおいては最後まで解決されなかった、という見立てが通りうる。そして、これ以上遡ることができないとされる根源的な差異がなおも「形而上学的な仕方で（more metaphysico）」（M 76）記述されているのであれば、形而上学の「超克（Überwindung）」は、それを超え出ると同時に、その超過を或る別の根源的な形而上学的対立ないし体系へと再度従属化させることで「現前性の形而上学」を際限なく強固にすることしかなしえない。そのような次第である以上、ハイデガー哲学は確かに、デリダが問おうとしているものを「現前性の思考」という資格で、最も〈深遠〉かつ最も〈強力〉に防御するもの」（PO 75）ということになるだろう。かくしてデリダが見るところ、ハイデガーの「突破」は「そのものとしての形而上学を超過した唯一の思考である」（M 72）という点にあるのだが、他方でその超過を記述する語彙と文法とが依然として形而上学的であったために、この意味ではハイデガーはなお形而上学に囚われたままであった。

おわりに——存在論的差異と差延

以上、われわれはデリダのハイデガー批判を明らかにしてきた。最後に、デリダ自身がこの問題、すなわちハイデガーがそこに留まったとされる形而上学的な語彙と文法という問題にどのように取り組んでいたのかを見ることで本稿を締めくくることにしたい。それは、彼が「差延(différance)」の働きを示すその仕方から理解される。

言うまでもなく、差延そのものは決して出現せず、ただそれの痕跡のみが示されうるに過ぎない。そしてそれが示されるのは「アナクシマンドロスの箴言」(一九四六年)というハイデガーのテクストの内部においてである。(8) このテクストのなかでハイデガーは、存在論的差異の忘却と共に始まった存在の歴史がそれ自身を形而上学という出来事のうちで完了する、と述べていた(cf. GA5 364f.)。この忘却を引き起こしているのは、人間の側での何らかの過失や怠慢ではなく、存在そのものに属する脱去の働きであるがゆえに、われわれが想起しうるのはただ、その差異が取り戻しがたく消え去っているという事実、つまりその痕跡だけである。ハイデガーは、そこにおいて形而上学の歴史が始まると彼が考えるアナクシマンドロスの箴言のうちに、この消滅した差異の「黎明的痕跡(die frühe Spur)」を示そうとする(GA5 365)。

このハイデガーの試みと論文「差延」(一九六八年)でのデリダの試みとの類似は明らかである。まず、根源的差異はそのものとしては現われない、という点に関して両者の考えは一致している(cf. GA5 365; M 27, 77)。さらに、存在の歴史の開始と共に消滅したその根源的差異の痕跡を、何らかの形而上学的テクスト——ハイデガーの場合はアナクシマンドロスの箴言、デリダの場合はそのハイデガーのテクスト——の内部で示す、という課題の点に関しても両者は一致している。異なっているのは、その差異を示す仕方、つまりそれを「存在論的差異」として示すのか、それとも「差延」として示すのかという点だけである。この点に関して、両者のあいだに若干の身振りの相違がある。論文「差延」での表現を用いるならば、「存在」という唯一無比の名称を探索するような「ハイデガー的希望」と呼ばれる身振りと、そのような探索の不可能性を「肯定」するようなニーチェ的身振りとがあり（M 29）、デリダ自身の身振りはと言えば、これら二つの身振り（ないしエコノミー）を往復するようなものであるだろう。ここにおいて、デリダのハイデガーに対する関係を一義的に規定することはほとんど不可能だということが明白となる。というのもこの場合、デリダの身振りはハイデガー的であると同時にハイデガー的でないからである。

このように述べることでわれわれが主張しようとしているのはつまり、ハイデガーとデリダの関係について何らかの解釈上の決着を期待することは無駄であり、むしろその決着不可能性の承認のうちで様々な解釈が遂行されねばならない、ということである。実際、もし仮にデリダの批判の有効性をハイデガーの議論に即して承認することができたとしても、それによってハイデガー自身の試みの有効性が失われることは、デリダの議論に即してありえそうもない。というのも、もしそうなったならば、今度はデリダの議論自体が成立しなくなるからである。一切が明るみになった後でなお、われわれは問うことができる。たとえば、ハイデガーが根源的差異を示すその他の仕方——「二重襞（Zwiefalt）」「明るみ（Lichtung）」など——も同様に形而上学的であるかどうかを問うことができる。さらに「現前性」や「形而上学」という言葉が救いがたく閉域をなすのかどうか、つまりそうならないような仕方で受け取られる可能性が残されていないのかどうかを問うことができる——そのような可能性をM・C・ディロンが示唆している。[9] あるいはまた、ジャニコーが示唆するように、ハイデガーを前提すると同時にハイデガーに反対するこのデリダ的な身振りはそもそも保持不可能である、[10] ということもありえよう。いずれにせよ重要なのは、それら問いの前に立つことであり、それら問いを霧散させるべく何らかの自明な解答に飛びつくならば、両者の真の関係はその自明性という逆光のうちで完全に見失われるに違いない。

凡　例

ハイデガーとデリダの著作からの引用については本文中の括弧内に以下に示す略号と頁数を併記した。訳出に際しては既存の邦訳書を参考に一部表現を改めたものを記載している。

Martin Heidegger

GA　*Gesamtausgabe*, Frankfurt a. M.: Vittorio Klostermann, 1975-.
GA5　*Holzwege*（1935-1946）, 1977.
GA9　*Wegmarken*（1919-1958）, 1976.
GA11　*Identität und Differenz*（1955-1957）, 2006.
GA14　*Zur Sache des Denkens*（1962-1964）, 2007.
GA21　*Logik. Die Frage nach der Wahrheit*（WS 1925-1926）, 1995.
GA24　*Die Grundprobleme der Phänomenologie*（SS 1927）, 1975.
GA31　*Vom Wesen der menschlichen Freiheit. Einleitung in die Philosophie*（SS 1930）, 1982.
SZ　*Sein und Zeit*（1927）, Tübingen: Niemeyer, 16. Aufl. 1986.

Jacques Derrida

M　*Marges : de la philosophie*, Paris: Edition de Minuit, 1972.
OG　*Edmund Husserl, L'origine de la géométrie*, Traduction et Introduction par Jacques Derrida, Paris: Universitaires de France, 1962.
PO　*Positions*, Paris: Edition de Minuit, 1972.

註

（1）ここでは本稿で取り上げるものだけを挙げておく。M. C. Dillon, "The Metaphysics of Presence: Critique of a Critique,"［1993］in

Jacques Derrida, vol. 1, ed. Christopher Norris and David Roden, London: SAGE Publications, 2003; Dominique Janicaud, "Presence and Appropriation. Derrida and the Question of an Overcoming of Metaphysical Language,"［1978］in *Derrida. Critical Assessments of Leading Philosophers*, vol. 2, ed. Zeynep Direk and Leonard Lawlor, London and New York: Routledge, 2002, pp. 21-29; Thomas Sheehan, "Derrida and Heidegger," in *Hermeneutics and Deconstruction*, ed. Hugh J. Silverman, New York: State University of New York Press, 1985, pp. 201-218.

（2）この種の理解はたとえばディロンの次の記述に見出される。「［……］デリダによる現前性の脱構築は、ハイデガーのまなざしがその彼岸を垣間見ているにもかかわらず、彼の思考が現前性の形而上学の閉域の内部に留まっていることを示そうとしている」(Dillon, "The Metaphysics of Presence," *op. cit.*, p. 41)。

（3）たとえば、Frederick A. Olafson, "Individualism, Subjectivity, and Presence: A Response to Taylor Carman," in *Inquiry*, vol. 37, 1994, pp. 331-337; David Farrell Krell, *Intimations of Mortality: Time, Truth, and Finitude in Heidegger's Thinking of Being*, University Park and London: The Pennsylvania State University Press, 1986, ch. 2, pp. 27-46.

（4）註3参照。

（5）Taylor Carman, "Heidegger's Concept of Presence," in *Inquiry*, vol. 38, 1995, pp. 431-453.

（6）Cf. Sheehan, "Derrida and Heidegger," *op. cit.*, pp. 202f.

（7）Cf. Janicaud, "Presence and Appropriation," *op. cit.*, p. 27.

（8）そこでのみというわけではないが論文「差延」のなかで最も鮮明に示されているのはそこである。その他に、ニーチェ、フロイト、レヴィナスのテクストのうちにデリダは差延の痕跡を見て取っている（cf. M 24）。

（9）Cf. Dillon, "The Metaphysics of Presence," *op. cit.*, p. 53.

（10）Cf. Janicaud, "Presence and Appropriation," *op. cit.*, p. 26.

脱構築の継承と「言語の問題」——一九六三—六五年のジャック・デリダ

亀井大輔

デリダの「脱構築（déconstruction）」の思想は、一九六五年一二月に雑誌掲載された「グラマトロジーについて（I）」に初めて登場し、一九六七年にその書籍版を含む三つの著作（『グラマトロジーについて』『声と現象』『エクリチュールと差異』）が刊行されて以来、「脱構築」の語とともに世界的に行きわたるようになった。周知のように、この語は当初、ハイデガーの「解体（Destruktion）」のニュアンスを表現するための訳語として選択されたもののひとつにすぎなかった。やがてこの語はデリダの意図を離れてデリダ思想を代表するキーワードとなるわけだが、この語の由来からして、デリダの脱構築がハイデガーからの思想の継承関係のうちで生成してきたものであることは明らかだろう。実際、一九六四—六五年の講義『ハイデガー——存在の問いと歴史』（二〇一三年に刊行）においてデリダは、ハイデガーの「解体」に注目した読解を進めている。[1]

しかし、むろんのこと、デリダの脱構築はハイデガーの解体のたんなる焼き直しや応用ではない。「グラマトロジー」では、むしろハイデガーの思想そのものが音声＝ロゴス主義的な形而上学に属することが論じられているし、『ハイデガー』講義でもハイデガー的解体の孕むアポリアが問われている。このように当時のデリダには、ハイデガーの解体をさらに徹底化せんとするモチーフがあったはずである。では、こうしたモチーフはどのように形成されたのだろうか。そこにはハイデガー以外からの何らかの契機があったのだろうか。

このようにデリダとハイデガーの継承関係を考えるとき、レヴィナスとの関係を無視することはできない。『ハイデガー』講義に先だつ一九六三年にレヴィナス論「暴力と形而上学」（一九六三―六四年に雑誌掲載）に取り組んだデリダにとって、レヴィナスの思想は「ギリシア的ロゴスの解体（dislocation）へとわれわれを向かわせる」（ED 121／一六二）ものであったのであり、後の表現によれば、レヴィナスの思想は「存在論の「脱構築的力能」を組織してきた」[2]ものであった。したがって、当時のデリダの前には、ハイデガーとレヴィナスという二つの「解体＝脱構築」の思想があった、と言っても過言ではないだろう。デリダは『ハイデガー』講義と「暴力と形而上学」で二つの解体の思想と向き合い、そのアポリアも受け止めたうえで、脱構築の思想を相続・継承したように思われる（脱構築の先行者としてはニーチェやフロイトも挙げられるが、ここでは措いておく）。

本稿が試みるのは、こうした視野から両テクストを捉え直すことによって、いわばデリダの脱構築思想の成立前夜に位置するこの二つのテクストのなかに脱構築の二重の継承の跡を探り出し、一九六三―六五年の時期におけるデリダの思想の根本的な動きを描き出すことである。そのために、デリダが両テクストのいずれにおいても「言語の問題」を提起していることを手がかりとしたい。この問題は歴史の問題とも密接に関わり、この時期のデリダの思考を特徴づける主題である。以下の本論では、まず『ハイデガー』講義における言語の問題（1）、次いで「暴力と形而上学」における言語の問題（2）の内実をそれぞれ明らかにする。それによって、デリダがハイデガーとレヴィナスの解体をどのように捉えていたのかが判明する。そのうえで、この時期のデリダの思想動向を示す二つの議論を解釈し（3）、デリダが両者から脱構築の思想をどのように継承しようとしたのかを考えたい。

1　ハイデガーにおける「言語の問題」——『ハイデガー』講義

（1）「言語の問題」

まず、『ハイデガー』講義における「言語の問題」とは何かを明らかにしたい。デリダはこの講義の第一回から第二回にかけて序論的な講義を行ない[3]（H 23-76）、なぜ講義の表題を「存在の問いと歴史」としたのかを説き明かしている。そのなかで強調されるのは、「存在の問い」は存在論とは異なること、存在の問いは存在論の歴史の解体、さらには存在論そのものの解体を通じて遂行される存在の思考だということである。「解体」が意味するのは、存在論のたんなる批判でもなければ、存在論を否定したり無化したりすることでもなく、ヘーゲルのように果実が花を否定するという意味での反駁（réfutation, Widerlegung）でもない。ハイデガーの「解体」は、存在者の覆いを剝がし、その下に隠された「存在」へと向かう積極的なものと捉えられる（第一回講義）。

次にデリダは、「存在の問い」を、表題にあるもうひとつの語「歴史」と結びつける（第二回講義）。というのも、ハイデガーにおいて初めて存在と歴史が根源的な結びつきのうちで思考されるとデリダは考えるからである。そこにおいて、「存在の問い」と「歴史」とを結びつける「と」の問題として浮上してくるのが、「言語の問題」（H 54）である。次がその問題提起の文である。

> ハイデガーが選択した絶対的な根本性において——つまり一方で解体が露呈させたことになる根源性、そしてまずもって、他方で、それを起点として解体そのものが企てられえたところの根源性の奥底において——、歴史との関係のうちにある存在の問いは、いかなる言語において暴かれ、取り扱われうるのか。（H 53f.）

存在論が言説である以上、存在論の解体においては存在論が用いる言語そのものも解体に付されねばならないが、解体もまた言語的な営為にほかならず、解体されるべき言語を用いて遂行する必要がある。したがって存在論の解体は、従来の伝統的ロゴスの言語から手を切り、リセットしてゼロから再び始めるような「無歴史的な徹底主義《ラディカリズム》」(H 54) ではない仕方で「最も根本的《ラディカル》な存在の問い」と「最も根本的《ラディカル》な歴史性」とを結びつけることである (H 54)。それはいかなる言語において可能なのか、というのがデリダのいう「言語の問題」である。

この問題に対してデリダは二つの可能性を考える。ひとつは、伝承されたロゴスの内部で解体を遂行すること、すなわち「存在論のロゴスの自己 - 解体、哲学による哲学の自己 - 解体」(H 55) である。それは「受け取られたロゴスそのものを変容し、それ自身をそれ自身によって訂正する」(H 55) という歩みとなるが、その場合解体は、解体すべき哲学やロゴスのなかを動き回るしかなく、その外に脱することはできない。「哲学の解体は、哲学を解体しようとするその瞬間に、哲学のなかで不意打ちされ (*surprise*)、哲学によって不意打ちされ、哲学によって包み込まれる」(H 55)。もうひとつの可能性は、「新たな諸概念の創造」(H 55) を行ない、伝統的な語や概念をまったく用いないことである。しかしハイデガーも言うように西洋言語の構文や文法自体が存在論と密接に結びついている以上、語や概念だけでなく構文や文法も新たに創造しなければならず、そうしたことは不可能である。したがって存在論の解体は前者の道をとることになる。つまり、ハイデガーの解体とは、ロゴスによるロゴスの、〈内〉からの自己解体なのである。

デリダによれば、こうした言語の問題はデリダの提起する問いである以前に、『存在と時間』第七節でハイデガー自身が自らに課した問いである。ハイデガーによれば、「存在者について物語りつつ報告するのと、存在者をその存在においてとらえるのとは、まったく別のことがらである。後者の課題を遂行するためには、大抵の場合、そのための言葉が欠けているだけでなく、とりわけ「文法」も欠けている」[4]。このように『存在と時間』では、「「物語を語ること（raconter des histoires）」が断固として絶対的に禁止されることになる」（H 57）。存在者については語ることは物語を語ることであり、存在者の存在そのものを語ることではない。ここでは存在者と存在の差異が、それを語る言語の問題となって押しつけられるわけである。したがって、デリダは次のように述べる。

存在の問いと歴史を解放するためには、それゆえ、物語を語ることを中止しなければならない。すなわち、存在者的歴史の彼方に歩を進めなければならない。歴史一般から無歴史的なものの方への外出にも似ているこの歩みは、実のところは、存在そのものの歴史としての歴史の思考の徹底化に接近するための条件である。（H 74）

存在者的歴史を乗り越えて存在そのものの歴史に到達するべく、物語を語ることを中断すること――こうした課題は「存在者的隠喩の必然性」（H 70）に由来する。ここに隠喩の問題が浮上する。次にこれを詳しく見ていきたい。

（2）隠喩

一般に「隠喩」とは、類似しているがまったく別種のものを本来あらわすための表現を、代理に用いることである（たとえば、基盤のない生活を「浮き草」や「根無し草」とあらわす）。ここでの「存在者的隠喩」とは、存在をあらわすために、存在者をあらわすための表現を代理に用いることである。われわれは存在者的な言説による以外の方法で存在を語ることはできない。したがって、隠喩的にしか存在を語ることができない。こうした必然性にデリダは注目する。

デリダによれば、ハイデガーは言語の根本的な隠喩性を、形而上学的言語の限界として自覚していた。ハイデガーはその限界を引き受けて存在を語る言語表現を模索している。たとえば、『ヒューマニズムについての手紙』で幾度か登場する「言語は存在の家である」という表現は、「言語が存在の可能性の条件である」ということを隠喩的に表現しているようにみえるが、これは日常的に用いられる「家」という語をレトリックの道具として用いているものではない。ハイデガーいわく、「存在の家という言い方も、「家」という比喩形象（Bild）を存在に当てはめて転用することではけっしてない。むしろ、事象に即して思考された存在の本質にもとづいてこそ、私たちは、いつの日か、「家」とか「住む」といったことが何であるのかを、よりよく思考することができるであろう[5]」。それを受けてデリダは言う、「われわれが日々、詩的でない通常の言語で家と言うときに何のことを言っているのかを知っていると思っているとき、われわれは隠喩のなかにいる」（H 105）。つまり、われわれの日常において「家」の固有の意味は忘却され、隠喩的意味でのみ理解されているのであって、一般的に考えられる「家」の隠喩的意味と固有の意味は、ハイデガーにとっては転倒しているのである。「隠喩とは固有で根源的な意味の忘却である」（H 105）とデリダが言うのは、存在の真理の思考においてこそ言語の固有の意味に迫りうるはずだが、その意味はつねに存在者的言説によって隠蔽されているからである。

デリダにとって、ハイデガーの存在の思考と歴史との結びつきはこうした言語の隠喩性のうちに認められる。「隠喩はレトリックの技巧のように言語のなかに後からつけ加わるのではない。隠喩は言語の始まりであり、存在の思考はその埋もれた起源である。根源的なものから始めないこと、それが歴史の最初の言葉である」（H 105）。したがって、歴史において隠喩的意味から固有の意味を切り離すことは不可能であり、言語は固有の意味をそのものとしてあらわすことはできない。このように、言語に本質的な隠喩性を認め、それが存在を隠蔽しつつ開示していること――「隠蔽は、開示と同じく根源的で本質的でもある」（H 107）――が必然的であることを認めるなら、隠喩の、すなわち形而上学の「単純な乗り越えや可能な超克（Überwindung）はない」（H 106）ことになる。なぜなら「絶対的に根底的であるのは、無でない存在でも存在者でもなく、存在者的－存在論的な差異だから」(H 107) である。

したがってハイデガーの解体は隠喩を隠喩として思考することにある。そのことをデリダは「脱隠喩化 (démétaphorisation)」(H 278) と呼んでいる。脱隠喩化とは隠喩から完全に外に出ることではない。隠喩を別の隠喩のなかで捉え直すことによって、「新たな隠喩のなかで先行する隠喩がそのものとして現れ、その起源、その隠喩的機能、その必然性の点で告発される」(H 278) ということである。

> したがって重要なのは、ある隠喩を別の隠喩で置き換えるのではなく——それは言語と歴史の運動そのものである——、この運動そのものを思考し、隠喩をそのものとして隠喩化しつつ思考すること、隠喩の本質を思考することである (これがハイデガーの行なおうとしたことのすべてである)。(H 279)

脱隠喩化すなわち隠喩の本質を思考することは、固有の意味と隠喩的意味とを峻別することではない。固有の意味は忘却されており、われわれは隠喩の外に出ることはできないからである。隠喩が隠喩であることを思考するとは、隠喩でないもの (非隠喩) ——それは歴史の起源から隠喩によって隠され、歴史上のどこにも場をもたず、来たるべきものであり続ける——との差異のうちで隠喩を思考することであろう。デリダのこうした理解によれば、隠喩のなかにいるわれわれに対して、「そこから隠喩性が思考されるような、非隠喩の地平」(H 323) から脱隠喩化を呼びかけるもの、それが存在の思考なのである。

このようにデリダは、「言語の問題」を隠喩の問題として捉え、ハイデガーの解体を脱隠喩化とみなした。ハイデガーは、存在論の解体を解体すべき言語のなかで遂行しなければならない必然性を受け止め、言語における隠喩の解体という課題を自らに課したとデリダはみる。それは、言語の隠喩性から逃れられないことを自覚しつつ、隠喩の本質を思考することで、非隠喩的なものとしての存在を思考しようとすることである。

2　レヴィナスにおける「言語の問題」——「暴力と形而上学」

次にデリダのレヴィナス論に目を転じたい。先に述べたようにデリダにとってレヴィナスの思想はギリシア的ロゴスの「解体＝脱構築」へと通じる思想であった。ハイデガーの解体が〈内〉からの自己解体であったのに対し、レヴィナスの解体が、ギリシアを起源とする西洋の哲学の外部やその他者を強調する、いわば〈外〉から揺さぶりをかけるような解体であることは論を俟たないだろう。だがデリダによればレヴィナスの思想は、この〈外〉からの脱構築という貴重なモチーフを示しつつ、そうであるだけにいっそう、きわめて重大な困難を抱えている。「暴力と形而上学」の第三部はこの問題を暴露することに費やされる。

デリダは、『全体性と無限』までのレヴィナスの思考の変遷を描き出した後、レヴィナスといよいよ対峙せんとする第三部の冒頭で次のように宣言する。「次にわれわれがその原理を示すべく努めようとしている問いはすべて、意味は多様であるとはいえ、言語の問いである。すなわち、言語についての数々の問いであり、言語という問いである」(ED 161／二一三)。ここでもデリダは「言語の問題」を提起しており、それは『ハイデガー』講義における「言語の問題」と同型の問題である。このことに注目すれば、レヴィナスとハイデガーとの違いが浮かび上がるだろう。

レヴィナスにおける「言語の問題」とは、レヴィナスはギリシア的カテゴリーを用いてしかギリシア的ロゴスの解体を遂行しえない、という逆説である。『全体性と無限』でレヴィナスは〈同〉と〈他〉というギリシア的カテゴリーを援用し、さらには〈同〉と〈自我〉、〈他〉と〈他人〉とを結びつけて、その議論を進めていく。つまりレヴィナスは「それ以前には彼が拒んでいたように思える諸カテゴリーに頼る」（ED 164／二一八）ことを余儀なくされている、とデリダは捉える。レヴィナスはギリシア的ロゴスの外へと脱しようとして、結局はギリシア的ロゴスに「不意打ちされる（*surpris*）」（ED 165／二一八）。そしてこれは必然的なことだとデリダは指摘する。

われわれはここで言語の不整合性や体系に孕まれた矛盾を告発しているのではない。われわれはある必然性の意味に問いかけているのだ。伝統的概念性を解体する（détruire）ためには、この概念性のなかに身を置かねばならないという必然性の意味に。（ED 165／二一七）

このように、レヴィナスの試みもまたハイデガーと同じ困難を抱えていることになる。すなわち、西洋の存在論の伝統的概念性を解体するために、当の伝統性のなかに身を置く必然性に、ハイデガーもレヴィナスも従わなければならない。したがってレヴィナスにおいても、言語の隠喩性の問題が――ハイデガーとは異なる角度から――問われる。(6) たとえば、『全体性と無限』において〈他〉の絶対的な「外部性」は空間的な外部性ではないと主張されるが、そのことを主張するためには外部性という空間的な概念を必要とする。「真の外部性を非－外部性として、言い換えるなら、なおも〈内〉－〈外〉の構造ならびに空間的隠喩を介して思考しなければならない」（ED 165／二一九）のである。デリダはこのことを「崩壊した隠喩に住まい、伝統の切れ端と悪魔のぼろをまとわねばならない」（ED 165f.／二一九）とも述べている。こうした「隠喩」（ED 166／二一九）についてデリダが述べる次の文章は、『ハイデガー』講義の隠喩論と通底している。

言語のなかでのレトリックの手法であるに先立って、隠喩は言語そのものの出来である。そして、哲学はこの言語でしかなく、せいぜい、この表現の尋常ならざる意味でこの言語を発語すること、隠喩そのものを語ることでしかありえない。翻ってそれは、非‐隠喩、すなわち〈存在〉の黙した地平で隠喩を思考するということだ。(ED 166／二一九頁以下)

したがってレヴィナスにも、ハイデガーと同じく言語の隠喩性を認めるべきだという課題が生じる。しかし、デリダによればレヴィナスは言語の根本的な隠喩性を認めることができない。なぜなら、レヴィナスは言語の問題に対する「最良の武器」である「言説への侮蔑」という手段を捨てているからである(ED 170／二二六)。「言説への侮蔑」とは、言語によって語りえないものとして神を語る否定神学や、言語によって語りえない純粋持続を言語の批判を通じて語ろうとするベルクソンが手段としていたもの、つまり、言語の限界を自覚することによって語りえないものを語る方途である。レヴィナスがこの方途をとりえないのは、彼が言語の起源を他者の発話に定めているからである。「〈他人〉の迎え入れにおいては、〈他人〉が、絶対的に現在するものとして、自らの顔において――いかなる隠喩もなく――私に対面している」[7]というレヴィナスの言葉をふまえてデリダが言うには、顔は「隠喩ではなく」(ED 149／一九七)、「隠喩なき裸性」(ED 157／二〇八)であるような「発語」(ED 148／一九六)である。言語の起源は他者の他者性の自己表出としての「顔」にある。だとすれば、言語を隠喩とみなすことは他者の純粋な発露を毀損してしまうことになる。

他方で、レヴィナスは言語による述定を「最初の暴力」(ED 218／二九三)とみなしていた。したがってレヴィナスにおいて、言語は他者との関係(非暴力、非隠喩)と述定(暴力、隠喩)とのあいだで引き裂かれてしまう。デリダからみれば、レヴィナスは言語の本質を非暴力的な他者との関係の方に定めようとして、言語の可能性を「歴史の彼方」に求めることになる。「非‐暴力および贈与としての言語の起源的可能性を、歴史的現実性のなかでは不可避な必然的暴力から切り離すこと、それは、思考をひとつの超歴史性に凭れ掛からせることなのである」(ED 220／二九五)。このようにレヴィナスは言語の可能性を歴史の外に位置づけるのであり、デリダはそこに沈黙の暴力という、言語の暴力よりも深刻な暴力の危険を察知するのである。

こうしてデリダは、レヴィナスを解体の思想とみなしつつ、その試みは「言語の問題」を適切な仕方で引き受けていないと批判する。デリダが同じ「言語の問題」を提起することによって、ハイデガーとレヴィナスとの違いが浮かび上がるのである。

3　終末論と問い

以上の議論をいったんまとめておきたい。ここまでみたように、「言語の問題」によって明らかとなるハイデガーとレヴィナスのそれぞれの思想は対立の関係として整理できるだろう。すなわち、ハイデガーは、言語の隠喩性を深く自覚し、歴史のなかで隠喩の隠喩性を思考すること（脱隠喩化）を通じて存在を思考しようとする。他方でレヴィナスは、言語の隠喩性を認めず、言語の可能性を歴史から切り離し、歴史の外へと向かおうとする。別の言い方をすれば、ハイデガーは存在論的差異にもとづいて「歴史－存在」（ED 213／二八五）（歴史としての存在、存在の歴史）を考えるのに対し、レヴィナスは「歴史の彼方」という「超歴史性」ないし「没－歴史性」（ED 220／二九五）を支えにする。デリダはこうした対立の構図でハイデガーとレヴィナスによる二つの解体の試みを捉えていたと言えよう。

こうしてみると、デリダはハイデガーの脱隠喩化の方向性を支持し、レヴィナスに対してはその方向をとらなかったことを非難しているようにもみえる。だが、そうした見方は的確ではない。デリダが自らの脱構築の思想を展開していくとき、ハイデガー的な〈内〉からの解体とともに、〈外〉からの解体というレヴィナス的モチーフも引き受けているのは疑いえないからである。これに関して、一九六八年の「人間の目的＝終わり」にある次の一節をみれば、デリダがハイデガーとレヴィナスの解体をどちらも引き継ごうとするのがわかる。以下に挙げられた脱構築の二つの戦略は、それぞれハイデガーとレヴィナスに対応するように思われる。

> 1　創設的諸概念と原初的問題設定のうちに暗黙裡に含まれているものを反復することによって、また家のなかで、言い換えれば言語のなかで自由に使用しうる道具もしくは石つぶてをこの大建築に対抗して用いることによって、地盤を変えることなく脱出と脱構築を試みること。〔……〕／2　乱暴に外に身を置き、絶対的な断絶と差異を肯定することによって、非連続的かつ侵入的な仕方で地盤を変える決断をすること。〔……〕（MP 162／二三五）

前者が〈内〉からの自己解体的な脱構築であるのに対し、後者は〈外〉から断絶を標記するような脱構築である。デリダのいうように、前者は「ハイデガーの問いの文体《スタイル》」であり、後者は「今日フランスで優勢になっている文体」（MP 163／二三五頁以下）である。デリダが自らに課すのは、この二つのどちらかを選ぶのではなく、「一つの新しいエクリチュールが脱構築のこの二つのモチーフを織り込み、編み合わせなくてはならない」（MP 163／二三五）ということである。デリダの脱構築の独自性は、このように二つの戦略をともに含む「脱構築の一般的戦略」（Po 56／六〇）を構想することにある。そのことは、たとえば「ポジシオン」で語られる脱構築の「二重の挙措」（Po 56／六〇）ないし二重の局面——地盤内での概念秩序の転倒と、外からの侵入による地盤変動——に反映されているだろう。

ここでは一九六三—六五年のデリダにもう少しとどまって、デリダが二つの脱構築をともに引き受けようとする思考の動きを、「暴力と形而上学」と『ハイデガー』講義に読み取っていきたい。両テクストのなかで注目すべき次の二つの議論は、脱構築思想の生成につながるこの時期のデリダの根本的な思想動向を表わすものであると思われる。

（1）二つの終末論の近さ

第一に注目したいのは、「暴力と形而上学」第三部の最後の章「存在論的暴力について」の終盤にある、デリダがレヴィナスとハイデガーのあいだに「近さ」を認めようとする議論（ED 221-224／二九六―三〇〇）である[8]。それは「二つの「終末論」の近さ」（ED 221／二九六）と呼ばれる。二つの終末論とは、レヴィナスの「メシア的終末論」と、ハイデガーの「存在の終末論」のことである。レヴィナスの「メシア的終末論」は『全体性と無限』の序論に、ハイデガーの「存在の終末論」は『アナクシマンドロスの言葉』に由来する表現であり、対比的に理解すれば、レヴィナスのメシア的終末論が「歴史の彼方」における他者との関係を指すのに対し、ハイデガーの存在の終末論は存在が隠されてきたという「存在の歴史」にもとづき、元初における存在の現われを終局において再び期待する[9]。デリダは、両者の関係に対立の構図をみるとともに、その「近さ」も指摘する。

> 二つの「終末論」の近さは、相反するさまざまな道を通って、プラトニズムから生じた「哲学的」冒険の全体を反復するとともに問いに付している。この冒険がそのうちでみずからを要約し、みずからを思考するところのヘーゲルへの問いという形式のもとで、かかる冒険の全体に、内と外から同時に問いかけながら。
> （ED 221／二九六頁以下）

すなわち、ハイデガーとレヴィナスの思想は、西洋哲学の歴史を〈内〉と〈外〉から問いに付している、とデリダは捉え、この視点から「存在」と「他者」を近づける。たしかにこうした捉え方は、両者のあいだの敵対的関係をふまえるなら意外なものかもしれない。前ソクラテス期のギリシアを「存在」の元初とするハイデガーの存在史観にとって、「存在」を西洋哲学の他者とみなすことはその歴史観を根底から揺るがすであろうし、レヴィナスの存在論批判からすれば、「他者」を「存在」とみなすことは許容しがたいだろう。それゆえハイデガーの「存在」とレヴィナスの「他者」を安易に同一視することはできない。しかしデリダの独自性は、まさに両者に「近さ」をみる視点の設定にこそある。つまり、存在論ひいては西洋の形而上学の解体という視点からすれば、ハイデガーの「存在」とレヴィナスの「他者」は対立するのでなく、近くにあるものと捉えることが可能なのである。[10]

デリダは、「存在」と「他者」とを近づける問いとして、「神〔無限に他なる存在者のこと〕とは存在の別名〔……〕であって、それについての思考はというと、〔……〕この差異と存在論的地平を開くのではないだろうか」（ED 221／二九七）という問いや、「存在の思考は、概念の等質的同一性ならびに同の窒息状態であるに先立って、他の〔による〕思考なのではないだろうか」（ED 221f.／二九七）といった一連の問いを提出し、ハイデガーの「存在」はレヴィナスの「他者」なのではないか、あるいはその逆もいえるのではないか、ということを示唆している。その狙いは、「存在」と「他者」の単純な同一視ではない。デリダが示唆するのは、ハイデガーの存在論的差異の思考が、他なるものの思考によって可能となるということである。というのも、何らかの差異が開かれるのは、〈同じもの〉に〈他なるもの〉が侵入することによるからである。この点において、ハイデガーの存在論的差異の思考はレヴィナスが依拠する他なるものの思考を前提としている、とデリダは示唆している。この思考が根差すのは〈内〉と〈外〉の区別が生じる以前の次元であり、それゆえ〈内〉からの解体は〈外〉への突破に通じており、逆も同様である。デリダの思考はこうした次元を参照し、それを支えとしている。[11]

（2）問い

第二に、『ハイデガー』講義と「暴力と形而上学」において「問い（question）」という語が登場することに注目したい。この語がよく用いられることはデリダの著作全般にわたって言えるが、とりわけこの時期のテクストにおいてこの語は重要な役割を果たしている。そのことは、「問い」が、「暴力と形而上学」の冒頭で語られるとともに、『ハイデガー』講義の結尾を飾る語であることが物語っている。「問い」とは、当時のデリダが思考を進めるために不可欠の形象であったように思われる。

まず「暴力と形而上学」をみておこう。その冒頭は、哲学の死と、その彼方での思考の未来をめぐる文章から始まるが、それらの文は「答えの力量を超えた問い」（ED 118／一五四）として提出されている。なぜ問いが答えの力量を超えているかというと、こうした問いは「哲学に属していない」が、哲学者たちからなる共同体を「問いの共同体」（ED 118／一五四）として基礎づける問いだからである。すなわち、この問いは哲学者の発する問いではなく、哲学の始まりにおいてすでに開始されていた問い、まだ言語化されていない問い――「それが探そうと決意した言語をいまだ見つけることができず、この言語のうちで自分自身の可能性にいまだ安住することがない」（ED 118／一五四頁以下）――であって、いわばどこか他所から到来し、それによって哲学の営みが始まるような問いである。デリダによれば、哲学の歴史とはこうした問いの記憶のことであり、哲学者が問いを受け止め、問いに取り組むとき、「問い一般と、問いそのものの〔……〕特定の契機と様相としての「哲学」とのあいだの差異のうちに存する闘いが始まる」（ED 119／一五六）という。

こうした「問い」についての文章が「暴力と形而上学」の冒頭にあるのは、この「問い」をめぐることがらがレヴィナス論の要点を先取りしているからである。「哲学」と区別される「問い」とは、レヴィナスが西洋「哲学」の外部とみなす「他なるもの」の到来に他ならない。レヴィナスの思想はそうした「他なるもの」との出会いとしての経験についての思想（非哲学としての経験論）であるが、しかしながらレヴィナスの試みはその思想を「哲学」として提示してしまうことで、「みずからの哲学的言説のなかでその意図を裏切る結果になっている」（ED 224／三〇〇）とデリダは言う。

デリダはこうしたレヴィナスとは異なる思考へと進むことになる。デリダは「全面的には絶縁できない哲学的言説を介して、哲学的言説の彼方への突破を試みようとするならば、言語のなかで〔……〕そこに至る機会があるのは、ただ帰属と突破との諸連関をめぐる問題、閉域（clôture）の問題を形式的かつ主題的に提起する場合のみである」（ED 163／二一六）と述べ、自らの脱構築的戦略によって言語のなかで他なるものへの開けを思考する。この文章は一九六七年の加筆であり、デリダがどのように「問い」を引き受け、それに応答しようとしているのかがより明確になっている。

こうした「問い」への応答が、『ハイデガー』講義においてもデリダを動機づけるものとなっているように思われる。デリダは講義の結論部で、「存在の問いと歴史」という講義の表題を振り返り、「存在」も「歴史」も隠喩として解体されると論じた後、次のように述べている。

> 存在と歴史がそれ自身そのものとして自己解体しつつある隠喩表現であるなら、ひとは歴史の終わりや存在の死を語ることができる。それは他なる隠喩によって未来そのものと名づけうるものにほかならない。この他なる隠喩のもとに隠されているのは、問いそのものの開け、すなわち差異の開けである。（H 325f.）

歴史の終わりや未来を語るこの文章は「暴力と形而上学」の冒頭に呼応するものだろう。そしてデリダは次の言葉で講義を締めくくる。「覚えておられるかもしれないが、私が正当化を試みなかった語がある、それは問いであった」（H 326）。すなわち「問い」とは、隠喩の自己解体（脱隠喩化）の果てに残り続ける解体不可能、脱構築不可能なもの――後期のデリダなら「正義」と呼ぶものに相当する――なのである。デリダのハイデガー読解を推し進めるのは、ハイデガーとは異なり「存在」にではなく、「存在」の彼方にある「他なるもの」からの呼びかけとしての「問い」に応答することだったと言えよう。(12) このように、両テクストにおいて「問い」はデリダの議論を動機づけ、脱構築の思想の生成へと促すものである。

一九六三―六五年のデリダは、以上のようにハイデガーとレヴィナスに取り組んだ。一九六五年以降、デリダが発表するテクストは徐々に脱構築の思想として姿を現わしていく。一九六五年の「グラマトロジーについて」では、「言語の問題」(DG 15/上・二二)がその問題領域の地平を規定するような「ひとつの歴史的‐形而上学的時代」の「閉域」(DG 14/上・一八)が素描される。すなわちデリダは「言語の問題」を、ハイデガーとレヴィナスの哲学的言説が抱え込む問題だけでなく、知のあらゆる領域で生じている全般的な問題と捉えることになるのである。そのとき、形而上学の閉域の〈内〉と〈外〉の境界上にある「エクリチュール」の概念が、デリダの脱構築の企てのためのいわば「最良の武器」となるだろう。デリダの脱構築はここから始動する。本稿が描き出したのはそのための助走となる思考の動きである。

ジャック・デリダの次の著作からの引用は、次の略号を用い、略号の直後に原著/邦訳の順に該当の頁数を記して本文中に示した。

H: *Heidegger: la question de l'Être et l'Histoire. Cours de l'ENS-Ulm 1964-1965*, Galilée, 2013.

MP: *Marges : de la philosophie*, Minuit, 1972.(『哲学の余白』(上)高橋允昭・藤本一勇訳、法政大学出版局、二〇〇七年)

Po: *Positions*, Minuit, 1972.(『ポジシオン』高橋允昭訳、青土社、一九九二年［増補新版］)

註

（1）"De la grammatologie (I)", dans : *Critique*, 21, no. 223, 1965, pp. 1016-42.

（2）Jacques Derrida, "Derrida avec Levinas : « entre lui et moi dans l'affection et la confiance partagée... »", dans : *Magazine Littéraire*, 419, avril, 2003, p. 32.（合田正人訳「デリダ、レヴィナスを語る――「彼と私は愛情と信頼を分かち合っている」」、『みすず』五一四号、二〇〇四年、みすず書房、一七頁）

（3）『ハイデガー』講義の全体の見取り図については拙論参照、「自己伝承と自己触発――デリダの『ハイデガー』講義（1964-1965）について」、『現代思想』vol. 43-2、二〇一五年、一七三―一八七頁。

（4）Martin Heidegger, *Sein und Zeit*, Max Niemeyer, 17. Aufl., 1993, S. 39.

（5）Martin Heidegger, *Über den Humanismus*, Vittorio Klostermann, 10. Aufl., 2000, S. 50.（『「ヒューマニズム」について』渡邊二郎訳、ちくま学芸文庫、一九九七年、一二九頁）

（6）ちなみに、レヴィナスは一九六二年二月二六日にコレージュ・フィロゾフィックで「隠喩」講義を行なっているが、デリダが聴講したかどうかは不明（翌年の「他者の痕跡」講義は聴講したようである）。Emmanuel Levinas, « La Métaphore », dans : *Parole et Silence et autres conférences inédites au Collège philosophique*, Rodolphe Calin et Catherine Chalier (dir.), Bernard Grasset/Imec, 2009, pp. 319-347.（『レヴィナス著作集2』R・カラン／C・シャリエ監修、藤岡俊博・渡名喜庸哲・三浦直希訳、法政大学出版局、二〇一六年、三三一―三六〇頁）

（7）Emmanuel Levinas, « A priori et subjectivité », dans : *En découvrant l'existence avec Husserl et Heidegger*, J. Vrin, Troisième édition corrigée, 2001, p. 259.（『実存の発見』佐藤真理人・小川昌宏・三谷嗣・河合孝昭訳、法政大学出版局、一九九六年、二六九頁）

（8）ジョシュア・ケイツはこの箇所をデリダの議論に特有の「ハイデガーとレヴィナスの和解」とみなす。Joshua Kates, *Essential History. Jacques Derrida and the Development of Deconstruction*, Northwestern University Press, 2005, p. 211.

（9）レヴィナスは、「終末論が存在との関係をとりむすぶのは、全体性の彼方、あるいは歴史の彼方においてであり、過去と現在との彼方で存在との関係をむすぶのではない。〔……〕終末論とは、全体性に対してつねに外部的な一箇の余剰との関係である」と述べる（TI 7／上・一七）。他方、ハイデガーは、『アナクシマンドロスの言葉』において存在の歴史について語りながら、「歴運の夜明けにおいてかつて一度あったこと」が「終局において〔……〕再びいつか一度現われて来る」という意味で、終局《エスカトン》の結集《ロゴス》としての「存在の終末論（Eschatologie）」を語っている。Martin Heidegger, *Der Spruch des Anaximander*, in: *Holzwege*, Vittorio Klostermann, 7. Aufl., 1994, S. 327.（『アナクシマンドロスの言葉』田中加夫訳、理想社、一九五七年、一九頁）デリダがハイデガーの存在の終末論に言及するのは、ほかに、『ハイデガー』講義第一回（H 28）、*D'un ton apocalyptique adopté naguère en philosophie*, Galilée, 1983, p. 60f.（『哲学における最近の黙示録的語調について』白井健三郎訳、朝日出版社、一九八四年、九一頁以下）; Jacques Derrida and Maurizio Ferraris, *A Taste for the Secret*, Polity, 2001, p. 21. なおデリダと終末論との関わりについては拙論参照、「目的論における終末論の裂目」『思想』no. 1088、岩波書店、二〇一四年、一二四―一三八頁。

（10）デリダはその後も「ハイデガーにとってSein〔存在〕は「まったき他者」であるが、この他者性はソクラテス／プラトン的伝統からまったく無関係ではない」という言い方で、存在を他者とみなす理解を示している。Jacques Derrida, "On Reading Heidegger: An Outline of Remarks to the Essex Colloquium", in: *Research in Phenomenology*, Volume 17, 1987, Humanity Press International, p. 172.

（11）この思考はやがて「差延の思考」と呼ばれることになる。なぜなら、差延は「存在そのものよりも「老齢」なもの」（M 28／七三）であり、また、差延の思考は「レヴィナスの企てる〈古典的存在論の批判〉の全体を前提している」（M 22／六四頁以下）ものと位置づけられるからである。差延の思想はこのように「暴力と形而上学」の終盤で暗示的に予告されていたことになるだろう。

（12）デリダの「問い」は、その後、「呼びかけ（appel）」という語に受け継がれる。このことについてデリダは一九八〇年に次のように語っている。「なぜ私は一九六四年〔「暴力と形而上学」のこと〕のように書かなかったのでしょうか――結局のところ、私はそこで問いという語を変えたかったのです。問いの強調を、呼びかけであるような何かの方へと移動させたいのです。問いを守る必要がある以上に、呼びかけ（あるいは命令、欲望、要求）を聞いてしまっていることが必要なのです。」*Les fins de l'homme. À partir du travail de Jacques Derrida*, Philippe Lacoue-Labarthe et Jean-Luc Nancy (dir.), Hermann, 2013 (Galilée, 1981), p. 184.（ナンシーの発表後の討論におけるデリダの発言）cf. Pheng Cheah and Suzanne Guerlac, "Introduction: Derrida and the Time of the Political", in: *Derrida and the time of the political*, ed. by Pheng Cheah and Suzanne Guerlac, Duke University Press 2009, p. 6.（フェン・チャー、スザンヌ・ゲルラク「イントロダクション」、同編『デリダ――政治的なものの時間へ』藤本一勇・澤里岳史編訳、岩波書店、二〇一二年、一〇頁）また、デリダのハイデガー読解はさらに、「問い」以前の承諾としてのZusageの次元にも遡行することになる。これについてはさしあたり次を参照、Jacques Derrida, « Une certaine possibilité impossible de dire l'événement, » in: Jacques

Derrida, Gad Soussana, Alexis Nouss, *Dire l'événement, est-ce possible ? Séminaire de Montréal, pour Jacques Derrida*, L'Harmatton, 2001.（ジャック・デリダ「出来事を語ることのある種の不可能な可能性」、本書所収）

＊本研究はＪＳＰＳ科研費２６３７００３７の助成を受けたものです。

第二部

デリダ × サルトル

序（澤田直）

一九〇五年生まれのジャン＝ポール・サルトルと一九三〇年生れのジャック・デリダ、この二人の間には四半世紀のタイムラグがある。その間、世界は大きく変化した。第二次世界戦後の思想界に実存主義の旗手として君臨したサルトルと、二十世紀末から二十一世紀の初頭にかけて脱構築の思想によってこれまた世界の思想界を席巻したデリダを取り巻く歴史的社会的状況は大きく異なる。とはいえ、同時に、単なる偶然とはいえ、パラレルな状況も見られる。第一次世界大戦が勃発した時、サルトルが九歳だったように、デリダもまた第二次世界大戦の開始時に九歳だった。思春期に入るまえの多感な時期に歴史を揺るがす出来事に直面した二人の思想家の上に戦争がその影をくっきりと落としていること、それは彼らの思想を理解する上でけして蔑ろにできない事実だと思われる。二人がともに社会の動向にきわめてアクティヴに関わった事実がそれを如実に物語っている。彼らの現実との関わり方を一言で「アンガージュマン」と呼んで構わないだろうが、両者の身振りは似ていると同時に、大きな差異も含んでいることは言うまでもない。

サルトルが第二次世界大戦後のフランスの思想界、さらには社会全体において巨大すぎる存在だったために——それはひとりの思想家である以上に、おそらくは社会現象だった——、フーコーをはじめとする次世代の思想家たち（ドゥルーズは唯一の例外だろう）は、その存在を徹底的に無視する戦略をとった。あたかも、思想上の対決は無用であると言うかのように……。じっさい、デリダの場合も長いあいだ――「人間の目的＝終わり」と『弔鐘』を除けば――論考や発表でサルトルを明示的に参照することはきわめて少なく、主題的な言及は一九九六年、サルトルが創刊した『レ・テン・モデルヌ』誌の五〇周年記念号にクロード・ランズマンに慫慂されて寄稿した「「彼は走っていた、死んでもなお」やあ、やあ」を俟たなければならなかった。後続者であるデリダがサルトルを強く意識したことは疑うべくもないが、先行者に対するスタンスは見えにくかったことは確かであり、そのために二人の関係を包括的に論じるテクストはこれまでもけっして多いとは言えない。日本の場合は例外的に、港道隆と生方淳子によるインタビュー「自伝的な〝言葉〟―― pourquoi pas (why not) Sartre」（「文献案内」参照）のお蔭で、サルトルに対するデリダのスタンスを一九八七年という早い時期で知ることができていたのだが、それでも、両者を比較検討する論考はわずかである。その意味でも、二人の思想が分有するものと二人を分かつものを概観させる論考を、本書でまとまった形で提示することには大きな意味があるだろう。

このセクションに採録されているのは、脱構築研究会と日本サルトル学会が共催したワークショップ「サルトル／デリダ」（二〇一四年一二月六日、立教大学）における発表に加筆修正を施した論考である。本書の共通テーマである「動物論」、両者をつなぐ「アンガージュマン」「文学」「他者論」「マルクス」を扱うラインナップになっている。

サルトルにおいて動物の占める位置は小さいと思われがちだが、フランソワ・ヌーデルマンは、サルトルの様々な作品に点在する動物のモチーフを巧みにたぐりよせ、動物をデリダとサルトルの関係を問う試金石として位置づける。動物に対して疎遠を見てとるのか親密性をとるのかを出発点として、デリダの猫にサルトルの犬を配しつつ、主体性の考察から始まり、偶然性を経由して、倫理・政治問題へと展開するヌーデルマン論文は、両者の相違と一致点を、より広くフランス哲学の系譜のうちに位置づけるものである。「人間主義」と安易に形容されがちなサルトルもまた、きわめてラディカルな仕方で人間／動物という区別に疑問を突きつけているという指摘は重要であろう。

西山雄二の論文は、まず若きデリダの思想形成にサルトルの影響があったことを、本人の証言を引きながらヴィヴィッドに描き出す。続いて、サルトルを論じる際のデリダのスタンス、とりわけ知識人とアンガージュマンの問題が俎上に載せられたうえで、エドワード・ベアリングなどが援用されつつ、若きデリダの「ポスト実存主義者」としての肖像が描かれる。最後に、責任、贈与、眼差し、自伝的エクリチュールといった共通のテーマを扱いながらも、デリダがいかにサルトルと距離を取ったかが素描される。デリダにとってサルトルが「克服されるべき（父親的）人物」ではなかったという指摘は正鵠を射ている。サルトルはデリダにとって反面教師のような存在だったと言えるかもしれない。

デリダもサルトルも文学と深い関係にあった哲学者だった。澤田直の論考は、両者における文学の位置という大きな問題に全面的に取り組むには遥かに及ばないが、二人のポンジュ論を比較することで、その一端を扱うものである。サルトルが非人間的な物（事象）そのものに接近するポンジュを「自然の現象学」者として評価するのに対し、デリダは署名、法、固有性＝清潔さといった観点からアプローチする。交差するところのないように見える両者の議論だが、「命名」への関心をはじめ、通底するものがある。そこには、現象学をめぐる両者の（間接的な）対峙があり、それが命名という言語の問いを介在させることで、言葉＝物＝観念の三項関係という根本的な問題につながるというのが骨子である。

藤本一勇論文は、「視覚」を扱っているが、サルトルとデリダのヴィジョンとエクリチュールの関係についてたいへん明確な見通しを与えてくれる。まずサルトルにおける対自と即自の関係が視覚的な構成を伴うものであることが確認された上で、「遠隔操作性」という概念を用いて、それが他者関係においてどのような意味を持つかが検討される。一方、現前の形而上学を批判するデリダにとって視覚的現前性は痕跡に向けた絶えざるずらしの対象となるとして、両者における他者問題がきわめて具体的に分析される。最終的には、サルトルが提起しつつも展開しきれずにいた他者の複数性と他者内部の多様な境界線の問いに、デリダがどこまで答えられているかが検証され、両者における他者論の可能性が探られる。

北見秀司の論文は、いわばサルトルからデリダを逆照射しようという試みであり、二つの主張ないしは論点に立脚している。第一は、『存在と無』の目指す存在論が「超現象的なもの」ないしは「現れないもの」の存在論であるがゆえに、その他者論は、デリダの言う「現前性の形而上学」を超える射程をもつのではないかというもの。その意味で、サルトル哲学はいわばポスト脱構築的だと主張される。第二は、サルトルとデリダのマルクス解釈における相違に関するもの。デリダは、共産主義社会は「透明かつ単純」になるというマルクスの発言に依拠して、マルクスの理論は「脱構築以前」にとどまるとするが、サルトル弁証法は、この共産主義社会においても他者の他者性・意識の絶対的複数性を保持する理論を提供しており、「現前性の形而上学」の脱構築の後に来る「来たるべき民主主義」のための理論的作業と見なしうるという展望を示している。

以上の五つの論考によって、デリダとサルトルが切り結ぶ重要なテーマに触れることができるだろう。もとより、極めて守備範囲の広いこの二人を論じるには、半日のシンポジウムは決して十分なものではなかった。思いつくままに挙げても、哲学の分野では、現象学、フッサール、ハイデガー、ヘーゲル、レヴィナス、文学では、ジュネ、マラルメ、ボードレール、政治社会においてはユダヤ人問題、植民地問題、政治的なものと倫理的なものの関係など、二人が対峙するステージは多岐にわたり、さらにはふたりの思想全体を貫くテーマとして「アンガージュマン」や「自伝性」という大きな問題があり、本来はそれぞれに関してより肌理細かな検討を行う必要があることは言うまでもない。

とりわけ、ユダヤ問題に関しては、二〇〇〇年に発表された「アブラハム、他者」（「文献案内」参照）において、デリダがサルトルの『ユダヤ人問題についての考察』を長文で引用しつつ批判検討を与えていることを見ても、今後きちんと分析されるべき問題であろう。そこでデリダは、若き日にこの本に強い衝撃を受けたことを証言し、サルトルの論述をなぞりつつ、とりわけ主体性の問題と「本来性＝真性authenticité」の問題に疑義を呈している。デリダらしい細部に目配りの効いたこの読解は、サルトルの時代遅れと思われがちなテクストにこれまでとは異なる光を投げかけており、新たな読解の可能性を予感させる。このテクストでサルトルがユダヤ人をフランスのユダヤ人に限定したことは、時代的な制約と背景があると思われるが、（フランス・）アルジェリアのユダヤ人であったデリダが、この本の一見明晰な論理の隙間に差し込む鋭いメスによって、より根本的な問題が抉り出され、サルトルのテクストが逆説的にも秘めている広い射程が見えてきてじつに興味深い。晩年のサルトルが養女アルレット・エルカイムやベニー・レヴィとの交流もあってユダヤ思想に接近した（らしい）という伝記的事実は別としても、サルトルとイスラエル（そしてパレスチナ）の関係はきわめて繊細かつ重要な問題であり、本格的な研究が俟たれる。このように、両者の比較研究にはまだ広大な領域が残されている。今後、若い研究者がこれらの課題に挑む際に本書に収録した論考がなんらかの刺激になれば幸いである。

サルトルとデリダ、犬と猫——動物の思考

フランソワ・ヌーデルマン（翠川博之 訳）

はじめに

「動物」と呼ばれるものについて思索がはじまるとき、概念が起点になることもあれば、個々の動物との出会いがきっかけになることもある。哲学者の思惟に思惟対象がいかに訪れたかが分かれば、たとえ議論の筋道をすべて見なくても、すでになにかしらは明らかになるものである。まずは、概念から出発するタイプについて一言。「動物」という概念の定義には西洋の思想家たちによってさまざまに、そして強迫的に設けられてきた形而上学的境界が含まれている。(1) こうした定義は、今日なお、人間主義《ユマニスム》や自然界における人間の特権的地位といった観念とじかに結びついている。人間を動物から分かつことは形而上学に取り憑いた強迫観念なのである。だがときに、その識別が境界を画定することにもまして越境の通過点になることがある。まさにその関門で、われわれは哲学者の素性を問うことができるわけだ。サルトルとデリダは等しく、個々の動物との出会いに探究心をかき立てられるような思想家たちの系譜に連なっている。この二人のあいだに思想上の齟齬があったこと、特にハイデガーに対する理解と人間主義に対する態度に相違があったことは周知のとおりである。(2) しかし、それにもかかわらず、

「動物」という観点はこの対立図式を描きなおす興味深い試金石になるのだ。またそこから、動物が人の思考の内部に忍び込んでくる、二つの様相を観察することもできるだろう。

いかなるものにも還元できない他性がふいに侵入してくる、その過程を追跡するために、ここで、サルトルとデリダに思索のきっかけを与えた二種類の動物を考察対象として選ぶことにしよう。犬と猫である。むろん、このような限られた選択から動物全般に関する彼らの思索を究明し尽くすわけにはいかない。ペットと呼ばれる動物が人間に近いところで社会生活を共に営むさまに着目してみよう、というのがこの選択の意図であるだけになおさらである。しかし、その疑似家族的な親密さについて考えることが、逆に、人が犬や猫と接するときに覚えるあのよそよそしさ、不可解さについて考える糸口になるという点では、この選択にも利があるのだ。巷《ちまた》では、犬か猫か、好みで人の性格が分かるなどとも言われている。この嗜好の違いがまた哲学の相違につながることをここで明らかにしてみたい。それほど、犬と猫という動物はそれぞれ異なる問題意識を喚起するものなのである。

1　疎遠と親密

サルトルの哲学では動物が主要な関心事にはならないようである。私生活においてもほぼ同様、何度か理論のうえで言及したことはあっても、動物に親しんだことはないと、シモーヌ・ド・ボーヴォワールとの対談で彼自身が認めている。

ボーヴォワール――動物を可愛がったことは一度もないわね。
サルトル――いや、少しあるよ。犬と猫は。

ボーヴォワール――それほどでもないでしょう。
サルトル――動物というのは僕にとって哲学的な問題なんだ、本質的に。[3]

とはいえ、サルトルの著作には動物の影が濃い。彼の随想、小説、戯曲のなかには、隠喩あるいは動機《モチーフ》というかたちをとって、いろいろな動物たちが棲みついているだろう。

デリダはどうか。晩年になってからではあるが、『動物を追う、ゆえに私は（動物）である』や『獣と主権者』[4]のような、いくつかの講演・講義で彼は動物の問題を正面から扱っており、とりわけ前者では「動物」概念の脱構築を行っている。この書の主題が人間の特権的地位の再検討にあることは、デカルトの命題をもじったその書名から一目瞭然であろう。ただしデリダは、概念の一般性から問題に着手するのではなく、ひとつの特異性から出発する。記述されるのは、彼のペットである一匹の牝猫と彼自身との特異な関係性、裸の彼がこの牝猫のまなざしにさらされ気まずさを覚えるという状況である。この冒頭の考察でまず目を引かれるは、モンテーニュへの言及であろう。実際、かの有名な随想「レーモン・スボンの弁護」は、はや十六世紀に、動物をめぐる既存の言説を覆《くつがえ》すような独創的哲学を教示していたのであり、モンテーニュはそこで、多種多様な動物の感性、知性、社会性、共感能力についておびただしい問題を提起していた。そしてこの随想の冒頭で彼が記していたのもまた、自分が飼っていた一匹の牝猫との遊びだったのである。遊戯の主導権を代わるがわる取り合いながら、その牝猫は強い相互性を示していた。「わたしたちは互いに互いの猿まねにふけるのだ」[5]〔傍点は訳者〕と、洒落を交えて記しながら、彼は、動物も動物のふりをして、ほかの動物をまねて遊ぶことができることを示唆していた。モンテーニュに倣ってデリダが描き出しているのも、意思疎通を図り、見つめ合う、ふたつの主体の相互性なのである。

動物との出会い、あるいは一匹の動物との出会いというのは、他性がふいに立ち現れてくるひとつの現象である。サルトルとデリダは共にこの他性の出現を主観＝主体性[6]の出現と捉える。主体の地位に就くことができる、まったく別の意識が仮定されるのは、まなざしを介してにほかならない。だが、自分が見られていると感じることで最初に生じてくるのは、人間を客体化する動物の主観に対する懐疑であろう。というのも、まなざしを持つのは自分たちだけであると人間は考えてきたのだし、そうして、非‐人間には知覚作用だけを、より正確に言えば、視線なき視点だけを認めてきたからである。かくして、サルトルとデリダは視覚を特権化する見地から眼まなざしについての現象学的分析に取りかかり、ひとりの人間と一匹の動物が結ぶ関係のなかで状況の分析を試みることになる。デリダが焦点化するのは、一匹の牝猫に見られていることを自覚する、気まずさについての反省である。自分は裸だ。猫がいまそれを見ている。こうした事態が、「一匹の猫の前に素っ裸で（à poil＝獣《けもの》で）いる」（AN 18／一八）おのれを感じる、と言葉遊びで表現されるとき、そこでほのめかされているのは、彼が動物に対面している存在の側にではなく、動物の側にいるということである。この裸体をめぐる省察は、「堕落」という聖書的神話を暗に反復していると言えるだろう。楽園を追放されたアダムとイブは互いが裸であるのを見て恥を覚える。デリダが表出した羞恥の感情は、それゆえ、世界を中央集権化するあのまなざしの独占権を奪われた、人間の優越性の瓦解、「堕落」を示しているのである。

まなざしを持つ動物の出現は、このように自己を中心化する人間の失権を招来する。その局面を際立たせるために、デリダは――彼にしては珍しく――動物に「顔」を認めなかったレヴィナスとの違いを強調しようとしている。この「他者性」の哲学者は、「ある犬の名前、あるいは自然権」という短いテクストで、後にも先にも一回きりだが、動物の主体性を問題にしたことがあった。そこでは、人間としてのナチスが人間の仲間からユダヤ人を締めだそうとしていたとき、彼らユダヤ人に人間性を認めることができた一匹の犬が話題になっている。自分はユダヤ人戦争捕虜のためのある作業班に属していた、と彼は書いている。一匹の犬が発する喜びの吠え声だけが彼らに存在価値を認めていた。まさにそこで、彼はこの犬を「格率を普遍化するのに必要な頭脳はもたないものの、ナチスドイツ最後のカント主義者」（DL 215／二〇五）と形容しているのだ。ナチス政権下のどのドイツ人よりも一匹の犬のほうがカントに近いとレヴィナスは皮肉を言っているのだが、一方で、彼は自然の支配を免れる主体の地位を犬には認めていない。動物はあくまで頭脳をもたない観察対象にとどまり、この犬がたとえ人間との近しさを、人間を認識する能力を証明していても、彼にとってそれは依然として言語をもたないあらゆる存在の側に属しているのである。事情は猿についても同様である。このテクストでレヴィナスはまた、猿をも人間存在の愚鈍な写しに過ぎぬものと見なしていたのだった。[7] デリダが『動物を追う』で強調しているのは、レヴィナスがカント主義の犬に認めたまなざしは主観性の承認にいたっていないということ、他者との出会いを思考する哲学者が動物たちには目もくれず、脇を通り過ぎてしまっているという点なのである。

さて、まなざしと言えば、サルトルの哲学において決定的争点となっているのが、このまなざしの現象学であることは論を俟たないだろう。見る、見られるという関係で作動する意識間の闘争を『存在と無』で詳細に分析したサルトルにおいて、動物のまなざしが孕む問題としての可能性はかなり魅力的なものになるはずである。実際、ヘーゲルを参照しながら行われたとおぼしきいくつかの考察のなかに、まさしく動物の、それも犬の顔をめぐる考察が見受けられる。一九四七年から四八年にかけて執筆された『倫理学ノート』に見られるその考察で、サルトルは犬の主体性についてばかりでなく、犬の自由についても論じている。とはいえ、彼はそこで問題をむしろ複雑にしてしまい、犬に主体の地位を付与するだけでは飽き足らず、逆に、犬に自由を贈与するという考え方のほうを問題視するにいたっている。要するに、彼の関心は犬そのものよりも、犬の所有者の態度のほうに集中しているのだ。したがって、動物についてなにか特筆すべき言説をここから取り出すことは難しく、動物をめぐる彼の思索が、この段階で、なんらかの真実を明るみにだしているとも言いがたい。彼が関心を寄せているのはむしろ人間が動物と結ぶ関係性、犬に対して人間が抱く独特な近しさについてであり、そこから、悪しく獲得される偽の自由が告発されるのである。彼によれば、そうした自由は人間側の支配者としての振る舞いからもたらされるものであり、人間が動物に意識を付与するのも、もっぱら相手から無条件に慕われようとしてのことに過ぎない。犬は飼い主に忠誠と愛情を示す。しかしその行動は、自由な選択に由来するわけではない。

犬がわたしを崇拝し、神に祭りあげることは確実である。これでわたしも安泰だ。わたしを崇拝するかぎり、犬は自由でいられるのだから、さて、この自由にはなんの憂慮もいらない。(8)

人間がペットを本能のくびきから救いだすのは、ひとえに自分自身を彼らの究極目的に仕立て上げるためである。動物が主体の資格を持って生きられるのは、したがって、飼い主との関係のなかに限られる。関係から外れた動物は自由を失い、自然の暗黒というねぐらに帰らなければならない。「わたしから離れ、唸《うな》り声をあげるとき、犬は決定論あるいは本能の深い闇のなかに再び落ちてゆくのである」(9)。犬が人に向けるまなざしにサルトルが言及したのは、偽の主体性について論じるためであった。しかし、サルトルその人は、犬に特異なまなざしを向けながら、犬の愛情を求めていたわけではない。彼は犬に「自己移入」(10)していたのである。犬の意識に到達しようとするこの試みは、後で見るように、この二〇年後、思いがけない理論的帰結をもたらすことになるだろう。サルトルにおいては明らかに、人間と動物のあいだの形而上学的境界が次第に多孔的・相互浸透的になってゆく。

2　形而上学的境界の横断

これまでの比較を通じて、サルトルとデリダには動物とのつきあいかたに違いがあることが分かった。サルトルは動物たちに不分明な多様性を感じとり、接近不可能で不可思議な彼らの世界を察知しつつ、動物全般に対し距離を置いていた。一方、動物をめぐるデリダの考察は、親密さのなかにあるよそよそしさ、疎遠さに集中している。テクストで言及されていた猫は、彼の遊び相手というよりも、特異かつ不可解なまなざしを持つ一個の主体に変じていただろう。他方、サルトルにおいては、動物との疎遠な関係がたまたま訪れた接近の機会によって親密さへと転じている。その対象は一匹の犬であった。デリダにおいては反対に、動物との近しさがむしろ疎遠さや不可解さをめぐる深遠な問題提起の端緒になっていたのだった。

かくして、二人の思考がかみ合ってくる。サルトルのほうは、動物に対する人間の誤解を強調して、動物を自然に閉じ込めることも、幻想を交えて人格化することも、どちらも同時に挫折へと導くことで、次第に「動物」という概念を廃棄してゆく。デリダの思考法はより徹底したもので、「動物《アニマル》animal」という観念に「動物語《アニモ》animot」(11)という観念を代置して、認識にずらしを与える。単数形で示される「動物」という抽象概念が、人間以外のあらゆる生物の固有性を抹消するためのただの言葉《モ》(mot)に過ぎないこと、ほとんど共通するところがない生物を、昆虫類、哺乳類、魚類、鳥類、繊毛虫類といった具合に再分類するためのただの言葉に過ぎないことを示して、彼が「動物」という概念をお払い箱にしたことは、その後広く知られるようになったとおりである。複数の動物たち《アニモ》(animaux)を一般的実体として統合していた概念の枠組みがひとたび打ち砕かれれば、生起するのは特異な関係性だけになるだろうし、また、それがそれとして再考されもするだろう。これこれの猫が、「動物」と呼ばれるもののなかの一属性と見られることはもはやない。「猫と呼ばれるもの les chats」にせよ、「猫というもの le chat」にせよ、「猫」という言葉で示される集合の一部ですらもはやない(12)。動物たちそれぞれが個になり得るのである。それぞれがそれぞれの主観性を、精神を、想像力を持ち、それぞれの世界を持つのだ。しかもその世界は、ハイデガーが主張したほど貧しいものではない(13)。

デリダは人間と動物の境界を軽々と越え、自分の猫をきわめて人間的な精神世界へと招き入れるために、その関門を開く。牝猫の視線をめぐる考察を続けながら、彼はこの牝猫を間主観的関係における「他者」に位置づけるだけでは満足せず、「第三者」の地位にまで就けてみせる。自分と猫のあいだに、ひとりの人間の女性が介在する場面を想定して、彼は牝猫のまなざしをめぐる自問を重ねる。そのとき、そのまなざしには、親しみとはほど遠い距離が宿るかもしれないし、ことによれば嫉妬が現れるかもしれないと。こうした動物との交情は、しばしば文学作品の主題にもなってきただろう。たとえばコレットの『牝猫』[14]には、ある妻が夫の牝猫に対して抱く、殺意に満ちた敵対心が描かれていた。デリダは牝猫の態度をめぐる考察を押し進め、その精神現象やその欲望が人間のそれと競合する場面まで検討してためらうことがない。動物あるいは「動物語」は、かくして、人間の心という舞台に乗せられているのである。

　サルトルにおいては、形而上学的境界の横断がこれほど目立つかたちでは行われていない。しかし、動物の世界と人間の世界の相互浸透を介して、異種混成の存在論が、さらには変身とでも呼ぶべき実践が、たしかに思考され、試行されている。そもそもサルトルには人間が動物に姿を変えるという幻覚がずっとつきまとっており、それが早くも初期の作品に現れていた。『嘔吐』は、存在の恒常性・安定性が失われてゆく幻想的描写に溢れており、そこでは、どんな形相、どんな実質も同一性のうちにとどまることがまるで保証されていないかのようである。最も危険なのは、おそらく反省の瞬間であろう。ひとりの人間、ひとつの主体が鏡に自分の姿を写してじっと見つめる。しかし、彼には自分が分からない。視覚の交差配列が、同時に主体であり客体であることを、見る者であると同時に見られる者であることを許さないのである。サルトルが創造した実験的登場人物であるロカンタンは、猿や腔腸動物、蟹のなかにみずからの姿を認め、動物たちの世界へと想像的に参入してゆく[15]。こうした変身現象は、文学的想像力の向こう側にある、彼の哲学的基盤をも想起させるだろう。「世界の偶然性」という思想がまさにそれである[16]。サルトルが存在の根本的「偶然性」を着想したのは、人間には人間的本性があると主張する思想への拒否、あらゆる目的論的世界観への拒絶があったからである。そんな彼の存在論においては、ありとあらゆる存在が状況に応じた変身の可能性に開かれていると言えるだろう。偶然に過ぎぬ世界の不安定さは、これまで人間が設けてきたさまざまな境界を溶解させるのである。

人と動物の境界の横断について、「偶然性」が理論的媒介になるとすれば、「自己移入」はまた両世界の分有を直接的に経験させる。サルトルには、犬を、これこれの犬を観察して、その心の動きを感知することができた。独自の観点から犬の倦怠に関心を持った彼は、とある犬を観察したことがある。そもそも、こうした関心を抱くこと自体、きわめて稀なことではあるまいか。動物行動学者や動物心理学者ならば、捕食行動なり性行動なり、なにか特定の行動にあらかじめ関心を向け、それを自然環境下で研究することだろう。犬の倦怠を分析するサルトルは、そこに人間の感情を投影するのではなく、犬が人間と結ぶ関係そのもののうちに入り込もうとする。『家の馬鹿息子』でフロベールの分析を続けながら、ふとした拍子にサルトルは、動物に対するその並外れた感受性を証明するような、犬についての現象学的、心理学的記述を挿入していた。彼が観察する犬は、その犬を話題に歓談する人間たちのただなかにいる。犬には、自分が話題の対象になっていることが分かっている。なぜなら、皆の顔が自分のほうを向いているし、その言葉が可能な共発話者として自分を的に迫ってくるからである。しかし、主人が与える命令とは違って交わされている言葉の意味が理解できないので、彼のなかでは不安がしだいに膨らみ、はじめの怖れが次第に憤りへと変わってゆく。人間の言語を操ることができず、分からないのに分かるというフラストレーションを抱えて、彼は唸り、呻《うめ》き、吠えてしまう。こうしてサルトルは、人間的意味の世界へと動物を引きずり込むことで動物を動物性から脱出させようとする、人間からの呼びかけを批判しているのである。脱出の失敗は転落に行きつくほかない。突然、犬は自失して、その存在の条件である受動性へと立ち戻ってゆく。「犬は自分が生きているのを感じ、犬は倦怠する。倦怠とは、人間になることの不可能性として、また人間に向かってみずからを超越しようとする欲望の絶えざる挫折として、味わわれる生である」[17]。人間性をめざす犬の超越という着想は、一見したところ、自然と文化のあいだに再び形而上学的な区別を導入しているように見えるかもしれないし、超越の挫折を強調しているだけのようにも見えるかもしれない。しかしよく読めば、サルトルがここで問題にしているのは、動物に対して人間性という擬似餌をちらつかせながら、彼らに疎外を引き起こす人間の態度であることが分かるだろう。また、ここで特に指摘しておきたいのは、この意識と情動を持つ犬には、必要の世界から脱出する可能性が示唆されているということである。もちろん、動物に人間性を提示する脱出には出口がない。サルトルが示しているのは、そもそも動物性は必要の領域に帰するものではないという発想であり、そこから別の道を模索する可能性なのである。「超越」とか自然からの「脱出」とか、そんな術語を用いながら、たしかに、ここでもサルトルは形而上学的、二元論的な図式でものを考えているのかもしれない。しかし、その思考は、動物に開かれた別の道、別の進路を模索する可能性を秘めている。独自の主観性と独自の言語でもって、人間のそれとはまったく異なる世界に動物を到達させるかもしれない別の進路。単に「動物的生」であるだけでなく、「実存」でもあるような別の道[18]。たとえそれがいまだ可能性にとどまり、実現への道筋までは思考されていないとしても、動物たちに開かれたこの道は動物をして別の未来を構想させることだろう。

3　動物との関係、倫理的・政治的問題

動物に対する苦痛の否認、心的現象の否認、世界の否認。動物への共感はただちに、人間が動物に負わせてきたこれら長い否認の伝統との決別をもたらす。そうなると、もはや形而上学的議論にばかりとどまってはいられない。倫理的、政治的問題にまでかかわってくる。デカルト哲学を克服しようとすれば[19]、あるいはより広く、動物を自然界の必然性に閉じ込めようとする科学的還元主義を乗り越えようとすれば、動物に向けて行使される暴力の問題に突きあたる。デリダは動物に対する人間の残酷さに批判の矛先を向け、殲滅と搾取による「集団虐殺《ジェノサイド》」を拒絶する。

種の絶滅が着々と成果をあげているようだ。やがて動物たちは延命措置あるいは過剰繁殖そのもののうちで絶滅してゆくだろう。だが、その絶滅にしても、過去の人間たちならおぞましいと思ったに違いない生存条件のもとで、動物たちに固有の生があるという事実から想定されるようなあらゆる規範の外で、人工的な、悪魔的な、潜在的には際限のない、生き残りたちを組織化し、搾取するという経過をたどることになるだろう。（AN 46-47／五六）〔傍点は訳者〕

デリダは動物からの搾取をこんなふうに、あえてスキャンダラスなナチスによる種の殲滅にたとえて批判している。とはいえ、ただ読者を動揺させるためだけにこのような比較をしているわけではない。彼は追放と排除の論理に戦いを挑んでいるのである。人間のために動物を利用しようとする、十九世紀以来発達してきた「工業的、機械的、化学的暴力、ホルモン投与や遺伝子組み換えによる暴力」（AN 46-47／五六）を告発する彼は、もはや「動物」概念を哲学的に脱構築するにとどまらず、倫理的かつ政治的な立場を表明しているのである。この点、フランスではかなり少数派に属する彼は、知己であるとか引用をしているとか必ずしもそういうわけではないのだが、認識論、法律、政治の分野でまさにこうした問題を独占してきた英米系の思想家に与《くみ》していると言えるだろう。実際、チャールズ・パターソンは『永遠の絶滅収容所――動物虐待とホロコースト』で、すでに屠殺場を工場生産と殲滅の論理の系譜に関連づけて論じていた。[20]「動物たちにとってすべての人間はナチスである」というアイザック・バシエヴィス・シンガーの比喩に依拠しながら、パターソンは屠畜の合理化が絶滅収容所の手本になったことを示していたのである。[21]

　動物に対する暴力の拒絶については、サルトルもまた問題にしたことがある。ただし彼の場合は、政治的というよりも倫理的な観点で問題を扱っており、自分が消費する食物がどこから来たのかを忘れようとする「肉好き」の偽善を指摘しながら、「自己欺瞞[22]」とからめてこれを論じている。そこから彼はさらに視野を広げて、理想を追い求めながらも身体という現実に直面せざるを得ない人間という生物の両義性を、哲学の視点と幻想の視点から同時に立証しようとしている。人間は肉からなる存在として、食物摂取、消化、分解、再生という過程を通じてみずからを形成しているのに、自己を形成するための対象に目を向けたがらない。サルトルは、人間の悲劇的必然性をも暗示しながら、食材や暴力から目を背けるそうした人間主義者《ユマニスト》たちを揶揄する。そこでやはり屠殺場が、あまりに人間的な、人間的実在を象徴する場として議論に登場してくるのである。早くも一九四七年の『真理と実存』で、サルトルは肉好きな人間の自己欺瞞を標的にして次のように書いていた。

> この上品な紳士は肉好きで、「シャトーブリアン[23]」という一作家の名前を持つ、ある謎めいた物質から切り出された奇妙なものは食べるが、屠殺場へ行くこと（不健全な好奇心）は拒絶する。そこに行けば、ブルジョワの世界で屠殺場が白日の下にさらされてしまう。それが現実に存在しはじめて、シャトーブリアンが死んだ動物の肉になってしまう。〔……〕屠殺場は夜の辺境にあって、そこにあり続けるべきだ。彼の知を介してシャトーブリアンが会食者たちの目の前で屍肉に変わってしまったりしたら、この肉好きの紳士は〔動物を殺す「獣のような連中」の〕共犯者になってしまうだろう。[24]〔補足は訳者〕

このようにしてサルトルは、言葉の使用が指示対象の否認を目指していることを想起させながら、屠殺という現実を覆い隠してしまう言語表現をも告発しているのである。料理名や、あるいはもっと単純に「肉」という言葉は、ある物質に幻想を与えながら――「いくらかの量の肉 *de la viande*」と部分冠詞を付けて表現することで――消費されるために殺される、生きた個体の姿を見えなくしてしまう。[25]動物をめぐるサルトルの考察は、一見、家畜をめぐる思索にとどまっているように見えながら、人間による動物の加工にまで論が及んでいるうえに、少なくとも倫理的な観点から、人がみずからの存在条件に対して抱く「不安」まで浮き彫りにしている。

むすび

サルトルとデリダは、動物たちが置かれている状況に多大な関心を示した。だからと言って、動物の権利擁護を訴える思想家や活動家になったわけではない。デリダは哲学的な考察を決してなおざりにしなかったし、トム・リーガン(26)はじめ多くの動物愛護論者が主張する「動物の権利」という概念を安易に受け入れようともしなかった。いっとき、闘牛廃止運動にかかわっただけである。一方のサルトルは、そうした運動とはずっと距離をとり続けていた。たとえペットを慈しんではいても、人間による動物の疎外は存在する。そんな問題提起はしたが、動物を政治的文脈で論じようとはしなかった。そして、サルトルもデリダも、食肉や屠殺場を俎上に載せながら、菜食主義者にはならなかった。動物をめぐる彼らの考察は、理論的関心に起因するというよりも、神秘的なまなざしを持つ一匹の牝猫との出会いとか、倦怠に陥る一匹の犬との出会いという、それぞれの状況に応じた個々の動物との出会いから出発したのである。肉好きの人間たちが主張する人間主義の支配を打ち破り、動物たちが生きる別の世界の可能性を垣間見た二人の哲学者。類い稀なる探究心をそなえた彼らの精神は、いまもフランス哲学の伝統のなかに生き続けている。

註

(1)〔訳註〕アリストテレスから中世のキリスト教哲学、デカルト(註19を参照)、カントを経て現代にいたるまで、人間を人間たらしめる本性を探究する形而上学において、動物は、人間を基準とする観点から人間の有する能力の欠如によって定義されてきたと言える。そこでは、ロゴスすなわち言語能力と理性、一般概念を把握する能力、自然の因果的決定論からの自由すなわち自律性、自己を認識する能力などが、人間と動物を画する「形而上学的境界」として思惟されてきた。自然界のヒエラルキーにおいて人間が動物より上位の存在であることを示すこれらの「境界」はまた、動物を資源として利用することを正当化する根拠にもなってきた。（デヴィッド・ドゥグラツィア『動物の権利』（戸田清訳、岩波書店、二〇〇三年）第一章および第三章を参照した。）

（2）〔訳註〕一九六八年一〇月にニューヨークで行われたデリダの講演「人間の目的＝終わり」におけるサルトルへの批判が念頭に置かれている。サルトル、ハイデガーとの関連に焦点を絞ればその論点は次のように要約できるだろう。

第一に、ハイデガーの『存在と時間』（一九二七）は人間学や人間主義を前提にしておらず、そもそも古典的存在論における人間主義の乗り越えを意図して書かれていた。しかしサルトルは、ハイデガーの「現存在Dasein」にコルバンがあてた訳語「人間的実在réalité-humaine」を安易に受け入れながらその意図を十分には理解せず、古典的存在論が形成してきた「人間の統一性」という概念の歴史性をそれ自体において問題にすることがなかった。第二に、サルトルの『存在と無』（一九四三）における「人間的実在」とは、「欠如を被った神」すなわち「人間と神との形而上学的統一性」にほかならず、その存在論は「存在－神論」の枠を出ていない。第三に、ただしハイデガーにおける「現存在」の射程も、「存在の意味を問う存在」としてロゴスによって規定されており、古典的な「人間」の定義に浸潤されている疑いがある。（Jacques Derrida, « Les fins de l'homme », dans *Marges : de la philosophie*, 1972, Minuit, pp. 129-164. ジャック・デリダ「人間の目的＝終わり」、『哲学の余白』（上巻、高橋允昭・藤本一勇訳、法政大学出版局、二〇〇七年）所収）

（3）Simone de Beauvoir, « Entretiens avec Jean-Paul Sartre », dans *La Cérémonie des adieux*, Gallimard, 1981, pp. 402-403.〔シモーヌ・ド・ボーヴォワール『別れの儀式』（朝吹三吉・海老坂武訳、人文書院、一九八四年）三九七頁。以下、本論文における著作への言及や引用箇所の出典については、訳書がある場合その表題で指示した。ただし、引用には既訳を参照しながら拙訳を用いた。〕

（4）〔訳註〕Jacques Derrida, *Séminaire, La bête et le souverain*, tome 1, 2001-2002 : tome 2, 2002-2003, Galilée, 2008 : 2010.（ジャック・デリダ『ジャック・デリダ講義録　獣と主権者Ⅰ』（西山雄二・郷原佳以・亀井大輔・佐藤朋子訳、白水社、二〇一四年）、ジャック・デリダ講義録　獣と主権者Ⅱ』（西山雄二・亀井大輔・荒金直人・佐藤嘉幸訳、白水社、二〇一六年））

（5）Michel de Montaigne, *Les Essais*, ed. Pierre Villy, P.U.F, 1965, p. 452.〔ミシェル・ド・モンテーニュ『エセー4』（宮下志朗訳、白

水社、二〇一〇年）三三―三四頁〕

（6）〔訳註〕原文のフランス語subjectivitéには日本語の「主体性」と「主観性」両方の含意がある。事情は「主体」、「主観」両方の訳が可能なsujetについても同様である。この種の表現について、訳文では煩瑣になるのを避けて文脈に応じて適宜訳しわけたが、まなざしを持つ主観としての個を主体と捉える本論文の語法においては、ふたつの意味が一体をなしているので、以下、それぞれの訳語には常にもう一方の含意があることを念頭に置いていただきたい。

（7）〔訳註〕レヴィナスは同テクストで、収容所における彼らユダヤ人の状況について、人間の皮をはぎ取られた「半人類」、「猿の一団に過ぎなかった」と記しており、「猿」をネガティブな比喩として用いている。

（8）Jean-Paul Sartre, *Cahiers pour une morale*, Gallimard, 1983, p. 331.〔『存在と無』の刊行後、同書の末尾で予告した倫理に関する次の著作のため、サルトルは膨大なノートをとっていた。このうち散逸を免れたものが『倫理学ノート』として一九八三年に刊行された。邦訳はなし。〕

（9）同上。

（10）〔訳註〕原語は「同情」を意味するギリシア語empatheíaに由来するempathieで、一般的には「共感」、美学などの学術分野ではドイツ語Einfühlungの訳語として「感情移入」と訳される。ここでは本論文の文脈を踏まえ、「感情移入」という語の多分に情緒的な語感を避けて意識作用の能動的側面を強調するために、現象学関連の訳書でしばしば採用されている「自己移入」という訳語を用いた。

（11）〔訳註〕フランス語で「動物」を意味する名詞animalの複数形はanimauxとつづり「アニモ」と発音される。デリダの「動物語」（AN 73／七五）はこれと同音の造語である。単数形と複数形の意味の違いについて、併せて註12を参照されたい。

（12）〔訳註〕名詞が指示する種類や種族の全体を問題にする場合、フランス語では名詞の前に定冠詞が置かれる。可算名詞をこのように総称的に捉えるときには一般に複数形（les＋名詞複数形）が用いられるが、種類や種族をより抽象的に捉える場合には単数形（le, la＋名詞単数形）が用いられる。

（13）〔訳註〕ハイデガーは、一九一九年から四四年の講義録『形而上学の根本諸概念』において、世界内存在の分析に際し比較考察を行うため、次のような三つのテーゼを立てている。一、石（物質的な物）は無世界的である。二、動物は世界貧乏的である。三、人間は世界形成的である（GM 263）。

この書でハイデガーは、「ロゴス」の内的構造である「或るものを或るものとして会得して受けとる」可能性を「「としての」

構造」と呼んで考察しているが、彼はこの認識能力を動物に対して認めない。動物は「世界」を「持たないというかたちで持つ」がゆえに、存在様態として「世界貧乏的」であるとされる。デリダは『動物を追う』でハイデガーのこれらの思索に言及し、その論法に疑問を呈している。

（14）〔訳註〕フランスの作家コレットが一九三三年に発表した小説。（『牝猫』（工藤庸子訳、岩波文庫、一九八八年））

（15）〔訳註〕ロカンタンはこれを「鏡の罠」と呼んで恐れている。「猿」と「腔腸動物」への「変身」は、ロカンタンがはじめて「鏡の罠」に捕らわれる場面で描写されている。「蟹」への「変身」はそれより後に「鏡の罠」とは別の文脈で現れ、ロカンタンの妄想のなかで行われる。（Jean-Paul Sartre, *La Nausée*, dans *Œuvres romanesques*, Gallimard, coll. « La Pléiade », 1981, p. 23, p. 147. ジャン＝ポール・サルトル『嘔吐』（鈴木道彦訳、人文書院、二〇一〇年）三二頁、二〇七頁）

（16）〔訳註〕あらゆる存在は必然性を持たない無意味な存在、無償の存在であるという、サルトル哲学の根本をなす思想。一九二九年に『ヌーヴェル・リテレール』誌が実施した「今日の学生へのアンケート」に対するサルトルの回答には、この「偶然性の哲学」の萌芽がすでに認められる。その後、一九三一年に「偶然性の弁駁書」を書きはじめたサルトルは、これを小説のかたちに書き改めて『嘔吐』（一九三八）に結実させた。「偶然性の哲学」は、一九三九年にハイデガーの『存在と時間』を読了する前、一九三三―三四年にベルリン留学でフッサールを学ぶよりも先に、サルトルが着想した彼独自の思想であると同時に、デリダのサルトル批判に反し（註2を参照）、人間主義の範疇に収まらない思想であるというのが論者の主張である。

（17）Jean-Paul Sartre, *L'Idiot de la famille*, tome 1, Gallimard, 1971, p. 145.〔ジャン＝ポール・サルトル『家の馬鹿息子』第一巻（平井啓之・鈴木道彦・海老坂武・蓮實重彦訳、人文書院、一九八二年）一五二頁〕

（18）この「生」と「実存」の区別については以下の書籍を参照のこと。Florence Burgat, *Une autre existence : La condition animale*, Albin Michel, 2012.〔邦訳なし。本書『もうひとつの実存――動物の地位』で、動物の「実存」を論じる著者ビュルガの定義にしたがえば、「実存」とは、「生」をとり囲むものとの関係性をみずから組織する、中心としての「生ける存在」であり、一人称で生きられる諸経験の主体であるような存在を指す。生物の主観＝主体性を「実存」の根拠とするこの立場は、「実存」を「存在の意味を問う存在」として言語能力から定義するロゴス中心主義的立場を批判的に乗り越えようとしていると言える。本論文の主旨にそって付言すれば、デリダの批判にもかかわらず（註2を参照）サルトルはデリダと同じく動物に主観＝主体性を認める前者に属し、ハイデガーは後者に属しているというのが論者の見立てである。〕

（19）〔訳註〕デカルトは『方法序説』（一六三七）第五部の末尾で、モンテーニュの随想「レーモン・スボンの弁護」（初版一五八〇）における動物論への反駁を行っている。人間と動物の「形而上学的境界」がデカルトにおいてどのように設けられているのか一例を示せば、その論旨は以下のとおりである。

動物にはひとつの談話をつくりあげてそれを他人に伝えることができない。鸚鵡を見れば明らかなように、それは発話器官が欠如しているからではなく、理性が欠如しているからである。また、たしかに動物のなかには人間より巧みな行動を示すものがあるが、その動物がすべての行動において人間を凌ぐということはない。正確に時を刻む時計が歯車とぜんまいからなるように、その動物においては自然が器官の配置に従って働いているに過ぎないのであって、そこに身体を制御する精神の存在を認めることはできない。（ルネ・デカルト『方法序説』（落合太郎訳、岩波文庫、一九八八年）七〇—七三頁および訳注を参照した。）

（20）〔訳註〕ポーランド生まれのアメリカの作家（一九〇二—九一）。歴史学者パターソンが依拠したシンガーの一文は次のとおり。「彼ら〔＝被造物〕にとって、すべての人間はナチスである。動物たちにとって、それは永遠のトレブリンカだ」。（Isaac Bashevis Singer, « The Letter Writer », in *The Séance and Other Stories*, New York, Farrar, Straus and Giroux, 1968, p. 270）

この一文からとられたパターソンの原著タイトルは『永遠のトレブリンカ』で、訳書のタイトルとは若干異なる。シンガーの祖国、ポーランドにあったナチスの絶滅収容所がトレブリンカである。

（21）Charles Patterson, *Un éternel Treblinka*, trad. Dominique Letellier, Calmann-Lévy, 2008.〔チャールズ・パターソン『永遠の絶滅収容所——動物虐待とホロコースト』（戸田清訳、緑風出版、二〇〇七年）〕

（22）〔訳註〕『存在と無』以降の用語。未来への自由な投企を通じて「あるものであらず、あらぬものである」べき対自存在が、「あるものであり、あらぬものであらぬ」モノのように、即自的にあろうとする態度。たとえば、カフェのボーイが「あるものである」という仕方で「ボーイ」を演じたり、臆病者が「あらぬものであらぬ」という仕方で「自分は臆病者ではない」と信じたりすること。（『別冊環11　サルトル』（藤原書店、二〇〇五年）に所収の永野潤による「サルトルを読むためのキーワード25」を参照した。）

（23）〔訳註〕牛ヒレ肉の貴重な中央部だけを用いた最高級ステーキの料理名。フランスの作家シャトーブリアン（一七六八—一八四八）が料理人に命じて作らせたことからこの名がついたと言われる。

（24）Jean-Paul Sartre, *Vérité et existence*, Gallimard, 1989, p. 70.〔ジャン＝ポール・サルトル『真理と実存』（澤田直訳、人文書院、二〇〇〇年）八二頁。本書は『倫理学ノート』（註8を参照）に続いて一九四八年に執筆された草稿である。〕

（25）〔訳註〕可算名詞に付いて単数または複数を示す不定冠詞（un, une, des）に対し、部分冠詞（du, de la）は不可算名詞に付いて若干の量を示す。ひとつの名詞が可算、不可算両方の意味を持つ場合には冠詞で意味が区別される。たとえば、不定冠詞で指示されるun bœufは数えられるものとして「一頭の牛」を、部分冠詞で指示されるdu bœufは数えられないものとして「牛肉（料理）」のイメージを喚起する。

（26）〔訳註〕アメリカの哲学者（一九三八―）。「動物の権利」概念の創始者であり（Tom Regan, *The Case for Animal Rights*, University of California Press, 1983）、動物の権利擁護運動における代表的論客として知られる。

＊本稿は日本サルトル学会・脱構築研究会共同ワークショップ「サルトル／デリダ」（二〇一四年一二月六日、立教大学）における公開講演François Noudelmann, "Sartre et Derrida entre chien et chat. Pensées de l'animal"の翻訳である。

ポスト実存主義者としてのジャック・デリダ

西山雄二

1　愛すべき不吉で破壊的なモデル

当時〔高校時代〕、彼〔サルトル〕は私にとって大きな役割を果たしていました。それ以来、不吉で破滅的とみなしてきたモデル、しかし、私の愛するモデルです。おそらく、愛さなければならなかったもののように。かつて愛したものを私はあいかわらず愛しているわけで、とても単純なことです(1)……。

デリダは、一九四七年、アルジェ市のゴーティエ高校の哲学クラスに入ったとき、サルトルとベルグソンを読んで刺激を受けた。最終学級でデリダはその頃絶頂期にあったサルトルの作品を読み始める。彼は『存在と無』をはじめとして、『想像力』『想像力の問題』『情緒論素描』などを読解し、授業では「サルトル、心理学――現象学」という長い発表をした。デリダはキルケゴールに関心を抱き、ハイデガーの『形而上学とは何か』を読んで、不安の問いに個人的な情動を重ね合わせて共感していたが、そんな彼はまさに実存主義の渦中にあったのだろう。

とりわけ、『嘔吐』の読書は強烈な経験となり、事物が不条理な仕方で存在しているという意味の不在の厚みが彼を深く魅了した。「一七歳の頃、アルジェで哲学クラスにいたとき、ある種の恍惚状態の眩暈のなかで読んだことを覚えています。ラファリエール公園のベンチに腰掛けて、存在の過剰を確認するかのように、ときおり目を上げて樹木の根や花の茂み、ねとねとした草を見るのですが、それは「文学的な」自己同一化の激しい運動をともなっていました」(PM 176/下・二六)。

第二次世界大戦中、反ユダヤ人種差別政策がアルジェリアでも激化し、一九四二年一〇月、入学者数制限法によって、ユダヤ人の生徒・学生らが学校から追放される。デリダもまたベン゠アクヌーン中学校の新学期の日に放校となり、深い心の傷を負う。彼はユダヤ人教師が新設した中学校にも馴染むことができず、「孤独の感情や願望、いかなる共同体からも、さらにはいかなる「ナショナリティ」からも身を引きたいという感情や願望、「共同体」という言葉そのものに対する不信感」[2]を強く抱くようになる。反ユダヤ主義や人種差別主義の脅威に敏感になったデリダは、一九四七年に刊行されたサルトルの『ユダヤ人問題についての考察』を読み、外部から強いられるユダヤ人としての自己同定に「まったく正しい何かを見出したと思った」[3]という[4]。

『存在と無』に関して言えば、この著作はカフェの給仕やポールといった人物を登場させて現象学を具体的に語っており、いわば哲学と文学のあいだで書かれたその独創性にデリダは魅了された。ただ、『存在と無』は、彼の目には、「私たちが差し向けられていた学校教育のディスクールにとって、とても便利で有用な機械」[5]とも映っていた。即自と対自の二極の図式にもとづいた現象学的存在論において、自分自身と一致しないデカルト型の意識が不可能な総合を目指すという議論はきわめてフランス的であり、当時の学生らには扱いやすい哲学的言説だった。即自と対自を越えた統一を論じるべく、両者の手前ないしは彼方で「存在」を問うという課題は『存在と無』では未解決だが、デリダはこの課題がその後掘り下げられることを期待していた。だが、続く『弁証法的理性批判』では人間の現実を弁証法化して論じるだけで、サルトルが存在の問いへと踏み出すことはなかった。デリダは、形而上学と弁証法の無自覚な結託をここに見て取り、サルトルに強い不満を抱いたという。

デリダはパリに移り、ルイ゠ル゠グラン高校の高等師範学校《エコール・ノルマル・シュペリウール》の準備課程第一学年（一九五〇年）から、サルトルの著作を熱心に読み始めた。

私は、思春期におけるサルトルへの負債、系統的なつながり（filiation）、巨大な影響、巨大な現存を認めます。それを回避しようとしたことは、まったくありません。サルトルが文字通りの準拠としては奇妙に不在であるというのは真実ですが、それは私が彼を回避しようとしたということではありません。私がフッサールについて書き始めた時期においてすでに、〔……〕フッサールやハイデガーを別の仕方で、より厳密な仕方で読もうと試み始めつつ、私たち（当時、これは私だけではありませんでした）は、彼らについてサルトルがおこなっている読み方は遮蔽物をなしており、不十分であると考えたのです。[6]

デリダにとって、サルトルは論争の対象や克服されるべき（父親的）人物ではなく、ある種の距離と遅延を介して関わった思想家・作家であるのだろう（彼がサルトルに論戦を挑んだのは『弔鐘』でのジュネ解釈のみである）。世代間の時差がある両者は直接的な接触はなく、「ある種の距離」[7]がつねに介在していた。サルトルはマルクス主義について「われわれの時代の乗り越え不可能な地平」と形容したが、デリダからすれば、「われわれの時代の乗り越え可能なもの、乗り越えられたもの一切はジャン゠ポール・サルトルと呼ばれる」[8]。ただ他方で、サルトルの言説はデリダの世代にとっては自明の哲学的境位《エレメント》をなしており、乗り越える対象ではなかった。それゆえ、逆説的にもサルトルとは「乗り越え不可能なまでに親しいものであり、同時に乗り越えねばならなかったもの」[9]だったのである。

2　サルトルを論じるデリダ

デリダはソルボンヌ大学での助手職に就いていた頃、サルトルを講義のなかで取り上げたことがある。一九六〇〜六一年の「サルトル——本質、実存（Sartre: Essence Existence）」（全三回）、一九六三〜六四年「反駁の起源。サルトル（L'Origine de la réfutation. Sartre）」（全一回）である。当時、哲学専攻の履修カリキュラムはあらかじめ組まれていなかったので、これらはデリダ自身が選んだ主題であり、他の講義でも彼はサルトルに何度か言及したという。

『「幾何学の起源」序説』（一九六二年）では、幾何学的理念性が誕生する際に想像力が果たす感性的な役割に触れる箇所で、サルトルの想像力論が註で評価されている。「サルトルによる突破口がフッサール現象学の光景の平衡をあれほど深刻に脅かし、ついで転倒させ、そしてフッサールの地平を放棄するに至ったのは、まずあらゆる形相学の操作的用具としての想像力を借りて、原本的体験としての想像力をその状況のなかで直接的に主題化し、虚構《フィクション》の、それゆえ現象学的方法の現象学的な諸条件を自由に記述することによってである」[10]。想像力はフッサール現象学において厳密に問い質されず、「曖昧な地位」のままで、同時に「派生的かつ根拠づけられた再産出の能力」かつ「徹底的な理論的自由の顕現」にとどまっているのである。

一九六八年一〇月の講演「人間の目的＝終わり」において、デリダはヘーゲル、フッサール、ハイデガーが考察する人間学を批判的に参照しつつ、サルトルの人間学的解釈を検討している。「人間に関してフランスはどこまで来ているのか」という問いかけに対して、ハイデガーの「Dasein（現存在）」の仏訳語「réalité humaine（人間的現実）」が引き合いに出される。これはアンリ・コルバンによる『存在と時間』抄訳を皮切りに流布した訳語で、サルトルをはじめとするフランスの現象学的存在論の人間主義化を決定的に方向づけた。デリダによれば、この訳語は「多くの点で奇怪な訳語だが、それだけにまた意味深長でもある」[11]。

「人間的現実」という訳語は、人間の形而上学的概念や実体論的なモティーフや誘惑を廃棄し、人間性を新たに把握し直すための中立的で無規定的な概念とされた。主知主義、唯心論的なある種の人間主義（ブランシュヴィック、アラン、ベルクソン）への反動として、フッサールの超越論的現象学やハイデガーの基礎存在論を忠実に継承しようとする利害関心がここには認められる。ただし、デリダによれば、「人間的現実」という新たな用語を用いても、サルトルの「現象学的存在論」の地盤はあいかわらず人間的実在の統一性にとどまっている。「人間の概念の歴史学は一度たりとも問題にされてない。あたかも「人間」という記号はいかなる起源も、いかなる歴史的、文化的、言語的限界も、それればかりかいかなる形而上学的限界ももたないかのような観を呈している[12]」。

サルトルが論じる即自存在／対自存在は部分的な存在であり、『存在と無』の結尾では、人間的現実の本質的投企によって自己自身に結ばれ、自己自身に関係するという「形而上学的統一性」が提示されている。これまさに人間と神との形而上学的統一性、神に対する人間の関係ではないか。デリダは「人間的現実」を旗印にしたサルトルの行論において、その形而上学的人間主義が存在‐神論へと帰着してしまうとする。ただ、たしかにこれは困難な試みで、ヘーゲル、フッサール、ハイデガーが形而上学的人間主義を批判するのは、あくまでもその圏内にとどまりながらにおいてである。形而上学の内部で、その境界上で、人間主義の制限を画定しつつ除去するのが彼らの試みだった。こうした人間の微妙な再検討を考慮しないサルトルおよびその影響を受けた人々は、人間主義の刷新という点ではむしろ後退しているのである。

この講演の後半ではサルトルの名前は登場しないが、ハイデガーの『ヒューマニズムについての手紙』が検討される。ハイデガーはたしかに人間主義と形而上学の制約を問い直したのだが、依然として彼も人間の思考にとどまっているのではないか、とデリダは問う。ハイデガーが人間の本質と価値を人間以外のもの、つまり〈存在〉の側から捉える人間主義について（über）回答するためには人間主義を超えて（über）回答する必要がある。

人間の本質を〈存在〉との関係において復興するために、ハイデガーは近接／遠隔の表現を用いている。一方で、存在者として人間は〈存在〉から隔てられているが、しかし他方で、存在の真理へと超出することで人間固有の尊厳は経験されうる。人間主義を超えて見出されるその本質と価値は、〈存在〉に対するこうした矛盾した近さと遠さによって描出される。「存在の明るみのうちに立つことを、私は人間の外‐立と呼ぶ。ただ人間だけがこうした存在様態を固有のものとしてもつ」[13]。デリダは〈存在〉に近いものが固有のものに通底しているという現象学的隠喩の構造を指摘し、存在の意味と人間の意味が関係づけられる共同‐固有性がハイデガーの議論にも残っているとする。『ヒューマニズムについての手紙』をめぐるこうした脱構築的な読解は、サルトルも含めた当時のフランスの人間主義を新たな方向性へと導くものであった。

デリダはすでにバタイユ論「限定経済から一般経済へ」〔一九六七年〕の註において、同様の問題を指摘していた。バタイユによるハイデガーの誤読を指摘するサルトルにデリダは賛同しつつ、ただし、そうした誤読が当時の専門的哲学者たちによって準備されていた点――「人間的現実」という翻訳から派生した解釈――を強調する。サルトルは「ニーチェとわれわれの著者〔バタイユ〕に共通した人間主義」を語るが、これは哲学的には「やはり非常に危険なこと」だった。だが、デリダはハイデガーの誤読から生じたフランス流の人間主義を一方的に断罪することはない。「われわれはこの危険の歴史的必然性を疑っているわけではないし、また、その危険が、もはやわれわれのものとは異なる情勢のなかで果たした覚醒としての役割を疑っているわけでもない。こうしたすべては当然承認されるべきことがらである。覚醒と時間が必要だったのだ」[15]（ED 405／五六一）。

一九六九年頃、デリダはベルリンやアメリカの大学で『嘔吐』に関する講演をおこなっている。この講演は「私の講演のなかで一度も出版しようと思わなかった唯一のもの」[14]とさえ言われているが、その理由はわからない。講演では書物と図書館が分析され、とりわけ、独学者の考察が披露されたようである。たとえば、次のようなくだりにその一端をうかがい知ることができる。「サルトルの哲学言説をその深奥においてしるしづけている人間主義は、しかしながら、『嘔吐』ではきわめて確実に、きわめて皮肉な調子で解体されている。たとえば、〈独学者〉のカリカチュアはその同一人物のうちに絶対知の神学的な企てと人間主義的倫理とを百科全書的な認識愛好という形で取り集めている。〔……〕ロカンタンが人間主義を、あらゆるスタイルの人間主義を痛烈この上ない裁きにかけるのは、まさしく〈独学者〉との対話に際してである」[15]。実存主義が人間主義であると主張しながら、サルトルは小説のなかに痛烈な反人間主義者を登場させる。デリダが『嘔吐』に魅了されたのは、互いに矛盾した複数のサルトルがここに垣間見られるからである。

そもそも若きデリダがカミュ、バタイユ、ブランショ、ポンジュ、ジュネ……といった作家たちの名前に触れたのはサルトルの『シチュアシオン』のおかげだった。ただし、後にデリダはサルトルの文学的解釈に違和感を抱くようになり、「(『嘔吐』以外の) ほぼすべての文学作品が問題で、とくにサルトルにとっての文学と言語経験が問題なのです」(PM 204／下・七八―七九) と語っている。その理由は、まず、文学作品の理解に哲学の図式(対自意識の適用や実存主義的精神分析など) を適応するあまりに、独自性を見失っているためである。文学言語の特異性を読み解くには読解図式が普遍的すぎるのである。また、エクリチュールや言語そのものの繊細な関心が不十分であるからだ。「サルトルには文学の形式に対する関心、シニフィアンないし言語と呼ばれるものに対する関心がない」[16]。言語活動を対自と即自の対立に還元して、作家の自由な実存的投企から文学の営みを理解してしまうため、語の物質性の理解が薄れているのである。ただ、文学的理解が相違しているとはいえ、哲学と文学の狭間で思考し続けた点でサルトルはデリダにとってたぐい稀な参照モデルだった。

3　知識人のアンガージュマンの古さと新しさ

サルトルは言葉と行動によって時代状況に適宜介入した二十世紀の「全体的知識人」(ブルデュー)だった。米ソ二大国体制の冷戦と第三世界の勃興という時局のなかで、サルトルは『レ・テン・モデルヌ』誌を拠点としてあらゆる思考の戦線に言葉を送り続けた。フランスではドレフュス事件以来、具体的な状況に介入し、既存の社会体制に抗って、普遍的な価値に仕えるという知識人の伝統があるが、サルトルはそのもっとも優れた形象だった。

「ジャン゠ポール・サルトルやバートランド・ラッセルの書いたものを読むとき強く迫ってくるのは、その論じかたではなく、彼ら特有の個人的な声であり、その存在感であるが、これは、彼らが自己の信ずるところを臆せず語っているからである」[17]と回顧的に語ったのはエドワード・サイードだった。デリダもまた、「サルトルの声のもつ味わい」(PM 174/下・二二三)を指摘し、「時代の味わい」と関連づけている。一九九六年、『レ・テン・モデルヌ』誌の五〇周年記念号にデリダは「「彼は走っていた、死んでもなお」やあ、やあ」を寄稿し、サルトルへの想いを綴っている。旅先での執筆だったため、デリダが主に引用するのは、わずかに『レ・テン・モデルヌ』創刊の辞」「自分の時代のために書くこと」だけである。これらの文章が刊行された時代はデリダがサルトルに熱中していた時代である。デリダは『レ・テン・モデルヌ』との伴走関係を、ただし、見解の不一致や違和感による隔たりを明示しつつ、複数の時間と立場からサルトルの「味わい」を描き出す。

マニフェスト的文章「自分の時代のために書くこと」において、サルトルは、「時代にはその時代だけの味わいがあり、時代はただひとりでそれを味わった。その味わいは、私たちの口に残るワインの味わいのように比較しえないものであり、取り返しのつかないものである」[18]と記している。そのもっとも生き生きした味を味わうには果実を摘みとられたときに食べなければならないように、作家は自分の時代のために書き、その文章は当の時代の人々に読まれなければならない。しかし、時代はつねに同じままにとどまるのではなく、変革され未来に向かって超越される。「時代は永遠に、自らを超越する。時代において、時代を構成するすべての人間の生ける将来と、具体的な現在とが厳密に一致する」[19]と主張するサルトルにデリダは共感する。ここでデリダは彼なりの解釈を展開し、将来から到来して現在時における自己同一性を攪乱する亀裂によってこそ、時代の味わいがもたらされるとする。取り返しのつかない特異な味わいは、こうした時代と自己の非同一性によって可能となるのである。

知識人の行動を象徴するサルトルの鍵語「アンガージュマン（社会参加）」について、デリダは実に肯定的に語っている。「「アンガージュマン（engagement）」は「知識人」の責任としてはもはや過去のやり方だと実に頻繁に、ときにうんざりするほど語られてきましたが、私はこの言葉はきわめて見事で、正当であり、いまだに新しいと思います。この言葉にしっかりと耳を傾けてみると、「アンガージュマン」は、作家や知識人と今なお呼ばれる人々が応答するべき役割、あるいは、責任を果たすべき役割を言い表わすために実に見事な言葉だと思うのです」（PM 178／下・二九）。アンガージュマンの表現において、デリダが着目するのは、保証（gage）を与えることによって誓約や肯定を明らかにすることである。また、自らが存在しているところに自らを見出すべく、危険を顧みることなく、自分が実存している場に入り込むことである。ヒロイズム的な決断とは異なるアンガージュマンにおいては、「決定された行動が、知とは異質な空間において、決定不可能なものを背景としておこなわれる賭けにとどまる」（PM 172／下・一八）とデリダなりの語彙で表現されている。

デリダもまた、その都度の状況に介入するアンガージュマンの哲学者だったと言える。一九七〇年代、教育相ルネ・アビによる哲学教育の改革案の改悪に反対して、デリダは哲学教育研究グループ（GREPH《グレフ》）を結成し、理論的考察を洗練させると同時に、政治的な実践を展開した。一九七九年、GREPHは哲学三部会をソルボンヌ大学で開催し、哲学教育をめぐる討論を成功させて、アビの改革案を後退させることになる。哲学三部会では、テレビなどのマスメディアを通じて台頭してきた新たな知識人（たとえばヌーヴォー・フィロゾフ）についても議論された。普遍的知識人サルトルが肺水腫により逝去したのは一九八〇年四月のことだった。デリダは長らく肖像写真を公開しなかったが、哲学三部会や、一九八一年にチェコスロヴァキアで麻薬密輸容疑で逮捕され釈放された際の報道によって写真が大々的に公開される。八〇年代以降、デリダは、国民性、友愛、民主主義、贈与、赦し、歓待、責任、主権といった諸概念とその現象や歴史性を脱構築的に読み解き始める。政治的なものの本質と関係するこれらの概念を取り上げることで、彼は、共産主義の崩壊やグローバル資本主義の進展、国民国家の変容、民主主義の問い直しなど、世界の出来事がまさに脱構築的な変容を遂げる動きに応答したのである。ちょうどサルトルが死去した後、八〇年代に政治的転回をしたと言われるデリダだが、そんな彼が「アンガージュマン」という表現を肯定したことは彼なりの遺産相続だったのだろう。

実際、デリダはengagerという言葉をたびたび積極的に使用していた。たとえば晩年の大学論『条件なき大学』において、デリダは、「すべてを公的に言う権利」を哲学、ひいては人文学の根本原理とみなし、その行為遂行性こそが大学の脱構築的な活力であるとした。グローバル資本主義が隆盛する「時代の味わい」のなかで哲学の来たるべき責任を説く際に、デリダは決定的な文脈で「アンガージュマン」という表現を使用している。

> Philosophiam profiteri は「哲学を公言すること（professer la philosophie）」を意味します。たんに哲学者であること、哲学を適切な仕方で実践し、教えることではなく、公的な形で身を捧げること、哲学に従事すること、証言すること、さらには哲学のために戦うことを公的な約束によって誓約すること（s'engager）です。ここで重要なのはこうした約束であり、責任の誓約《アンガージュマン》（engagement de responsabilité）です。ご存知のように、それは理論にも実践にも還元されません。公言されるもの、教えられ、実践されるものの知、対象、内容が理論的ないしは事実確認的な次元にとどまるとしても、公言することはつねに、行為遂行的なスピー

チ・アクトのうちにあります。[20]

4　ポスト実存主義者としての若きデリダ

サルトルとデリダの関係は、いわゆる思想史的な文脈においては、実存主義から構造主義、ポスト構造主義という流れのなかで位置づけられてきた。戦後に隆盛した人間主義から、一九六〇年代の反‐人間主義ないし超‐人間主義へと革新がなされ、人間の主体性や歴史への参与、言語活動の意味は根本的に変化した。実存や不条理、不安といった主題は、記号、構造、差異、エクリチュールといった切り口に取って代わった。とりわけデリダは構造主義における現前性の要素を批判し、「ポスト構造主義」を切り開いたと喧伝された。こうした現代フランスの思想的潮流はヘーゲル、ニーチェ、フロイト、フッサール、ハイデガーなどのドイツ思想の受容と解釈によって刷新されてきた。当時、高橋允昭は外来思想がファッションのように表面的に次々と紹介される状況を揶揄しつつ、「サルトル的実存主義は乗り越えられたのか。〔……〕連続の局面を強調するか、それとも切断の局面を強調するかに応じて、答えもいろいろとちがったニュアンスをもちうる。どんな場合にも、単なる連続とか、単なる切断といったものはありえない[21]」と注意を促している。

こうしたデリダの思想史的な議論に新たな光を当てたのが、エドワード・ベアリングの労作『若きデリダとフランス哲学――一九四五～一九六八年[22]』である。ベアリングは、カリフォルニア大学アーヴァイン校に所蔵されているデリダ・アーカイヴの資料群を調べ上げ、若きデリダがいかに自己形成したのかをテクストの変遷と当時の知識社会や教育研究状況の分析から克明に描き出した。アルジェリアの高校時代から一九五二年に高等師範学校に入学するまで、若きデリダはサルトルやシモーヌ・ヴェイユの思想、エチエンヌ・ボルヌのキリスト教実存主義から強い知的刺激を受けた。戦後フランスにおいては、サルトルの無神論的実存主義が共産主義およびカトリックの人間主義と対立しており、そうした思想的布置はアルジェリアにも伝わってきていた。一九五〇年代、サルトルへの言及はほとんどみられないが、デリダのテクストには実存主義の強い影響がある。ベアリングの主張によれば、少なくとも一九六四年に高等師範学校の講師になるまで、デリダは「ポスト実存主義者」と呼称されるような立場にいたという。

現存するデリダのもっとも古い学校課題は一九四六年（一六歳）の小論文「道徳的経験」（L'expérience morale）である。ここでデリダはアンドレ・ダルボンの「経験の哲学」（André Darbon, *Une philosophie de l'expérience*, PUF, 1946）をサルトルの思想、とりわけ『実存主義とは何か』（一九四六年）の視座から読解している。

デリダは科学と道徳を比較し、科学が既存の事象を検討するのに対して、道徳はかくあるべき事柄、いまだ実現していない事柄、決して実現しない事柄を対象とすると規定する。彼はこの立論に満足せず、「人間の実存はその本質に先立つ」という実存主義的テーゼを引き合いに出して議論を進める。ここでデリダはサルトルを援用しつつ、自由の否定から生じる道徳的ニヒリズムを越えた道を開こうとする。サルトルの用語の「即自／対自」を「事実の世界／価値の世界」の対立に当てはめて、道徳の自律的領域が確立される。人間の自由な行動はアプリオリな法則によって統括されえないとするデリダは、自然法則のような道徳規範を主張するカント的な立論を退ける。そんな彼にとって、実存主義こそが道徳性の探求のために必要なツールを提供してくれるのだった。

「形而上学のなかに道徳を探求することは人間の自由の否定である。人間が自然の不可欠な部分であると言うことは、人間の独自性を彼から遠ざけることに等しいからである。〔……〕人間の実存が本質に先立つことこそが、人間の独自性なのである。それゆえ、形而上学のなかに道徳を探求することは、逆説的にも、人間が道徳をもちうることを否定することである。こうした道徳を通じて、人間がその本質を、つまり、自分の将来の姿を規定しうることを否定することである。再び主張されるべきことだが、人間は普遍的な自然——本質が実存に先立って、変化することがない自然――の一部などではないのである」[23]。

かくしてサルトルに即して道徳性への新しい回答が示唆されるが、しかし、若きデリダはサルトルの議論にも納得できない。対自の自由を根本化しすぎると、超越的な価値が否定され、道徳哲学が確立されなくなるおそれがあるからである。全面的な決定論と全面的な自由のあいだで道徳性を見い出すという課題に若きデリダは直面している。

一九四八年、哲学教師ジャン・ザルネキが放課後に主催していたコギト・クラブでデリダは発表しているが、サルトルとハイデガーに関する発表資料がデリダ・アーカイヴに保管されている。アンリ・コルバンによる『形而上学とは何か』の仏訳（一九三八年）は、フランスにおける最初のハイデガー受容に大きな影響を及ぼしたが、デリダもまたこの翻訳を読み耽った。デリダはさらに、ジョルジュ・ギュルヴィッチやジャン・ヴァールによるハイデガーの解説を参照しつつ、サルトルの側に立って、ハイデガーの哲学は人間主義的であると主張する。

デリダの発表の一部はDasein（現存在）の訳語の検討に充てられており、être-là, existance, réalité-humaineという三つの可能性が比較される。まず、être-là（現−存在）は、不動で受動的なニュアンスのために却下される。Daseinが世界に向けて超出する力動性を含意するため、existance（実存）の訳語はより適切である。だがさらに、若きデリダはréalité-humaine（人間的現実）がもっとも妥当だとする。能動的な意味合いに加えて、「きわめて曖昧で、明確さを必要とするぐらい曖昧である」[24]からである。この段階でデリダは、現存在の人間的解釈が問題含みであることを問題視することなく、コルバンやサルトルの解釈を採用している。

デリダはハイデガーによる「人間的現実」を評価するが、人間的制約を超えた〈存在〉の理論への跳躍には賛同しない。その当時のフランスのハイデガー解釈と同じように、若きデリダはいまだ存在論に深入りすることなく、存在者の思考にとどまっている。また逆に、彼はサルトルに関して、人間の無との関係の解釈にも批判的である。デリダは、人間的現実の本質的な運動をハイデガーが〈存在〉に対する受動的なものにしたことにも、サルトルが〈無〉との関係においてこれを絶対的なものにしたことにも賛同しないのである。

ベアリングによる若きデリダの分析はさらに、キリスト教実存主義の影響に光を当てている。一九四九年、デリダはアルジェリアから本国に渡り、パリのルイ＝ル＝グラン高校準備学級へと進学する。準備学級で哲学を担当したエチエンヌ・ボルヌはデリダの才能を大いに認めていた。敬虔なカトリック教徒だったボルヌに感化されてか、この時代のデリダには、キリスト教実存主義（ガブエル・マルセルやシモーヌ・ヴェイユ）への暗黙裡の参照が認められる。

デリダが一九四九年に執筆した小論文「ニヒリズムと無の意志」(Nihilisme et volonté de néant) には、そんなキリスト教実存主義の主張が盛り込まれている。唯物論哲学においては、人間は全面的に規定され、倫理的価値が人間の行動に影響をもたらしえない。他方で、伝統的な観念論も不十分で、一切の価値は精神に内在するとみなされてしまう。観念論も唯物論も全的な内在性を主張する点でニヒリズムに通じている。ここで実存主義が脱出口となる。実存主義は事実世界と人間的現実の超越性、つまり、物質と精神をともに思考しうるからである。だが、サルトル流の無神論的実存主義は、人間的自由を価値の絶対的な源泉にしているがゆえに、やはりニヒリズムに陥るおそれがある。無神論的実存主義の限界を指摘した上で、デリダはキリスト教的実存主義を参照する。「実存主義者は、たとえば自分自身の内に感じる価値の感情を通じて、神の存在を認める瞬間に[25]」、自分が卓越しているという感覚を抑えることができるという。

ベアリングによれば、一九四九〜五二年、デリダは人間理性の絶対的な有効性を拒絶しつつ、キリスト教的実存主義に傾倒していた。サルトルが説く人間の絶対的自由を緩和しつつ、デリダは道徳的必然性や神の信仰の可能性へと主張を展開させた。こうした若きデリダの思想的立場を指して、ベアリングは「キリスト教的ポスト実存主義者」と呼ぶのである[26]。

5　サルトルの亡霊的回帰

若きデリダはサルトル流の実存主義と深い関係にあったが、その後の展開をみると、責任、贈与、眼差し、恥、自伝的エクリチュール、等々……デリダとサルトルの両者に関連する主題があるものの、その論じられ方が異なっている場合が少なくはない。スティーブ・マッティノーは両者の比較検討に関して、「サルトルとデリダのテクストをいかに関連づけるかと問うことは、共約不可能性（imcommensurability）の否定的な空間に入り込むこと、互いに拒絶し合う言説の舵取りをすることに等しい」[27]と指摘している。

ダニエル・ジョヴァナンジェリが指摘するように、[28]サルトルは『存在と無』において、動詞hanter（つきまとう、とり憑く）をたびたび使用している。「否定」をめぐる議論では、カフェにおけるピエールの不在を例として、「二重の無化」が説かれている。カフェの諸事象（テーブル、椅子、煙草の煙、足音など）は、私の知覚にとって背景として構成される（第一の無化）。カフェで会えると期待していたピエールがいない場合、無化的な背景の上で、ピエールの不在が無の形態として直観的に把握される（第二の無化）。「ピエールはカフェにとり憑く。不在のピエールはカフェが無化されつつ背景として構成される条件である」（EN 45／I・八九）。無は存在からその効力を具体的に引き出し、存在の表面上に現われてくるのであり、このことをサルトルは要約して、「無が存在にとり憑く（le néant hante l'être）」（EN 47／I・九二）と表現している。また、死に関する議論においては、この存在と無の相互排除性は、私の自由と死の議論として変奏される。サルトルにとって、死とは私の実存の外にあって、避けられない必然性であり運命である。私はみずからの自由によってさまざまな企てをなすのだが、死は私の可能性ではなく、「私の選択の、選ばれた裏側、逃げ去る裏側として「限界状況」である」（EN 592／III・二九八）。それゆえ、「死は、私の企てのそれぞれの核心そのものにおいて、この企ての避けがたい裏面として、たえず私にとり憑く」（EN 592／III・二九八）のである。

hanter（とり憑く）に関して言えば、デリダがontologie（存在論）とほぼ同音の表現hantologie（憑在論）を考案したことはよく知られている。憑在論とは、現前を欠いたままつねにすでに回帰し続ける亡霊的位相をめぐる思考である。たえざる反復と特異な一回性からなる憑在論は存在論よりも射程が広く、終末論や目的論の再考さえも含んでいる。こうした亡霊的なものの現象学の論拠のひとつは、フッサール現象学における「ノエマの非‐現実性」に求められる。ノエマは事象の実在性によって規定されたものでも、意識にとっての客体として与えられる主観的な契機でもない。それは志向的ではあるけれど現実的ではなく、つまり、世界のなかにも意識のなかにもない。「このような非‐現実性、その世界と自我論的主体性の現実的組織の双方に対する独立は、出現の場そのものであり、亡霊の本質的、一般的、非領域的な可能性ではないだろうか。それはまた、現象の現象性そのものに他者と喪の可能性を書き込むものではないだろうか[29]」。

サルトルからすれば、「ノエマの非‐現実性」は、フッサールが発見した志向的意識の超越の原理に背くものである。「彼〔フッサール〕がノエマを非‐現実的なもの、ノエシスとの相関的なものたらしめ、その存在は知覚されることであるとみなすやいなや、彼はまったくみずからの原理に忠実ではなくなる」（EN 28／I・五五）。知覚されるものは存在しなくてはならないのであり、意識から遮断されて存在しているだけである。サルトルは『存在と無』の緒論の末尾で、存在の意味を解明するために、即自と対自という「根本的に切り離された二つの存在領域」（EN 33／I・六六）の関係を問うとしている。hanter（とり憑く）を随所で使用しながらも、サルトルの行論はノエマの非‐現実性を対自から見た即自存在とみなしているため、非‐現実的で非領域的な開かれから他者の憑在を語るデリダとは著しく異なっているのである。

一九九六年の『レ・テン・モデルヌ』誌五十周年記念号への寄稿文において、サルトルについてのデリダの語り口はまさに憑在論的なものだった。デリダはsalutというフランス語の多義性を駆使している。salutは近親者同士の「挨拶」であると同時に「別れの言葉」でもあり、他者に近づくときと遠ざかるときに交わされる両義的な言葉である。また、salutには宗教的な「救済」の含意もあり、他者の安泰を祈り敬意を表明する言葉である。デリダはサルトルが参照しているマラトンの伝令を引き合いに出して題辞にも用いている。伝令は戦争の勝利を伝えるためにアテナイまで走るのだが、彼は到着する一時間前に死んでいた。彼は死んでもなお走っており、死にながら勝利を告げたのだった。自己に回帰することなく、死んだまま走り、言葉を発し続ける亡霊を一度きりで救済し終えることはできない。他者への近さと遠さを指し示す挨拶の言葉salutをデリダが差し宛てたのは、すでに死んだ状態であるにもかかわらず、未来から回帰してくる亡霊的存在としてのサルトルだったのである。

註

（1）« Desceller » [1983], *Points de suspention*, Galilée, p. 130.
（2）*Sur parole*, Seuil, 2005, p. 16.『言葉にのって』林好雄他訳、二〇〇一年、ちくま学芸文庫、一二二頁。
（3）「自伝的な〝言葉〟――pourquoi pas（why not）Sartre」港道隆訳、『現代思想』一九八七年七月号、七五頁。
（4）デリダは晩年の講演「アブラハム、他者」（« Abraham, l'autre », *Le dernier des Juifs*, Galilée, 2014.『最後のユダヤ人』渡名喜庸哲訳、未來社、二〇一六年）において、『ユダヤ人問題についての考察』が孕む本質的な困難さについて証言をしている。サルトルがもっぱら三人称でユダヤ人を論じ、フランス系ユダヤ人しか対象としていないという制約を指摘しつつ、デリダはユダヤ的なものをめぐる三つの区別――Juif/juif（ユダヤ人／ユダヤ的）、authentique/inauthentique（本来的／非本来的）、judéité/judaïsme（ユダヤ性／ジュダイスム）によって複雑な争点を浮かび上がらせる。これらの区別の狭間で試練に曝される「ユダヤ人であること」とは、範例性一般への信を揺るがすような超－範例的な経験とされる。
（5）「自伝的な〝言葉〟」、六四頁。デリダは一九八三年のインタヴューで、サルトルの作品ではなくこの人物とフランス文化の関係、そして、サルトルと大学の関係に関心があると語っている（« Desceller », *op. cit.*, p. 131）。サルトルはアカデミズムとは一線を画し、むしろこれに抵抗してきたが、そうした思想家の作品がいかにして大学の研究教育の対象となったのかにデリダは関心を寄せる。伝統的な大学の門外漢であり続けた自分の立場をサルトルの事例に重ね合わせているかのようである。
（6）*Sur parole*, *op. cit.*, p. 82.『言葉にのって』、一二〇頁。

（7）*Ibid.*, p. 83. 同前、一二二頁。

（8）「自伝的な〝言葉〟」、六〇頁。

（9）同前、六〇―六一頁。

（10）*L'origine de la géométrie d'Edmund Husserl*, P.U.F., 2010 [1962], p. 135.「『幾何学の起源』序説」、『幾何学の起源』田島節夫ほか訳、青土社、一九七六年、二二三―二二四頁。

（11）*Marges : de la philosophie*, Minuit, 1972, p. 136.『哲学の余白』上巻、高橋允昭・藤本一勇訳、法政大学出版局、二〇〇七年、二〇六頁。

（12）*Ibid.*, p. 137. 同前、二〇七頁。

（13）マルティン・ハイデッガー『「ヒューマニズム」について』渡邊二郎訳、ちくま学芸文庫、一九九七年、四〇頁。

（14）「自伝的な〝言葉〟」、六一頁。

（15）*Marges, op. cit.*, pp. 136-137.『哲学の余白』上巻、二九五―二九六頁。

（16）「自伝的な〝言葉〟」、七〇頁。

（17）エドワード・サイード『知識人とは何か』大橋洋一訳、平凡社ライブラリー、一九九八年、四〇頁。

（18）Jean-Paul Sartre, « Écrire pour son époque », *Les Temps Modernes*, n° 33, juin 1948, p. 2118.

（19）*Ibid.*, p. 2119.

（20）*L'université sans condition*, Galilée, 2001, pp. 35-36.『条件なき大学』西山雄二訳、月曜社、二〇〇八年、三二頁。

（21）高橋允昭「デリダと実存主義」〔一九七七年〕、『デリダの思想圏』世界書院、一九八九年、一五五―一五六頁。

（22）Edward Baring, *The Young Derrida and French Philosophy, 1945-1968*, Cambridge U.P., 2014.

（23）*Ibid.*, p. 52.

（24）*Ibid.*, p. 75.

（25）*Ibid.*, p. 61.

（26）ベアリングは、アルジェリアにおけるユダヤ的自己形成という若きデリダ像を変更し、戦後フランスにおけるキリスト教思想の影響を強調する。一九五四年の修士論文『フッサール哲学における発生の問題』ではキルケゴール的実存主義がフッサールにおける発生の概念分析に盛り込まれており、「『幾何学の起源』序説」における神の参照に至るまでその暗黙裏の影響がみられるという。ベアリングはデリダ・アーカイヴでしか閲覧できない膨大な未刊行資料によってデリダ像を再構成しているため、その試みの成否を検討することは困難である。ただ、フッサール研究を開始した後のデリダにまでキリスト教思想の余波を読み込むのは無理があるという指摘もすでに出ている。Samir Haddad, "Review: Edward Baring, The Young Derrida and French Philosophy", *Notre Dame Philosophical Reviews*, 2012 (https://ndpr.nd.edu/news/32600-the-young-derrida-and-french-philosophy/).

（27）Steve Martinot, *Forms in the Abyss: A Philosophical Bridge between Sartre and Derrida*, Temple University Press, 2006, p. 4.

（28）Daniel Giovannangeli, *Le retard de la conscience: Husserl, Sartre, Derrida*, Ousia, 2001, chapitre V.

（29）*Spectres de Marx*, Galilée, 1993, p. 216.『マルクスの亡霊たち』増田一夫訳、藤原書店、二〇〇七年、三九八頁。Cf. ED 242-243／三二五—三二七頁。

文学と哲学の分有――デリダとサルトルの文学論

澤田 直

はじめに

デリダとサルトルが分有する領域は、現象学、自伝、政治的なものなど多岐にわたるが、本稿では二人の哲学者にとっての文学の位置を中心に考察してみたい。作家でもあるサルトルにおいて文学が若き日から中心的な関心事であったことは言を俟たない。一方のデリダもまた若い頃から文学に強い関心を持っていたことは本人の証言から窺える。

「私のもっとも持続的な関心は、こう言うことができるとすれば哲学的な関心以前においてさえ、私の関心は、文学へと、いわゆる文学的なエクリチュールへと向かっていた」(1)とデリダは国家博士号授与の審査の際に述べている。じっさい、目もくらむほど膨大なデリダのコーパスのうちで、文学に関わるテクストが占める場所はけっして小さなものではない。いやむしろ、文学を巡る考察は、生涯にわたってデリダの思想的営為の屋台骨となっていると言っても過言ではなかろう。だとすれば、この二人の思想家にとって哲学と文学との関係がどのようなものであったかを問うことは、倫理、政治、民主主義、マルクス、精神分析などの主題をめぐって問うことに優

ると も劣らず重要な問いかけである。

啓蒙の世紀の思想家や、ドイツロマン派、キルケゴールやニーチェといった例外を除けば、プラトンを思い起こすまでもなく、哲学と文学は長らく相容れぬものとされてきた。哲学者が文学について語ることの意味は何か？　そこにはもちろん、自伝的なものという問題構成も複雑に絡んでいる。だが、本論では、評論を中心に考察してみたい。二人の哲学者は数多くの文学評論――あれらを文学評論と呼びうるとしてだが――を残したが、そのうちの少なからぬ対象が重なりあっている。デリダが論じたのが、サルトルが取り上げた作家たちと重なっていることは偶然ではあり得ない。ボードレール、フローベール、マラルメ、カフカ、ブランショ、バタイユ、ポンジュ、ジュネといった両者によって論じられた詩人や作家が提起する問題を糸口に、両哲学者のアプローチを追いながら、文学と哲学の分有について論じることはなされるべき研究課題であろう。

これらの作家や詩人に共通するものは何だろうか。それは端的に言えば、彼らがひとしく文学の危機の時代の作家であり、危機を通して、新たな文学とは何かを問うた作家であることだ。じっさい、上記の作家について論じたのは、サルトルとデリダにとどまらない。バタイユ、フーコー、ブルデュー、ドゥルーズといった二十世紀の主要な思想家、さらにはランシエールなどがこぞって、これらの作家を取り上げていることからも明らかなように、哲学者の関心を惹くある種の文学が確かに存在するのだ。

だが、いたずらにフィールドを広げるのは控え、サルトルとデリダそれぞれのコーパスを確認する作業から始めることにしよう。サルトルは、一九四七年刊行の『シチュアシオンI』に収められることになる文学評論を三八年から四四年にかけて発表している。そこで扱われたのは、フォークナー、ドス・パソス、ニザン、モーリヤック、ナボコフ、ジロドゥー、カミュ、ブランショ、バタイユ、ポンジュ、ルナールといったフランスとアメリカの作家たちだった。『嘔吐』によって作家デビューしたサルトルを批評家としても世に売りだそうというガリマール社の方針が働いていたこともあるが、サルトル自身が評論という形式に水を得た魚のように、ごく自然に入り込んだことも確かである。一方、戦後の評論には、どちらかといえば知名度を背景に若手作家などを援護射撃するような「前書き」の類が増えるが、それでも、多くの場合、サルトルの批評活動には単なる「頼まれ仕事」を超えた熱意が感じられる。四七年には雑誌『レ・テン・モデルヌ』誌上で、文壇を超えて大きなインパクトを与えた『文学とは何か』が発表されたが、これはアンガージュマン文学の宣言である以上に、シュルレアリスムを含めた従来の文学の総括であり、新たな地平の展望を切り拓こうとする野心的な試みであった。同年には、ネグリチュードを論じた「黒いオルフェ」の執筆、カフカに関する講演などが行われただけでなく、『ボードレール』も刊行されている。その後、サルトルは政治の季節とも呼ぶべき時期に入り、文学は後景に退く観があるが、それでも一九五二年に発表された『聖ジュネ』は六〇〇頁におよぶ大著である。それと平行して、サルトルは大部のマラルメ論も準備しており、執筆も五〇〇ページほど進められていたが、自宅がプラスチック爆弾によって破壊された際に焼失してしまった。晩年に「オブリック」誌に掲載された後、一九八六年に単行本となった『マラルメ論』はその一部である。そして、最後の仕事になったのが、失明のため未完に終わったとは言え、一九七一年、七二年に三巻までが上梓された二六〇〇ページを超えるフローベール論『家の馬鹿息子』である。このように概観しただけで、サルトルにおける評論、評伝の重要性は明らかであろう。

一方のデリダもまた、文学に関する論考をコンスタントに発表している。出世作とも言える『エクリチュールと差異』には、アルトー論とジャベス論が含まれるし、六〇年代から七〇年代初め、テル・ケル派に接近した時期に発表され、後に『散種』に収められることになるマラルメ論「二重の会」、ヘーゲルとジュネを同時に対象とした一九七四年の『弔鐘』があり、八〇年のフローベール論があり、さらには複数のツェラン論やブランショ論があることはよく知られるとおりである。

とはいえ、デリダもサルトルも通常の意味における文芸評論家ではないし、両者のアプローチはそもそも、いわゆる文学評論と呼ばれるものとは似て非なるものである。じっさい、サルトルのジュネ論にせよフローベール論にせよ、そこで問題となっているのは、作家ジュネ、作家フローベールである以上に、歴史的社会的状況のうちにある作家・人間であり、文学であると同時に倫理でもある。一方のデリダに関しても、『シボレート』を見ても顕著なように、そこで問われているのは、通常の意味での作品論でもなければ、作家論でもない。むしろ文学という制度のうちで、個々の作家が紡ぎ出すテクストがどのような特異性を放つのかが、独自なスタイルでアプローチされるのである。再度確認しておけば、彼らは、作家や文芸評論家として論じているのではなく、あくまでも哲学者として文学について語っている。そのことの意味を問う必要がある。もちろん、デリダと文学を問題にするためには、制度としての文学を超えて、エクリチュール[2]、ディスクールを視野に入れなければならないが、ここでは、より慎ましい試みで満足しなければならない。

というわけで、本稿では二人のポンジュ論を取り上げることにしたい。その理由はいくつかある。第一には、比較的手頃な長さであるということ、より正確に言えば、二人のテクストの長さが近いということである。第二には、文学と哲学の関係そのものに触れるようなテクストであること、もう少し踏み込んで言えば、そこに現象学という問題系が横切っているだけでなく、世界について語る哲学が問題となっていること。そして、最後に、作品そのものの分析を中心に論が展開され、マラルメの影なども見てとれることである。

1　二つのポンジュ論

サルトルは「人と物」と題するポンジュ論を二回に分けて一九四四年「ポエジー」誌に発表した[3]。フランシス・ポンジュが詩人としてデビューしたのは、第一次大戦後まもない一九二三年。『NRF』誌に「三つの諷刺詩」が掲載されたが、これを機に知り合ったジャン・ポーランの助力もあって、全三二篇からなる『物の味方』

がガリマール社から上梓されたのはさらにくだって一九四二年である。この時点で、ポンジュは一部でこそ評価の高かったものの、高名な詩人ではなかったし、評価が定まっていたわけでもなかった。サルトルの論考の内容を図式的に要約すれば、ほぼ次のようになる。

詩人ポンジュの出発点にあるのは、第一次大戦世代に共通して見られる「言葉への不信」、「言葉への絶望」である。言語の危機状況に直面したポンジュは、シュルレアリスムに参加し、シュルレアリスム的な破壊に向かう(4)。だが、ポンジュがシュルレアリストと異なるのは、彼が、言語に対する新たな信頼を構築することへと向かう点だとサルトルは言う。それはまずは、言葉の垢取り(décrassage)という様相を呈する。このような作業のうちに、彼は、verbe(言葉/言霊)の不完全性を垣間見ることになる。その意味で、ポンジュが比べられるべきは、ヴァレリーやレリスではなく、ランボーである、とサルトルは述べる。「語の意味の密かな化学作用によって、人間の創作物が歪められ、反り返り、人間の手から逃れ去ろうとするまさにその瞬間に語を捉えなければならない。一言で言えば、語が物になろうとする瞬間を捉えることが重要なのだ」(Sit. I 232/二二七)。

つまり、ポンジュの特徴は「物としての言葉」にある。その詩的試みにはシュルレアリスムをはるかに超える射程がある、とサルトルは指摘する。ポンジュにおいては人間的な意味が退き、人が物化し、人間的な意味が剝ぎ取られる、つまり、そこに人の観点に取って代わって物自身の観点があるからである。言いかえれば、言辞を陳腐な用法から引き離し、私たちの視線を新たな対象に向けさせるのだ。その新たな対象とは、他ならぬ事物である。「物は実在する。それを運命として甘受し、物に荷担すべきである。したがってわれわれは、断固として語り出すべく、あまりにも人間的な性格を持つ言辞を放棄するであろう。物、すなわち非人間的な意味について語り出すために」(Sit. I 234/二二九)

別の観点から言えば、それは言葉から実用的な意味を引き剝がすことである。実用性という態度表明を括弧に入れ、物そのものを純粋に記述すること。かくして、ポンジュは現象学に引きつけられることになる。現象学がのだ。

哲学的に事象そのものにアプローチしたのと同様に、ポンジュは詩的営為によって物そのものへと向かうという

その意味で、ポンジュの詩は、人間が閉め出された世界である。サルトルはポンジュの作品を縦横に引用しながら、物が人間に先立っていることを示す。とはいえ、ポンジュは観察するのでも記述するのでもないし、対象の性質を究明し確定することもしない。なぜなら、「物は彼にとって、カントにおける感覚的な性質を支える極Xのように見えないからだ」(Sit. I 257/二三九)。

その結論はつとに有名である。「詩人ポンジュは「自然の現象学」の基礎を打ち立てた」(Sit. I 270/二五一)。こう断言して、サルトルは論を閉じる。いかにもサルトルらしい極めて明解な論の仕立てである。ところで、このポンジュ論には、他のサルトルの論考と比べて、いくつかの際だった特徴が見られる。

まず、気づくことは、作品からの引用がきわめて多いことである。しばしば、サルトルは、テクストを論じるよりも、作者の伝記的事実から出発して、作者の実存の分析を中心にしてしまうという批判がなされる(これは必ずしも事実ではない)が、ここでは人間ポンジュについてはほとんど語られることはない。あくまでもテクストが中心である。当時、刊行されていたポンジュの詩集は『一二の小品』(一九二六)と『物の味方』(一九四二)の二冊に過ぎなかったが、サルトルはカミュ(5)経由で、ポンジュから未刊行の詩篇も入手し、それらを多角的に引用し、論を組み立てている。余談になるが、バタイユ論「新しき神秘家」の辛辣さを見て、ポンジュはサルトルに原稿を渡したのを後悔したそうだ。だが、ポンジュに対しては、いくつかの留保こそあるものの、全体的には称賛と積極的な評価に満ちている。

このサルトルの論考は、いまだ確立していなかったポンジュの詩人としての立場を堅固にすることに貢献したが、その一方で、ある種の固定的な解釈を押しつけたことも否めない。

それに対して、デリダのポンジュ論は一九七五年、ポンジュに捧げられたスリジーでのシンポジウムにおいて発表されたものである（つまり、サルトルとデリダの論考のあいだには三十年のタイムラグがあり、この時点でポンジュはすでに聖別されていた）[6]。詩人自身の参加の上で催されたこのシンポジウムは、八月二日から一二日までの十日間にわたる伝統的な旬日会であり、八月五日の発表者はデリダひとり。午前・午後を通してあの長文のテクストを読んだ[7]。デリダのテクストもまた二部からなっているが、ここでは比較的まとまった論理展開が見られる前半部を中心に見ることにしたい。

デリダはポンジュに呼びかけることから始める。だが、直接二人称的にではなく、三人称で、「フランシス・ポンジュ――ここから私は彼を呼ぶ、彼に挨拶し、そして彼を賞賛するために」（SI 9／三）と。そして、appeler の多義性を中心に、ポンジュを意図的に模倣しながら、「フランシス・ポンジュが今日、私の問題（事物 chose）であるだろう」（SI 15／一二）と述べ、その帰結は何かと問うて、複数の答を出す。

1　ポンジュから署名を盗む。だが、いかにして、一つの署名は盗まれるままになるのか
2　事物の法の試練に我々が曝らされるということ
3　自分がリスクを冒して行うことが、ひとつの出来事となるのでなければならない

デリダは、署名の問題から出発して、法へと移り、そこから、さらに le propre（清潔さ、固有なもの）へと横滑りしていく。

> 彼は誰よりもよく固有なもの、固有な仕方で書くということ、そして固有な仕方で署名するということに関して思索した〔に対して投機した〕ということになるだろう。その際、彼は固有なもののなかで、清潔さと固

有性という二つの茎をもはや分け隔てることはない。(SI 28/三四)

propreté(清潔さ)とpropriété(固有性)のあいだにある違いは、〈i〉という小さなverge(茎)のあるなしでしかない、とデリダはコメントする。そして、この二重にpropreなものが、なぜ署名となって生じるのかと自問しつつ、デリダは、署名の三つの様態を区別する。

1 固有な意味で署名と呼ばれているものは、ある言語のなかで分節され、それとして固有名を表象する。

2 署名とは、署名者が彼の創り出すもののなかに図らずも残すような、それとともに打算的に企てる固有語法的な刻印である。

3 入れ子構造がなす襞を一般的署名、署名の署名と呼ぶことができるが、エクリチュールの入れ子構造により、そこには他者こそが、他者としての事物こそが署名することになる。

それゆえ、署名は残ると同時に消え去らねばならない。それは消え去るために残り、あるいはまた残るために消え去るのでなければならないとデリダは断言する。このようなダブルバインド、つまり署名の二重性が問題になる。「署名は欠けている、だからこそ署名がなければならない」(SI 48/六五)というのである。

その後、デリダは、ポンジュの名前をスポンジへと変換し、それを変奏し、消し去り、吸収するスポンジ効果を見てとる。さらに、それが、詩人のファーストネームであるフランシスから、フランス語、フランス化と結びつけられ、前半をほとんど呪文のような宣言によって終了する。

このようにデリダのポンジュ論は要約するのがきわめて困難だが、頻出する署名と固有(性)を中心に、ポンジュの主要な問題系が分析される、というより、展開され変奏されるのである。

2　共通点と差異

このように対照してみると、サルトルとデリダのテクストにはほとんど接点がないという印象をもつ。デリダは、サルトルのポンジュ論を熟知していながら、それにはまったく触れない（もちろん、名前を挙げない当てこすりは散見される）。まずは、すぐに目に付く共通点から確認しておこう。まずは、アタックという表現である。デリダは言う。

私はこのようなアタック〔攻撃／急襲／出だし〕をあえておこなう。〔略〕今日の私の賭け、それは、アタックのこの人を捉える力はひっかき傷〔griffe 署名印〕、言いかえれば、なんらかの署名の場面なしには決して立ち行かないということである。（SI 10-11／五―七）

サルトルもまたアタックについて語る。

この強烈なアタック〔出だし〕のあとで第三の文は一息つき、同じ命令を多少形を変えて提示することができる。（Sit. I 251／二三四）

扱われる詩はどうだろうか。彼らは同じ詩句を引用する。たとえば、「ミモザ」がそうであり、「なぜ書くのか」、「牡蠣」、「小石序説」、「幸福に生きる理由」などが重なっている。なかでも、「洗濯器（Lessiveuse）」に関しては、両者ともかなりの紙幅をとって分析をおこなっている。洗濯器という奇妙な装置をめぐるポンジュの詩そのものも興味深いし、それをめぐる両者の分析も詳細に比較したいところだが、その紙幅はない。二人の発表の内容のほうに集中しよう。

すぐに気づくことは、名づけること（nommer, appeler）への両者の注目だ。もちろん、これはポンジュ自身のうちにすでに見られるものである。すでに指摘したように、デリダは、冒頭からポンジュを「呼び／名づけること」から始める。(8) デリダは『グラマトロジーについて』において、名づけることの暴力性について述べていたが、ここでもその姿勢に変化はない。名づけこそが、原初的な書き込みであるというデリダの立場からすれば、このアタック（出だし）は当然であろう。

サルトルの論文もまた冒頭から、「ポンジュの本来の関心は命名ということにある」（Sit. I 226／二一三）と述べ、詩人にとって語ることが名指すことであるということを出発点とする。名指すことは、きわめて人間的な行為だとサルトルは考える。というより、これが神からアダムに与えられた権限であることを思い出せば、神的な行為の模倣というべきか。いずれにせよ、人が何を名指すのかといえば、世界の諸事象を名指すのであるが、ポンジュが何よりも事物を名指す点にサルトルは着目する。それゆえ、当然のことながらchose（物）がキーワードとなる。すでに見たように、サルトルは、ポンジュの詩的営為を有用性からの乖離と見なしている。ポンジュは道具として用いるために、事物を名づけるのではない。人間が事物と切り結ぶ関係こそがポンジュにとっての関心事だからである。サルトルによれば、その際、ポンジュは事物の立場を取り、それによって、事物を非人間化するという。

だとすれば、「物の本性」とは何かということが、ここでは問われていることになるのだろうか。じっさい、ポンジュは「小石序説」で、ルクレティウスの著作名を挙げながら「私は一種の『物の本性について *De natura rerum*』を書きたいのだ。現代の他の詩人たちとの相違は明瞭である。私が作りたいのは、幾篇かの詩ではなく、たったひとつの宇宙発生論なのだ」（Sit. I 239／二二三）と述べている。サルトルは、この一文を引きながら、しかし、ポンジュの試みは宇宙発生論にまではいたっておらず、むしろ、「後日これらを結合して、もっと複雑な存在物を創り出し得るような基本的存在を指定すること。いわば、一種の普遍記号学」(Sit. I 239/二二四)の試みだと言う。サルトルがポンジュの石に共感を示していることは興味深い。『嘔吐』におけるロカンタンの石に対する関心を思い起こさせるからである(ここで「石には世界がない」と言ったハイデガーを参照したい気もちに駆られるが、今は余裕がない)。「人間は不在である。客体〔対象〕が主体に先行し、主体を押しつぶす。小石の統一性は小石からやってくる」(Sit. I 261/二四二)とサルトルは言う。

一方、デリダのほうは、このDe natura rerum(物の本性)をまずは、lex natura rerum(事物の法)へと接続したあと、さらにそれをsignatura rerum(物の署名)へと変換することで、ポンジュにとって重要なのは、「物の本性」ではなくむしろ法であり、署名であると転調する。

> ここで、問題なのは、ポンジュがしばしば語る事物ノ本性(natura rerum)ではなく、事物の法である。事物の秩序を統制する法、科学とか哲学がよく知っているあの法ではなく、口述筆記にいよって書き取られたdictée法である。私は、事物があたかも一人称で、妥協のない厳格さでもって、容赦のない掟のように口述し書き取らせる法について語っている。(SI 16/一四)

すなわち、デリダによれば、ポンジュは世界の本質を問うような、これこれの事物とは何かという問いを立てるのではない。事物そのものに迫るというよりは、事物のほうが我々に迫ってくるのであり、呼びかけるのであり、口述する。事物の声を書き取ることなのだ。

そうだとすれば、この二つのテクストの間にある違いは、「事物」(chose)・「原因」(cause)をめぐる二つの見解の対決であり、言い換えれば、現象学をめぐるものの対決である。じっさい、サルトルはポンジュの態度を、フッサールを引き合いに出しつつ、「事象そのものへ」であると述べた。「かくしてポンジュは、それと知らずに全〈現象学〉の起源にある公理、《物そのものへ》を実行する。彼の方法は愛であろう。この愛には欲望も狂熱も情念もない。だが、それは全的承認である、全的な敬意である。」（Sit. I 242／二二六）サルトルはわざわざ注に、An die Sache selbst と記している。

これに対してデリダは、ポンジュの擬人化をめぐって、現象学だとか、物への回帰だとか、人間的な意味の投影だというのは、問題の本質を完全に踏み外したものであり、ポンジュにとって、物とは書いたり、記述したり、認識したりするものではなく、したがって、客観的ないしは主観的に語るべき法に適応した何ものかではないと断じる。なぜなら「事物とは他者であり、法を口述して書き取らせる、あるいは書き記すまったき他者」（SI 19／一七）だからである。その法は、無言のまま、われわれに不可能を命じるものであり、譲歩がなく、妥協もない、非情なものだとされる。このように事物は、我々に命じるものであり、われわれは事物に対して無限の負債があるゆえに、デリダは、「事物は客体＝目的＝対象 objet ではないし、そうなることもありえない」（SI 19／一九）と断言する。

むろん、だからといって、事物が主体＝主題 sujet というわけではない。事物の命じる「汝すべし」は、主体の命令でもないからである。ここにはデリダの初期から一貫した態度を見てとれるだろう。じっさい、その処女作『声と現象』の最後でデリダは述べていた。「現象学——それはつねに知覚の現象学である——がわれわれに信じさせようとしたことに反して、われわれの欲望が信じずにはいられなくなっていることに反して、事象そのものは、つねに逃げ去るのである」(9)。

名づけること、名づけられること、そして名の下に、署名すること。

このように見てくると、現象学をめぐる二人の対決は、哲学全般との関係と見なすこともできるだろう。ポンジュが、ヘーゲルに代表される哲学者に対して示す留保をデリダは敷衍しつつ、それは哲学が清潔でないからだと説明する。こうして、物ないしは世界を説明しようとする哲学に対して、説明を拒否する文学が対比される。

芸術が世界の模倣であるというのは、言い尽くされた議論だが、哲学のように現実を解釈し、説明するのではなく、ここでは、いまひとつの現実として我々に迫ってくる文学作品が問題なのである。

先にも述べたように両者ともに「ミモザ」を引用するが、デリダはそれをミメシスに結びつける。デリダは「二重の会」のマラルメ論においても、ミメシス、ミミックの問題をきわめて精緻に扱っていたが、ミメシスに関する議論は、ここでも、当然のこととして、プラトンを、そしてイデアの問題を参照項とする。一方、言語が指示しているのが物なのか、それとも物の観念なのかという問いはサルトルが発するものでもある。かくして、両者の関心は事物そのものではなく、言葉ですらなく、むしろ観念であることが明らかに見えてくる。サルトルは、「物に名を与えるという行為そのものによって、観念が物となり、客観的精神の領域に登場することを意味する」（Sit. I 244／二二八）と言う。これこそが、サルトルの考えるポンジュの世界だ。

「物の存在の把握において、これ以上先へ進んだ者は、かつてなかったように思われる。ここでは唯物論も観念論ももはや季節はずれだ。われわれは諸々の理論をはるかしりえに、今や物自体の核心にいる。そしてわれわれの目には物が突然思想のごとく、己の対象がごってり詰め込まれた思想のごとくに思われるのだ」（Sit. I 2412／二二五）とサルトルは評価するのである。

このくだりは、デリダのあるくだりを思い起こさせる。それは『シニェポンジュ』ではなく、「フローベールのあるひとつの観念[10]」である。めずらしく、サルトルに明示的に言及したこのテクストをデリダはフローベールの書簡の引用から始める。

「〈物質〉と〈精神〉というあの二つの実詞が何を言わんとしているのか、私にはわかりません。ひとが一方を他方よりもよく知って言うということもありません。おそらく、それらは私たちの知性の抽象物にすぎないでしょう。要するに、私は〈唯物論〉も〈唯心論〉も、どちらも等しく不適当だと思うのです」。（PSY 305

／四四六）

デリダは、ここでフローベールにおける観念（idée）を問題にして、論を展開するのだが、その文脈でサルトルを引用する。

サルトルはまさにフローベールについて語りながら、「第一級の愚かさ、それは物質となった〈観念《イデア》〉であり、〈観念《イデア》〉の猿真似をする物質である」と言っている。このサルトルの言葉をさらに研ぎすます必要がある。この〈物質となること〉は待ったなしであり、それは観念性を待ち伏せし、観念の形式そのものをその第一審級において、その最初の瞬間において襲うということを示す必要があるだろう。そこから愚かさへのあの引力が、最も明晰な精神のあの愚かさが出てくるのである。また唯物論と唯心論とが対立するにいたるとき、どちらもが等しく不適当であるということも、ここから出てくる。（PSY 307／四四九）

じっさい、サルトルが長大なフローベール論の冒頭で問題にするのはまたも命名であり、さらには言葉と物の関係なのだった。『家の馬鹿息子』は「ひとつの問題」と題された章から始められるが、そこで取り上げられるのが、ギュスターヴ少年が最初に出会った挫折、つまり読み書きの習得に際する困難である。言葉と物の混同、言語というものに対する違和感といったテーマは、ジュネ論でも自伝『言葉』でも執拗に繰り返されたものであり、サルトル自身の問題なのだと言えるが、じつはより広く哲学と文学に共通しながら、それゆえにこそサルトルとデリダの文学観（哲学観）の分水嶺となるものなのではなかろうか。

デリダにとって観念（idée）は何を意味するのか。デリダの全仕事に通底するこの問いに簡単に答えることはできないが、デリダの博士論文の最初のタイトルが「文学的対象の理念性」（L'idéalité de l'objet littéraire）だったことを想起しよう。文学的エクリチュールがどのような条件で理念的対象になりうるかを解明したいというのが自らの思索の出発点だったとデリダは証言している。彼が後に音声中心主義ないしはロゴス中心主義の思想に到達するのは、このような問いからだった。

3 文学と立場表明――アンガージュマンの問題

ここまで素描してきたサルトルとデリダのポンジュ論の比較から読み取れることは何だろうか。それは一言で言ってしまうと、parti-prisの違いだと言える。サルトルの評論のスタイルは、良くも悪くも、ひとつの観点から対象とする作品や作家を明確に切り取り、ある角度からアタックすることによって、対象をくっきりと浮き上がらせる。別の角度からのアプローチがありうるということを忘れさせてしまうほど、サルトルはそれを巧妙にやってのける。サルトルの批評には、あらゆる意味でparti-pris（先入観、断固たる決意）がある。[11] 一方、デリダは周到にこのようなparti-prisを周到に避ける。むしろ、作品や作者自身の立場に立つというparti-prisを行うことで多元性をどこまでも保つのだ。それはミメシスにまでいたるのだが、それでも語っているのがデリダであることは明らかであり、そこにはデリダの爪痕＝署名（griffe, marque）が明瞭に読み取れる。じっさい、デリダはサルトル的なparti-prisをずらし、崩し、別のparti-prisに至る。

デリダは、サルトルが創刊した『レ・テン・モデルヌ』誌の創刊五〇年を記念する特集号（一九九六）に、クロード・ランズマンの慫慂を受け、サルトルへのオマージュを寄せている。それが、「「彼は走っていた、死んでもなお」やあ、やあ」と題する論考である。長年の沈黙を破って、サルトルについてかなりはっきりと語っており、留保に満ちているとはいえ、本質を言い当てたきわめて良質のサルトル論となっている。このテクストにおいて、デリダが、サルトルから自らを分かつもっとも重大な分水嶺ないし境界線として語っているもの、デリダがサルトルに対して留保をつけるもの、それがまさに文学に対する態度に他ならない。サルトルの「アンガージュマン」への根本的な共感にもかかわらず、サルトル的文学観、アンガージュマン文学という文学観こそが、問題視されるのだ。『嘔吐』以外のほぼすべての文学作品が問題だ。とくにサルトルにとっての文学と言語の経験が問題なのだ。彼の学校モデルとレトリック」(PM 204/下・七八)とデリダは述べる。

このテクストでデリダは、サルトルの『文学とは何か』、そしてそこから漏れたテクストである「自らの時代のために書く」という論考を取り上げ、長々と引用し、詳細に批判的な注釈を施す。すでに、「二重の会」の冒頭で、デリダは暗示的な仕方で(サルトルの名前を出すことなく)『文学とは何か』に対して疑義を呈していた。[12]「文学とは何か」という問いにおいて、「何か?」という問いかけ、そしてある種の「権威」が想定されていることが指摘され、むしろ、文学と真理とのあいだを探る必要、文学と、「何か?」という問いに答えるべきものとの間にこそ求めねばならないとされている。言いかえれば、デリダのサルトル批判は、文学の本質を想定させるような「何か?」という問いかけであり、それに答えようとする態度である。さらに、アンガージュマン文学という、文学によって、文学において、何かを到来させ、何かを起こそうという発想だとまとめることができよう。文学のアンガージュマンというものがたとえあるとしても、それはサルトル的な意味でのアンガージュマンではない、というのがデリダのスタンスだ。

だからこそ、『シニェポンジュ』でもアンガージュマンが正面切って(ということはデリダの場合は、斜めからでもあるのだが)扱われるのではなかろうか。じっさい、ポンジュの詩「カーネーション」をデリダは引用する。

言語に対する事物の挑戦を受けようではないか〔……〕ポエジーはそこにあるのだろうか。〔……〕私にとってそれは欲求であり、アンガージュマンであり、怒りであり、自己愛に関わる事柄であって他に言うことはない。（SI 41／五三）

アンガージュマンをイタリックで強調するのは、ポンジュの原詩ではなく、デリダである。彼はすでに、その数ページ前にも何度かアンガージュマンという言葉を忍びこませていた。「二重の会」における「文学とは何か？」が引用である以上に、この「アンガージュマン」は引用であろう。じっさい、サルトルを参照することなしにこの語を文学と哲学の文脈で語ることは難しいだろう。デリダは、ポンジュの態度を「自身の名の虜となって、彼は作家－主体としての－ある言語－の内への自己のアンガージュマンが作品となって作動していることを考慮に入れたのである」（SI 27／三一）と述べていたのだった。かくして、サルトルのアンガージュマンの内容を批判しながらも、デリダがサルトルのアンガージュマンを継承したこと、また責任の問題に対する別様な答を模索したことは、先に引いたサルトル論からも見てとれる。

「アンガージュマン」という語を絶対に使い続ける必要があること。この語はいまなお新しい美しい語で、抵当、賭け、言語、「状況《シチュアシオン》」、無限の責任、他のすべての装置に対する批判の自由などの意味を含んでいます。（PM 200／下・七一―七二）

ここでもサルトルの鍵語である「状況《シチュアシオン》」がわざわざ括られている。だとすれば、文学やアンガージュマンという語のサルトル的な意味を批判しながら、それを受け取り、その身振りに（その内容にではなく）同意すること。そこにこそデリダのサルトルに対する態度があると言ってよかろう。さらに言えば、サルトルを批判しながらも、デリダはサルトルのスタンスをきわめて的確に理解しているように思われる。たとえば、ポンジュ論をめぐってジェラール・フラースと行われた対話では、デリダは『嘔吐』への親近感を語りながら、サルトルについて次のように述べている。

サルトルは、おそらく自らのエクリチュールをはみ出すようなもの、いわば彼自身が行わないものによって魅了されつづけたのだろう。これはジュネについてもそうだ。サルトルは文学的試みに戦慄を覚える哲学者だ。したがって、彼はここで、詩人として同じようなことを言ってきた誰かと関わっているのであり、それは彼が現象学の時期において言おうとしたこと以上なのだ。しかし、ポンジュもまた哲学に魅了されている。ポンジュは哲学を拒否し、揶揄するが、哲学的言説に霊感を与えたことに満足してもいた。[13]

その一方で、文学についての別の考え方が、そして正義と贈与についての別の考え方が必要だともデリダは、サルトル論で述べている。デリダが、贈与をめぐって精緻な議論を巡らしていることはあらためて指摘するまでもないが、サルトルもまた『倫理学ノート』をはじめいたるところで「贈与」という問題系にこだわり続けたことは想起されるべきであろう。じっさい、『文学とは何か』[14]では、まさに贈与性としての文学がきわめて明瞭な形で語られているのである。[15]

結論にかえて

文学に関するデリダの精緻な考察をサルトルと結びつけながら包括的に見ていく紙幅はもはや残されていない。本稿を閉じるにあたって、デリダの態度を表明ないしは、示唆するようないくつかの引用を、サルトルの引用とならべて示すことで満足しよう。

なぜ贈与を語るときには、一篇の詩から始めなければならないのだろうか。そして、なぜ贈与はつねに、マラルメが言ったように、「詩の贈与」のように思われるのだろうか。[16]
かくして具体的な文学は、与えられた物から身を引き離す力として「否定性」と、未来の秩序の素描としての「投企」との綜合であろう。また、それは「祝祭」であり、そこに反映するあらゆるものを焼く炎の鏡であり、と同時に、鷹揚さ、すなわち自由な発案であり、贈与であろう。（QL 162／一五〇）

エクリチュールの「主体」を、書く者の崇高な〔主権的な〕孤独のようなものとして理解するなら、そのような「主体」は存在しない。[17]
非反省的な次元においては「私」はない。[18]

文学なしには民主主義はないし、民主主義なしには文学もない。[19]
散文の芸術は、散文がそのなかで意味を保つことのできるただ一つの制度、民主主義と結びついている。（QL 71-72／七二）

本稿の冒頭で問うたのは、文学と哲学との分有（partage）という問いかけであった。partageには共有するという意味と、分け合うという意味があるわけだが、サルトルとデリダは、ここまで見てきたように、ポンジュを、さらには文学を分割＝共有partagerする。それは、哲学にとっての文学の意味を問うことでもあるし、より広くエクリチュールの射程を考えるためであるといってもよいだろう。

デリダは、サルトルの論の内容に同意することなく、サルトルに同意する。あるいは、デリダ自身の言葉を用いれば、「同意するとしても、様々な瞬間に反対の言葉を呟きつづける」。（PM 1690／下・一四）その意味でデリダはサルトルという署名に抗して（contre）、自らの作品を署名してきたのではないか（常にとは言わないまでも、少なくとも、しばしば）。サルトルという署名を消し去りながら、そこに副署していったのではないかと思われるのだ。[20]

註

（1）Jacques Derrida, « Ponctuations : le temps de la thèse », *Du droits à la philosophie*, Galilée, 1990, p. 443. デリダ「句読点　博士論文の時間」（宮﨑裕助訳）『哲学への権利2』（みすず書房）所収、一六八頁。デリダは、この件について、日本での公演の際にもサルトルに言及しながら述べている。『他者の言語――デリダの日本講演』（高橋允昭編訳）法政大学出版局、一九八九年、二〇八頁以降。

（2）デリダ自身が述べているように、エクリチュールへの関心は、その最初の仕事、幾何学の起源のうちにすでにあった。

（3）後に以下の書に収録。Jean-Paul Sartre, *Situations, I*, Gallimard, 1947. 本稿での引用は下記の版を用い、以下、Sit. Iと略記し、原書／邦訳の順にページ数を記す。*Critiques littéraires* (*Situations I*), coll. « Folio », 1993.『シチュアシオンI』（伊吹武彦他訳）、人文書院、一九七八年。

（4）この分析の背景にポール・モランの『タルブの花』におけるテロリスムの議論があったことは言うまでもない。

（5）カミュとポンジュの親交に関しては現在では書簡集によって、その具体的な交友を知ることができる。Albert Camus, Francis Ponge, *Correspondance (1941-1957)*, édition établie par Jean-Marie Gleize, Gallimard, 2013.

（6）その他の発表者には、ポンジュ研究者を除き、スタインメッツや哲学者マルディネの名が見られる。七〇年代、ポンジュはソレルスから評価され、二人の間には対談も行われたが、それは奇しくもデリダがテル・ケル派に接近していた時期でもある。

（7）Jacques Derrida, *Signéponge*, Seuil, 1975.『シニエポンジュ』（梶田裕訳）法政大学出版局、二〇〇八年。以下、SIと略記し、原書／邦訳の順にページ数を記す。

（8）『グラマトロジーについて』において、デリダは言語の暴力性について述べる。「実際、名づけるという最初の暴力があった。名づけること、口に出すことが禁じられることになるかもしれない名前を与えること、そうしたことこそ、呼格でしか表せないものをひとつの差異のうちに組み込み、分類し、宙づりにするという言語活動の根源的な暴力なのだ。唯一的なものを体系のうちで考え、体系に組み込むこと、それこそ原初的書き込みという振る舞いなのだ。つまり、原的暴力という、固有なもの・端的な近さ・自己への現前を失うこと、本当は生じたことがなかったものを失うことである、というのも自己への現前は決して与えられることがなく、ただ夢見られ、つねにすでに分割され反復されており、消失することによってのみ現れうるようなものであるからだ」DG 164-165／二二七頁。

（9）Jacques Derrida, *La voix et le phénomène*, P.U.F., 1967, p. 117.『声と現象――フッサールの現象学における記号の問題入門』（林好雄訳）ちくま学芸文庫、二〇〇五年、二三四頁。

（10）Jacques Derrida, *Psyché Inventions de l'autre*, Galilée, 1987.『プシュケー――他なるものの発明Ⅰ』（藤本一勇訳）岩波書店、二〇一四年。以下、PSYと略記し、原書／邦訳の順にページ数を記す。

（11）サルトルはポンジュ論においてポンジュの詩集のタイトル parti-pris des choses の三重の意味を語っている。「人間に対抗して物に加担すること、（世界を表象に還元する観念論に対抗して）物の実在を甘受すること、物について美的決意を行うこと」（Sit. I 234／二二〇）

（12）Jacques Derrida, « La double séance », in *La dissémination*, Seuil, 1972, p. 203.「二重の会」『散種』（立花史訳）法政大学出版局、二〇一三年、二八一頁。そこで、デリダは「文学とは何か」は引用であると明言している。

（13）Jacques Derrida, *Déplier Ponge, Entretien avec Gérard Farasse*, Presses Universitaires du Septentrion, 2005, p. 38.

（14）*Qu'est-ce que la littérature ?*, Gallimard, 1948; rééd. coll. « Folio Essai », 2000.『文学とは何か』改訳新版（加藤周一・白井健三郎・海老坂武訳）人文書院、一九九八年。以下、QLと略記し、原書／邦訳の順にページ数を記す。

（15）この点については、拙著『〈呼びかけ〉の経験――サルトルのモラル論』人文書院、二〇〇二年を参照されたい。

（16）Jacques Derrida, *Donner le temps*, Galilée, 1991, p. 59.

（17）ED 335／四五六。

（18）Jean-Paul Sartre, *La transcendance de l'Ego, esquisse d'une description phénoménologique*, introduction, notes et appendices par Sylvie Le Bon, Vrin, 1978, p. 32.「自我の超越」（竹内芳郎訳）『自我の超越・情動論素描』所収、人文書院、二〇〇〇年、三五頁。

（19）Jacques Derrida, *Passion*, Galilée, 1993.『パッション』（湯浅博雄訳）未來社、二〇〇一年。
（20）本稿のフランス語のタイトルをDerrida contresigne Sartre とする所以である。

＊本論文は、ＪＳＰＳ研究費１５Ｋ０２３９０（研究代表者、澤田直）の助成を受けたものであることを記し、感謝します。

サルトルとデリダの「視覚」(1)

藤本一勇

本論の趣旨はサルトルとデリダの哲学のもっとも基礎的な部分において「視覚」がどのように作用しているかについて素描することです。とはいえ、彼らの思想で「視覚」がどのように論述されているかを具体的に検討するわけではありません。もちろん、サルトルにとって「まなざし」の問いは決定的であり、主著『存在と無』(一九四三年)における分析はあまりにも有名です。またデリダにも『視線の権利』(一九八五年)という表題の著作がありますし、『声と現象』(一九六七年)のフッサール論におけるAugenblick(瞬間＝瞬き)の議論や『マルクスの亡霊たち』(一九九三年)における「バイザー効果」、あるいは『盲者の記憶』(一九九〇年)など、様々なテーマ系や用語で「視覚」の問題が扱われています。しかし、本発表に与えられた課題と時間では「視覚」それ自体を全面的に扱うことはとうてい不可能ですので、彼らの哲学理論の基本原理において「視覚」モデルがどのように機能しているかについて、簡単な素描をおこなうことにします。

まず結論を先取りして言いましょう。サルトルとデリダの哲学において、視覚主義とは言わないまでも、ある種の視覚の優位、もっと正確に言えば、ある視覚体制が作動しているのではないか。そしてその効果はどのようなものか、これを問題にしたいのです。もっとも、視覚の優位ということは、サルトル／デリダにかぎらず、哲学全体の根本体制と言ってもよいでしょう。周知のように、プラトン、アリストテレスの「イデア（idea）」「エイドス（eidos）」は動詞eidon（「見る」）から派生した「（見られた）姿・形」すなわち「形相」の意味ですし、「理論」の語源であるテオリア（theoria）は素材・質料の個別性を脱してそれらを貫通する共通のもの・普遍的パターンを認識する行為です（この場合には「観照」という訳語が与えられます。theoriaのもとになる動詞theaあるいはtheasthaiは「見る」という意味です）。また哲学の原理中の原理である「直観（intuition）」概念ももともとは「注意深く見る（intueri）」という意味です。[2] ライプニッツはモナドを「窓」や「鏡」の比喩を使って語りますし、デカルトにとっての「光学」の重要さは言うまでもないでしょう。カントにおける「現象／物自体」の区別、ヘーゲルにおける「反省＝反射・反照（Reflexion）」概念、フッサールの「現象学」や「本質直観」、ハイデガーのUmwelt（環境世界・見回し世界）、Lichtung（林間の空地・存在の晴れ間・明るみ）……。挙げていけば切りがありません。哲学は根本的に視覚体制、あるいは視覚の比喩体制（たとえば太陽としての「善のイデア」など）だと言っても過言ではないかもしれません。[3]

なぜこうなのでしょうか。私の考えでは、人間にとって、自己の感覚器官のなかで視覚がもっとも情報量の多い、あるいは少なくとも、もっとも遠くまで（もしくは遠くから）情報を得られる遠隔的器官（テレテクノロジー）であって、それゆえに、視覚が人間の思考、社会、文化のなかで大きなウェイトを占めているからではないでしょうか。遠くの草むらに捕食動物がいて人間を狙っていたとして、動物が草を踏みしめる音を聞くことは難しいでしょうが、草が揺れるのは目視できるでしょう。他の動物と比べて嗅覚や聴覚が、さらには身体能力が劣った人間にとって、視覚が最強のテレコミュニケーションの手段であり、おそらく人間は生存や他者関係において視覚に頼る割合がもっとも高い動物だと思われます。もちろん、正確に言うなら、情報量の多寡が問題なのではないでしょう。むしろ外部から受け取った情報を手際よく、効率よく処理するパターン認識を可能にする、そうした感覚器官が、人間にとっては視覚なのだと言うべきでしょう。そうした身体構造をもった人間が視覚中心の世界観や文化や社会を作り出すとしても不思議はありません。もし嗅覚に優れた動物が哲学したら、嗅覚中心の哲学を作り出したことでしょう。ネーゲルに「コウモリであるとはどういうことか」という有名な問いがありますが、[4]もしコウモリが哲学をするとしたら、聴覚中心の哲学になるでしょう（超音波把捉が「聴覚」と言えればですが）。プラトンの観想的なイデア論も、実は人間の身体構造に深く拘束された思想なのかもしれません。[5]

前置きはこれくらいにして、さてサルトルはどうでしょうか。サルトルの意識論は一見明らかに視覚主義的です。『存在と無』のまなざし論は有名です。第三部の「対他存在」におけるまなざし論はもちろんですが、第一部「無の存在」や第二部「対自存在」のなかでも「まなざし」の問題はすでに頻繁に言及され、むしろ「まなざし」の問題から諸々の主題が論じられています。対自と対他それぞれの内部における「まなざし」の問題以前に（あるいはそれと密接に絡んで）、すでに対自／即自という基本対立自体が視覚主義的だからです。

どういうことでしょうか。単純化して言えば、即自存在は、人間的視覚の尺度においてもっとも典型的な対象である「物体」もしくは「事物」をモデルにしてイメージされています（ハイデガー流に客体存在（Vorhanden-sein）をモデルにしてと言ってもいいでしょう。道具存在（Zuhandensein）でも最終的には同じことですが）。ビールのジョッキでもシガレットケースでも何でもいいですが、即自存在が、電流や微粒子、論理記号や重力場をモデルにして論じられることはありません。確固とした線で囲まれ、面で構成された、輪郭が鮮明な対象objet（面前に投げられたもの）。それ自体以外の何ものでもなく、自己に固着した存在。これは人間の視覚構造にとってもっともよく把握される対象（雑駁に言えば、私たちの日常の、「身辺な」範囲で把握できる「物体」）のあり方（一つのローカルな存在様態）です。[6]即自存在の特徴を列挙すれば以下のようになるでしょう。

「寸分の隙もない自己との密着」（EN 32／I・六四）

「それ自体においてある」（*Ibid.*／同頁）

「即自存在はそれがあるところのものである」（*Ibid.*／I・六五）
「不透明性」（*Ibid.*／I・六六）
「即自は塊的 massif である」（*Ibid.*／同頁）
「無規定的にそれ自体であり、それ自体であることに尽きる」（EN 33／I・六七）
「無差別的な外部性」（EN 221／I・四九八）

宇宙のなかにある存在者はこうした人間の尺度で測りやすい対象ばかりではありません。素粒子の世界はまったく別の対象性をもちますし、巨大重力はまた別の対象性をなしています。赤外線ゴーグルを通して見える世界の対象性もまた別物です。要はどのサイズ（系）の存在者をモデルにするかによって、あるいはどのメディア（身体構造）を通して世界の情報を得るかによって、世界の記述はまったく違ってきます。サルトルの即自／対自を軸とした世界記述（あるいは意識記述）は、その対象性を人間的視覚の尺度（身体構造）にとって（pour）もっとも印象の強い即自存在（「物」）によって規定されています。(7) 意識的な対自（Pour-soi）以前に身体的な対自構造（Pour-le-corps）があるのです。

そしてその即自存在との対称（symmétrie）・対照（contraste）・反照（reflexion）によって対自存在も規定されています。対自存在が多くの場合、即自存在との対比もしくは否定として定義されていることに注意しましょう。

対自の存在は、これ〔即自存在〕に反して、それがあらぬところのものであり、それがあるところのものであらぬものとして定義されるのを、われわれは見るだろう。（EN 33／I・六五）

対自は即自で「ない＝無い」（この文法上の否定形は存在論上の「無」に接続されます）ものなのです。これは対自概念が即自概念をモデル・鏡にして考えられていることを意味します。つまり対自は即自からの反射像なのです。この反射関係はもちろんヘーゲル弁証法のサルトル流の採用に由来しますが、そもそも弁証法自体が一種の（論理的・理性的）視覚体制だと言えるかもしれません。

即自と対自の対概念そのものが反射関係であり、すでにして視覚関係であるわけですが、このことは視覚の構造と無関係ではありません。視覚は対象に触れずに把握する、触れずに触れるという遠隔コミュニケーション作用（少なくともそうした幻想――これをテオリア幻想と言ってもいいでしょう――を生み出す作用）であり、対象をあたかもそのままに、在りのままに、対象がそれ自体として（即自として）あるがままにさせておく（放置しておく、ハイデガー流に言えば、「放下」gelassen しておく）、そうした感覚作用だからです。他の感覚ではこうはいかないでしょう。即自的なものの成立、そのリアリティ、その肯定自体が視覚構造によって生み出されているのです。そして事後的に生み出された即自からの反照として、即自に関与し即自を無化する対自が導き出されます。そしてそのとき、即自のリアリティ＝実在性を産出した視覚の地位に、即自との反射構造の結果＝効果のなかで、対自が滑り込みます。その結果、対自とそれにもとづく対他存在論は「まなざし」論になります。そもそも即自／対自関係を産出した視覚体制が、視覚主体である（と信じられた）対自の基本構造へと横滑りし、受肉するわけです。これはデリダの観点から見て、典型的な代補作用、代補効果と言えるでしょう。

対自の能動性、主体性も視覚によって作られるリアリティ（実感）に土台があります。すなわち、対象から距離をとり、対象を塊（masse）として把握することによって、対象を操作できるという操作実感です。このリアリティ（幻想としてのリアリティ）は、対象から距離をとりつつ、その全体・輪郭・デッサン・見取り図を捉えることを可能にする視覚ならではこそ、与えられるものです。視覚が与える対象操作感覚は遠隔操作性であり、この遠隔操作性が操作主体の能動性、主体性の感覚を生み出します。能動性、主体性の感覚は、対象の操作性の感覚に由来するのではないか。そしてこの操作性のリアリティは、対象が即自的であればこそ、すなわち、はっきりとした輪郭をもち、確固とした実在性をもつ即自存在が相手であればこそ、成り立ちます。視覚は世界の即自化を産出し、それと同時にその操作関係における能動／受動、主体／客体関係を産出するのです。ここにメデューサ神話の意味を読み込むことも可能かもしれません。実際、後の引用で見るように、サルトルはそうしています。この操作のリアリティは、味覚・嗅覚・触覚・聴覚によってもたらされることもまったく不可能ではないとはいえ、人間の五感においては、やはり視覚によって圧倒的に作られるでしょう。対象・客体（objet）に対して距離をとり、遠くから、なるべく他者に接触することなく働きかけることが可能だという幻想のリアリティ。究極的にはアリストテレスが主張した「不動の動者」の自律性の幻想です。截然とした自他識別の特権的感覚が視覚なのです。西洋哲学の伝統的テオリア主義の基盤もここにあるでしょう。

ちなみに、この操作性の問題は、サルトルにとって対他存在の根本構造である「相剋」の問題の根でしょう。それぞれの対自は他の対自を即自として道具的に扱うのであり、この点では主体性は主人性でもありえます。それが軋轢や抗争、最悪の場合、戦争へと至る可能性もあります。それゆえにサルトルは「他人のまなざしによる対自の石化」（EN 470／II・五三〇）について語り、さらに「死は、私が私自身についてそれであるところの観点に対する、他者の観点の勝利である」（EN 585／III・二八一）と言うのです。

他人が出現するやいなや、他人は、この対自に、もろもろの事物のあいだの一事物としての「世界のただなかにおける即自存在」を付与する。他人のまなざしによる対自のこの石化は、メドゥーサの神話の深い意味である。（EN 470／II・五三〇）

死は、私が私自身についてそれであるところの観点に対する、他者の観点の勝利である。（EN 585／二八一）

いずれにせよ、サルトルの思想は視覚の体制もしくは視覚の権力に鋭く立脚していると言えるでしょう。

それではデリダはどうでしょうか。デリダは一見視覚体制を批判しているように見えます。彼は「現前の形而上学」を批判するからです。もちろん「現前」は視覚のみを指すわけではありません。現前はあらゆる五感現象を指しますし、非感性的なもの、英知的なもの、さらには非現前的なものをも（非現前として現前するものをも）指します。しかしprésenceすなわちprae-esseという言葉・概念は、その語源が示しているように、対象（objet）という言葉と同じく、「目の前に存在するもの」という、視覚的なもののニュアンスを強くもつことも否めないでしょう。現前という概念もまた哲学の歴史において視覚を中心に組織されているように思います。ハイデガーは西洋存在論の歴史とその基本構造として現前性をえぐり出し、デリダの「現前の形而上学」批判とその脱構築作業に大きな影響を与えました。しかし、そのハイデガーがDaseinのDaの存在トポロジー[8]やLichtung（林間の空地、存在の晴れ間）といった視覚的比喩を多用することは意味深長です。ところでもう一方でデリダは、現前の形而上学の特権的媒体としての「声」をフッサールやハイデガーの脱構築を通して分析し、「声」に対して「エクリチュール」や「痕跡」や「間隔化（espacement）」といった、どちらかと言えば視覚寄りの要素を重視してきました。もちろん、現前概念が視覚にのみ閉じないのと同様に、デリダのエクリチュール概念や間隔化概念は視覚のみに閉じません。それは経験や生全般にまで拡張されて用いられています。

大雑把な言い方をすれば、デリダが「現前の形而上学」批判においてやろうとしていることは、現前性＝現在性（la présence）を痕跡や差延のシステムへ転換することです。なんらかの現前者＝現在（現在形・現在体le présent）を一種の痕跡、記載物、エクリチュール（écriture）に読み替え、そこに記録システムから零れ落ちるものの叫び（cri）を聞くという戦略です。そのとき痕跡や差延は単純に視覚的なものではありません。それらはそもそも絶えざる運動体であり、視覚的なものに裂け目を入れ、リズムを入れる空隙化としてのespacementです。その運動は決して可視的ではなく、事後的にしか認識できません。デリダのespacementには空間化という意味と同時に、空隙化あるいは間隙化としての時間化という二重の意味があり、むしろその二重の運動の絡み合いがespacementと呼称されています[9]。

しかしそれでもこの裂け目、空隙、隙間、ずれ、遠隔性そのものは、やはり遠隔コミュニケーション装置としての視覚性を要請しているように思います。それはデリダが「現前性は痕跡の痕跡であり、痕跡の消去の痕跡である」[10]と言い、この痕跡の痕跡を「グランメー」・「線」として論じるときに顕著になります。デリダは多様なテーマ、多様な問題圏において、この「線」というモチーフに執着しています。デリダのフランス語ではligneではなくtraitです。さらに正確に言えば、デリダにとって重要なのは、退隠と反復の二重の出来事の意味が込められたre-traitです。「線」は視覚的なものです。線は厳密には物理宇宙のなかに存在しません。ゲシュタルト心理学が言うように、本来、線の存在しない物理刺激の世界を線（単数形のtraitです）と輪郭（複数形のtraitsです）の形ある世界に形成するのは人間の視覚です。もちろん触覚、味覚、嗅覚、聴覚に「線」はあるのか、またいかなる種類の線がありうるのかという問いは興味深いものですが、やはり圧倒的な印象をもって、瞬時に（ということは「体制的に」ということですが）世界を複数の線にまとめあげる、つまり痕跡化するのは視覚ではないでしょうか。視覚論におけるデリダの貢献があるとしたら、それは視覚を多数多様な線の交錯から織り上げられたテクストとみなし、一見平板に見える視覚空間に畝溝を入れて立体化し、ヴォリュームを与えた点にあるでしょう[11]。

しかしそれでもやはり線の集列（セリー）が視覚的であることに変わりはありません。線はデリダにおいては、現在・過去・未来を結び、〈ここ〉と〈あそこ〉とを結び、〈いま〉と〈ここ〉を結び、さらに〈来たるべきもの〉と〈いまここ〉を結ぶ、遠隔テクノロジーです。そして従来人間の身体に与えられたこの遠隔テクノロジーの特権的形態が視覚です。この遠隔テクノロジーとしての視覚は、異なった時間や出来事を、あたかも一つであるかのような印象を与えるフラットな座標空間（画面・スクリーン）に位置づけることを可能にする点で、経験や論理における因果関係（起源と派生物、原因と結果）の源泉です。発生上では時空を異にする出来事も、視覚という遠隔的記録テクノロジー（＝テレビジョン）が作り出すフラットな画面・スクリーン（記憶）のうえで、同一的なものとして同定され、その個性や多様性、また他の個体との関係性を認識されるようになります。視覚は抽象化や同一化や関係性といったネットワークを形成する特権的な、さらにこう言えるなら、「超越論的」な媒体《メディア》です。

　超越論的なメディアとしての視覚と時空における線（グランメー）の問題は、デリダ哲学を理解するうえで決定的に重要なのですが、これを論じると長大なものになるので、ここではできません。[12] いまはサルトルとの関係で興味深いと思われる他者との関係、対他存在との関係の問題に話をしぼります。

　超越論的な水準の他者論（他性論）は置いておくとして、他人や他の動物、他の物体（広く他の身体と言った方がよいでしょうか）との関係における自他関係（つまり倫理関係）に話を限定すれば（認知関係も置いておきます）、デリダにおいて他者は現前の場からの退隠（retrait）、引き退いた線、引き退きの痕跡として「出現」・「出来」します。したがって他者は必然的に亡霊的なものであり、見せ物《スペクタクル》ではないspectresです。このスペクトル効果はもはや単純に視覚的なものではないけれども、やはりなおも（デリダにならってquand mêmeと言いたくなります）視覚的効果です。他者のくぼみ、他者の穴が浮き彫りとなる（彫り込まれた）、そうした目、盲いた目の効果です。この光の彼方の光、光なき光を「見る」力（ある種の「幻視《ヴィジオネール》」の力）は、「対象」（ラカンにならって「対象a」と言いたくなりますが）に対して距離を置きながら他者を捉える、視覚の立体画法（ステレオグラフィー）に由来します。視覚は他者を石化しながらも、その石（墓石）を通して決して現前しない他者を召還する、奥行きをもった立体図（テレビジョンにおける輪郭のぶれたゴースト画像）を描き出します。デリダはこうしたステレオグラフィー（立体画法）、ステレオフォニー（立体音響）を、ステレオトミー（石切法）として、たとえば『プシュケーI』のなかの「私のチャンス」（これは古代唯物論についてのデリダの注目すべき論考です。副題は「いくつかのエピクロス的立体音響《ステレオフォニー》とのランデヴー」となっています）で論じています。stereoとはギリシア語で「立体・固体」を指す単語ですが、デリダはこれを石に結びつけています。サルトル的に言えば、即自存在の代名詞とも言える「石」（フランス語ではpierre）[13]、死の証言であると同時にその馴致装置でもある墓の石（墓碑＝名、要するに墓碑銘）を、デリダは他者の潜在性の立体図としてポリフォニー化するのです。この他者の亡霊の声は、すでに「哲学の余白」のなかに、「差延」のなかに、主人主体である王の墓石（ピラミッド）を暗示するdifféranceのAのなかに書き込まれていました。

différanceのaは聞こえない。それは沈黙のまま、秘密のまま、人目を引かずにとどまる——あたかも墓つまりoikēsisのように。このように言うことでわれわれは先取り的に、固有のものの家族的住居であるとともに墓でもあるあの場所、すなわち死の経済が差延のうちに生起するあの場所を標記しよう。その墓石（pierre）は、ひとがその銘を解読するすべさえ知っていれば、ほとんど君主の死を告げているに等しい[14]。

ここで言う「君主」の境遇は決して権力者のそれにとどまりません。それは固有のもの、本来的なもの一般に共通の境遇であり、弱き立場の他者にも当てはまります[15]。あらゆる存在は死すべき他者であり、この万有普遍の他者性こそ、全宇宙の共有財産です。他者性のシェア、他者性のコミュニズム。墓－石は、それが意味し、送り返すべき対象《オブジェ》（主体＝主題＝被験者《シュジェ》すなわち自己や他者、すなわち指向対象référent、シニフィエ）の不在や死を刻印した〈立体装置《ステレオ》〉であり、この立体共鳴のなかで他者への想いが起動してくるのです。生ける他者を石化するメデューサのまなざしは、石化されたものへの追想あるいは代補へと生成変化します。

もちろん、同じ効果はある程度は視覚以外でも可能でしょう。触覚も味覚も嗅覚も、他者の実在性、他者との交流ということに話をかぎれば、強烈な他者経験を与えてくれます。むしろ衝撃力、タウマゼインとしては視覚より強いこともあるでしょう。しかしそれらの感覚は、持続性が弱く瞬時的であり、他者を尊重しうる適切な距離をとるには接触度が高すぎます。主客が融合する度合いが高く、逆に他者性が消失しかねません。あまりに強烈すぎる他者経験は他者の他者性を消失させます。では聴覚はどうか。デリダの好むモチーフの一つに電話（テレフォン）があります。遠くから届く声、ソクラテスのダイモーンの声のごとく、もはや自己のうちからなのか外からなのかわからない（分けられない）、そのような声。声は遠方の他者の他者性を、ほどほどの距離をもって、確かに伝えてくれる媒体ではあります。けれども聴覚は主体による介入の度合い、さらには操作の度合いが視覚よりも低い。下手をすれば、ハイデガーの「存在の呼び声」のように「聴従」へと連行される恐れなしとはいえません。皮肉にも「放下（Gelassenheit）」のような他者尊重が可能になるのは、デリダ的な立体画法《ステレオグラフィー》＝立体切断術《ステレオトミー》としての視覚効果なのではないでしょうか。ついでに言えば、この意味では、レヴィナスが倫理の源として「顔」にこだわったことは、視覚と他者、倫理関係としての視覚という観点からきわめて重要です。

　サルトルのまなざし論は、他者を自己の対象と化す、他者との永遠の相剋論であるとして、一般には倫理になじみにくいと考えられています。実際にサルトル自身の記述がそうなっていることは否めません。サルトルが最終的に倫理学を完成させられなかったのは、このまなざしの相剋論にその一因があるとも言えるでしょう。しかしデリダが石、墓碑銘、名の問いを他者との倫理的関係に接続していることを考えると、サルトルのまなざしの相剋論からも倫理的ポテンシャルを引き出すことができるでしょう。サルトル自身の手によっても、この相剋のまなざしは、あらがいえない他者の発見として描写されているからです。

> 他者のまなざしによって、私は、世界の一つの「彼方」が存するという、具体的な体験をもつ。他者は、私の超越ではない一つの超越として、なんらの媒介なしに、私に対して現前的である。（EN 309／II・一三六、強調サルトル）

さらにこの他者の発見は、他者の自由（遊動）の発見でもあります。

まなざしの体験において、私は、顕示されない対象存在としての私を体験することによって、他者のとらえがたい主観性を、直接的に、私の存在とともに、体験する。／それと同時に、私は、他者の無限な自由を体験する。（EN 310／II・一三七）

サルトルの自他関係論、さらには倫理において問題なのは、この他者の自由の発見が自己の自由との相剋、相互対象化、相互即自化の抗争状態へと閉塞していくことです。しかし個々の対自が自己の自由を発見するトリガーは何でしょうか。いきなり対自が自分の対自性、自己の（現状）否定による発展、無の分泌を意識することはないでしょう。まずは他者との遭遇、さらには他者のまなざし——接触することなく接触してくるまなざし——との遭遇が、最初のきっかけなのではないでしょうか。自分の思い通りにならない、自分の自由にならない他者が、自由に、遊離しつつ、そこにいると実感すること。この自分の「不自由」と他者の「自由」の割り切れない経験（expérience 試練、貫通、耐え抜き）こそが、自由と対自性の最初の発見ではないでしょうか。[16] この経験からの反照・逆証として、同じく他者から見て他者であるはずの私の他者としての自由が意識されるのです。自己の不自由さは他者の自由さの証言であり、それはかえって他者でもある自己の自由さの教示となります。他者の自由の（心ならずもの）発見が反転・反射して、自己の自由の発見、対自の発見になるのです。[17] 言ってみれば、対自の自由とは他者性の自由であり、自己性は他者性なのです。他者性を分有することによって、自己は自己となり、自由となります。他者性のコミュニズム。始めに他者ありき。もっと正確に言えば、始めに自他の他的関係、折り返し、襞ありきです。これは一種の反照関係ですが、自己あるいは他者が自律的に行う反省・省察ではなく、反照関係がまず先にあり、その事後に、反省する自己もしくは他者が成立するのです。

ピエール〔普通名詞の「石」と同じ固有名詞です〕が私を見つめるとき、私はもちろん彼が私を見つめていることを知っている。〔……〕ピエールのまなざしの意味は存在しない。そのことが、私を困惑させる。どんなに私が微笑しても、約束しても、おどしても――何ものも彼の気持をほぐすことはできない。私がさぐっている彼の自由な判断は、つねに彼方にある、ということに私は気づく。私は、私の諸行為そのもののうちに、彼の自由な判断を感じる。(EN 96/I・二〇六)

「不断の自由」「不断の問い」(*Ibid.*/同頁)としての他者から到来する自由。これを私は私のものにする(私の自由となる)。そしてサルトルの分析は、この他から到来した自由の自己固有化と、我有化された自由同士のまなざしの闘争へと閉じていきます。しかし、まなざしの闘争性が不可避であるとしても、繰り返し思い出し反復すべきは、自由の根源としての他者との遭遇、他者性との遭遇、万人万物の自由な他者性としての共通性・普遍性ではないでしょうか。その来たるべき他者性の絶えざる反復=取り返し=再開=再発明ではないでしょうか。

最後に、視覚の強み・力(権力)とは何でしょうか。それはおそらく実体化する力の強さです。視覚は単に可視的な姿形(たとえば即自存在)を実体化するばかりでなく、その遠隔視(テレビジョン)の力によって、見えるものの彼方に、あるいはもっと正確に言えば、見えるものとまったく同じ身体に、そこに重なる潜勢的な見えないもの(ゴースト)を産出し、実体化するのです。自己の外部を産出し実体化する媒介=メディア。抽象化と彼方を生む力。他なるものの発明。もちろん、本当はこの実体は絶えず変転し回転し革命(re-volution)するものです。痕跡の痕跡として。代補の代補として。他なるものの実体化は危険でもあります。しかしこの実体化のシミュラークルを「可能なかぎり」(「不可能なまでに」――というのも、不可能なまでに徹底化しなければ「可能なかぎり」とは言えないからです）、開けた仕方でopen-endedに回転させ続けること、これはまた万人万物のデモクラシーの旅路でもあるはずです。

この視覚の実体化能力と潜勢力の問題は、私たちを視覚における「ねばねばしたもの（le visqueux）」の問いに導くでしょう。視覚に憑依し、巻き付いてくる視覚の他者あるいは視覚の他者性。視覚自身が分泌する無の感覚とねばねばしたもの。清廉潔白な、純粋なテレコミュニケーションとしての視覚ではなく、ねばりつく視覚、視覚の粘液性の問い。サルトルにおける「ねばねばしたもの」の主題（嘔吐、無を分泌する意識）を視覚から切り離してしまうのではなく、視覚のただなかに、その根源部に見いだすことが、視覚の実体化能力・幻想構築力、視覚の身体性、視覚の他者性をめぐる問いにおいて重要になってくるでしょう。その作業はおそらく、レヴィナスにおける「エロスの現象学」や「愛撫」の問い、そしてデリダにおける「散種」や「婚姻＝処女膜（l'hymen）」の問いと切り結びながら、精神と物質の差延運動を描くはずです。

註

（1）本稿は、二〇一四年一二月六日に立教大学で開催された日本サルトル学会と脱構築研究会の合同ワークショップの発表原稿である。本論集に収録するにあたり、話し言葉を書き言葉に改め、議論に筆を加えるつもりだったが、諸般の事情から、発表原稿に若干の補足説明を（主に脚注のかたちで）加えるにとどめ、発表時のリアリティを重視して話し言葉もそのままにした。特に加えたかった議論はレヴィナスにおける視覚主義の問題であり、この問題は彼の他者論や「顔」の倫理学、「エロスの現象学」（とりわけ「愛撫」論）との関係で重要と考えるので、サルトル、デリダと絡めてレヴィナスについても論じたかったが、執筆時間や紙幅の都合で今回は見送らざるをえなかった。三者の広い意味での「愛撫」論については他日を期したい。

（2）「直観（intuition）」の語根をなす動詞tueriは「見る」「見守る」「保護する」という意味であり、英語のtutor（「後見人」「個別指導者・チューター」）の語源であると同時に、フランス語のtuer（「殺す」）の語源でもある。「見ること」「保護すること」が「殺すこと」に関連する点は、サルトルやデリダのまなざし論を考慮したとき、興味深い。

(3)念のために言っておけば、ここで語源や比喩に言及しているのは衒学でもなければ、なんらかの歴史的起源を考古学的に当てにしているのでもない。また思考・本質・実在の衣装・アクセサリーとしての比喩やアナロジーを盾に取っているのでもない。むしろ一般に二次的・付随的と考えられている比喩システムが哲学的思考にとって「一次的」であり「本質的」なのであって、少なくとも比喩やアナロジーを抜きにして、抽象的なものであれ具体的なものであれ、思考一般が上空飛翔的に、無菌室的に、あるいは形而上学的に、稼働することはありえない。ニーチェやドゥルーズ、デリダが言うように、比喩やスタイルの問題は外的な付け足しの問題ではなく、思考を方向づけする場、一種の(準)「超越論」的な磁場の問題であり、様々な権力が交錯する戦場そのものである。抽象的な思考や理論に潜む「文学性」の問いは、哲学理論のみならず、科学理論や技術理論についても重要である。

(4)Thomas Nagel, *Mortal Questions*, Cambridge University Press, 1979.(永井均訳『コウモリであるとはどのようなことか』勁草書房、一九八九年)

(5)ということは、人間の身体構造が変われば認識のあり方、つまりは思考方法や内容も変わるということである。今日あるいは将来における科学・医学・情報のテクノロジーの発展が人間の身体構造や脳・神経の構造を組み替えていき、人間のデータ世界(dataとは「贈与されたもの」でもあるので、「贈与」世界、「所与」の世界と言い換えてもよい。世界はプレゼント＝現前化されたものである。ハイデガーの現前性としての存在問題を想起し、そこに接続されたい)、現象界、環境世界が工学的に改造されていけば、視覚中心だった思想や文化、さらには政治や社会も変容していくだろう。新たな情報環境が伝統的な視覚の優位を崩していくのか、それともその強化に至るのか、まだまだ予断は許されないが、いずれにせよ、諸感覚間の関係性と比率が変化することは確かである。哲学の仕事の一つは、この諸感覚間の関係性と比率の変化を、一方では、ずさんで無責任な未来予測や進歩主義、変化や革新ばかりを強調する「何でもあり(everything goes)」的な相対主義に、他方では、ありもしない幻想の過去や本質や本来性にしがみつくようなタイプの単なる反動的な伝統主義や保守主義に陥ることなく、クールかつ批判的に見極め、そこに秘められた技術世界の潜勢力(単なる可能性や将来性とは異質・異様な潜勢力)をえぐり出すことである。

(6)言語もまたこのように、マクロ過ぎず、ミクロ過ぎず、私たちの「身の丈」にあった尺度で主に機能している。

(7)この点でサルトルの哲学は人間主義的であるというよりも人間尺度的なのだと言える。そしてそれは単純に悪いことではない。人間的尺度以外の認識や生の構造をもたないのに、人間外の理解や把握が可能だと安直に考えることは、自分の認識のフレームとその拘束を忘却した「独断的」なあり方である。ソクラテスの座右の銘「汝自身を知れ」やカントの批判哲学の長所はここにある。「闇夜の牛はみな黒い」（ヘーゲル）ではいけない。

（8）西洋の哲学や科学において「場所」（トポス、トポロジー）の問いは強く「空間」のそれとして理解されてきたように見える。そこにも視覚主義の拘束があるのではないか。まずは「場所」が「空間」に還元されうるかどうかを問わねばならず、さらには「空間」についても、視覚的空間以外の空間性もあるのではないかと問わねばならないだろう。

（9）このespacementの二重運動については拙論「時間の脱構築」（『早稲田大学大学院文学研究科紀要』五九／三、四九―六五頁、二〇一四年）を参照されたい。またデリダ自身の議論としては『幾何学の起源』『声と現象』『グラマトロジーについて』のほか、『哲学の余白』所収の「差延」「ウーシアとグランメー」「竪坑とピラミッド」を参照されたい。

（10）Jacques Derrida, « Ousia et gramme », in *Marges : de la philosophie*, Minuit, 1972, p. 76-77.（高橋允昭・藤本一勇訳『哲学の余白』上巻、法政大学出版局、二〇〇七年、一三四頁以下）

（11）立体化やヴォリューム化についてはハイデガーのGrundriss, Rissについてのデリダの分析を参照する必要があるが、ここでは論及できない。『プシュケーⅡ』所収の「ゲシュレヒト」Ⅰ、Ⅱを参照のこと。Cf. Jacques Derrida, « Geschlecht : Différence sexuelle, différence ontologique » et « La main de Heidegger (Geschlecht II) » in *Psyché*, t. 2, Galilée, 2003.

（12）書き込みマシーンとしてのデリダの時間論についても、先に挙げた拙論「時間の脱構築」を参照されたい。

（13）前掲の引用におけるサルトルによるメデューサへの言及を考慮されたい。またメデューサ神話とファルスの石化（呪物）との関係についてのフロイトの分析も、あわせて考えてみると興味深い。デリダもこのフロイトの分析を『散種』のなかで批判しつつも援用している。「布石、隅石、つまづきの石などは、「散種」の入り口からつとに、またそれだけでなくもっと早くから、メデューサに石化されたように呆然自失した読者による検証を邪魔しつつ、投石器に弾薬を供給してしまっているだろう。なんと多くの石たちだ！　だが石とは、石の石的なものとは何であるか。石は男根である――それが答えだろうか。男根が事象の隠匿だとしたら、その答えはなにかを言ったことになるだろうか。〔……〕魔除け的なものはつねに驚きを一つならずもっている。それこそが、フロイトの意図とエクリチュールの場面を、すなわち、その場面を開いては閉じる辺境的な進行や、男根の意味作用や、「メデューサの首」の短い分析やその他を、塊にして読みなおすことの意図である。（「メデューサの首」の分析とは以下のようなものである。「斬首すること、すなわち去勢すること。つまり、メデューサを前にした恐怖は、見ることに結びついた、去勢の恐怖なのだ。」そのときフロイトは説明する。要するに、石になるものは、メデューサの切られた首に対して、そしてその前で石となるのであり、すなわち、生殖器をのぞかせるものとしての母親に対して、そしてその前でそうなるのだ、と。〔……〕）石

——墓——屹立したもの——硬直したもの——死——等々の等価物の際限なく開かれた、そしてかき混ぜられた連鎖を、ここに置き預けるための宝石＝石碑。その連鎖のなかで、散種はつねに意味作用を脅かすだろう。」（Jacques Derrida, « Hors livre », in *La dissémination*, Seuil, 1972, p. 47-48. 藤本一勇・立花史・郷原佳以訳『散種』法政大学出版局、二〇一三年、五九―六一頁）

（14）Jacques Derrida, « La différance », in *Marges : de la philosophie*, p. 4. 強調デリダ。（高橋允昭・藤本一勇訳『哲学の余白』上巻、三五頁）

（15）あらゆる固有性の死はデリダの初期から一貫したモチーフであるが、以下の引用ではフランス語の「ピエール」という名について、パフォーマティブとも言える論述を展開している。これをサルトルの『存在と無』にも頻出する「ピエール」と結びつけて引用するのはパフォーマンスに過ぎるだろうか。「固有名はそれ自体としては、少なくともそれが固有名であるかぎりでは、いかなる意味ももたない。固有名が誰かへと回送し、誰かを指示するのは、所与のコンテクストにおいてのみ、たとえば（たとえばにすぎないが）恣意的な約束事によってのみである。ピエールというフランス名はそれ自体ではいかなる意味ももたず、翻訳不可能である。それは私の言語〔フランス語〕では、ありうる指向対象ばかりでなく安定した意味ももつ普通名詞（舗石を作り出すために切り出すことのできる石（ピエール））と同形異義語である。それは混同、汚染、横滑り〔lapsus（うっかり間違い）〕あるいは症候〔symptôme（滑落の痕跡）〕を生み出すこともあるし、標記の二つの「正常な」機能をそれらが互いに接触しないままダウンさせることもできる。ピエールという固有名は、概念を通して名指すのではないがゆえに、無意味である。」（Jacques Derrida, « Mes chances », in *Psyché*, Galilée, 1987, p. 368. 藤本一勇訳『プシュケーI』岩波書店、二〇一四年、五三〇頁）

（16）ここに、ラカンにおける母子の最初の亀裂、母親の不在を母親のファルス欲望と解釈する子ども、fort/da遊び（糸車遊び）のことを関連づけてもよいだろう。

（17）この意味でも「人間は自由という刑に処せられている」（「実存主義とは何か」）のである。

デリダとサルトル――脱構築の後、ヒューマニズムについて考える

北見秀司

サルトル哲学は「ヒューマニズム＝人間中心主義」であり、それはデリダによる「現前性の形而上学」（「人間中心主義」はこの中に含まれる）の脱構築によって脱構築された。そしてもはや取るに足らぬ、過去のものになった。このような解釈が今なお一般的である、と言っていいだろう。そして他ならぬデリダ自身が「人間の目的＝終わり」[1]等のテクストでこのような解釈を披瀝している。しかし、果たしてこのような解釈は正当だろうか。これを考えるにあたり、まず、デリダの初期の著作『声と現象』ならびに前期サルトルの主著『存在と無』に立ち返り、後者の現象学的存在論、特にそこで展開されている他者論もまた「現前性の形而上学」の枠を超えるものであることを確認したい。

ついで、マルクス『資本論』冒頭で展開される物神崇拝論のデリダとサルトルによる解釈の相違に着目したい。さらに、この相違を指摘した後、後期サルトルの主著『弁証法的理性批判』に結晶する弁証法ならびに一九六〇年代中葉に執筆され、死後刊行された草稿で展開されている倫理を、ポスト脱構築的な理論として捉えて論じたい。

この作業を通じて浮き彫りにしたいこと、それは、脱構築の後、より実質的な民主主義の実現を目指すならば、

「人間の終わり」の後、もう一度人間が目的にならなければならないのではないか、ということである。そして、ポスト脱構築的な疎外論・弁証法そしてヒューマニズムについて考えたい。(2)

1　デリダ『声と現象』とサルトル『存在と無』における「現れないもの」としての他者。

デリダが「脱構築」で目指したもの、それは一言でいえば他者としての他者の肯定である。このことを『声と現象』の記述に沿って、デリダが「現前性の形而上学」の「脱構築」と呼んだものの意味を明確にすることから、まず確認しておきたい。

デリダによれば、フッサールは、数学のような理念的対象の理念性とりわけその普遍性の拠り所を、このような対象の超越論的主観への直接的現前に求める。たとえば諸命題の前提となる公理が直観的明証性をもって現われるかどうかが、その命題の正しさの最終的な基準となる。このような考えの下、フッサールは現実的対象の主観への直観的現前から出発して、理念的対象の構成過程を記述しようと努めるが、彼は二つの局面で、対象のこのような直観的現前の限界に出会う。ひとつは時間化の局面であり、ある現在と過去との関係、とりわけ「生ける現在」の一部をなす「過去把持」によってはもはや捉えられないような過去との関係に関連している。もうひとつは、相互主観性の構成の局面であり、より正確には、他我との関係に関連している。デリダは、『デカルト的省察』を参照しつつ、他我の非現前的性格、すなわち他者の思っていることが私には直観的には分からないこと、を強調する。いずれも、ある現在と、それには現前しないもうひとつの現在との関係が、問題になっている。そこで、私の意識というこのような根源的な「生ける現在」に現前しない、もうひとつの現在は、言語によって再現（représenter）されなければならない。こうして、言語もしくは一般的に記号というものが、このような

「現前と不在の働きの媒介」(3)として根源的現前化作用を補うもの(supplément)となる。

しかしながら、すべてを根源的現前に還元しようとするフッサールの試みはこのような非現前性に阻止されていなかったように思われる、とデリダは主張する。デリダによれば、フッサールはまるで、こうした非現前性は一時的・経験的なものにすぎず、最終的には現前するようになるかのように、扱っている。それは特に言語に関する考え方に表れている。フッサールは記号に関して二つの概念を区別している。二つの概念とは「表現」と「指標」である。「指標」とは"Bedeutung"を欠く記号を、反対に「表現」は"Bedeutung"の記号を指す。デリダはこの"Bedeutung"というドイツ語を"vouloir-dire(意味する=言いたい)"と訳している。そして重要なのは、フッサールが純粋な「表現」としての記号の存在を、すなわち、人が「意味する=言いたい」意味をそのまま保持し、その記号の送り手に現前しているとおりの意味が受け手の意識の中で再現し、それが無限に反復可能であるような、そのような記号の存在を信じていたことである。しかしながら、その意味が完全に万人の意識にくもりなく現前するような記号、このような記号に関する考え方はいったいどこからきたのだろうか。

デリダはここで、フッサールの記号論を西洋形而上学の大きな流れの中に位置づける。デリダによれば、プラトン以来、西洋では言語の根源は「声」にあると常に考えられてきた。私には私が話すのを聞くことができるように思われる。この「「自分が語るのを聞く」という操作」(4)によって、私の声は私に聞こえ、私に理解できる、したがって私の語る言葉の意味は私の意識に曇りなく正しく捉えられ、私の意識に直接的に現前しているように思われる。かくして私の声が、私の発する言葉の意味の私自身への現前を保証しているように思われる。言語の「声」へのこのような還元、さらにこのような観点から西洋のアルファベットのような表音文字こそもっとも合理的で優れたものであると見なす考え方、これこそ「現前性の形而上学」とデリダが呼んだものである。このような音声中心主義形而上学がプラトンから今日まで脈々と続き、フッサールの記号論もまた暗に支えていたと、デリダは主張する。

そこでデリダは、純粋な「表現」としての記号という観念の、更には「現前性の形而上学」の、「脱構築dé-construction」を試みる。「現前性の形而上学」は、「現前野」から逃れる他者を排除しており、その意味で一種の独我論的論理でしかないが、にもかかわらずそれを普遍的なものと詐称している。それゆえ、このような独我論を破壊し、他者としての他者に場を与えなければならない。デリダは、他者を排除する「現前性の形而上学」に結びついた音声中心主義の伝統、と彼が見なすものに抗し、あらゆる記号を「エクリチュール（書かれたもの）écriture」と見なすことを提案する。エクリチュールとは「主体の完全な不在にも拘わらず、主体の死によって、また主体の死を越えて機能する記号」[5]のことである。実際、私が書くのは、私のメッセージの受け手がそこにいない時である。ところで、受け手は一時的・経験的にではなく常に超越論的に不在であり、私はこの不在の受け手に向けて言葉を投げかける。それゆえ一切の言語活動はあまねく「書く」ことに他ならない。言語活動は私の生を越え、更には生そのものを越えていく、その意味で死に触れるような活動である。

以上が「現前性の形而上学」ならびにその「脱構築」のおおよその意味である。

ところで、サルトル『存在と無』で展開されるのは「現れないもの」の現象学的存在論であることを次に確認しておこう。まず「緒論introduction」で、全てを、現れるものすなわち現象に還元することができるのか、とサルトルは問う。そして現象に還元できないもの、現れないもの、「超現象的なものles transphénoménaux」があることを指摘する。この現れないもの・「超現象的なもの」の存在の考察がサルトルの存在論の中核をなす。

まさしくこの文脈の中で「眼差し」の理論としてよく知られている彼の他者論が展開される。

だれかが私を見る。すると他者にとっての私、私の「対他存在être-pour-autrui」が描かれる。しかし、私の「対他存在」は私には「開示され得ず*non révélable*」（EN 316／II・一三四）、「間接的に呈示される（非現前的に現前する）apprésenté」（EN 414／II・三六九）。「私がそれであるところのこの私について私は直観を持っていない。*je n'ai* *pas l'intuition* de ce Moi que je suis.」(EN 334／Ⅱ・一七九)そこでこの「対他－私」を知ろうとして今度は私が彼を見る。と、彼の「眼差し」は消えて、彼の眼だけが残る。

ここに描かれているのは、眼差しとしての他者の根源的に非現前的な性格である。この非現前的現前性こそが、他者の意識の私の意識との根源的差異、言い換えれば他者の他者性をなしているのだ。

あるいは、他者の語る言葉によって私は私の「対他」を学ぶことができる。しかし、これによって他者の非現前的性格が消える訳では毫もない。

> 言語は対他存在に後から付け加えられた現象なのではない。言語はそもそも対他存在であり、すなわち、ある主観性が他者にとっての対象として体験されることである。〔……〕
>
> それゆえ私の表現の「意味」はいつも私から逃れる。私が意味したいことを意味しているかどうか、更には、私の言うことに意味があるかどうかさえ、私は正確に知ることは決してない。〔……〕私が表現するや否や、私が表現することの意味を推測することしか私にはできない。〔……〕
>
> 従って私は他人に映る私の身体同様、私の言葉を認識することができない。私は私が語るのを聞くことができないし、私が微笑むのを見ることができない。(EN 422-424／Ⅱ・三八九―三九三)

対自は、また、このような「眼差し」の経験によって「生」そのものを越え、いわば「死」に触れる。というのも、サルトルにとって死とは「私の私自身についての観点に対する他者の観点の勝利」(EN 598／Ⅲ・二八一)であるからだ。

このように、サルトルにおいてもまた、他者と言語は「現前性の形而上学」を越えるものと見なされている。他者の非現前性に関する記述は、サルトルの後期のテクストでは特に強調されないが、複数の意識の総合はあり得ず、対自に還元されない他者の観念は常に生き続けるので、この立場は踏襲されている、あるいは少なくともそのような解釈は可能であると考えていいだろう。

かくして『存在と無』以降のサルトル哲学はポスト脱構築的なものであると見なしうる。とすれば、サルトルとデリダの差異はどこにあるのだろうか。これを考えるにあたって、両者のマルクス解釈とりわけ『資本論』の冒頭で展開されている物神崇拝論の解釈の相違を検討してみよう。

2 マルクスの物神崇拝論。

マルクスは、一見何の変哲もなく見える商品には、実は、物神崇拝の対象である物神のように、神秘的かつ見えないものが付きまとっている、と主張する。そして、このような神秘的・超越的・非現前的性格は交換価値[6]に由来し、交換価値の神秘的性格は、商品とその生産者を結び付ける、ある特有の社会関係、すなわち市場社会に由来する、と考える。

この社会関係にあっては、人々は、労働の場面では、分離し互いに独立している。他方、商品の交換の場面にあっては、商品という物同士の関係を媒介にして、互いに依存している。このように、ここでは、社会関係は物と物との関係に取って代わられている。これをマルクスは社会関係の「物象化 réification/Versachlichung」と呼んでいるが、このように物象化した社会関係の総体は万人の意志から独立したものとして現れる。実際、ある商品の交換価値の「価値量の方は、交換者達の意志や予知や行為にはかかわりなく、絶えず変動する。交換者達自身の社会的運動が彼等にとっては諸物の運動の形態をもつのであって、彼等はこの運動を制御するのではなく、これによって制御される。」(MEGA II-10, 74) このようにして、市場という物象化した社会関係を通して、マルクスが「盲目の法則」(MEGA II-15, 253)「盲目の力」(MEGA II-15, 795)あるいは万人にとって「疎遠な力(他なる力)fremde Macht」と呼んだものが、世界を支配している神のように、隠れつつ現れる。このような、現れると同時に隠れてもいる、万人にとって超越的かつ「疎遠な力」が、交換価値の神秘性を構成しているのである。[7]

さて、商品が含む交換価値は、貨幣によって独立した形態を得る。貨幣が表現するこの交換価値の増加の飽くなき追求、これが資本主義である。そして、この目的の為の商品生産が産業資本主義を生み出す。かくして交換価値は流通部門のみならず生産部門にも浸透し、その「疎遠な力」は社会を動かす目に見えない力になっていく。そしてこの「疎遠な力」を土台にした資本主義的支配が社会の多くの人々を搾取し生を抑圧するようになる。ちなみに、このように『資本論』を読むとき、アルチュセールの主張とは異なり、後期マルクスにおいても疎外(Entfremdung)論は存在することが、分かるだろう。

さて、マルクスの野心は、人々の自由を否定するこのような〈他者〉・「疎遠な力(他なる力)」をさらに否定する(「否定の否定」)ことで、諸個人の自由を真に肯定できる社会、すなわち真の民主主義社会としての共産主義社会を建設することにあった。そして、このような社会では、交換価値の持つ神秘性は消え、社会関係は「透明で単純 durchsichtig einfach」(MEGA II-10, 78)になると、マルクスは考えた。

以上が、本稿に関連する限りでの、マルクスの物神崇拝論の要約である。

3　デリダの解釈——交換価値と亡霊。

デリダは、交換価値の持つ他者性、その非現前的性格、「生きている現在」を超える、かといって単に死んでいる訳でもない「超生 survie」に関心を示し、それは商品、更には社会全体にまとわりつく「亡霊」であると[8]

『マルクスの亡霊たち』の中で言っている。ところでデリダにとっては、この「亡霊」は、どんな社会であれ付きまとうのに対し、「マルクスはこのような共外延性〔＝亡霊の活動範囲が社会全体に及んでいること〕を商品生産に限定しなければならないと信じている。我々から見れば、それは悪魔払いの行為である。(9)」共産主義社会では、まるで他者を内包する巨大な主体が出現するかのように、社会は「透明かつ単純」になると言うマルクスの言葉は、「現前性の形而上学」への後退に映る。これがデリダをしてマルクスの理論は「脱構築以前prédéconstructif」だと言わしめた重要な理由のひとつだ。

デリダのこのマルクス解釈をどう考えるべきだろうか。まず指摘すべきは、マルクスは「社会を単一の主体と見なすこと」(MEGA II-1, 30) を拒否していることである。とすれば、共産主義社会において成立する主体もまた、決してマクロな単一の主体ではなく、他者としての他者を肯定する、絶対的複数性において成立している諸個人の自由な主体であると、解釈できないか。サルトルが『弁証法的理性批判』で切り開くのは、まさしくこの解釈である。この解釈で明らかになるのは、「疎遠な力」の他者性は他者そのものではなく、ある種の他者性であり、この他者性が乗り越えられることで初めて、個々の他者の自由と特異性が肯定される、ということだ。この観点から見ればデリダは「疎遠な力」のもつある種の他者性を他者性そのものと混同しているということになる。

しかし問題はこれにとどまらない。

デリダは他者を考察する際、他者の非現前的現前性、「亡霊」のように生・死の二項対立をこえる点に注目する。しかし、これだけでは他者の他者性が規定されるだけで、様々な他者の具体性・特殊性や差異を記述することができないのではなかろうか。あるいは、ある「生きている現在」とそれを超える他者とが結ぶ様々な社会関係の差異を捉えることができるだろうか。それらの区別は「現前性の形而上学」の「脱構築」だけでは捉えられず、それ以上の作業を必要としているように思われる。そうした「ポスト脱構築的」な作業をデリダはどこまで行なっているだろうか。

マルクスに戻ると、先ほど取り上げた非現前的な「疎遠な力」は資本主義社会にあっては、多くの人々の生を抑圧し、民主主義を形骸化する力として機能している。他方、これに対抗するデリダ言うところの「来るべき民主主義démocratie à venir」を推進する力もまた、現前性の形而上学を超えるものとして考えなければならないだろう。しかし、この区別を『マルクスの亡霊たち』に見つけることはできない。それは脱構築の後、行うべき仕事であり、今後の検討課題として先送りされている。デリダ自身がそのことを認めていることを以下の文は示しているように思われる。

この幽霊学を検討考察することで、生の哲学に真っ向から対立するのではない〔……〕。そうではなく、内部にあると同時に外部にもある襞pli interne-externeが加わることで、生きているものと生きていないものを単純に対立させて考えることが不可能になる、そういう深い場所におりていき、そこから生の哲学をより複雑に考える、そのような必要性に応じようとしているのだ。

存在あるいは生産を、モナド状の生きている主観性の〔……〕表れと解釈する、〔……〕実際、多くのマルクスのテクストにその証明を容易に見出しうるこのような解釈に対して、私たちは、死の哲学なるものを対置すべきだ、と考えているのではない。私たちの試みはそれとは違う。この（生と死、生か死か）という二者択一の可能性に答えようとするために、（生でもなく死でもない）超－生もしくは死の回帰の効果あるいは要請に注目するのである。このようなものの効果あるいは要請を考慮して初めて（その死に対立する）「生きている主観性」について語ることができるのだ〔……〕。[10]

「超－生」の効果を十分考慮した後、「生きている主観性」について語る、このことは『マルクスの亡霊たち』では行われていない。そして、これこそサルトルが『弁証法的理性批判』で行ったことである。

こうして、「脱構築」から「批判」に、“hantologie（幽在論）”から“ontologie（存在論）”に、しかしハイデガーのそれではなく、現前性の形而上学の限界を突き抜ける存在論に、そしてヘーゲル的精神を前提しない弁証法に立ち戻る。

4　後期サルトルにおけるポスト脱構築的な弁証法

サルトルは『弁証法的理性批判』の中で社会関係を大きく二つに、すなわち〈他者〉の関係と〈同等者〉の関係に区別している。〈他者〉の関係についていえば、例えば市場がこれに相当する。市場社会は、万人の手から「逃げていく統一 unité fuyante」（CRD 333／I・二六七）であり、誰にも現前しない「幻のような全体 totalité-fantôme」（CRD 285／I・二〇五）である。そして、この社会を貫く力、マルクス言うところの「疎遠な力」に従うことで、例えば次の例が示すように、人は「社会的主体」に変貌する。

> ある雇い主がタイピストを一人募集する。〔……〕同じ能力、同じ資格免許状を持った三十名が応募する。雇い主は彼女等を一度に招集し、彼女等が望む報酬を彼に知らせるようただ頼めばいい。そうすれば恐ろしい逆ぜりがおこるだろう。雇い主は——うわべは——需要と供給の法則が働くようにしただけだ。がタイピストは皆、最も安い賃金を望むことで、他人にそして自分自身にもまた暴力をふるい、屈辱の中で労働者階級の生活レヴェルをより引き下げることに貢献する。結局、最低生活費より少ない報酬、すなわち自分自身を含めた皆に破壊的作用を及ぼす報酬を望む者が雇われることになるだろう。（CP 148-149／一一九）

このように、万人が万人にとって他者になり、自分が自分自身にとっても他者になる。そして、万人がそれでありながら、同時に誰もそれでない、社会的次元としての〈他者〉が生まれる。この〈他者〉が生き生きとした自発的自由・欲望を殺し、当初にはなかった全く別の欲望・「社会的欲望」を生産し、サルトルのある小説の題名をもじっていうなら、魂に死を宿らせる。語っているのは〈他者〉と死であって、生は沈黙してしまう。

もうひとつの社会関係、すなわち「溶融状態の集団groupe en fusion」をその最も活動的な形態とする〈同等者〉の集団は、このような〈他者Autre〉の否定によって創られる直接民主主義の空間、真の自律空間だ。しかしこの〈同等者〉はひとつの「超有機体hyperorganisme」、つまりその成員が一要素に過ぎないような、ヘーゲルの絶対精神に相当する如何なるものも前提しない。この空間で肯定されるのは絶対的に複数である限りでの自由である。〈同等者Même〉は「同一的なものl'Identique」を意味しない。

統一性と同一性は対立する原理である。前者は人々の間に具体的な絆を結ぶのに対し、後者は様々な事態の間に抽象的な関係を結ぶのみである。〔……〕本質的同一性は、変化しないでいるためには、諸々の存在が絶対的に分離されていることが必要である。ところで、もしランスの労働者とアミアンの労働者が知り合うことができ、各人が自己を創りつつ他人を創るならば、要するに、彼等が同じ闘争に参加するならば、それぞれが各々の生き生きとした現実の中で相手に依存し、彼等の結びつきが緊密になればなるほど、彼等はお互いに似なくなるだろう。というのも、孤独の中ではなく、行動の共同体によってこそ、各人がそれぞれの人格を形成するからである。（CP 202-203／一六三）

このように、〈同等者〉の集団の統一性は、人々を同一にするどころか、複数の自由の肯定ゆえに、彼等の互いの差異、各人の独自性を最大限肯定する。とりわけ「溶融状態の集団」は状況の変化と共に柔軟に変化していく、リーダーのいない、従って中心のない、多の肯定的な運動である。ここにおいて、言語は死に奉仕するのではなく、複数の生を結びつける、それ自体が複数の生の表現となる。

とすれば、この複数の自由を結びつける集団の統一性は何か。共同の実践の統一性である。とすれば、何が共同の実践において、複数の自由を結びつけるのか。これらの自由の相互承認、および実践の共通の目的と手段の相互了解に基づく各人の自己決定である（CRD, 479, 604, 626 sq.／II・四五頁以下、一九六、二二二頁以下）。先ほど、マルクスは共産主義社会においては、社会は透明になると言ったことを確認したが、この場合の透明性は、サルトルの観点からは、社会の了解可能性、というように解釈される。(11)

5　革命が孕む疎外、ならびにこれに対抗するための「万人の複数の自律」の倫理。

ところで、疎外－物象化は単に資本主義にとどまらない。サルトルは革命自体が孕む疎外についても指摘しており、『弁証法的理性批判』における集団の変質の記述はこれにあてられている。

さらに、『弁証法的理性批判』の後、一九六四年五月二三日ローマで行った講演の際執筆された、倫理に関する生前未刊の草稿（編者によって「倫理の根源」と題されて近年発表された）では、革命自体に「人が自ら飼いならされる auto-domestication de l'homme」傾向がある、と指摘されている（RE 112）。革命とは人々の解放と自由のためにおこしたものだが、しかし革命後、このような目的のために作った組織を守ることが必要になる。しかも革命を阻止しようと狙っている勢力が強ければ強いほど、革命組織に奉仕する必要性も強くなる。すると、人間のために組織が作られたはずであるにもかかわらず、まるで組織のために人間が存在するかのような事態が訪れ、転倒がおこり、疎外が形を変えて戻ってくる。とすれば、革命は単にある権力を別の権力に置き換えたにすぎないのだろうか。この悪循環から脱するには、革命が生み出した、疎外を引き起こしかねないシステムに対する闘いが必要だろう。

ところで、人がこのように抵抗できるためには、ある倫理が必要だ、とサルトルは主張する。ある倫理とは「自律した人々の統一としての人類 l'humanité, comme union des hommes dans l'autonomie」（RE 98）を究極目標に置く倫理である。ここで言う「人類」は諸個人の絶対的複数性において考えられなければならないゆえ、この倫理をここでは「万人の複数の自律」の倫理と呼ぶことにしたい。まさしくこのような倫理が、革命が新たな抑圧に転化せず、革命であり続けるために必要不可欠だ、とサルトルは強調するのである。このような倫理を極めて意識的に追求することで初めて、今ある組織が何のためにあるかを絶えず確認し、場合によっては手直ししつつ、組織が疎外する組織になることを防ぐことができるからである。「万人の複数の自律」としての人類、これを目指して現在ある組織に絶えず反省的＝再帰的に介入する、このような倫理と実践をウルリヒ・ベックの用語を借りて「再帰的ヒューマニズム humanisme réflexif」と名づけることも可能だろう。反対に、もしこのような倫理と実践が存在しなければ、支配権力に対する革命や抵抗は新たな型の権力に変じてしまう。それゆえ「万人の複数の自律」の倫理は、真の民主主義としてのコミュニズムを生み出す革命の土台、根本の原動力であると、サルトルは強調する。

しかしながら、サルトルによれば、そのような倫理は、倫理は上部構造に属するものであるというマルクス主義の考えからか、ソ連型共産主義には存在しなかった。そこで、ソ連においては革命の孕む疎外の力に歯止めがかからず、革命組織が新たな疎外－物象化を引き起こし、権力装置になるのを妨げることができなかった。反対に、もうひとつの道徳、「疎外された道徳 morale aliénée」とサルトルが名づけたものの威力が、際限なく吹き荒れることになる。
この「疎外された道徳」は、ソ連型共産主義においては、「党」への忠誠という形をとったが、これにより、下からの反抗が、実質的に倫理的正当性を欠くものとなった。「党」への忠誠心という「疎外された道徳」がある限り、人はどんなに苦しもうとも反抗するとは限らない。自己検閲し、みずから反抗を抑圧してしまうことがあるからだ。その極端な例を、サルトルは、一九五〇年代のチェコスロバキアにおける多くの知識人や共産党員達に見られた「熱狂的自己破壊者 des frénétiques de l'autodestruction」[12]に見出していた。サルトルは、「党」への忠誠心に由来するこのような自己破壊の欲望を前提せずには、この時期に行われた裁判における多くの自白を理解することはできない、と主張する。

確かに、それら〔=自白〕は、自己破壊の過程が極限にまで至らなければ、なされなかった。〔……〕チェコスロバキア人はもう随分前から自白する準備ができていたのだ。彼は指導者や隣人や自分自身にとってさえ本質的に疑わしい存在だった。ただ原子化された存在であるということだけで否応なく分離主義者であった。最良の場合でも潜在的に罪のある、最悪の場合は、自分が何の罪を犯したのか分からない罪人だった。しかしそれでもなお、彼は自分を押し潰す「党」に献身的だった。そのような彼にとって、自白は、課されさえすれば、自分の耐えられない不安を終わらせてくれるものに思われた。非難されるような罪など犯していないという確信が内心あるとしても、彼は自分を罰するために自白するだろう。丁度、不安神経症にかかった人たちの中に、原因の分からない罪悪感に苛まれ、捕まえられるために盗みを働き、監獄で心の安らぎを見出す、そのような人たちがいるように。〔……〕ゴルトシュテュッカーは語っている、釈放された後、自分は、ある精神分析家の著作を読んだ、この分析家は、自白に「攻撃者との同一視」を見出していた、自分の個人的体験によれば、この解釈は真実からそう遠くはない、と。攻撃者とは「党」であり、それが彼の生きる理由だった。[13]

したがって、反抗するには権力から受ける苦しみに積極的な価値を与えなければならない。そのためには巨大な価値転換が必要不可欠であり、これは「万人の複数の自律」という「人類」の倫理によって担われるべきものだ、とサルトルは主張する。

まとめにかえて

一九六〇年代、デリダを含む「反人間中心主義」の思潮によって「人間の死」が盛んに語られた。その後、「人間」や「ヒューマニズム」、「主体」や「疎外」について語ることが長らく憚られてきた。しかし、「現前性の形而上学」を「脱構築」した後、「来たるべき民主主義」を到来させるために、もう一度、疎外や弁証法あるいは人間やヒューマニズムについて語るべきではなかろうか。

サルトルの弁証法は、タイピストの例が明らかにしているように、自由競争市場がそのまま人間の生と自由の肯定につながらないことを例証している。

また、資本主義に対する革命が「人類」の倫理を忘却したとき権力装置に転化することも示している。

二〇世紀の過酷な現実から教訓を学び、より人間的な社会を創ろうと望むなら、サルトルが語るような疎外や弁証法、ならびにそれとの密接な関連の中で語られる「人間」や「人類」という観念、人間中心主義とはおよそ性質を異にするこれらの観念に立ち戻ることは、「来たるべき民主主義」を到来させるために、意義ある作業であるように思われる。

ところで、デリダが『マルクスの亡霊たち』で冷戦崩壊の直後、新たなインターナショナルの必要性を説いた時、彼の理論は実はサルトルが語ったような人間やヒューマニズムの観念に開かれていたものではなかったか。資本主義に代わる社会関係、しかも国境を越えた新たな社会関係の構築に向けて、デリダとサルトルの理想は意外に近い。それぞれの個性・特異性を肯定しつつ両者の思想がここで出会う、その可能性は強くあるように思われる。

そして、その可能性があるかどうかは、偏に両者の読者である私たちに委ねられている。

註

（1）Jacques Derrida, « Les Fins de l'homme », dans *Marges : de la philosophie*, Minuit, 1972.

（2）本論文でサルトルの引用に用いた略号は以下の通りである。

CP : « Les Communistes et la Paix » dans *Situations, VI*, Gallimard, 1964 :「共産主義者と平和」白井健三郎訳、『シチュアシオンⅥ』人文書院、一九七七年（初版、一九六六年）。

CRD : *Critique de la raison dialectique*, tome I, Gallimard, nouvelle édition, 1985 (1ère éd., 1960) :『弁証法的理性批判Ⅰ』竹内芳郎・矢内原伊作訳、人文書院、一九七七年（初版、一九六二年）;『弁証法的理性批判Ⅱ』平井啓之・森本和夫訳、一九七七年（初版、一九六五年）;『弁証法的理性批判Ⅲ』平井啓之・足立和浩訳、一九七三年。

RE : « Les Racines de l'éthique : conférence à l'Institut Gramsci, mai 1964 » (texte inédit), in *Études sartriennes*, Ousia, no. 19, 2015.

マルクスの引用に用いた略号は以下の通りである。

MEGA II-1 : *Marx-Engels Gesamtausgabe*, Zweite Abteilung, Band 1, Berlin : Akademie Verlag, 2006.

MEGA II-10 : *Marx-Engels Gesamtausgabe*, Zweite Abteilung, Band 10, Berlin : Dietz Verlag, 1991.

MEGA II-15 : *Marx-Engels Gesamtausgabe*, Zweite Abteilung, Band 15, Berlin : Akademie Verlag, 2004.

また、傍点強調は著者、下線強調は引用者による。〔 〕内の註は引用者による。

なお、ここで扱う様々なテーマは、紙数の制約上、極めて凝縮した形で論じざるを得なかった。より詳しい説明を求められる読者は拙著『サルトルとマルクス』（春風社、第一巻、二〇一〇年、第二巻、二〇一一年）を参照されたい。デリダ『声と現象』とサルトル『存在と無』の比較については第一巻第一部第二章第三節一六二頁以下、マルクスの物神崇拝論については第二部第一章第一・二節、これに関するデリダの解釈については三五五頁以下、後期サルトルの弁証法と一九六〇年代の倫理については第二巻第二部第二章で、より詳しく論じている。

（3）Derrida, *La Voix et le Phénomène*, P.U.F., 3ème éd., 1976（1ère éd., 1967）, p. 9.

（4）*Ibid.*, p. 88.

（5）*Ibid.*, p. 104.

（6）マルクスは、商品の持つ価値を二つに区別する。即ち、「使用価値」と「交換価値」である。使用価値は物の具体的特性・質に結びついており、その特性・質が与える満足度によって測られる。交換価値の方は、ある物の、他のある物と交換される際の量によって測られる。例えば、一キログラムの砂糖が二キログラムの小麦と交換される時、一キログラムの砂糖の交換価値は二キログラムの小麦によって表わされる。

（7）Marx-Engels, „Die Deutsche Ideologie“, in *Marx-Engels-Jahrbuch 2003*, Berlin : Akademie Verlag, 2004, S. 20.

（8）普通は「生き残り」と訳すが、ここでのsur-にはsurnaturel（超自然的な）の場合のように「〜を超えて」という意味があると解釈する。

（9）Derrida, *Spectres de Marx*, Galilée, 1993, pp. 263-264.

（10）*Ibid.*, pp. 178-179.

（11）複数の自由の相互了解ならびに社会の了解可能性、そしてこれらに基づく自由な合意の可能性、これらはヘーゲル的精神、すなわち複数の自由を包含する巨大な単一の精神を前提することになるのではないか、このような批判もあるだろう。これに対する回答については、拙著『サルトルとマルクスⅡ』前掲書、八〇―九〇頁ならびに五四九―五五四頁を参照してほしい。要約すれば以下のようになろう。

すなわち、複数の意識の合意を可能にしているのは、共通の物質的世界あるいは自然である。あらゆる意識にとっての「外」である、この共有されている物質的世界＝自然が共通の知覚を可能にしているのである。サルトルはメルロ＝ポンティ同様、知覚における身体の役割を強調する。人が物を知覚できるのは人自身が身体という物であるからだ。たとえば、目の前にある物がざらざらしているかどうか分かるためには人がそれに触れられなければならない。いいかえれば、人が身体をもっており、身体を介して物質的世界に帰属しているからこそ、人は眼前の物の触感が分かる。同様にして、ものを見て人が知覚できるのは、人自身が身体という「見えるもの」であるからだ。身体という「見えるもの」によって世界に帰属しているからこそ、世界という「見えるもの」を知覚できる。このようにして意識を介して世界という「見えるもの」が身体という「見えるもの」に姿を現すのである。ところで、様々な身体が帰属している世界＝自然はひとつであり、共通のものである。それゆえ、同じ世界が身体を介して様々な意識に現れるため、共通の知覚が可能となる。

しかしながら、他者の意識内容は根源的に非現前であるため、厳密には、知覚が共有されている、と断言するのではなく、おそらく知覚が共有されているだろう、と留保をつけて言う方がより正確であろう。このような留保をつけた上で、しかしながら共通認識を可能にするものとしての自然の一体性を考えることは極めて重要であるように思われる。なぜなら、これこそが観念論から逃れることを可能にし、かつ民主主義的合意を可能にするひとつの重要な契機であるように思われるからである。

（12）Sartre, « Le Socialisme qui venait du froid », dans *Situations, IX*, Gallimard, 1972, p. 248 :「寒い国からやってきた社会主義」加藤晴久訳、『シチュアシオンⅨ』人文書院、一九七四年、一九八頁。

（13）*Ibid.*, pp. 249-250 : 同論文、一九九—二〇〇頁。

第三部

デリダ×レヴィナス

序（渡名喜庸哲）

一九〇六年にリトアニアに生まれたエマニュエル・レヴィナスと一九三〇年に当時はフランス領だったアルジェリアに生まれたジャック・デリダ――ヨーロッパの端と端ともいうべきところからフランス本土に渡り活躍したこの二人の哲学者は、年齢的には二回りも離れているとはいえ、たがいにとって特権的ともいうべき対話相手であった。サルトルとほぼ同年齢で、フッサールとハイデガーに直に学んだレヴィナスによる、西洋の形而上学をその外部から練り直そうとするハイデガー譲りの――しかし「倫理」対「存在論」という構図で当のハイデガー自身にも向けられることになる――試みは、デリダが「脱構築」と呼ぶことになるものに引き継がれていったと言うことも可能かもしれない。

しかし、レヴィナスにとってライフワークであった『全体性と無限』が公刊されるやいなや、その思想の意義をいち早く見抜くと同時に、即座に痛烈な批判を浴びせかけたのが、まだ若きデリダの論文「暴力と形而上学」（一九六四年）だった。「あなたは第一部で私に麻酔をかけ、次いで第二部で私に外科手術をしてくれました」と語るレヴィナスにとって、この論文の衝撃は相当なものであっただろう。それほど明言されることはなかったが、その後のレヴィナスの思想の展開にこのデリダから受けた傷のうずきがつねに消えなかっただろうことは想像にかたくない。

デリダにとっても、フッサールおよびハイデガーをフランスに紹介した現象学者の先達であるばかりでなく、自らと同じユダヤ系フランス人の哲学者たるレヴィナスは無視しえない人物であった。一九八〇年の論考「この作品の、この瞬間に、我ここに」、レヴィナスの逝去後の『アデュー』(一九九七年)といった、デリダ自身の思想の歩みに区切りを入れるかのように定期的に公刊されたレヴィナス論や、『死を与える』、『触覚』、『たった一つの私のものではない言葉』などでのレヴィナスへの明示的な言及はもとより、レヴィナスの名前がそれほど挙げられないところでも(たとえば「散種」、「私生児性」、「兄弟愛」といったレヴィナスを想起させうる概念とともに)デリダがたえずレヴィナスと対話を行なっていたと言うこともできるかもしれない。なかでも、九〇年代以降のデリダに頻出する「正義」、「赦し」、「責任」、「歓待」、「メシアニズム」といった主題が、レヴィナスの中心概念であったことは言うまでもない。

こうした両者の関係については、八〇年代からすでにR・バーナスコーニ、S・クリッチリーやJ・リュウエリンら英語圏の研究者によるものをはじめ多くの研究がなされてきた。また、巻末の研究文献案内に見られるように、日本語でも多くの論考が書かれている。二〇一五年に仏語圏においてもM・クレポンらによる論集『レヴィナス-デリダ――共に読むこと』が公刊されたが、再読の機運がふたたび高まっている。

そのきっかけの一つは、デリダの死後にいくつもの講演原稿が公刊され、新たな論点が掘り起こされたことにあるだろう。とりわけ、二〇〇六年の『動物を追う、ゆえに私は(動物で)ある』におけるレヴィナスの人間中心主義に対する批判は特筆すべきだろう。本書に収められたオンブロージのもののほか、この問題に迫る論考が各国ですでに公刊されている。また、二〇一四年に公刊された『最後のユダヤ人』では、レヴィナスへの言及自体は部分的にとどまっているものの、「ユダヤ性」の問題がレヴィナスにとってばかりでなくデリダにとってもきわめて密接に関わる問題であったことが如実に語られている。

他方で、レヴィナスに関しても、二〇〇九年に公刊が開始された『レヴィナス著作集』において、自らが書きとめていた哲学雑記や哲学コレージュでの講義原稿をはじめとする未完資料が公けになった。これらではデリダへの言及はさほど見られないが、レヴィナス思想自体の読みなおしが求められてゆくなかで、デリダとの関係についても、これまでと別の仕方での読解が迫られることはまちがいないだろう。

本部に掲載される四つの論考は、さまざまな主題を扱っているとはいえ、以上述べてきたような「暴力と形而上学」以降のレヴィナスとデリダの対話の展開を踏まえつつ、多角的に両者の関係を探り、そうすることで両者の対話をいっそう開いていこうとする方向性を共有している。

オリエッタ・オンブロージはパリ第一〇大学に学び現在はローマ大学で教える気鋭のイタリア人研究者である。主著『理性の黄昏――破局の試練におけるベンヤミン、アドルン、ホルクハイマー、レヴィナス（*Le crépuscule de la Raison. Benjamin, Adorno, Horkheimer et Lévinas à l'épreuve de la Catastrophe*）』（二〇〇七年）のほか、レヴィナスをはじめとする現代ユダヤ思想に関する研究を多く発表している。本書に収められた「犬だけでなく」は『レ・テン・モデルヌ』誌二〇一二年三―四月の「デリダ――脱構築という出来事」特集号に寄せられたものである。動物に関するレヴィナスの言及をくまなく拾いながら、動物性をめぐるデリダのレヴィナスに対する批判的読解に賛同しつつ、さらにそれをデリダ以上に徹底化させることで、デリダ自身にも問いを向けなおす刺激的な論考である。なかでも動物性と性的差異の関わり、動物の他者性ないし超越性についての指摘は傾聴に値する。

小手川正二郎の論考は、まず「暴力と形而上学」でのデリダのレヴィナス批判に対し、とりわけ「言語」および「暴力」という観点から再批判を試みる。とはいえそれは従来のような「レヴィナス学者」からの自己防衛ではまったくない。デリダとレヴィナスの両者による同じ問題への別様のアプローチを仔細になぞることで、小手川はさらにわれわれ自身が「立体的」にこの問題を思考する足がかりとすべきだと提案する。そこから具体的にはヘイトスピーチ規制論に彼らの議論がどう活かせるかが検討されるが、こうした実践的な読みの可能性は今後の新たなデリダ／レヴィナス読解にとって有力なものとなるだろう。

渡名喜庸哲の論考も、「暴力と形而上学」に特化するのとは別の読み方の可能性を示そうとするものである。『全体性と無限』前後のレヴィナスの思想および活動を見てみると、むしろ自ら新たな思想を生み出しはじめていたレヴィナスの姿に気づく。その角度からすると、「暴力と形而上学」を介してデリダからレヴィナスへと与えられた影響ばかりでなく、その後の思想においてレヴィナスからデリダへと与えられた影響も問題化されるべきだろう。こうした観点から、とりわけ八〇年代以降のデリダに見受けられるユダヤ思想への関心の増大、およびそこ提示される「赦し」という概念を検討することで、レヴィナスに接近しつつもたえずそこから絶えず差異化されるデリダの姿が浮かび上がってくる。

藤岡俊博は、デリダによるレヴィナス解釈でも一つの争点をなしている「贈与」というテーマを取り上げる。まず、デリダが『時間を与える』で行なっているマルセル・モースの『贈与論』についての解釈を丹念に追うことで、モース批判と評されることの多いデリダの贈与の不可能性についての考えが、実のところ贈与に時間性を見てとり、贈与に積極的な意味を与えるものであったことが確認される。さらに、レヴィナスにおける贈与の概念を検討することで、デリダにおいてもレヴィナスにおいても「時間の贈与」ないし「待機の贈与」という出来事が問題になっていることを藤岡は明らかにする。「贈与」という両者に共通した課題から、「時間性」の問いというこれもまた両者の根本的な哲学的な関心がまさしく「立体的」に浮き彫りになる。

もちろん、多くの問題が論じきれずに残っている。性的差異の問題、証言・遺言ないし世代の問題、メシアニズムの問題、さらにデリダが『最後のユダヤ人』で提示した「共に生きること」の倫理的・技術的・政治的含意、とりわけヨーロッパとイスラーム、イスラエルとパレスチナの「共生」の問題など、さまざまな問いが残されている。これらはいずれもレヴィナスとデリダばかりでなく、ときにはハイデガー、ときにはサルトル、ときにはさらに多くの哲学者を呼び求めわれわれわれが考えてゆくべき問題であろう。

犬だけでなく——レヴィナスとデリダの動物誌(1)

オリエッタ・オンブロージ（馬場智一 訳）

ジャノの王、猫アゴスティノに

犬だけでなく。

エマニュエル・レヴィナスの作品にいるのは犬だけではない。この犬が、固有名を、それも「異国風の名前(2)」を、わたしたちの哲学的領土ではたしかによく知られた名前をもつという特権を得ているとしても、まずは告白せねばならない、ここでそれを告白せねばならない、忠実な鳴き声とその「親愛なる犬」の名、ボビーをもってしても、レヴィナスの幾多のテクストのなかで、犬は登場するただ一つの「動物」ではないということを。そうボビー、その第一の徳が、「ナチスドイツ最後のカント主義者(3)」であるとされる犬は、レヴィナスの動物誌のただ一人の主人ではない。最初に想起される動物であり、レヴィナスの数少ない自伝的テクストのうちの一つで主役を演じ、もっとも知られ、おそらくもっとも愛されているのは確かだが、動物の王国に属するただ一つの動物ではない。レヴィナスの書いたもの、彼の「寓話」に現われる唯一の犬でもないのだ。それでも、ジャック・デリダがレヴィナスに差し向けるもっとも根底的な批判が構築されるのは、この「動物」の周辺ないし背後において、この素晴らしき獣（bête）の痕跡においてである。そしてそれは、動物性という問いを巡ってである。

この批判を私は再度取り上げ、精査し、さらなる思索にかけ、一ページごと追ってゆきたい、というのも、一方で、デリダに固有の「動物の情熱《パッション》＝受苦」、彼の「動物の情熱＝受苦」、彼自身の言葉によれば、彼の「他なる動物に対する（彼の）情熱」[4]には異論の余地がないからだ。「情熱＝受苦」とは、デリダにとって、「彼が絶えずそうしてきたように、動物としての、動物語《アニモ》（animot）としての他者の痕跡に自らを書き込む（s'inscrire）こと」を表し、含意するが、レヴィナスは反対に「決してそうしたことがない」。他方、この「情熱＝受苦」はほどなくして「不安」であることが明らかになるからだ。そしてレヴィナスはといえば、いまだデカルト－人間主義者の伝統に属しており、「それは偶然ではなく、ギリシャ＝ユダヤ＝キリスト教＝イスラーム的な伝統でもある」[5]。それは人間－ロゴス－中心主義的な（anthropo-logo-centrique）パースペクティヴに緊密に結びつけられた伝統であり、デリダが彼特有の大胆さと明晰さをもって、「肉食＝ファロス＝ロゴス中心主義」[6]と呼んだ伝統である。

それゆえ、動物に関するレヴィナスの立場に面した時の「大いなる不安」[7]は、「動物語《アニモ》」に対するデリダの大いなる「情熱＝受苦」に結びついているが、この不安と情熱＝受苦は彼だけのものではない。実際、「まさにこの瞬間に」なされている本研究の目的は、――これが最低限言えることだが――熱のこもった（passionné）、熱中させる（passionnant）、不安を抱えた（inquiété）、不安を催す（inquiétant）ものであり、困った（獣化した em-bêté）、困らせる（獣化させる em-bêtant）ものでさえある。たしかに、私は二人の哲学者における「動物」としての他者の問いを扱わねばならないだろうが、しかし、この問いにおいてすでに、そしてつねに、習慣的にはたった一語で、よくて寛大にも複数形で表現される「動物たち」（animaux）の苦悩という厄介な問いが仄めかされるだろう。デリダはといえば、これを指し示すのに、曖昧さから逃れるため、あらゆる種を一語にまとめる総称としての「動物語《アニモ》」（animot）を用いている。私はといえば、ずっと以前から人間による支配に、人間のロゴスに、人間の言葉に苦しむものたち、さらには自分の苦痛を語ることのできない、人間の言語においてすでに苦しんでいるものたち、さらに、その存在の無限さ、多様さ、美しさにも関わらず、「動物たち」という、人間によってあてがわれた名前においてすでに苦しんでいるものたちをそのつど語り、名指すたびに当惑するだろう。

それゆえ私の選択はこうだ。動物誌を使用することで生じるあらゆるリスクとともに、動物誌に、両者の動物誌に依拠しながら、この問い――「動物」としての他者の問い――に着手し、デリダとレヴィナスが残したページを追ってゆくこと。それは、哲学的言説に留まりながら、複数性と差異のための場を開くためであり、また、その複数性自体のゆえに概念化し難いもの／ものたちに逆らう、つまりここでの「動物」に逆らう、概念の暴力を可能なかぎり回避するためでもある。しかし、どんな「動物」が問題なのか。

初めに、蛇がいる、デリダによれば、創世記（Genèse）の蛇[8]、彼の「動物－自－伝[9]」の発生（genèse）にも足跡を残す蛇である。続いて、哲学者の固有名の一部をその名前自体のなかにすでに含んでいる、詩的なハリネズミ（hérisson）、「ソクラテスとプラトン」のあいだの絵葉書のページのなかを飛び跳ねるリス、まさか思想が宿っているなどとは少しも疑わずに「ハイデガー先生」を見つめる猿、ヴェールを紡ぐ蚕。さらに著者が一人称で自身の作品全体の動物誌を語るのを聞くならば、狼、一頭以上で、時には野生、時には飼いならされた馬、牛、羊、雄羊、豚、ロバ。しかしまた、最も小さいものでいえば、蟻、モグラ、野うさぎ、デリダの友である鳥たち。彼らのあいだで、彼らのように、デリダは、さっと羽根を羽ばたかせ、贖罪の大祭日の生け贄となる白い雌鶏からカントの黒い白鳥まで飛んでゆく。さらに、水に生きるものとしてデリダが想起するのは、魚、海老、牡蠣、さらには海綿まで！　それでもこれが階梯の最後ではない。デリダの言葉によれば、「生と死のあいだを、動物と植物のあいだを迷いながら行き来してあらゆる場所からエクリチュールにつきまとう、死につつ生きているあらゆるウイルス[10]」の方へも彼は目を向ける。

彼のエクリチュールには――記憶が、人の記憶がそれらを抱えきれないとしても、こうして、獣が、あらゆる種類の獣が、言うなれば創世記の物語のように、その著者－創造主を「見つめる」ようにして、最も原始的ないし原初的なものから最も近いものに、当然ながら人間に最も近いものに至るまで宿っている。こうした一群のなかに、デリダの本のなかに生き、生き生きとする動物たちは、彼のエクリチュール、記号、ページのなかに、さらには死んでも生きてもいない、植物でも獣でもないあのウイルスたちが多分住んでいる白い余白のなかに生きて呼吸する動物たちは、つまり彼の動物たちは、「動物的形象」という地位から解放される。つまり、寓話にあらわれる人物あるいは形象としての地位から。それはまだ修辞学の運動に属しており、隠喩の王国にまだ住んでいるのだが、解放されることでようやく本当の動物たちに、生物に、羽根や体毛のある、鱗に覆われたり、蹄をもつ動物たちに、とはいえエクリチュールの動物たちになるのである。これらの動物たちは、その特異性と具体性において、デリダの文章が放つ計り知れなさによって実に生き生きとする。それも、さらに言えば、「(彼の)テクストがより見えやすい形で自伝的になればなるほど[11]」。

それゆえデリダには、エクリチュール、自伝、動物誌のあいだの密な結びつき、深い交差がある。実際、たしかに彼の言う通り「楽園的[12]」で、たしかにアダム的、さらにはオイディプス的な彼の夢が、仮に、ある「個人的な動物誌」〔を書き記そうという〕考え、すなわち、思考され、書き記されたすべてのものを「動物の領域」に封じ込めるという考え、彼の言葉で言い換えれば、「絶対的歓待の、もしくは無限の自己固有化の夢[13]」であったとしても、デリダは動物誌の危険、寓話とサーカスへの還元の危険をも想起している。寓話、第一に、たとえばレヴィナスが動物に関して述べる際によく使う寓話である――これについては後に触れよう。寓話（fable）と作り話（affabulation）は実際、人間の側に留まり、動物たちはそこで人間に仕えるために呼びだされる。さらに、寓話のすることと言えば、もっぱら動物たちを家畜にし、擬人化により従属させることである。道徳的教訓を教えるための寓話による擬人化において問題となるのは、いつも人、人々である。動物たちが召還される、つまり再び搾取されるのは、人間たちと似た姿になることによって、人間たちのため、人間たちに奉仕するためである。第二に、サーカスである。動物誌というものは、たとえデリダのそれであっても、実際には、「ノアの箱船」(14)の見せ物、展覧会、行進に連鎖しかねないし、だれもがみな幼少期に親しんだイメージ、ホルクハイマーが見事な省察を加えたイメージを想起しかねない。それは象である。サーカスで、なんとか横たわり、ついでなんとか起き上がり、右足と左足を動かすが、その深い悲しみのなかで、見せ物として求められるこの不器用な仕草を成し遂げるなかで、それを見る観客が曝す愚かさ（bêtise）と恥に向き合う、永久の達観を見せている。(15) 愚かさであろうが、恥であろうが、デリダはリスクを承知し、このように暴く。「〔……〕動物の見世物師が、彼の悲しい臣下たちを、背をかがめて行進させるとき、事態はサーカスになってしまうだろう。多数の動物語《アニモ》（animot）は、相変わらず背に主人を乗せて苦しむことだろう。このように家畜化され、馴致され、訓育され、従順に、訓練されて、調教されて、それは背中いっぱいに多数の主人を乗せていることだろう。(16)」

これらのリスクの傍らで、デリダは、示唆するにすぎないが、哲学におけるある動物誌、「哲学の起源にある動物誌」がもつ争点を想起する。それは霊《ダイモーン》と薬／毒《ファルマコン》が連合して哲学の「悪霊」(17)が作られるソクラテスの動物誌である。悪霊はこうして獣の側に位置するだろう。哲学の起源に関するこの仮説がどうであれ、(18)上で喚起された、デリダが入念に警戒するあらゆるリスクにも関わらず動物誌はデリダの役に立つ。正確にいえば、彼の自伝を執筆するのにも役立っている。

そしてこの点に関して、私は彼に問い、請うてみたい。実際、動物誌を用いて自伝を書くということは、気に入ろうが入るまいが、人間に、ここでは人間ジャック・デリダに、依然として中心的な場を与えることに結局ならないだろうか。いまでは一冊の本となったテクスト、『私は（動物を追う）ゆえに、動物である』――そこでデリダは幾度も「しかし、私、私は誰なのか〔誰を追うのか〕」という問いを自問しているのだが、問題となるのは「動物語《アニモ》（animot）」としてであろうとも、「動物」としての他者を追跡するにいたるまで、追うことだろう――を主導する観念のなかに動物誌が介入するのは、「動物たち」だけでなく、別の言葉、ある別の「獣」（bête）、いわば、ある「私は」（je）を追うためである。駆け引き（jeu）にはならず、むしろデリダによれば、「すでに自伝的方法序説の抵当《ガージュ》ないし誓約《アンガージュマン》、約束であるような」[19]「私は」である。再びデリダの用語でいえば、「〈自己の－生の－書記〉（auto-bio-graphie）は、「私は」あるいは自己（autos）という単なる審級が自己をそれとして措定するのは、生のしるし（消息、音信、signe de vie）として、現前している生のしるしとして、現前している生の現出としてだけだということに拠るのである」[20]。自－伝はそれゆえひとつの「生のしるし」である。ひとつの署名（signature）でもある。多分、ひとつの「抵当」あるいは「誓約」でもある。しかし、誰の生の「しるし」なのか。どの動物のしるしなのか。

犬だけではなく。私はむしろこう言おう。彼、デリダが追い、追わねばならない「動物はそれゆえ」、つねにあまりに現前するこの「私は」でもあり、それがまさに自伝に署名をし、『動物を追う、ゆえに、私は（動物で）ある』という本に署名――「抵当」として、ただし私の意味では〔動物の〕「檻」（cage）としても誓約しながら――をする。

しかし、もう一つ別の動物がいる。デリダが動物自伝のなかで／のために追うのは――他方レヴィナスが自伝的テクストのなかで追い（正確には〔ボビーがレヴィナスについてくるので〕その反対であるとはいえ）、デリダとしては「犬の名」の著者を追跡しながら／追いつめながら追っている同じ「動物」は――犬ではなく、猫である。彼を敢えて正面から見つめる、デリダという男の裸体を敢えて見つめる、読者をデリダの寝室あるいは浴室という私生活の内奥へと導き入れる、こうして哲学者をして「動物」／「動物たち」の眼差しあるいは返答について自問させる猫は、「わたしたちの文化が猫族に負わせてきた」[21]象徴的秩序には属さない。この文化は、反対に、否定してはいるがレヴィナスと比較すべきように、ボードレールの「動物的で猫のように居合わせるという困惑に満ちた神秘」[22]に「女性的存在が無言のうちに往き来すること」を感じるのだ。それ、デリダの猫はそれゆえ「これら、詩人と哲学者たちの猫」の一部ではない。デリダを見つめる「全裸の」この小さな猫、それは、牡猫ではなく牝猫である。現実の牝猫であり、「〃私の〃牝猫」である、と彼は急いで付け加える。仮に「牝猫というものが決して〔だれにも〕帰属しない[23]」としても。

それゆえ、牝猫である。そしてこの区別は瑣細なことではない。多分、「動物」に関するレヴィナスとデリダの見方のあいだにある第一の差異は、実はすでに、犬（レヴィナス）と牝である猫（デリダ）へと別の仕方で注がれるこの眼差しのなかに書き込まれている。優れた意味での人間の友（犬）と、優れた意味での飼い馴らしがたいものを（猫）、さらは最も飼い馴らしがたいものを、加えて、自分のものにできないもの（牝猫）をはっきり区別する、おそらく一種の月並みなものに属するこの差異において。実際、犬と猫の、牡猫と牝猫の、男性と女性の、そしていうなれば、レヴィナスとデリダの見方の差異においては、性的差異も、差異の問いも問題となっているのである。

『全体性と無限』の著者が「男」として残した署名に関してデリダがすでに一九六七年に「暴力と形而上学[24]」で行った諸分析を、簡潔に想起し、デリダが、女性性の問いに関して、しかもレヴィナスの作品と関わるかたちでなし得ただろう補完的な一歩を記しておきたい。

つまりこういうことだ。『動物を追う』の議論の支点のうちの一つがまさしく追うことの問いをめぐっていることは、これまでに理解されただろう。私が定式化――「動物」についての言説がもつ一般性や総称性を避けるためのしかけとして――しつつある動物誌において、問題はどの「動物」をデリダが追っているのか、別様にではあるが、レヴィナスの方もどの動物を追っているのか、である。しかしまた、この「動物」が他者として思考されるチャンスを持ちうるのかどうかを知るためにレヴィナスの後をぴったりつけながら、デリダがどの「動物」を追っているのか、である。

誰が誰を追っているのか。デリダの言うことを聞き、彼を追うのなら、まさに問いはそこにある。ところで、彼の批判のなかで、〔ほぼボビーの挿話と晩年の対談のみに依拠する〕デリダがレヴィナスの厄介な（em-bêtant）テクスト、女性には読むに堪えない、動物には聞くに堪えないテクストに依拠しえたことを指摘しておくことは瑣細なことではない。事実、一九八〇年の試論「この作品の、この瞬間に、我ここに」(25)で彼が批判したこのテクスト自身を手掛かりにすることもできたのである。その批判は性的差異の従属関係に関わっていた。私が参照しているのはもちろん、論文集『神聖から聖潔へ』所収の「そして神は女を創った」と題されたレヴィナスのテクストである。(26)ではなぜデリダは一九八〇年に、さらに一九九七年の『動物を追う』のデリダは、動物性に至るまで、性的差異に関するレヴィナスへの批判を追求しないのだろうか。女性の創造と、「その後に来る」ものたち、すなわち動物たちの創造が問題となっている、創世記〔二章七節〕に関する〔タルムードの〕ベラコートの巻（61a）の注釈についての、およそ支持しがたいレヴィナスの解釈に依拠しないのであろうか。この箇所では「あばら骨」、「顔」そして／あるいは「尾」が問題となるというのに。そしてまた追うことが、「どちらが先に立って歩くことになるのか」(27)を知ることが、問題となるというのに。たとえ、レヴィナスのこのタルムード読解が、それが含む反女性的な偏見ゆえというよりは、デリダが書いているように、レヴィナスが「女性もしくは女性的なものを二次的なものに、派生的なものに、従属的なものにするというのではなく、性的差異」(28)自体をそのようなものにしたからこそデリダを考え込ませ、たぶん衝撃を与えたのだとしても、なぜこのテクストに立ち戻らないのだろうか。デリダによれば〔その〕「歩みを一つ一つ注釈する必要がある」(29)このレヴィナスのテクストを、なぜ放棄するのであろうか。

実際、女性に関するこのタルムード読解において、追う動物は、ラビたちによれば、さらに彼らを解釈するレヴィナスにもよっても、人間、人間／男を追う動物は、まぎれもなく女性なのだ！　そしてまたラクダでもある……。ベラコート（61a）で、ラヴ・アシは言う。「（創世記二四章六一節）〃リベカとその侍女たちは立ち上がり、らくだたちに乗って、そのひとのあとについていった（suivirent）〃 そのひとのあとについていったのであり、先に立ったのではない[30]！」もしここに過去の偏見と、性的差異を「男性的なものの女性的なものに対する優位」[31]によって記そうとするレヴィナス特有の困った習慣——よく知られるように、そしてレヴィナスのわれら女性読者はよりよく知っているように——を再び見いだすならば、「忍耐強く差異を多数化する」脱構築の著者は、「固有のもの」の前提的な境界の数々の脆弱性、多孔性」[32]を現出させつつも、なぜこの差異には立ち止まらないのであろうか。他方では、レヴィナス自身がイタリックで強調している動詞 suivre〔追う、従ってゆく〕を、文法上の主語——リベカ、侍女たち、らくだたち——と同様に完全に無視しているのであろうか。どうしてデリダは、「この作品の、この瞬間に、我ここに」において、レヴィナスの最初の「女性の事後性」[33]を扱っておきながら、女性とラクダを男性の後に、背後に一緒に行かせるこの動詞、suivre にどうして関心を寄せないのだろうか。

たしかに『動物を追う』を完成させるはずだったデリダなら、答えていただろうし、問うために必要なものも有していただろう。レヴィナスは事実、このベラコートの巻（61a）のラビ・アシの文章を、議論の余地ある仕方で注釈している。「〔……〕「ついてゆく」という語は、「忠告を聞く」という意味で理解されるべきである。この問答の本質的な点は、「人間と人間の間の関係においては、両者が完全に等格である場合でも、あるいはまた女性が優位に立つ場合でも、いずれも女は男に忠告と指示を与えることができる」という教えにあります。しかしながら、習慣によれば、〔……〕ゆくべき道を指示するのは男でなければならないのです。[34]」伝統によれば、男が最初に歩き、前を歩く、それは確実だ——彼、男性、男（vir）が最初に歩く、まっすぐ立ちながら、言い換えるなら「勃起しながら」、ほかのほ乳類とは違った仕方ではあるが「立っているというまっすぐな垂直性において」、しかしまた「起立していることの性的な勃起」[35]において〔歩く〕、というこの確認ないし前提を脱構築するためにあらゆることをするデリダにとっても確実だったように。

続いて、レヴィナスに耳を傾けるなら、女性が従ってゆく。女性は後に来ること、近くに来ることにおいて、その「事後」(après coup) において、助言を与えることさえ可能であろう……。ではらくだたちはどうなのか。別のあるテクストではレヴィナスの関心を引くことになるのだが、これらくだたちには一言も述べられていない。たぶん背中に主人を二回乗せる、このふたこぶの奇妙な生き物に関しては、レヴィナスの側からもラビたちの側からも、いかなる示唆もなされていない。しかしながら、寓話の規則に従って、ほかの動物たちはアレゴリーのように現れている。このテクスト(「そして神は女を創った」)、そしてほかの多くのテクストでは、動物たち、ここではライオンとロバは、直立するヒト(homo errectus)の歩みにおいて、人間にとっての危険や誘惑として現れるが、直立するヒトはさらに、まっすぐなもの(rectus)、すなわち公正であろうとするものとして自らを守ろうとするのだ。

それでも付け加えねばならないのは、タルムードの賢人による比喩とその動物世界をほとんどつねに反復するレヴィナスの動物誌において、「動物」が非常にしばしば欠点や悪徳の象徴ないし寓意《アレゴリー》として用いられ、ときおり人間の徳として用いられているということである。レヴィナスの動物誌は、タルムード読解を通じて織りなされており、全体としては厳密な意味での動物誌である。そして哲学者みずからが一九四八年に寓話と動物たちについて書いていることを想起しておくことは重要だ。「[……]寓話では人間たちはたんに動物たちを通して見られるのではなく、これらの動物として見られるからであり、このように動物たちが思考を立ち止まらせてそれを充たすからである。寓意《アレゴリー》の力のすべてが、その独自性のすべてがそこにある。寓意は単なる思考の補助手段ではない。幼稚な精神に対して、抽象的観念を具体的で通俗的なものたらしめる手段、貧者の象徴ではない。寓意は現実との曖昧な交渉であって、そこでは、現実は自分自身と係わるのではなく、その反映、その影と係わるのである。[36]」この「現実とその影」からの抜粋を通じての、そしてそれ以外のレヴィナスにおける寓意と隠喩《メタファー》の使用について、語るべきことは多くあるだろう、しかしそうすることは、ここまでの途上で扱った動物たち——あるいはわたしたちが立ち止まったテクスト(「そして神は女を創った……」)であれば、ライオンとロバ——からは随分離れてしまうこととなる。ラビたちとともに、レヴィナスは実際こう述べている。もしライオンと女が二つ別々の小道を歩いているとしたら、男はライオンを追うのでなければならない、すなわち、親密な関係のもつやさしさよりも、闘いと危険を好まなければならない。レヴィナスの言葉によれば、男がなすべきなのは、「人生のあらゆる残酷さに耐えて生きること、それはライオンたちとつねに共にあることと同じです、たとえそれが人間の姿をした先導者であったにせよ、それがいつ振り向いてライオンの形相に変わるかわかったものではありません」(37)。

女性については、彼女のことは気にかけながらも途上に残すことにし、性的差異については、「まさにこの瞬間に……」私の第一のテーマではないので、問題は、ライオンのもつ絶大な力と美から残るもの、すなわち野望という仮面と、人間的、たしかにあまりに人間的な、不誠実という仮面である。ある類似した、すなわちあまりに人間的な運命は、より一層辛いものではあるが、ロバにも関わっている。レヴィナスは書いている。ロバは実際、「ひとを運ぶものです。ひとが受けた影響、意見とかものの考え方の傾向のことです。かならずしも知性的なものではなく、むしろ抜き去りがたく残るもの〔です〕」(38)。「寛大さを！　寛大さを！」この獣についていましがた自分で書いたことに関してレヴィナスはこのように自己自身にむかって求めている。「寛大さを！　寛大さを！」、私は読者に「まさにこの瞬間に……」求める、「寛大さを！」レヴィナスに、他性の哲学者に、これら獣について、あまりにも人間－ロゴス－中心主義を反映した彼の書いていることに。人間－ロゴス－中心主義は、いまだに、デリダに従うなら、「デカルト、カント、ハイデガー、ラカン」をつらぬく同じ「歴運的共形象」のなかに書き込まれており、彼もまた、「この巨大な〔〝動物〟の〕否認」のなかに書き込まれており、「その論理は人類の歴史の全体を横断している」(39)。というのも「憐れみ給え！」が向こう岸からわたしたちに辿り着くからだ。向こう側から、別の歴史の側から、獣たちの歴史から。「憐れみ給え！　憐れみ給え！」とわれらに言う、緘黙なき沈黙のなかから、獣たちが(40)。

「憐れみ給え」と叫ぶのは一匹の犬だけではない。

実は、レヴィナスの作品には、ボビーと同じ類に属する他の犬たちが現われる。エジプトの国の犬たちやほかの犬たち、しかしまた、らくだたちの傍らには、ライオンやロバが、雄羊、鳩、といった生け贄の儀式用の動物たち、同様に、野兎や猪といった、野や森の野生動物も。同様に、雄牛、羊の群れ、鳥たち、雌牛、そして豚にさえ場所が用意されている！　そしてもちろん、その独自性において現れ出る最初のものであり、悪の起源にいる蛇、人間の最初の裏切りものであるとされるものにも一つの場所が用意されている。蛇といえば、レヴィナスはこう明言している。「蛇に顔があるのかどうか私にはわかりません」(41)。『動物を追う』でデリダが見事な注釈を加えている文である。ここで、私の言説／動物誌のなかで、レヴィナスのこの「……かどうかわかりません」についてもう少し発見をするために、ほかの動物たちを追いたいので、わたしたちの当初からの関心事である中心的な問いに関して、デリダ自身が入り込むこと（engagement）によって開いた突破口に従いながら(42)、もう一歩進むことにする。それは「動物」は他者なのか、換言すれば、「動物」には顔があるのか、である。

しかし、改めて、どの「動物」だろうか。どの「動物」をレヴィナスは追っているのだろうか。これらの動物すべてのうち、これらの獣すべてのうち、彼らに寓話のもつ寓意的な価値を認めるだけでなく、これらの一連の「肉食獣の口や牙、犬の鼻、ラクダの垂れた唇、牛や豚や羊の鼻面」(43)、嘴に、多少の〔各々の動物に〕固有の生き方、でなければまさしく顔を与えるために、レヴィナスは誰を追っているのか。

他者、人間にとっての他者は、まさしく最も他なるもの、動物であることを疑わない他性の哲学者を批判するために、レヴィナスを追跡しながらデリダが喚起しているように、レヴィナスは犬を追っている。しかし彼はまた、予期せぬ仕方で、デリダにとってさえも予期せぬ仕方で、リベカが井戸で水を飲ませた異邦人のらくだたち（創世記二四章）、そして一日の始まりと真夜中の光を告げる雄鶏も追っているのだ(44)。

まずはらくだたちから。おそらくデリダが思い出していない――まさにあまりに素早くなされた素描のことだが――ほんの数行で一頭のらくだを隣人、最初の訪問者として考慮する可能性を示唆する、喚起すべき重要なあるひとつの素描がある。

それ以前、『神聖から聖潔へ』では、レヴィナスからなんの注意も払われず、一言も述べられていなかったものたちが、いまや、『諸国民の時に』のある一節では、ほとんど顔をもつに値するものとなる。創世記〔二四章一八～二〇節〕を参照しながら、レヴィナスはこう書き記す「〔……〕遠方よりやってきたアブラハムの召使いが〔……〕イスラエルの未来の母リベカに、水を少し飲ませてくれと頼んだとき、リベカは一行が連れる「すべてのらくだたちが飲み終わるまで」、水を与えた。水を飲ませてくれと頼むことのできないらくだたちにリベカは水を飲ませたのだ。[45]」この母祖の――母祖の、レヴィナスはそうしていないとはいえ、これを私は強調する、らくだたちに他者を認めた彼女と違い、シナイと啓示を認めたアブラハムの侍者の、ではなく――振る舞いはたしかに異邦人に対する敬意と援助という聖書的伝統のなかに書き込まれるが、それはまた、レヴィナスの作品にも満ちあふれる隣人に対する義務をも喚起している。隣人に対する〔義務〕、「たとえその者が、あえて言うなら、いささかららくだに似た存在であったとしても[46]」と著者は明言する。私の読解によれば、母祖によるこの繊細な振る舞いに対する注意は、レヴィナスにおいては動物の脆弱性に対するある種の配慮を、この弱さに直面したリベカの倫理的義務を明らかにしている。一方で、レヴィナスは獣たち、ここではらくだたちにとって自らの必要に対する援助を求めることが不可能であることを明かし立てている、なぜなら「彼らは〔言葉によって〕水を求めることができない」からだ。他方で、レヴィナスは、人間（男homme）は、実のところ女性は、動物たちの呼びかけに答えることができるのだということを強調している、なぜなら彼女へと向かってくる彼らの鼻面は、つねにすでに祈り、呼びかけであるからだ。らくだたちの喉の渇きを察し、彼らに水を飲ませるために身を屈めたリベカは、理解したのだ、彼女は、この義務を。ところで、レヴィナスはそれ以上のことを語っていない。彼の「あえて言えば」のなかで、彼はすこしでも、あえて言ったのかどうか……というこの思いに、レヴィナスはわたしたちを委ねて宙づりにする。

つづいて犬である。レヴィナスの作品に現れるただひとつの「動物」ではないこの犬に、わたしたちはようやく対面することになる。

その物語は知られている。論文「ある犬の名、あるいは自然権」において、レヴィナスが語るのは、ある犬の眼差しがいかにして労働収容所における囚人である人間の顔の人間性を認めることができたのか、そしていかにしてこの者、人間が、自分自身の人間性がもつ尊厳をこのように、まさにこの犬の眼差しのおかげで信じることができたのか、である。この犬、ボビーは、人間たちが知覚するに至らなかったものを見て取ることができたのであろう。それは非人間的な現実における人間の本質である。ボビーはナチのスタラグの囚人たちの隠された人間性を「人間的に」見つめることが、ある人間の眼が湛える尊厳を知覚することができたのであろう。人種主義的憎しみと隷従的無感動によってだれもが盲目となっていたなかでも、その注意力は持続したのであろう。ほかのすべての犬と同様、論理と倫理を欠いたこの犬は、どうやら、イタカに帰還するユリシーズを見つけたアルゴスのように主人を見分けたのではなく、奴隷状態に帰された人間たちの、隠された、暗黙の人間性を見分けたのである。この犬は、要するに、ユダヤの民がエジプトを逃げ出し、奴隷の家を脱出した夜に吠えなかった犬たちのように（出エジプト記一一章七節）、ナチの収容所で無効となった人間の尊厳と自由を証言したのである、ちょうどかつて彼らの祖先たちが沈黙することでイスラエル人たちの逃走を手助けし、成立の途上にあったある民族の自由を認めたように。

ところで、ボビーが喚起する共感と、反ユダヤ主義および人種主義について始められそうな言説とを超えて[47]、このテクストをまともに読むならば、「レヴィナスの倫理を動物たちと和解させることを夢見てこの犬を偶像化しはじめそうな、魅了されたすべての読者[48]」をまたしても落胆させるリスクを負いつつも、デリダの正しさを認めるほかない。この非常に見事なテクストは明らかに、人間－ロゴス－中心主義的である、というのも、それは初めから終わりまで、犬の動物性ではなく、囚人たちの人間性を主張しているからである。さらに、厳密にいえば、人間を認め、人間に応答しながら、人間たちを追うのはボビーであろう。人間はその中心に留まっており、それゆえ、その中心である。

レヴィナスの省察の諸限界は、動物性について、とりわけ、囚人たちの人間性を認めるボビーに付与されたであろう「証言的権利」について、一般的になにも問いかけていないことに存している。たとえば、犬の側からなされた人間たちに対するこの「承認」とは実際どんなものなのだろうか。レヴィナスはこれを問うていない。ついで、少なくとも「猿じみた話し方をする」(49) 人間性とはなにかを問わねばならなかった箇所で、人間の人間性と犬の動物性とはなんなのか、レヴィナスは何も語っていない。最後に、デリダが皮肉を込めて言うように、「ボビーはカント主義者でだけはありえない」のだから、――というのも「格律を普遍化するために〝必要な頭脳〟をもたないので、彼はカント主義者たりえない、まして問題の格律が、〝欲動〟の格律ともなれば、カントの方が吠えてしまうだろう！」(50)――レヴィナスは「否認」、「排除」、「欠落」(剝奪 privation) さらには誤りのあいだを揺れ動いている。

だからといって、レヴィナスに動物の苦しみがまったく聞こえなかったわけではない。この論文のなかで、彼は、邪魔になるからという理由で日常的に冷遇される数多くの犬たちの苦痛にさりげなく触れている。(51) 血みどろの闘いを人間の知性によって昇華することで生まれた、遊戯としての狩猟という理不尽なものに、食事における肉食の規則がもつ、それ以降既得のものとなった規範性に、「〝聖人君子〟であるわれわれの口が日々求める殺戮」(52) に。彼はそれらのすべてに、たしかに皮肉と軽妙さをもってさりげなく触れているが、それが動物たちに関してたえず反響する不吉な含みを詳説することは決してない。彼の言説は決してなにかを非難するのではない。同様に、動物の苦しみが彼の作品のテーマとなることは決してない。動物に対して人間が負う倫理的な義務が扱われ、解明されるのは、ついでに、「事後的に」、人間の後に、その苦しみの「類比的な転移」(53) によってのみである。「事後」は動物／動物語《アニモ》の次に来るのである。

根本的に私は、「動物」／「動物語《アニモ》」に関しては、レヴィナスに反対するデリダの批判を共有する。というのも動物は「われわれの隣人であるにはあまりに他なるもの」[54]として、「その顔がわれわれに「殺すなかれ」と命ずるまったき他者であるには十分に他ならざるもの」として考えられているからだ。しかし私は、先ほどのらくだに関する考察を考慮にいれて、文の前半部分（「われわれの隣人であるにはあまりに他なるもの」〔オンブロージの引用文では「あまりに少なく他者なるもの」〕）を支持するとしても、後半部分、すなわち「動物」の「まったき他者であるには十分に他ならざるもの」に関してはより慎重でありたい気がする。なぜなら、「動物」と、これに息吹を与えるまったき他者の間には、ある近接性が存在するだろうからだ。

実際、ボビーの吠える声――エジプトの犬たちの沈黙が、レヴィナスによれば、概念なきエートスの、普遍的格律なきエートスのエコーにすぎないのとは違って――は、それでも「動物における超越」[55]のしるしなのだ。この犬、それゆえ「最後のカント主義者」とはいかないまでも、たしかに「最後の義しきもの」[56]、理性も概念も、カテゴリーも、普遍的なものも欠いた、それゆえその祖先と同様つねに欠落のあるものは、意に反して、彼もまた人間のように、「驚きによって、あるいは真夜中の光によって唖然としている」[57]という事実によって超越との結びつきを明らかにしている。レヴィナスによれば、総じて、動物における覚醒というものが、またこの意味での超越、獣のまったき他者に対する近接性というものがあるのだろう。デリダの分析が否応なく回避しているのはまさしくこの点である。そうであれば、デリダが喚起するようにたとえレヴィナスが女性に対して超越を否認しようとしているように見えたとしても[58]、この、「動物」における超越という観念を掘り下げることは、正当ではなかろうか。では、レヴィナスが「ある犬の名、あるいは自然権」で簡単に触れているにすぎないこの超越とは実際なにを意味しているのだろうか。獣と〈超越者〉（Transcendant）との――その注意力、その覚醒、その警戒心、その不眠、一言でいえばその心性（psychisme）による――近接性が問題なのだろうか。

雄鶏を見よ。そしてまずは寓話を。あたかもメシアを待つかのごとく両者ともに光を待つという雄鶏とコウモリの寓話を見よ。その物語をレヴィナスはわたしたちに次のように語る。「[……]雄鶏は光の「専門家」であり、光は彼の環境（élément）です。雄鶏は光を受けるための目を持っているだけではなく、こう言ってよければ、光に対して「鼻がきく」のです。太陽を歓迎するヒバリ、これは誰でも同じようにできます。[……]しかし暗い夜に曙を見分け、輝き以前の光の近接を見分けること、これがおそらく知性なのです。」彼は続ける。「わたしはいつも、〝雄鶏に昼と夜を見分ける知性を与えられた主は誉むべきかな〟という日々行われる典礼の祝福に驚いていました。あるいは、言うなれば、[……]知性を授けられた存在が雄鶏で表現されていることに驚いていました。わたしはまた、昼と夜を見分けるには、高度な繊細さは必要ではないのだ、とも思っていました。われわれの賢者たちは、別様に考えたのです。曙を感知する雄鶏、光の接近を数刻先んじて夜のなかに感じる雄鶏、これは何と感嘆すべき知性の象徴でしょう。出来事以前に〈歴史〉の意味を知っている知性、そして単に事後的に推察するのではない知性です。[59]」ここで問題なのが寓話や象徴作用であり、したがって根底においては人間についての言説であるとはいえ、前もって見抜く、そしてまさしくその「動物」の動物性においては「事後的に」しか到来しない、一匹の「動物」と関わり合っているのである。雄鶏が有す、奇妙な状況、奇妙な立場である。雄鶏にレヴィナスが賦与する、奇妙な特権、優位性である。

さらに、ユダヤ教の朝の祈りでは最初に感謝することになっている動物であることを、哲学者が好んで喚起するこの雄鶏は、「知性の象徴」である。さらに、雄鶏は、この「鼻」、この「嗅覚」を、闇の時間において光を察知することのできた犬のボビーと、「真夜中の光」に彼らもまた驚いたエジプトの他の犬たちが持っていたのと同じかの「鼻」を、共有していたのだろう。夜のなかでいまだ薄暗い曙を見分けること、光の接近を、光が輝く前に識別すること、レヴィナスにとっては、これが知性であり、「最初の啓示、つまり光に対する覚醒[60]」でさえあるのだ。メシアの到来を可能にする知性、しかし、闇に運命づけられた哀れなコウモリはそれに与ることを望めないだろう。レヴィナスのより一層明示的な一節の主役としての雄鶏が再び見いだされる。この一節は、動物をまったき他者に近づけるであろう心性としての「動物」のなかに超越を知覚せんとするこの仮説において、「アニモ」を追跡することを可能にする。ユダヤ教徒の朝の祈りを喚起する『超越と知解可能性』の一節において、[61] レヴィナスは「根源的な心性は神学である」と述べ、こう自問する。「動物の心性はすでに神学ではないでしょうか」[62]。レヴィナスは、獣とまったき他者の近接性、被造物と創造者の近接性という、この未聞の可能性を示唆している。別の言い方をすれば、雄鶏に固有の警戒ないし覚醒というかの心性、しかしおそらくはあらゆる「動物」に固有のかの心性そのもの（tout court）は、獣というもっとも傷つきやすい有限性における超越の可能性を考えることを可能にするだろう。要するに「最も低きもの」における「最も高きもの」、「いと高きもの」から「いと低きもの」への移り行きを。あたかも、獣がその心性において、たとえ理性を欠いていても、そしてその警戒において、たとえ倫理を欠いていても被造物の有限性とさらにはその息の呼吸のみにおいて[63]、超越の痕跡を、〈無限者〉（l'Infini）の痕跡を留めているかのように、そして獣がつねにすでに彼に服従しているかのように。あたかも、人間よりも彼から引き離されていない、それゆえ、より無神論者ではないかのように。

しかし、メシアを待つ権利さえもたないコウモリのような、識別能力を欠き、あるいは無知と暗闇に包まれているような、かのあらゆる獣はいったいどうなるのか。ラビたちによれば雑種的で盲目であるとされる、この「不幸な」獣はいったいどうなるのか、そして闇に沈み込んだ他の獣や虫たち（béstioles）はどうなるのか。光により目を覚まし、皆を光に目覚めさせる、曙光の見張り番〔雄鶏〕を、レヴィナスがその動物誌のなかの、かの場所においているのは、偶然ではない。デリダが「暴力と形而上学」のなかで、『全体性と無限』の著者の、たしかにいまだ余りに頻出し、いまだあまりに暴力的でもあり、しかし同様に、私にとっては、「まさにこの瞬間に」、いまだあまりに巧みであり、あまりに哲学的で、あまりに「太陽－ロゴス－中心的」である、光のメタファーの使い方について語ったことを思い出せばなおのこと、それは偶然ではない。私としては、場所も、権利ももたないこれら盲目の動物たちにつきあうこと、光と知性（lumières）をもたないコウモリのような、かの獣たちを追って行くこと、それらとともに私のテクストという取るに足らないもの（bêtises）をもって前進し、そして最後に、レヴィナスもデリダも決して引用しない、盲目とされるかの獣たちが、大都市ニネベと地球全体が、破壊されるはずだったにもかかわらず神の同情により救われたとする、聖書のある別の物語へと向きを変えてみたい。(64) 神がニネベを、預言者ヨナスにたいして非難しながらも救ったのは（ヨナ記四章一〇～一一節）、実際のところ、獣たちのため、理性を欠いた、言葉を欠いた、光を欠いた、知を欠いた、右と左も区別できないものたち——動物たち、子供たち、それゆえ白痴のものたち——、そして多分、レヴィナスが語っていたように、「飲み水を求めること」もできないものたちのためである。「お前は、自分で労することも育てることもなく、一夜にして生じ、一夜にして滅びたこのとうごまの木さえ惜しんでいる。それならば、どうしてわたしが、この大いなる都ニネベを惜しまずにいられるだろうか。そこには、一二万以上の右も左もわきまえぬ人間と、無数の家畜がいるのだから。」〔共同訳聖書〕

一匹の犬だけでなく、彼らすべてとともに、私はこうして私の動物誌の「まさにこの瞬間に」、そして、たとえ夜だとしてもコウモリを追いながら、人間の同情、人間の慈悲をも追跡することを選ぶ。他のすべての他者のために、これらの他者たち、もっとも他なるものたち、〈彼〉の被造物たちのために。

註

（1）〔訳註〕本稿は Orietta Ombrosi, « Non seulement un chien. Les Bestiaires de Levinas et Derrida », *Les Temps Modernes*, 2012/3, n° 669-670, pp. 234-253. の全訳であるが、電子版（http://www.cairn.info/revue-les-temps-modernes-2012-3-page-234.htm）を定本とした。本文中に参照、引用される文献のうち日本語訳のあるものについては、訳文を参考にしたが、文脈に応じて適宜変更を加えさせて

頂いた。邦訳文献および訳註は〔 〕内に示した。オンブロージによる引用文のなかの種々の誤りについては、訂正の上訳出した。また、注で示されているフランス語文献の情報（出版年、参照頁）に関する誤りも、訂正しておいた。異同については、論文の論旨に影響を及ぼすものを除き、煩雑さを避けるため省略した。

（2）E. Levinas, « Nom d'un chien ou le droit naturel », in DL 202／二〇四。〔以下日本語訳文献のあるものについては、引用は基本的に訳書に依拠するが、文脈に応じて適宜変更を加えさせて頂いた。〕

（3）DL 202／二〇五。

（4）AN 29／三二。

（5）AN 83／一〇八。

（6）AN 144／一九二。

（7）デリダは実際こう書いている「「他人と出会う最良の仕方はその眼の色に気づきさえしないことだ（……）」とレヴィナスが言う時、そのとき彼が語っているのは人間のことであり、人間としての近きもの、同類、兄弟なのであって、彼は他なる人間のことを考えているのである。そしてこのことは、われわれにとって、のちに、ある深刻な不安の場所となるだろう。」（AN 30／三三）

（8）デリダは幾度も創世記の物語に注釈を加えている。たとえばAN 32-37／三六―四三。

（9）AN 94／一二四。

（10）デリダの動物誌のリストについてはAN 60-61／七四―七七。

（11）AN 58／七一。

（12）AN 60／七五。

（13）AN 60／七五。

（14）AN 63／七八。

（15）M. Horkheimer, *Notes critiques. Sur le temps présent*, tr. fr. S. Corbeille et P. Ivernel, Paris, Payot, p. 87 所収の断片、「サーカス」を参照。

（16）AN 63／七八。

（17）AN 63／七九。

（18）J. Derrida, « La pharmacie de Platon », in *Dissémination*, Paris, Le Seuil, 1972, pp. 71-196.〔藤本一勇・立花史・郷原佳以訳『散種』

法政大学出版局、二〇一三年、九一—一七五頁〕

（19）AN 63／一〇九。

（20）AN 63／一〇九。

（21）AN 26／二七。

（22）TI 167／三一四—三一五。〔レヴィナスはこの箇所で、みずからが論じる「女性的な存在」が、ボードレールが例えば「猫」（『悪の華』三四）で喚起する猫と結びついた女性のイメージではないということを断っている。〕

（23）AN 23／二三。

（24）J. Derrida, « Violence et métaphysique. Essai sur la pensée de Emmanuel Levinas », in ED 228／三〇七。「ついでながら述べておけば、『全体性と無限』は、それが女性によって書かれたということがありえない、本質的にありえないとわれわれには思われるほど、非対称性を押し進めている。この書物の哲学的主体は、男（vir）である。」

（25）J. Derrida, « En ce moment même dans cet ouvrage me voici... », in *Textes pour Emmanuel Levinas*, sous la direction de F. Laruelle, Paris, J. M. Laplace Editeur, 1980, pp. 21-60. 特にpp. 52-53 を参照。〔「この作品の、この瞬間に、我ここに」、後に*Psyché I : l'invention de l'autre*, Galilée, 1998に収録。藤本一勇訳『プシュケーI　他なるものの発明』岩波書店、二〇一四年（以下『プシュケーI』）、二〇九—二七九頁、特に二六六—二六七頁〕

（26）E. Levinas, *Du sacré au saint*, Paris, Minuit, 1977, pp. 122-148.〔内田樹訳『神聖から聖潔へ』人文書院、二〇一五年、一七七—二二五頁〕

（27）E. Levinas, « Et Dieu créa la femme », in *Du sacré au saint*, op. cit., p. 125.〔『神聖から聖潔へ』一八〇頁〕

（28）J. Derrida, « En ce moment même dans cet ouvrage me voici... », *op. cit.*, pp. 52.〔『プシュケーI』二六六頁〕

（29）Ibid., p. 54.〔『プシュケーI』二六八頁〕

（30）E. Levinas, *Du sacré au saint, op. cit.*, pp. 125-126.〔『神聖から聖潔へ』一八一頁〕

（31）S. Mosès, « Au cœur d'un chiasme », in Derrida, *la tradition de la philosophie*, sous la direction de M. Crépon et F. Worms, Paris, Galilée, 2008, p. 129.

（32）M.-L. Mallet, « Avant-propos » à J. Derrida, AN 11／五。

（33）J. Derrida, « En ce moment même dans cet ouvrage me voici... », *op. cit.*, p. 53.〔『プシュケーI』二六八頁〕

(34) E. Levinas, *Du sacré au saint, op. cit.*, p. 145.〔『神聖から聖潔へ』二〇七頁〕

(35) AN 90／一一八。〔「起立していることの性的な勃起」と訳したが、原文でデリダは起立（直立）していること一般から、性的な勃起を区別すべきだという文脈で、「性的勃起を〈起立していること〉から（……）区別しなくてはならない」と記しており、オンブロージはAをBから区別するという構文を無視している。著者の論旨はデリダが両者を同一視していることを問題視するものであるが、実際は逆である。〕デリダは、直立動物（homo erectus）の歩みは、人間と動物の関係にも同様に災厄をもたらすと言っているように思われる。「（……）動物に対してなされた悪＝苦痛、動物に対する罵倒は、その場合、雄の振る舞い、homo〔ラテン語で「人間」の意〕としての人間の、だがまたvir〔ラテン語で「男」の意〕としての人間の振る舞いでもあることになろう。動物の悪＝苦痛とは雄である。悪＝苦痛（mal）は雄（mâle）から動物（animal）に到来する。動物に対してなされるこの暴力が、本質的にではなくとも主導的には男性的なものであることはかなり容易に示せるだろう。そしてこの主導性における主調的なものとして、戦士的、戦略的、狩猟的であり、益荒男的（virloïde）なものである。（……）狩猟から闘牛まで、神話から屠場まで、例外はあるにせよ、動物を攻撃するのは雄のほうである、獣たちに対しておのれの権威を据える任務を神が負わせたのがアダムであるように。」（AN 144／一九二）

(36) E. Levinas, « La réalité et son ombre », in *Les imprévus de l'histoire*, Montpellier, Fata Morgana, 1994, p. 134.〔合田正人／谷口博史訳『歴史の不測』法政大学出版局、一九九七年、一一八頁〕

(37) E. Levinas, *Du sacré au saint, op. cit.*, p. 146.〔『神聖から聖潔へ』二〇八頁〕

(38) *Ibid.*, p. 147〔『神聖から聖潔へ』二一〇頁〕

(39) AN 32／三六。

(40) E・ド・フォントネの著作、*Le Silence des bêtes. La philosophie à l'épreuve de l'animalité*, Paris, Fayard, 1998 を見よ。〔石田和男・小幡谷友二・早川文敏訳『動物たちの沈黙《動物性》をめぐる哲学試論』（以下『動物たちの沈黙』）、彩流社、二〇〇八年〕

(41) J・レウェリンの *The Middle Voice of Ecological Conscience : A Chiasmic Reading of Responsibility in the Neighbourhood of Levinas, Heidegger and the Other*, New York, St. Martin's Press, 1991.（AN 149／一九八からの引用）

(42) AN 151／二〇一。

(43) E. de Fontenay, *Le Silence des bêtes, op. cit.*, p. 681.〔『動物たちの沈黙』六九二頁〕

(44) 『タルムード四講話』（Paris, Minuit, 1968, p. 179）のなかで、レヴィナスは皮肉めいて「ユダヤ人の染色体の性質」を特定するために立ちどまり、〔タルムードを引用しながら〕こう書いている。「「ユダヤ人が人間たちの間にいるさまは家畜の間に犬がいるようなものだ。」ライオンではないのです。「鳥の群の間に雄鶏がいるようなものだ。」鷲ではないのです。」そして彼は続ける。「ユダヤ人には（ソクラテスと同様）自分固有の本性を厳しく判断する傾向が生来あるとしても、それだからといってタルムードはユダヤ人がほかの民に比べてより「犬的」であるとか「鶏的」であるとか考えているのではありません。」〔内田樹訳『タルムード四講話　新装版』人文書院、二〇一五年、二〇五―二〇六頁〕

（45）E. Levinas, *A l'heure des nations*, Paris, Minuit, 1988, p. 156.〔合田正人訳『諸国民の時に』法政大学出版局、一九九三年、二二二頁〕

（46）*Ibidem.*〔『諸国民の時に』二二一頁〕

（47）アドルノにとっては、実際、とらわれの動物の眼差しが人間の眼差しと出会う瞬間が、迫害とポグロムの起源そのものである。T. W. Adorno, *Minima Moralia. Réflexions sur la vie mutilée*, tr.fr. E. Kaufholz et J-R. Ladmiral, Paris, Payot, 1980, p. 101.〔三光長治訳『ミニマモラリア――傷ついた生活裡の省察』（新装版）法政大学出版局、二〇〇九年、一五〇頁〕レヴィナスにとっては、隔離、捕囚、発言権の廃止があらゆる人種主義の起源である。このフランスの哲学者によれば、「人種主義は生物学的概念ではない。反ユダヤ主義は、あらゆる監禁の原型である。社会的抑圧自体、このモデルを模倣しているだけである。社会的抑圧は一つの階級へと隔離し、表現を奪い、「シニフィエなきシニフィアン」へと運命づけ、それゆえ暴力と戦いへと運命づける。」（E. Levinas, « Nom d'un chien ou le droit naturel », in DL 201／二〇四。この言説を、ここでレヴィナスは、「あらゆる人種主義の起源」にある人間の眼差しと「獣」とされているもののそれとの関係を強調することで、素描しているように思われる。同様に〔それは〕、非常に近いが異なったホルクハイマーとアドルノの省察や、フランクフルトの哲学者のデリダ的解釈のおかげでもある。

（48）AN 157／二〇八。

（49）E. Levinas, « Nom d'un chien ou le droit naturel », in DL 201／二〇四。

（50）AN 158／二〇九。

（51）「〔……〕この犬は何ものだろうか、〔ボードゲームのような〕集団で行う室内遊戯（jeux de société）を〈あるいは〈社会〉そのものを〉乱す者、それゆえに九柱戯〔ボーリングに似た競技〕に闖入した犬のように扱われるものだろうか。溺死させる準備として、狂犬病であると告発される者であろうか。最も不愉快な仕事――犬の仕事（métier de chien）――をさせられる者、そして――最悪の天気（temps de chien）と呼ばれる――どんな天気でも、犬を外に置けないひどい時でさえ、保護された囲いの外に放置される者であろうか。」（E. Levinas, « Nom d'un chien ou le droit naturel », in DL 200／二〇二）

（52）DL 199／二〇二。
（53）AN 149／一九八。〔「転移」（transposition/Übertragung）は『デカルト的省察』（浜渦辰二訳、岩波文庫、一九九頁「私の身体の把握からの転移」）第五〇節でフッサールが、自己の身体から他者の身体を知覚する意識の作用を説明する際に用いる語（*Husserliana* Bd.I, S. 140）。レヴィナス自身も同省察の翻訳で transposition の語を用いている。レヴィナスの第五省察批判を踏まえるならば、他者の倫理的な現前はこうした「転移」によっては理解できないゆえに、動物を「転移」によって理解していることがまさに動物に他者性を認めていない証左となる。〕
（54）AN 161／二一四。〔直前の引用 « trop peu autre » を原文に照らし « trop autre » に訂正の上訳出。〕
（55）E. Levinas, « Nom d'un chien ou le droit naturel », in DL 201／二〇三。
（56）E. de Fontenay, « L'exaspération de l'infini », in *Cahier de L'Herne*, « Emmanuel Levinas », sous la direction de C. Chalier et M. Abensour, Paris, L'Herne, 1991, p. 197.
（57）E. Levinas, « Nom d'un chien ou le droit naturel », in DL 200／二〇三（強調は引用者）。
（58）J. Derrida, *Adieu à Emmanuel Levinas*, Paris, Galilée, 1997, pp. 71 sq.〔藤本一勇『アデュー　エマニュエル・レヴィナスへ』岩波書店、二〇〇四年、五六頁以降〕
（59）E. Levinas, « Textes messianiques », in DL 123／一二四。
（60）E. Levinas, *Altérité et transcendance*, Paris, Livre de Poche, 2006, p. 181.〔合田正人・松丸和弘訳『他性と超越』法政大学出版局、二〇〇一年、一七七頁〕
（61）E. Levinas, *Transcendance et intelligibilité*, Genève, Labor et Fides, 1996, p. 40.〔中山元訳『超越と知解可能性　哲学と宗教の対話』彩流社、一九九六年、五一頁〕
（62）*Ibid*., pp. 39-40.〔『超越と知解可能性』四九―五一頁〕
（63）『存在するとは別の仕方で、あるいは本質の彼方へ』の最後で、他人との関係を参照しながら、レヴィナスは次の、さらなる省察に価する一節を記している。「呼吸とは幽閉からの解放としての超越である。」そして数行後。「けれども、吸気と呼気いずれにも属さない瞬間によって分離された、吸気と呼気の隔時性は動物性（animalité）ではなかろうか。では動物性が存在することの彼方への開けなのだろうか。そのためには、動物性はあまりにも短い魂の息たることをやめなければならない。〔……〕ありうる限りもっとも長い息、それが精神（＝息吹 esprit）である。人間とは中断することなく息を吸い込み、一方的に息を吐き出す、もっとも息の長い動物ではなかろうか。」(E. Levinas, *Autrement qu'être ou au-delà de l'essence*, Paris, Livre de Poche, 1974, p. 278.)〔合田正人訳『存在の彼方へ』講談社学術文庫、一九九七年、四〇四―四〇五頁〕

(64) 他方で、レヴィナスが自然災害の予兆において人間と動物を接近させている、C・シャリエが親切にも私に教示してくれた一節を示しておかねばならない。それは『歴史の不測』(Montpellier, Fata Morgana, 1994, p. 164) のなかにある一節である。「[……] しばしのあいだは――〔人間と動物との〕屈辱的な兄弟関係が人間たちを、叫び、そしてときには大破局を予感する動物たちにいまいちど結びつけているあいだは――」〔「ジュネーヴ精神について」、合田正人・谷口博史訳『歴史の不測――付論:自由と命令/超越と高さ』法政大学出版局、一九九七年、一四八―一四九頁〕

暴力と言語と形而上学――「言葉の暴力」をめぐるレヴィナスとデリダの相違と交叉

小手川正二郎

はじめに

デリダほどレヴィナスに近くかつ遠い哲学者はいない。それは、よく言われてきたように、デリダの論考「暴力と形而上学――エマニュエル・レヴィナスの思想試論」[1]（一九六四年）がレヴィナスの「転回」を引き起こしたからでも、逆に後年のデリダがレヴィナスの影響を受けてレヴィナスに近づいていったからでもない。[2] 同一とは言えないにしても極めて近い問題系を両者が「まったく別の仕方で」思考し続けたからだ。[3]

筆者はこれまで、従来のレヴィナス解釈において支配的だった「デリダ的読解」――レヴィナスが（1）絶対的に他なるものを目指す「他者論」を展開し、（2）「他者への暴力」を批判し、（3）デリダの批判によって「転回」したとみなす読解路線――とは異なる仕方でレヴィナスを読むことを試み続けてきた。[4] そのような者にとっても「テクストが語っていることのうちに、それが語っているのとは異なることを聴き取ろうとする」デリダによるレヴィナスの脱構築的読解それ自体は、[5] 狭義のレヴィナス研究には収まらない魅力を有する。その魅力とは、レヴィナスやデリダが実際に著述したことを越えて――彼らの草稿研究や発展史的研究を越えて――、われわれが現に直面している問題に取り組むなかで彼らの洞察をわれわれ自身の言葉で展開する可能性を示唆している点にある。残念ながら、こうした展開を試みる人は、欧米においても日本においても、いまだ少ない。筆者が考えるに、この要因の一端は、両者の遠さないし相違が正確に理解されてこなかった点にある。本論は、このような前提のもと、「暴力と形而上学」の主要な論点に関するレヴィナスとデリダの相違を明確にした後で、「言葉の暴力」をめぐる両者の議論の展開可能性を模索する。

暴力と形而上学

「暴力と形而上学」冒頭でデリダは、「哲学はもう死んだのか、それとも自らが瀕死の状態にあることを自覚することでずっと生き抜いてきたのか」という哲学の可能性をめぐる問いを提起し（ED 117／一五三）、この問いに向き合うために哲学的伝統の起源に遡ることを哲学の第一の課題とみなした哲学者としてフッサールとハイデガーの名前を挙げている（ED 120／一五七）。フッサールとハイデガーがそれぞれの仕方で哲学的伝統の起源に遡る際、両者に共通の動機が見られる。すなわち（1）ギリシャ的起源から哲学の歴史全体を理解する、（2）形而上学を縮減する、（3）倫理の範疇を倫理とは異なる審級（現象ないし存在との係わり）に従属させる、という動機である。レヴィナスの思想は、こうした三つの動機、「あらゆる哲学的手段一般にとって唯一可能な方向を示している」（ED 121／一五八）動機からの脱却として位置づけられる。[6] つまりレヴィナスが試みているのは、（1）ギリシャ的言語を用いつつ、経験それ自体に対する忠実さに基づいて、ギリシャ的言語の核となっている現象や存在の同一性の支配を脱すること、（2）絶対的な超越を思考する形而上学を再興すること、（3）倫理的関係、すなわち他人との非暴力的な関係こそ、形而上学的な超越を唯一具体的に実現するとして、倫理の固有性および優位（「第一哲学としての倫理」）を打ち立てることであると解されるのだ（ED 122-123／一六〇―一六二）。「暴力と形而上学」の主眼は、レヴィナスのこのような試みに最大限の評価を与えつつも（cf. ED 122; 225／一六〇、三〇一）、レヴィナスが他者との非暴力的関係を、言語を排した合一や接触のうちにではなく、言語活動のうちに見出すがゆえに生じる次のようなアポリアを暴くことに存する。すなわち、形而上学を唯一可能にする他者との非暴力的関係に、他者を何らかの現象ないし存在者として規定するギリシャ的言語の必然性が含まれる以上、形而上学は他者の他性を現象や存在の同一性に組み込む「暴力」とならざるをえない[7]。他方、もし形而上学がこうした言語を完全に放棄するなら、それは他者については沈黙を貫くという「最悪の暴力」（ED 172／二二八）に与せざるをえないというアポリアである。要するに「暴力と形而上学」という題目が示唆しているのは、（1）言語、（2）形而上学、（3）倫理（非暴力）の間の連関を背景に、（3）他者との倫理的関係のうちに（1）ギリシャ的言語が含まれるがゆえに、（2）形而上学が言語を完全に拒否する最悪の暴力か、他者を何らかの概念のもとで規定する言語の暴力いずれかに避けがたく結びついてしまっているということなのだ。

一見すると、暴力と形而上学のこうした結びつきは、レヴィナスにとって回避不可能なアポリアに見える。しかし注意深く読むなら、これほどレヴィナス自身の論述と相いれない推論は存在しない。というのもレヴィナスは、暴力と言語と形而上学という三つの論点をデリダとは「まったく別の仕方で」思考しているからだ。

暴力

最もわかりやすいのは、レヴィナスとデリダが話題にする「暴力」の相違であろう。デリダは、レヴィナスがあたかも「他者への暴力」を問題にし、言語活動を他者へ**の**非暴力的係わりとみなしていたかのように描いている（cf. ED 188; 191; 218-219／二五〇―二五一、二五四、二九二―二九四）。しかしこれは、レヴィナスのテクスト自体が語っていることとは明らかに異なる。というのも、レヴィナスがとりわけ非暴力を問題とする際に語っているのは、他者への暴力ではなく、（自我の自由を毀損するという意味での）自我への暴力であり、[8] レヴィナスが言語活動――レヴィナス自身の著述であれ、彼が論ずる自我の言語活動であれ[9]――を、他者への非暴力的係わりと無条件に同一視している箇所は『全体性と無限』の内には見当たらないからだ。レヴィナスが試みたのは、他人が自我に非暴力的な仕方で働きかけることは可能か、可能だとしたらそれはいかにしてかという問いに答えることであった。『全体性と無限』第三部B「顔と倫理」の緻密な分析を通じて示されるのは、他人が様々な属性や能力によってではなく、自我とは端的に異なる者として現前すること（他人それ自身の現前という意味での他人の人格的現前）によって自我に働きかけるとき、それは自我の喪失や盲目的な追従を引き起こすことなく、自我自身による応答を促す非暴力的な働きかけとなるということだ。個別的な存在者としての他人（autrui）とは区別される〈他者〉（l'Autre）は、厳密には、いかなる属性にも縮減しえない他人の他性を意味し、自我に非暴力的な仕方で働きかける審級として位置づけられる。[10] レヴィナスが言語活動に〈他者〉との非暴力的な係わりを見出していたのは、「言語活動が〈他者〉への非暴力的な関係をなす」と考えたからではなく、「言語活動が〈他者〉からの非暴力的な関係を前提としている」と考えたからだ。それゆえ、絶対的に他なるものへの非暴力的な係わりを目指す（ないし絶対的に他なるものを非暴力的に語る）という課題をレヴィナスに押しつけることはできない。

確かにデリダのいう「他者への暴力」は、『全体性と無限』の「暴力は（他人の）顔だけに向けられうる」（TI 249／下・一〇二）という言明に依拠してはいる（ED 218／二九二）。しかし、当該箇所（第三部C「倫理的関係と時間」）で語られる暴力は、それ以前に分析された「他人から自我への非暴力的な働きかけ」を前提とする狭義の暴力概念であり、他人からの非暴力的な働きかけと同じ水準では語りえない。レヴィナスは、多義的な暴力概念に含まれる様々な水準（他者による自我への肉体的暴力、国家や法による自我の統制としての暴力）を前もって明確に区分けした後で（cf. TI 37／上・六八―六九）、狭義の暴力を、動物の狩猟や自然破壊から区別し（TI 246／下・九六）、暴力の成立には、（上司／部下、教師／学生といった）関係性に縮減したり、（人数や特定の属性のもとで）機械的に処理（「大量殺戮」）したりできない他人自身との関係（他人に危害を加えた「私」に責任を感じさせたり、他人を無視したことに負い目を感じさせたりする他人の人格的現前）が前提となっていることを看破する（TI 244-246／下・九四―九六）。ここには、経験的な暴力から遡ってより根源的な（他者への）暴力を探求せんとするデリダとは異なるレヴィナスの姿勢が、つまり暴力がもつ様々な意味を区別し、厳密な意味での暴力を記述し定義しようとする現象学者としての姿勢が見て取られる。

形而上学

デリダは、「絶対的に〈他〉なるものは、他人である」（TI 28／上・五二）とするレヴィナスの形而上学を、特権的な存在者（神）の存在意味をもとに存在一般の意味を考えることで「存在」そのものの意味の問いを忘却してしまう（ハイデガーの批判する）「形而上学」と重ね合わせようとする（ED 209-210／二七九―二八〇）。しかし、こうした重ね合わせは、プラトンやデカルトに遡って形而上学という概念を甦らせたレヴィナスの動機が、まさにハイデガーによる形而上学のこの存在論的解釈に対抗する点にあったという事実を看過させかねない。

実際のところ、『全体性と無限』から『存在するとは別の仕方で』を貫くレヴィナスの課題は、存在の意味の問いを棄却することではなく、存在や現象の彼方から、すなわち存在や現象の延長線上には位置づけられない他人との倫理的関係から出発して初めて存在の意味が思考可能になること、「存在論は形而上学を前提としている」（TI 39／上・七三）ことを示すというものだ。[11]

なぜ他人は、存在や現象の彼方に位置づけられるのだろうか。それは、他人が前もって「絶対的に他なるもの」として想定されているからでも、他人の内面性が当人しか知りえない私秘的なものだからでもない。レヴィナスが「形而上学が営まれるのは、社会的関係が営まれるところで、すなわち人間たちとのわれわれの係わりにおいてである」(TI 77/上・一四五) とし、この関係を言語活動ないし対話とみなす際 (TI 28-29/上・五二―五三) に問題となっているのは、対話者としての他人である。対話者としての他人は、自我が語りかける宛先 (「~に語りかける」という際の与格で表される者) であり、その限りで自我が何らかの存在者として認識したり、話題にしたりする対象 (「~を認識・主題化する」という際の対格で表される者) と区別される。[12] 確かに、対話者自体を話題にしたり、対話者を何らかの存在者として認識したりすることはいつでも可能である。しかし、自我が自らの認識や発話を差し向ける宛先としての他人は、その人との関係において存在や現象が初めて意味をもつような審級として、存在や現象とは異なる水準で考えられ、[13] なおかつ存在や現象に意味を与える点でそれらに先立つ水準に位置づけられねばならない。われわれの言語活動や認識が、他人への差し向け・語りかけに基づいているという事実から出発して、現象や存在を根本的に捉え直すことこそ、レヴィナスが形而上学と呼んだ試み――独断的な教説ではなく、『全体性と無限』全体を通じてその妥当性が検証される仮説――に他ならない。

言　語

以上のようなレヴィナスの形而上学の言説を、デリダはフッサールの言説と対比し、フッサールが他人を自我の志向的変様とみなすことで自我に原的に与えられない他人 (「他我」) について語りえたのに対して、レヴィナスは他人を「絶対的に他なるもの」とみなすことで、他人について語る権利を放棄してしまったと論じる。

> レヴィナスは事実上、無限に他なるものについて語っているが、それに自我の志向的変様を認めること——このことは、レヴィナスにとって〔無限に他なるものを〕包括する暴力的行為になる——を拒むことで彼自身の言語活動の基盤自体とその可能性を断ってしまう。もしレヴィナスが「同」と呼び、超越論的記述の中立的な水準をなすこの圏域において無限に他なるものが無限に他なるものとして現れることがないなら、レヴィナスが「無限に他なる」と述べることを何が許してくれようか。（ED 183／二四三―二四四）

デリダによれば、レヴィナスは他人も何らかの存在者として現象することを認めるか、他人についての哲学的記述を放棄するかのどちらかを選択しなくてはならないことになる。この二者択一ほど、レヴィナスが距離をとろうとした既存の見方の特色を露わにするものはない。まず、レヴィナスは他人に現象性や自我性を認めることが絶対的に他なるものを侵害することになるからそれらを認めないのではない（絶対的に他なるものを非暴力的に語ることが彼の課題なのではない）。次に、彼は他人が「他我」として認知されうること、他人が何らかの存在者として現象しうることを否定してはいない。レヴィナスが強調しているのは、他人をその属性や外見から一方的に把捉する（comprendre）経験と、彼が「他人の対面」と呼ぶ、他人を対話者として迎え入れる経験は、端的に異なる経験であり、後者を「他人の現出」に還元するなら、その——自我の把捉が他人によって問い直されるという——固有性が見失われてしまうということだ。さらに重要なのは、この経験の固有性は、「言語の可能性を放棄する」ことなく語られうるということ、ただしそのためには他人をその現象性から語るのではなく、現象性とは異なる起点から語る必要が生じるということだ。

デリダは、自我に現れる他者（l'autre）について何らか語ること、さらには他者が何かとして現象しているという事実を受け取ることそのものに、倫理的な次元で語られる暴力に先立つ、他者への最も「根源的な」暴力

（「超越論的暴力」）を見て取っている（ED 183-184／二四四）。しかし、あらゆる言語とあらゆる現象に根づくとされるこの極端な意味での暴力は、あまりに広くかつあまりに狭すぎる。あまりに広いというのは、あらゆる言語活動やあらゆる現象の認知がおしなべて暴力的と呼ばれるがゆえに、暴力から固有の意味が失われてしまうからだ。あまりに狭いというのは、このような暴力概念が言語活動に含まれるただ一つの機能、すなわち他者を何かとして名づけ、同定するという作用にのみ依拠しているからだ[14]。

これに対してレヴィナスは、言語活動をただ一つの作用に切り詰めることはせず、他人への語りかけという側面に着目することで、言語活動の様々な側面を他人との関係のなかで捉え直そうとする。そうすることで、例えば概念による世界の主題化は、他人との世界の共有という観点から極めて肯定的に解釈されるのである（TI 189／上・三五七―三五八）。

言葉の暴力をめぐって――バトラーによる展開

以上のように、レヴィナスとデリダは、暴力、形而上学、言語という概念を異なる問題設定や前提のもと、まったく別の仕方で論じている[15]。こうした相違を念頭において初めて、両者の比較は意味をもつことになる。というのも、両者が極めて近い問題系にまったく別の仕方で接近したがゆえに、両者が扱った問題を異なる視点から立体的に描き直すことができ、あまりに思弁的で抽象的だという非難を共に被ってきたレヴィナスとデリダの間で、両者の見方がいかなる記述を可能にするかをめぐって生産的な対話が生じうるからだ。こうした生産的な対話の一つの可能性として、本論は「言葉の暴力」に関する両者の比較を素描する。言葉の暴力は、レヴィナスにおける狭義の暴力概念と何らかの関連性を有すると同時に、デリダにおける言語活動や名づけることの暴力性にも係わっていると考えられるからだ。

言語の暴力性をめぐるデリダの立場をあえて体系的に描き直してみよう。「暴力と形而上学」で他者を他者として同定する暴力という形で問題化されていた言語の暴力性は、『グラマトロジーについて』（一九六七年）でより明瞭な形で提示されている。(16)

実際、名づけるという最初の暴力があった。名づけること、〔……〕名前を与えること、そうしたことこそ、呼格でしか表せないものを一つの差異のうちに組み込み、分類し、宙づりにするという言語活動の根源的な暴力（violence originaire du langage）なのだ。唯一的なものを体系のうちで考え、体系に組み込むこと、それこそ原的書き込み（archi-écriture）という振舞いなのだ。つまり、原的暴力（archi-violence）という、固有なもの・端的な近さ・自己への現前を失うこと、〔より正確には〕本当は生じたことがなかったものを失うことである。というのも自己への現前は決して与えられることがなく、ただ夢見られ、つねにすでに分割され反復されており、消失することによってのみ現れうるようなものであるからだ。（DG 164-165／上・二二七）

ここでは日常的な意味での暴力（肉体的暴力・言葉による暴力）に先立って、他人が何かとして同定され、命名される際に、すでに特定の概念体系に組み込まれ、自らの固有性を喪失させられるという原的暴力が問題化されている。ところがデリダは、この原的暴力が日常的な意味での暴力といかなる繫がりを有するかについては、多くを語ってくれない。(17) 両者がいかなる関連ももたず端的に異なるのなら、このような現象性を「原的暴力」と呼ぶ理由は不明瞭なままである。その一方で、この原的暴力の概念を拡大して、どんな言説も「原的暴力」という水準では「暴力的」であると言うなら、どのような言説がより暴力的といえるのかが不明になってしまい、「暴力」という言葉の意味が霧散してしまう。

J・バトラーは、こうした難点を肯定的に捉え直し、人が言語の原的暴力をすでに被っているということから出発して、言葉の暴力を考察しようとしている。バトラーによれば、言語の原的暴力性は、たんに人をその呼称のもとに固定するだけでなく、同時に特定の社会的な体系（言語共同体・社会的階級・文化・歴史）に組み込むことで、当人を何らかの社会的存在として認知することを含んでいる。

人はある呼称で呼ばれることによって、〔そのような存在として〕単に固定されるだけではない。中傷的な名称で呼ばれると、軽蔑され、卑しめられるが、蔑称にはべつの可能性もある。逆説的なことだが、ある名称で呼ばれることによって、社会的存在のある種の可能性を獲得し、その名が使われた当初の目的を超える言語の時空に誘われることもある。だから中傷的な呼称は、その呼称を投げかけられた人を、固定したり、身も凍りつく思いをさせたりする一方で、同時に、予想もしなかった新しい可能性をもつ応答を生みだしもする。[18]

言葉（ないし表現）の暴力を考える際、例えば、ヘイトスピーチやポルノグラフィを、結果として他人を傷つけたり傷つけなかったりする発話媒介行為（発話によって聞き手に危害をもたらす行為）ではなく、発話や表現自体が他人を劣位化し（劣った地位に位置づけ）、他人の自由（表現の自由や移動の自由）の剝奪ないし制限に直結する（発話そのものが行為をなす）発話内行為とみなし、そうした表現を規制しようとすることは確かに可能である。[19] しかし、バトラーによれば、特定の表現（差別表現や蔑称）が特定の他人に必ず危害をもたらすことを理由に当の表現を規制しようとする議論は、当の表現を逆手にとって使用する可能性も塞いでしまう。その結果、差別表現の被害者やマイノリティの自己表現（例えば、同性愛者のカミングアウト）の可能性を狭めてしまうことになる。[20] バトラーは表現とその結果の繋がりをあえて断ち切り、表現が特定の（歴史的・社会的）文脈のなかで反復されることによってのみ意味をなし、様々な結果をもたらすことを強調する。そうして、固定化され、自然なものとみなされてきた文脈をずらして、それまで否定的な意味で用いられてきた蔑称（例えば「クイア」（変態））に、肯定的な意味を与え直すことができると主張する。[21] 差別表現や蔑称であっても、それが「〜と呼ばれる人」という形である人を同定し、その人をその表現が用いられてきた文脈に置き入れることで、逆に当人が文脈をずらしてその表現をそれまでとは異なる形で用いる余地を残しているというわけだ。要するにバトラーは、他人を特定の体系に組み入れるという言語の原的暴力に遡ることで、言葉と経験的な暴力との結びつきを無効化し、そのようにして言葉の暴力に対する対抗言論を生み出す可能性を模索しているのだ。こうした方向性が、デリダ自身の考えにどれだけ沿うものであるかについては議論の余地があるものの、[22] デリダの原的暴力という概念を具体的な形で展開する試みであるとは言えよう。[23]

レヴィナスの暴力概念の射程——ヘイトスピーチに抗して

狭義の暴力は、他人の非暴力的な働きかけに基づいているというレヴィナスの分析からは何が言えるだろうか。それが意味するのは、他人との暴力的衝突が人々の間の第一次的な事態——自己保存の原理から必然的に導出される「万人の万人に対する闘い」——ではなく、むしろそれはすでに他人の人格的な現前を前提としているということだ。[24] そこから示唆されるのは、加害者が被害者に暴力をふるうとき、被害者の人格的現前によって暴力とは異なる方向性（議論の可能性・他人を傷つけない言葉を選択する可能性）が指し示されていたということだ。暴力とは、こうした方向性とは逆の方向に進むことで生じた帰結であるということになろう。

例えばヘイトスピーチは、特定の集団（人種、民族、宗教）に属する人々に対する暴力をなしているが、[25] その暴力性は個々人がもつ数多くの属性のうちのただ一つに人々を縛りつけ、彼らを個々人に固有なあり方（人格的現前）からではなくその一属性から一方的に把握しようとする点、そして当該の属性についての（根拠を欠いた）負のイメージを流布させることでその属性をもつ人々の地位を低下させ、彼らが本来もつべき様々な自由（移動の自由、言論の自由）を制限したり、安心して暮らせないようにしたりする点に認められる。こうした暴力性を孕むヘイトスピーチを規制する法の立法に対して、ドゥオーキンは、ある言論・表現が何の原因となりうるか（あるいは実際なっているか）は、その言論・表現を規制する根拠とはなりえず、特定の表現の検閲を認めることは、表現の自由そのものを侵害しかねないことを強調する。[26] これに対してウォルドロンは、言論や表現がもたらす影響は、それを規制する法の正当化に際して意味をなし、憲法解釈を変更したり、憲法それ自体を変更したりする可能性にまで及ぶものだと主張する。[27] 彼によればヘイトスピーチを規制することは、規制法に対する反対の声をあげたり、人種や宗教や民族に対する個人的な意見を表明したりすること自体の規制にはつながらない。ただしこうした人々は、自らの意志や意見を表明するために、挑発的な言葉（侮辱的・攻撃的な表現）を使う必要はないし、挑発的な言葉が人を傷つけたり不快にしたりするということは一般に認められている以上、そうした表現を用いずに意見表明するよう彼らに要求するのは理に適ったことである。このような形でヘイトスピーチを規制する際、その最終的な論拠は、被害者の「尊厳」の保護という点に求められるが、この言葉の曖昧さはしばしば非難の的となってきた。[28] レヴィナスの議論は、一方で（尊厳の担い手たる）他人の人格的現前が特定の属性や能力から派生するものではなく、われわれの言語活動の構成要件となっていることを示す点で、他方どんな表現も（表現者が意図するにせよしないにせよ）宛先をもち、その宛先に即して当該表現が暴力的かどうかを判断しうると論ずる点で、こうしたヘイトスピーチ規制論に一つの立脚点を与えうると思われる。[29]

結び

以上の議論は、粗いスケッチにとどまっており、個々の論点に関して、レヴィナスとデリダ各々の議論の諸前提や展開可能性をより詳細に吟味する必要があることは言うまでもない[30]。一方で、サランスキが指摘しているように[31]、レヴィナスの議論および思考法の変革と同程度の一貫性や体系性をなすような議論をデリダが構築しているようには思われない[32]。デリダ自身が不明瞭なままにしている個々の論点の繋がりや妥当性を問い直し、デリダの洞察から何が言えるかを明らかにしていくことこそ、デリダの読者に課せられた役割であろう。他方、レヴィナスの読者も、彼の用語を闇雲に繰り返して何かを言ったつもりになるのではなく、「レヴィナス的倫理学」が実践的な場面でいかなる妥当性を有するかを問うていかねばならない。誤読と曲解の危険と隣り合わせのこうした困難な作業を通じてのみ、レヴィナスがデリダに感じた（そしておそらくはデリダも感じていた）「対照的なものが交わるときの核心にある接触の喜び[33]」を分かちあうことが可能となるだろう。

註

（1）Jacques Derrida, Violence et métaphysique. Essai sur la pensée d'Emmanuel Levinas, in: *Revue de métaphysique et de morale*, 1964, repris dans ED.

（2）本論集所収の渡名喜論稿を参照。

（3）おそらくこのことに最も自覚的だったのは、レヴィナスとデリダ当人であった。Cf. Emmanuel Levinas, Tout autrement, in: *L'Arc* n° 54, 1973, repris dans *Noms propres*, Montpellier: Fata Morgana, 1976, p. 89. Jacques Derrida, *Adieu à Emmanuel Lévinas*, Paris: Galilée, 1997, p. 22.

（4）拙著『甦るレヴィナス――『全体性と無限』読解』、水声社、二〇一五年、第三部「デリダへの応答」参照。

(5) デリダによる脱構築的読解の特徴は、(1) 周縁的な要素に依拠する、(2) 読解中に生じてくるあらゆる「差し向け」に身を委ねる、(3) テクストが語っていることのうちに、それが語っているのとは異なることを聴き取ろうとする、という三点にまとめられる (Jean-Michel Salanskis, La philosophie de Jacques Derrida et la spécificité de la déconstruction au sein des philosophies du *linguistic turn*, in: Charles Ramond (éd.), *Derrida: la déconstruction*, Paris: PUF, 2005, p. 35)。

(6)「暴力と形而上学」のこうした問題設定およびそれとデリダによる脱構築の二つの特徴づけ (cf. Jacques Derrida, Les fins de l'homme, in *Marges*, Paris: Minuit, 1972, pp. 162-163) との関連については、二〇一四年九月一二日に開催されたシンポジウム「レヴィナスは今日?-」における荒金直人氏の提題「レヴィナスと脱構築」から多大な示唆を得た。

(7) その場合「形而上学は「取引」(économie)、つまり〔他者との非暴力的関係ではなく〕暴力に抗する暴力、光に抗する光である」(ED 173/二三〇) ことになってしまう。ここでは、「エコノミー」という語は、「家を拠点とする世界との係わり」というレヴィナス的な意味ではなく (ED 172/二二八)、同種のもの (暴力、光) のやり取り (からなる力動的構造) として理解されている。

(8)「〔他人の〕倫理的現前は他であると同時に暴力なしに (sans violence) 課される」(TI 242/下・八九)。Cf. TI 38; 43; 222/上・七一—七二、上・八一、下・五一。

(9)「暴力と形而上学」における「他者への暴力」をめぐるデリダのレヴィナス批判は、二つの水準にまたがっているにもかかわらず、デリダが意図的に両者を重ね合わせているため (cf. ED 173/二二八)、しばしば混乱した解釈を生んでいる。一方でデリダは、レヴィナスが絶対的に他なるものとしての〈他者〉(l'Autre) について語る際、「外部性」といった空間的用語や伝統的な対立項 (同と他、内と外) との類比を通じて語らざるをえないがゆえに、「他者」を既存の概念枠組みに閉じ込める暴力に与しているとみなす (ED 171/二二七)。他方デリダは、レヴィナスの記述する「自我と他人の関係」において、自我が他人を「何か」として規定せぬまま呼びかけたり対話したりすることができない以上、自我の言語活動が「他人への暴力」を孕まざるをえないと主張している (ED 218-220/二九二—二九五)。デリダがここで問うているのは、〈他者〉について、伝統的な哲学とは異なる仕方で語ろうとするレヴィナス自身の困難と、レヴィナスの分析する「自我と他人の関係」における他人 (autrui) への暴力の不可避性という二つの異なる問題と言えよう。本稿では、前者の暴力、すなわちレヴィナスが「絶対的に他なるもの」について哲学的に記述することの暴力性を扱う (後者の暴力概念については、拙著『甦るレヴィナス』、第七章参照)。

(10) この点については、拙著『甦るレヴィナス』、第七章 (とりわけ第三節) で詳細に論じた。レヴィナスにおける他人 (autrui)

と〈他者〉（l'Autre）の区別については、同書第二章、第六章を参照。

（11）Emmanuel Levinas, *Autrement qu'être ou au-delà de l'essence*, Den Haag: Martinus Nijhoff, 1974, Livre de poche, p. 33.（『存在の彼方へ』、合田正人訳、講談社、一九九九年）この課題は初期から一貫している。Cf. Koki Hiraishi（平石晃樹）, L'ontologie suppose la métaphysique: l'ontologie lévinassienne dans *Totalité et infini*, in『フランス哲学・思想研究』第一九号、日仏哲学会、二〇一四年。

（12）「対話において、私の主題としての〈他人〉（Autrui comme mon thème）と私の対話者としての〈他人〉（Autrui comme mon interlocuteur）との隔たりが必然的に際立つ。この隔たりゆえに、対話者としての〈他人〉は主題によって一旦捉えられるように見えるにもかかわらず主題から解放されており、私が対話者に付与する意味に直ちに異議が唱えられるのだ」（TI 212-213／下・五二）。

（13）他人との対面は、欠損した現象（デリダ）ないし、われわれの認識を越え出る充溢した現象（マリオン）として考えられるべきではなく、現象とは端的に異なる体制に属すると考えられねばならない。Cf. Jocelyn Benoist, Apologie de la métaphysique, in: Danielle Cohen-Levinas & Alexander Schnell (edd.), *Relire* Totalité et infini *d'Emmanuel Levinas*, Paris: Vrin, 2015, pp. 52-53.

（14）無論、後で見る『グラマトロジーについて』の引用にあるように、デリダ自身は純粋に非言語的なもの（固有なもの）が言語によって名づけられるという見方を脱構築しようとしている。とはいえ、この名づけの次元に執着するあまり、デリダは他の言語論（例えばオースティンの議論）の本質を捉え損ねてしまう場合がある（cf. Raoul Moati, *Derrida/Searle. Déconstruction et langage ordinaire*, Paris: PUF, 2009, pp. 71-82）。

（15）こうした相違は、哲学史についての理解や両者が共に用いる責任や正義といった概念の理解にも見て取られよう。哲学史の理解の相違に関しては、拙論「展開0　レヴィナス、デリダ」、水地宗明・山口義久・堀江聡編『新プラトン主義を学ぶ人のために』、世界思想社、二〇一四年所収、参照。レヴィナスの責任概念については、拙論「「責任を負うこと」と「責任を感じること」——レヴィナスの責任論の意義」、『國學院大學紀要』第五四巻、國學院大學、二〇一六年所収、参照。

（16）以下の議論は、レヴィ＝ストロースによる人類学的考察（固有名を口に出すことが禁止されているナンビクワラ族の子供たちから、他の子供たちの固有名を聞き出すにいたる叙述）を手がかりになされており、デリダ自身の「暴力論」とみなしうるかどうかは議論の余地がある。ただし、筆者はデリダの他のテクストに鑑みても、この議論が彼の言語論の一つの支柱となっていると考える。

（17）『グラマトロジーについて』では、（1）原的暴力、（2）（固有名を口に出すことを禁じる）法の暴力、（3）この法の侵犯としての（経験的）暴力という三つの水準が区別され、原的暴力の根源性が強調されているが、原的暴力が他の暴力といかなる関係にあるかはそこまで明確にされていない（cf. DG 165／上・二二七）。

（18）Judith Butler, *Excitable Speech: A Politics of the Performative*, New York/London: Routledge, 1997, p. 2.（『触発する言葉――言語・権力・行為体』、竹村和子訳、岩波書店、二〇〇四年、五頁）訳文は、邦訳に依拠したが、表現等を適宜改めた。

（19）Rae Langton, Speech Acts and Unspeakable Acts, in: *Philosophy and Public Affairs* vol. 22, n°4, 1993. Catharine MacKinnon, *Only Words*, Cambridge Mass.: Harvard University Press, 1993. バトラーの議論の背景については、江口聡「ポルノグラフィに対する言語行為論アプローチ」、『現代社会研究科論集』、第一号、二〇〇七年所収、参照。

（20）Judith Butler, *op. cit.*, p. 14.（邦訳二三頁）

（21）「行為と中傷の繋がりを緩めることによってのみ、その繋がりを強めることであらかじめ封じられていた対抗発話――すなわち発話を返すこと――が可能になる道が開けていく。〔……〕発言がなされる様々な場面のあいだにある時差は、その種の発言の反復と再意味づけを可能にするが、それだけでなく、時間の経過によって、いかに言葉がその中傷力から分離され、肯定的な意味をもつべつの文脈のなかに位置づけなおされるかを示すものでもある」（*ibid.*, p. 15, 邦訳二四―二五頁）。

（22）デリダ自身は、原的暴力と言葉の暴力および差別の暴力の関係をもう少し複雑に考えていたように思われる。その一つの手がかりは、例えば人種差別についての次のような言説に窺うことができる。「固有表現（idiome）は人種主義に傾斜してはならないはずだろう。ところが実際にはよくそうなるのであって、それはまったく偶然のことではない。言語なしに人種主義はないのだ。人種暴力は単に言葉によるものではないが、なんらかの言葉を必要とするものなのだ。〔……〕人種主義は制定し、宣言し、書き、記入し、規定する。標記システムである人種主義は、居住地を指定したり境界を閉じたりするための場を描き出す。人種主義は識別する（discerner）のではない。それは差別する（discriminer）のだ」（Jacques Derrida, Le dernier mot du racisme (1983), in: *Psyché. Inventions de l'autre*, Paris: Galilée, 1987, p. 355.『プシュケー――他なるものの発明（I）』、藤本一勇訳、岩波書店、二〇一四年、五五八頁）。

（23）少なくとも、何も語られない（同定されることがない）状態を最悪の暴力とみなして、純粋な非暴力ではなく、「最小の暴力」を目指す「暴力と形而上学」の姿勢の一つの展開とみなすことはできよう。こうした姿勢は、後年のデリダにも一貫して見られる。Cf. Jacques Derrida, Remarques sur la déconstruction et le pragmatisme (1996), in: Simon Critchley (et al.), *Déconstruction et pragmatisme*, Besançon: Solitaires intempesitifs, 2010, pp. 163-164.

（24）このことは、戦争状態の前に純粋な平和状態があるという素朴な想定（独断的な「形而上学」）ではない。この点を後年のデリダは、正確に見て取っている。Cf. Jacques Derrida, *Adieu à Emmanuel Lévinas, op. cit.*, pp. 160; 167-168.

（25）ヘイトスピーチがもたらす様々な害悪については、Mari J. Matsuda, Public Response to Racist Speech: Considering the Victim's Story, in: M. J. Matsuda, C. L. Lawrence III, K. W. Crenshaw（edd.）, *Words that Wound: Critical Race Theory, Assaultive Speech, and the First Amendment*, Boulder, Colo.: Westview, 1993, pp. 24-26を参照。

（26）ドゥオーキン自身はヘイトスピーチに対して批判的であるが、それをあくまで「表現の自由の高い代償」とみなしている。ロナルド・ドゥオーキン『自由の法——米国憲法の道徳的解釈』、石山文彦訳、木鐸社、一九九五年、二八五頁、二九四頁参照。

（27）Jeremy Waldron, *The Harm in Hate Speech*, Cambridge MA: Harvard University Press, 2012, pp. 180-181; 183.（『ヘイト・スピーチという危害』、谷澤正嗣・川岸令和訳、みすず書房、二〇一五年、二一四—二一五頁、二一七—二一八頁参照）

（28）*Ibid.*, pp. 136-143.（邦訳一六三—一七一頁）

（29）詳細については、稿を改めて論じねばならない。

（30）こうした可能性を考えるうえで、デリダの死刑をめぐる議論（Jacques Derrida, *Séminaire. La peine de mort*, Paris: Galilée, 2012）は、とりわけ興味深い材料になりうる。

（31）Jean-Michel Salanskis, Sur quelques objections à Levinas, in: *L'humanité de l'homme. Levinas vivant II*, Paris: Klincksieck, 2011, pp. 119-120.（「レヴィナスに対する諸反論について」、小手川正二郎訳、『現代思想』（総特集レヴィナス）、青土社、二〇一二年所収、一四三頁）

（32）吉永和加『〈他者〉の逆説——レヴィナスとデリダの狭き道』（ナカニシヤ出版、二〇一六年）は、否定神学との関連のもと、レヴィナスとデリダの体系的な比較を試みている。

（33）Emmanuel Levinas, Tout autrement, ibid., p. 89.

デリダはレヴィナス化したのか——「暴力と形而上学」から『最後のユダヤ人』まで

渡名喜庸哲

はじめに

デリダとレヴィナスをめぐる議論には一つの錯綜がある。一方では、デリダの「暴力と形而上学」がレヴィナスに与えた衝撃を強く見積もるにせよ、それに異議を唱えるにせよ、デリダからレヴィナスに与えられた影響が設定される。他方では、とりわけ八〇年代以降のデリダが、「メシアニズム」や「赦し」といった、かつてならばおそらく使わなかったはずの語彙を用い、「倫理としての脱構築」と形容しうる思想を展開するようになる姿を捉え、レヴィナスからデリダに与えられた影響が強調される。(1) 後者にはさらに、レヴィナスが恒例の「タルムード講話」の場としてきた「フランス語圏ユダヤ人知識人会議」に長年参加しなかったデリダが、レヴィナスの死後、はじめてそこで講演を行ない、(2) それにとどまらず、自身をめぐるほかならぬ「ユダヤ性」を主題としたシンポジウムの開催を受け入れ、そこで自らの「ユダヤ性」について本格的に論じるという点も付け加えてもよい

かもしれない。(3)

こうして、デリダからレヴィナスへ、レヴィナスからデリダへという双方向の影響関係が問題となりうるだろう。本稿では、それを包括的に論じることは紙幅の都合上かなわないため、その前提としていくつかの補助線を引くことにとどめたい。本論の主眼は大きく言って三つある。一つは、本書の機縁にもなっている一九六四年に書かれたデリダのレヴィナス論「暴力と形而上学」に関してである。これまで、この論文こそがレヴィナスの第一の主著『全体性と無限』から第二の主著『存在するとは別の仕方で』へのある種の思想的な「転回」を迫るものであったか否かをめぐる一連の議論がなされてきた。しかし、もちろんデリダのレヴィナス論がきわめてすぐれたものであることを認めた上でも、「暴力と形而上学」をレヴィナスの「転回」の動因とするかどうかをめぐる議論はいったん括弧に入れるべきではないかということを提案しておきたい。デリダの論文がレヴィナスに与えたインパクトは確かにあっただろうし、それを否定するつもりはないが、とはいえその影響関係は、しかるべき文脈におきなおして評価されるべきであろう。その上で、二点目として、レヴィナスに対するデリダの影響よりもむしろ、すでにして『全体性と無限』以降にレヴィナス自身の思想の変容が生じていたこと、さらにそれがデリダへとなんらかの影響をもたらしていたことをどう捉えるかが問われるべきであろう。これについて、「表出(expression)」と「作品(oeuvre)」という概念の対に注目することで問題の所在を指摘したい。さらに三点目として、こうした見地から、とりわけ八〇年代以降、「ユダヤ性」の問題に意識的に介入してゆき、しかもそれを自らの「ユダヤ性」の告白のようなものを伴ってあえて行なうデリダの身振りを検討しよう。

1 「暴力と形而上学」について論じる際のいくつかの書誌的前提

まずは書誌に関わる事実確認から始めよう。

レヴィナスの思想のある種の変容が「暴力と形而上学」公刊以前からすでに表れているということはしばしば指摘されるところである。ただし、これまでほとんど注目されていないことだが、見逃してはならないのは、『全体性と無限』という著作が、公刊自体は一九六一年だとはいえ、遅く見積もっても一九五九年にはすでに完成されていたということである。周知のように同書は「現象学叢書(Phaenomenologica)」の一冊として公刊されたが、当時ルーヴァンのフッサール・アルヒーフにて同叢書の担当助手を務めていたジャック・タミニョーの回想によれば、同書の原稿の受け取りは五九年だった(4)。

そこで五九年から少なくとも「暴力と形而上学」が公表された六四年までのレヴィナスの仕事を見てゆくと、そのあいだに——つまり『全体性と無限』の後に——重要な論文が多く書かれていることに気づく。まず指摘すべきは、邦題を『実存の発見』とするレヴィナスの著作の後半に収められた現象学論文である(「現象学的「技法」についての考察」、「表象の瓦解」、「志向性と形而上学」等)。なかでも、六三年の論文「他者の痕跡」は、デリダ自身が「暴力と形而上学」執筆時点に公刊されたために短い言及しかできなかったと告白しているものであるが(ED 117/一五五)、周知のように、この論文は、「痕跡」、「彼性」といった、『存在するとは別の仕方で』においていっそうの展開を見せる論点をはじめて提示するものであるだけにもっとも重要なものだと言えよう。そのため、同論文についてはとくに後に立ち戻って内容的な検討を行ないたい。さらにそれ以外にも、「コナトゥス」概念にはじめて触れる六三年のキルケゴール論(5)、さらに『レヴィナス著作集』に収められた同時期の「隠喩」についてのまとまったノートなどは(6)、『全体性と無限』までのレヴィナス思想の圏内に収まりきらない新たな論点を提示するものと言える。本稿ではこれらについて仔細に論じることはできないが、少なくとも指摘しうるのは、そのいずれにおいても、「暴力と形而上学」の影響とは独立して、すでに新たな仕事をはじめていたレヴィナスの姿が浮かび上がってくるということである。

もう一つ、一九五九年以降のレヴィナスの活動の目立った特徴は、「タルムード講話」と称されることになるテクストが本格的に書かれはじめることだ。もちろん、それまでもレヴィナスは、所属していた世界イスラエリット連盟の機関紙やフランスのユダヤ人共同体向けの新聞や雑誌にユダヤ教に関する小論をたびたび寄せていた。『困難な自由』初版はそれらのうちのいくつかを集めて一九六三年に公刊されたものである。対して「タルムード講話」とは、レヴィナスがフランス語圏ユダヤ人知識人会議において定期的に行なった一連の講演のことだが、ただし、この会議自体は一九五七年に開始されたのであり、レヴィナスの「タルムード講話」そのものは(一九五九年の会議で発表されたローゼンツヴァイク論および六〇年と六一年に二度にわたり行なわれ『困難な自由』に収められるメシアニズム論を序奏として)一九六三年にはじまるのである。

ところで、レヴィナスの「タルムード講話」の最初の四つが一九六八年に『タルムード四講話』としてまとめられるのだが、その序文でレヴィナスが自らの試みを「タルムードの知恵を「ギリシア語で」翻訳すること」と紹介しているのは注目すべきであろう。(7) この問題こそ、おそらくレヴィナスとデリダの対話の争点をその後も形作るものとなると考えられるからである。

事実、「暴力と形而上学」の末尾で印象的なかたちで「われわれはユダヤ人か、ギリシア人か」(ED 227/三〇五)という問いを発したデリダの慧眼には驚くべきものがある。デリダは、レヴィナスに対し、哲学テクストにおいてギリシア性とユダヤ性とを分けることははたして可能かという問いを突きつけ、レヴィナスに「偽装」を見出すことも辞さない。この指摘はレヴィナスにとってばかりでなく、翻って(とりわけ後期の)デリダ自身にとっても決定的なもののように思われるため、後にふたたび立ち戻りたいのだが、ここではさしあたり次のことのみを指摘しておこう。それは、少なくとも表面上は、レヴィナスは、このデリダの指摘を受けて、ある種の開き直りであるかのように、むしろこの「偽装」をはっきりと明示するようになるということだ。事実、レヴィナスは、デリダの批判の以前も以後も、テクストの公刊に関しては、「ユダヤ的」なテーマに関わるものと「哲学」に関わるものを戦略的に区別しようとしていたように見受けられる。前述の『困難な自由』は、アルバン・ミシェル社の「ユダヤ教のプレゼンス」叢書から、その後のタルムード講話およびそれに類するテクストは、哲学よりもむしろ文学を主に扱う出版社のミニュイ社から公刊されている。対して、哲学論文のほうは、ジャン・ヴァール主催の哲学コレージュにおける講演をもとに、同じくヴァールが主幹であった当時の『形而上学道徳雑誌』に掲載されたり、哲学専門誌に掲載されたりすることになった。いずれにしても、両者のあいだにレヴィナス自身による相互参照がほとんどなされていないことは明記しておくべきであろう。『全体性と無限』においても、明示的にタルムードをはじめとするユダヤ思想を参照するような身振りはほとんどないし、あるいはあったとしても明示的ではないかたちでなされている。しかし、同著以降、先に指摘した「タルムード講話」の恒例化を経て、とりわけ『存在するとは別の仕方で』においてはこうした参照はむしろ明確になされるようになるのである。そこから少なくとも次のことは指摘しうるだろう。デリダの批判の眼目が『全体性と無限』における哲学的言説の「偽装」を暴露することにあったとすれば、それに対するレヴィナスの返答はほかでもなく、ユダヤ的な「知恵」をギリシア的な言語にて「翻訳」することこそが自らの哲学的言説の使命であり賭け金だと示すことにあったかのようなのだ。いずれにしても、そこにあるのは、「転回」というよりも「明示化」と言うべきものであろう。

ところで、以上のように述べたからといって、デリダの「暴力と形而上学」のレヴィナス論としての意義が減じられるわけではない。後年の対談のなかでデリダは、「暴力と形而上学」において「レヴィナスの「企て」を正面から攻撃することはしなかった」と回顧しているのだが[8]、私としては、デリダ当人の思惑はともかく、むしろ「暴力と形而上学」はレヴィナスその人の「企て」を確かに突いていたと考えている。ただし、その「企て」

および それへの「攻撃」とは、「まったき他者」をめぐる「倫理」の根底にある「平和」に対し「超越論的暴力」を突きつけるというものではないだろう。むしろ、それはほかならぬこの「ユダヤ性」の問題、なかんずくそれと「ギリシア性」との「翻訳」的関係に関わるように思われる。事実、近年公刊されたレヴィナスの「捕囚手帳」に書かれた次のような一節は、レヴィナスのそもそもの「企て」がどこに存していたかを如実に物語っているだろう。レヴィナスはそこで「現存在から出発するかJから出発するか」と書いているのだが[9]、このようにそもそもレヴィナスは、彼自身が生涯にわたりきわめて重視していたハイデガーの――とりわけ『存在と時間』の――議論を換骨奪胎するかたちで、その根源のところを「現存在」ではなく「ユダヤ的存在」なるものに書き換えることを自らの「企て」としていたように考えられる[10]。ユダヤ思想における「存在」概念を持ち出すというよりは、「存在」の問いを問う相手を「現存在」ではなく「ユダヤ的存在」とすることによって、自らの「存在論」を――たとえそれが「存在の彼方」に赴くものであろうとも――書き上げようという企図である。もちろん、このレヴィナスの手帳をデリダが見たということはほとんど考えられない。しかし、『全体性と無限』にいたるレヴィナスのテクストにデリダが鋭くこうした意図を感じとったということはありそうなことである。とりわけ、ヘブライズムに肩入れするかどうかはともかく、ハイデガーの「解体」に定位することで、西洋の哲学の歴史をその「外部」から読み替えるという作業そのものの可能性を探っていた当時のデリダにとって[11]、こうしたレヴィナスの企てが大いに示唆に富むものであったことは想像にかたくない。この観点からすると、『全体性と無限』の議論が当時のデリダに与えていた影響というものを逆に考えて見る必要もあるだろう(その一端を次章にて考察しよう)。さらに興味深いことに、その後のデリダは、こうしたヘブライズムとヘレニズムの二項対立の脱構築を完遂するというよりもむしろ、自ら進んでヘブライズムのほうに赴くような素振りを見せることになる――この素振りの意味については第三節において考えてみたい。

2　『全体性と無限』から『存在するとは別の仕方で』への道――「表出」、「作品」、「身代わり」

さて、先に「暴力と形而上学」の影響を相対化すべきであると述べたが、それではデリダの議論とは独立してレヴィナス自身の思想の展開があったとすればそれはたとえばどこに認められるのか。以上はいくつかの事実的な確認にすぎなかったが、ここではいささか内容に踏み込むかたちで、一つの論点だけ抽出しておきたい。注目したいのは、『全体性と無限』において提示される「表出」と「作品」の対である。(12)

「表出」のほうは、レヴィナスが、他者に対する倫理的関係とはまずもって「言説的」関係であると述べていることに関わる。「表出（expression）」は、「表現」とも訳しうる語だが、レヴィナスにあっては、これは言表内容に関わるのではなく、あいさつや呼びかけの場合が顕著なように、発話者が眼前に居合わせる対話相手に語りかける行為そのもの、あるいは自らを発話者として現示することそのものを指している。発話内容における肯定や否定の一切に先立って、「そう（oui）」、私はここにいる（me voici）」ということのみを示すかのように、「顔」は「表出」することで私に語りかける。しかも、自らを「表出」することで、「顔」は、そこに割り当てられうるさまざまな属性や形式からも解放されているとされる（TI 143／上・八〇）。この意味で、「表出」は、「対面」に現前する「顔」に対する「無媒介」（TI 44／上・八三）的で「人称的」（TI 151／上・二八四）な関係性に存すると言える。これに対し、「作品（oeuvre）」のほうは、すでに表現された内容が現実化されたものと言えよう。これは、具体的な芸術作品や文学作品に限定されない。人間が為した行為、作り出したもの、制作物、さらには発した語すらも「作品」と言えるだろう。ところで『全体性と無限』の「作品」観の力点は、この「作品」の秩序においては、「主体」が不在となり「裏切られる」という点に置かれている。「作品から出発すると、私はただ演繹されるだけで、すでに誤解されており、表出されるというより裏切られる」（TI 192／上・三六二）。少なくとも『全体性と無限』のレヴィナスにとって、「作品」は、「私」と「他者」の特異性をそこから奪いとり、ひいては全体性を構成する秩序をなすとされているのである。昨今のSNS等における「つぶやき」が、世界規模に張り巡らされた「ネットワーク」のシステムゆえに、発話者の手の届かない範囲でさまざまな「誤解」を生むことを考えてみればよいかもしれない。いずれにしても、「顔」との「無媒介的」な関係性である「表出」と異なり、「作品」は、「私」と「他者」とのあいだの第三項を介した「媒介的」な関係を構成し、さらには発話主体の特異性を失わせるような、「一般的」で「非人称的」な関係性を指していると言うことができる。

ちなみに、注目すべきことに、この「表出」と「作品」の対については、レヴィナスにおけるある種のプラトン主義を見逃すことができない。『全体性と無限』において、レヴィナスは『パイドロス』を引いて、表出のほうは、それを発した「父」たる発言者が発言行為自体に居合わせているのに対し、「作品」には「父」が不在だという箇所に言及しているのである（TI 198／上・三七四）。そこからすると、「暴力と形而上学」の時期のデリダの問題系に引きつけるならば、「作品」のほうは明らかに「エクリチュール」の秩序にあるのに対して、「顔」との言説的関係を中心に据えるレヴィナスの「倫理」の思想はいわゆる「パロール中心主義」的な思想である、と明白に主張しうるようにも思われるかもしれない。しかしながら、デリダは、少なくとも「暴力と形而上学」においては、そういうかたちでレヴィナスの「表出」／「作品」に触れることはまったく行なっていないのだ。このことはきわめて興味深いことのように思われる。もしかすると「エクリチュール」と「パロール」をめぐるデリダ自身の考えのほうが、レヴィナスの「作品」と「表出」の二項対立という着想から影響を受けているのではないかとの仮説すら立てることができるかもしれないからである。(13)

ただし、本論の関心は、この二項対立に立脚した『全体性と無限』期の議論が、その後のレヴィナス自身の思想においてどのような変容を被るかである。この点については、とりわけ先に挙げた一九六三年の論文「他者の痕跡」が決定的である。先述のように「痕跡」や「彼性」という概念がはじめて登場したのもこの論文であったが、ここではそれ以上に次の引用に目を向けたい。

実際、根底的に考えられた〈作品(Œuvre)〉とは、〈同〉がけっして〈同〉に回帰することなく〈他〉に向かう運動である。[14]

ここで大文字で表された〈作品〉は、『全体性と無限』におけるように、主体の不在のままある種の全体性の秩序を構成するようなものとはみなされてはいない。むしろ主体自体が、〈同〉に回帰することなく〈他〉へと向かう運動だとされる。レヴィナスが明言するように、オデュッセウスのように生まれ故郷に戻ることなく、新たな地に向かうモーセがその具体的形象である。この比喩はともかく、問題となっている〈同〉の運動自体は、『全体性と無限』の言葉を用いるなら、形而上学的欲望になぞらえるべきものであって、むしろ「表出」のほうに位置づけられるはずのものである。事実、レヴィナスは、この意味での〈作品〉こそが、〈他〉へと「無償で」贈与される、すなわち〈同〉に対するなんらの見返りなしに向かうものであって、それゆえ「倫理そのもの」をなすと述べるにいたるのであり、次節においてはさらにこれを明白に〈欲望〉へと結びつけているのである。このようにして、「他者の痕跡」においては、評価が逆転するようなかたちで、「表出」ではなく、大文字化された〈作品〉のほうが肯定的な意義を獲得するにいたるのである。

なぜ「表出」ではなく「作品」が「倫理」と言われうるかについては、oeuvreが語源的に(ラテン語のopusにしてもギリシア語のergonにしても)「義務」ないし「奉仕」の意味を併せもつことを考えてみるとよいだろう。レヴィナス自身、ここでの〈作品〉の例証として、語源にergonを有し、歴史的には「公共奉仕」を指していた語liturgie(一般的な意味としては「典礼」)を挙げている。[15] この意味で、邦訳書においては「作品」というよりも「業」などの訳語が提案されてきたわけである(ただしわれわれとしては、原語ではいずれも同じ語であるためにあえて「作品」とする)。

ところで、興味深いことに、レヴィナスはここでバタイユ的な問題系も意識しているように思われる。引用箇所の近辺で、この意味での〈作品〉とは、見返りを求めない「無償性」に存するとはいえ、「他者」へと赴く運動であるかぎりにおいて、「純粋な浪費」としての「蕩尽」とは異なるとわざわざ注記しているのである。この指摘は、発言内容とは裏腹に、バタイユのような「蕩尽」的なあり方と、レヴィナスの言う〈作品〉との共通点を考えさせてくれる点で興味深い。後者は、確かに「奉仕」的な「倫理」的営為であるとはいえ、明白に、互酬性のシステムに回収されないようないわば無限の自己贈与として考えられているのである。

このように考えると、デリダを介することなく――あるいは介するとすれば別の仕方で介することで――、『存在するとは別の仕方で』の思想の核心へと赴くこともできるようになるだろう。もちろん、今見たような大文字の〈作品〉概念は、「他者の痕跡」（および『他者のユマニスム』第一章）のなかでしか論じられず、『存在するとは別の仕方で』をはじめ、レヴィナスの後期のテクストではほとんど見られない。しかし、「同へと回帰することなく他へと向かう運動」というあり方それ自体に目を向けると、これがレヴィナスの思想の中核に一貫して保たれ、むしろ一定の深化を見せていることに気づかざるをえない。事実、〈他者〉へと赴くこうした自己贈与的な運動は、『存在するとは別の仕方』においては、いっそう自己犠牲的なものととらえなおされることで、さらけ出し（exposition）、自らを捧げること（s'offrir）、そのような意味での「奉仕（service）」、さらには「身代わり」というふうに定式化を見せるようになるのだ。[16] ここではモーセ以上に、目の前に〈他〉が居合わせないにもかかわらず「我ここに」と遅れて応答するアブラハムを、あるいは「苦しむ僕（serviteur souffrant）」としてのイザヤを召喚すべきかもしれない。

いずれにしても、以上のようにして「他者の痕跡」という、「暴力と形而上学」以前の論文を媒介にして、『全体性と無限』と『存在するとは別の仕方で』をつなぐことができ、またそれが「身代わり」概念といういわゆる後期レヴィナスの中心概念まで及んでいるという解釈が正しいのならば、そこから二つの帰結が導かれるだろう。

一つは、繰り返し述べてきたように、「暴力と形而上学」のインパクトは、しかるべき文脈のなかに置きなおすべきだろうということである。もし影響関係を重視するのであれば、デリダと並び、あるいはデリダ以上に、先に名前を挙げたバタイユ、あるいは「作品」概念に関してレヴィナスと同様に――とりわけハイデガーに着目しつつ――気を配っていたモーリス・ブランショとの対話も重要となるだろう。あるいはさらに、ブランショやデリダとも近しかった人物であるが、レヴィナスが「他者の痕跡」において「彼性」という言葉をはじめて用いたときに言及しているロジェ・ラポルトという作家も見逃すことはできないはずだ。[17] いずれにしても、『全体性と無限』から『存在するとは別の仕方で』への展開を問題とするのであれば、デリダを含めたもう少し広いネットワークに留意する必要があるだろう。

もう一つの帰結は、今述べたこととは逆向きのことである。上のように「表出」／「作品」から大文字の〈作品〉、さらに「身代わり」へという展開を見てゆくと、むしろその反響は、その後デリダが練り上げてゆくさまざまな考察のうちに認めうると言うこともできるのではないだろうか。たとえば、「表出」は、「作品」としてのエクリチュールに対する純粋なパロールではなく、あらゆる発言や否定にも先立つパフォーマティヴな営為としての「起源の諾《ウィ》」という問題につながるだろうし、また、レヴィナス自身がそこから展開した〈同〉に回帰しない〈他〉への自己贈与的な運動は、デリダの「贈与」や「犠牲」をめぐる議論と一定の重なりを見せるだろう。そうすると、単に「表出」と「作品」を「パロール」と「エクリチュール」の差異に帰着させ、デリダ的な観点からレヴィナスに対しなんらかの脱構築的読解を施して満足することにとどまるわけにはいくまい。逆に、『全体性と無限』から『存在するとは別の仕方で』へのレヴィナス自身の思想的展開がデリダに対しいかなる影響を与えたのかという視座こそが今後は必要となってくるであろう。

3　レヴィナス化するデリダ?――赦し（pardon）をめぐって

さて、以上、「表出」、「作品」に注目し、そこから見てとれるレヴィナスの思想の独自の展開を確認し、それを逆にデリダへとあてがってみる可能性について言及してきたが、本稿の目的は、このようにしていくつかの概念をめぐって交錯関係があることを指摘することにとどまらない。とりわけ八〇年代以降のデリダのテクストを見てゆくと、そこにはあえて「レヴィナス化する」と呼びたい誘惑も生じるようなデリダの身振りが浮かび上がってくるように思われるのだが、それが確かなのだとすれば、そのような事態をどのように捉えるべきなのだろうか。

実際、公刊テクストや講義録を瞥見すると、八〇年代からのデリダは、八〇年公刊の二つ目のレヴィナス論を皮切りに、[18] 現代の独仏のユダヤ人思想家らの問題系に明示的に介入するようになる。カフカを主題的に論じた八二年の『掟の門前』、八四年のツェラン論『シボレート』、ここにさらに九一年の『割礼告白』や九二年の『他者の単一言語使用』（ローゼンツヴァイクに加えアレントが言及される）もそこに組み入れることができるだろう。これに関連してさらに指摘すべきは、社会科学高等研究院で八四年から続けられていた「哲学の国籍とナショナリズム」をテーマとする一連の講義である。そこからは、ローゼンツヴァイクとショーレムを取り上げた『言語の目』[19]、ヘルマン・コーエンを取り入れた「INTERPRETATIONS AT WAR　カント、ユダヤ人、ドイツ人」などが生まれることになるのである。そして、それ以降、デリダのさまざまなテクストにおいて、「責任」、「歓待」、「赦し」、さらには「メシアニズム」といったこれまでのデリダであれば躊躇なしには用いなかったような語彙が用いられるようになるわけである。冒頭で述べた「フランス語圏ユダヤ人知識会議」や「ユダヤ性」シンポジウムでの講演はその延長線上に位置づけられるとすら言えるかもしれない。

デリダにおける「ユダヤ性」の問題はそれ自体膨大な問題であり[20]、本稿では本格的に論じることはできないが、前提として、デリダの置かれていた当時のフランスの知的言説の変化に注意を払っておこう。フランス人文社会学界の全般的な傾向として、一九七〇年代以降、ソルジェニーツィン事件やソ連によるアフガニスタン侵攻といった具体的な出来事もあいまって、それまで中心的な座標軸をなしていた思想的な枠組み、とりわけマルクス主義や構造主義が退潮し、新たな思想的な潮流が評価されていったということは指摘されてよいだろう。こうしたある種の地殻変動を受けて、フランスにおいて、ヤン・パトチュカ、ハンナ・アレント、レオ・シュトラウスといった思想家、さらにはほかならぬレヴィナスもまたこの時期から本格的に読まれるようになっていったのだった。少なくとも、これまで一部の専門家のものとされていたユダヤ思想が幅広く論じられるようになったのはこの時期からのことである。たとえばこのころから、デリダより若い世代のフランスの哲学研究者が、とりわけ二〇世紀前半のドイツにおけるユダヤ思想に着目してゆくことになる。なかでもステファヌ・モーゼス(Stéphane Mosés)、マルク・ド・ローネイ(Marc de Launay)、ドミニク・ブーレル(Dominique Bourel)、ピエール・ブーレッツ(Pierre Bouretz)、さらにジェラール・ベンスーサン(Gérard Bensussan)やマルク・クレポン(Marc Crépon)といった研究者らが、ドイツのユダヤ人思想家らのテクストを精力的にフランスに紹介し研究対象とするようになり、それによりフランスにおいてこうしたテーマを論じる土壌が形成されていったと言える。

ただし、デリダ自身については、こうしたユダヤ系の思想家や作家への言及を増やすだけでなく、「責任」、「歓待」、「赦し」や「メシアニズム」といった語を自分自身で積極的に用いるようになり、さらには自らの「ユダヤ性」を問題にしてゆくようになるのだった。[21] こうした身振りを仮に「レヴィナス化」と呼んでおくならば、その意味をいかに捉えればよいだろうか。論じるべき論点は多々あるだろうが、以下では「赦し(pardon)」の問題に焦点を絞りたい。そうすることで、第一章で言及した「われわれはユダヤ人か、ギリシア人か」という問いが、レヴィナスとデリダのあいだで、そして両者各々のなかで、つねに振動している磁場であることがいっそう明瞭になるように思われる。

赦しという問題が、とりわけ九〇年代以降のデリダにおいて多様なかたちで取り上げられるようになるのは周知のとおりだろう。『信と知』にはミシェル・ヴィヴィオルカとの対談「世紀と赦し」が収められているし、[22]また、ジャンケレヴィッチの「赦し」を扱った「赦すこと——赦し得ぬもの、時効にかかり得ぬもの」という講演も見逃せない。[23]そのなかで、レヴィナスとの関係についてとりわけ次の三点を指摘しておきたい。

第一に注目すべきは、まさに今挙げた赦しをめぐる二つのテクストにおいて、レヴィナスにおける「赦し」の問題系が奇妙にも不在であることについてである。周知のように、この二つの赦し論のなかで、デリダは、アレントとジャンケレヴィッチの名を挙げて、両者が赦しを人間的な次元にとどめていたことに対し批判を行なっている。赦しは人間に対してしかなしえないという条件をつけることは赦しをそもそも不可能にするというのだ。しかし、奇妙にもと言ったのは、もし「人間的な赦し」が論点であれば、レヴィナスその人をこそ赦しをもっとも人間的な次元で考えることを提案した思想家としてとりあげてしかるべきと思われるからである。たとえば『困難な自由』のなかで、レヴィナスは次のような、ある意味では驚くべき主張を行なっている。

神に対してなされた罪は神の赦しに属する。人間を襲う罪は神には属さない。〔……〕誰も、神でさえ、犠牲者の身代わりになることはできない。赦しが全能である世界は非人間的である（DL 37／二八）。

ここには、きわめて「人間中心的」とも言うべきレヴィナスの思想の特徴が、ほかならぬ「赦し」において現れているが、これはレヴィナスにあっては稀な見解ではない。神にしか属さないような「全能」の「赦し」は、人間のみが担いうる「赦し」を、さらには「責任」を無用のものとしてしまう——このような考えは、実のところ『困難な自由』のいたるところに見られるのであった。たとえば、神に帰される「全能」かつ「無限」の赦しは、「すべてを救うという口実で何も救わない」(DL 147／一三九)、さらには「無限の赦しの可能性は無限の悪を誘う」(DL 197／一八七)と言うことすら辞さない。それに対し、「人間に対して犯された罪は、それを被った人間によってしか許されえない」。こうした言及が『困難な自由』という「タルムードの知恵」に基づくテクストでなされるとしても、それがレヴィナス自身の哲学的概念である「責任」と無関係でないことは確かであろう。『タルムード四講話』に収められた一九六三年の講話で、レヴィナスは「赦し」を主題的に取り扱っているが、そこでは、神にのみ帰される全能の赦しがヘーゲル的な歴史の裁きに連なるものとされ、それに人間的な次元における赦しが対置され、さらにそれが他者に向けられた「発話」、さらには「責任」へと結びつけられているのである。(24)

赦しが「人間」の次元に属するという考えは、レヴィナスの哲学的なテクストにおいても一貫して保持されている。レヴィナスにあって、とりわけ『全体性と無限』第四部では、「女性的」な「他者」との身体的接触である「愛撫」を通じて得られる「赦し」こそが、主体に対しあたかも一つの救済をもたらすかのように、自らを「子」として生起させる契機とされる。「子」あるいは「繁殖性」という問題系のなかに「赦し」が書き込まれているという事態は、デリダにとっては見逃せない論点のように思われるのだが、興味深いことに、これに対しての言及も見当たらない。どうしてこの問題に言及しなかったのか、あるいは言及したとすればどのような議論になるのか――このこと自体は今後問うべき問題として残されている(そもそも、たとえば『散種』、『弔鐘』、あるいは『友愛のポリティクス』などで、デリダがレヴィナスの「繁殖性」、「父子関係」、「兄弟関係」について言及していないのはあえてのことなのではないか。いずれにしても、その奇妙な不在、言い落としを起点にして、レヴィナスとデリダを改めて並べて読むべき可能性は残されているだろう)。

赦しに関して、第二に指摘しうる問題は、ここでもまたデリダがレヴィナスについて直接は論じていないテクストに関わる。一九九八年の講演「relevanteな翻訳とは何か」というきわめて翻訳しにくい表題を付された講演がそれだ[25]。これはデリダによる『ヴェニスの商人』論と言えるが、ここでのデリダの関心はもっぱら裁判官に扮したポーシャの「Then the Jew must be merciful」、および「When the mercy seasons the justice」という発言の翻訳可能性に向けられている。主人公アントニオが約束の借金の返済ができなかったため、ユダヤ商人シャイロックは、契約に従い、ということはつまり「正義」の原理に則り、アントニオの体の一ポンドの肉を要求する。そこで裁判官を演じたポーシャが、なるほど「正義」に則りただしく一ポンドとるがよい、しかし、その他には一滴の血も流してはいけない、と宣言する名裁きを行なう場面に件の台詞は挿入されている。「When the mercy seasons the justice」に関しては、このseasonという動詞が、フランス語のassaisonnerと同様に、「味をつける」「味わいを豊かにする」という意味をもつため、ひとまず文面を「慈悲が正義を和らげるとき」と訳し、内容については、厳格な正義は柔和な慈愛でもって調整、補正されるべきだ、と理解することができるだろう。デリダはこのseasonの語の多義性に留意しつつ、これを次の要素を鑑み、releverという語で翻訳することを提案している。第一は、調理について言われるように（味を）「引き立てる」こと、第二に、高めること、第三に、かつてデリダ自身がヘーゲルのAufhebenに対するフランス語の訳語として取り上げたように、この語が廃棄と高揚、あるいは否定されたものの保存を含意するということである。他方、mercyについては、通常は「慈悲・憐憫」（miséricorde）とも訳しうるところを、「赦し」と訳すべきだと提案している。

このようにデリダは、ポーシャの台詞の翻訳可能性をめぐって、「赦し」が「正義」をどのように「引き立て」、「高め」、「揚棄」するかという点を検討しているのだが、ここで指摘すべきは、デリダの分析が、単にそれぞれの語の翻訳の問題にとどまらず、まさしく「赦し」と「正義」とあいだの翻訳的関係の問いを浮かび上がらせることにも向けられていることだ。

「赦し」の秩序と「正義」の秩序をどのように連絡するか、一方を他方によってどのように「和らげ」、「引き立て」、「廃棄」すると同時に「高める」か――この問題は、レヴィナスその人がまさしく「倫理」と「正義」のあいだに見た問題にほかならないだろう。あるいは「表出」と「作品」のあいだ、と言うこともできる。レヴィナスにあっては、媒介者たる「第三者」が登場することによって設立される「正義」の次元とは、「顔」に向けられていた無限の責任が限定され、複数の他者へと向けられるために、計算可能となり、比較可能となる次元であったが、それは同時に「倫理」を「翻訳すること（traduire）」でありかつ「裏切ること（trahir）」であるとされていたのだった。

第三者との関係は、顔が脱‐顔化する近さの非対称性の絶えざる矯正（correction）である。そこには、重み、思考、対象化、そして停止点があるのだが、そこで私の彼性への無‐起源的な関係は裏切られると同時に万人に対し翻訳される。[26]

デリダが一九九七年公刊の『アデュー』において、第三者の登場にともなう「正義の展開」に「一つならずの裏切り」を認め、そこに「準‐超越論的」な「偽証（parjure）」の可能性を探るのは、[27] こうしたレヴィナス自身の言明を受けてのものであろう。だとするならば、「翻訳」をめぐるテクスト上では名が挙げられないとはいえ、そこで言外に、レヴィナスにおける「倫理」と「正義」、さらには「ユダヤ的なもの」と「ギリシア的なもの」との翻訳可能性の問題への問いかけもまた演じられているのではないだろうか。

ただし、一九九八年の講演「relevanteな翻訳とは何か」それ自体は、「赦し」の問題を「贖い、贖罪、和解そして救済」へと結びつける可能性を示唆し、さらに、赦しが「もっとも神的な力に似て、もっとも神的な力のように現れる人間の力」のうちにあるという考えをシェークスピア自身から引き出すのであって、このかぎりにおいてわれわれが第一に述べた人間的赦しと神の赦しとの関係に力点を置いていることは確かである。こうした論の展開は、周知のごとく、いわゆる「歴史の終わり」の議論を受け、ヘーゲル的な「世界史」の進行の一つの完成を画する「赦し」ないし「和解」、さらには「最後の裁き」といった観念や、通常の「赦し」の秩序を超えるように見える「恩赦」の問題、さらには戦後史を彩るさまざまな「告白」の世界的な「劇場化」の現象などに対する九〇年代のデリダの一貫した関心に基づくものと言えるだろう。

だが、われわれの「赦し」をめぐる第三の論点として、デリダのこうした関心が、けっしてユダヤ的な「赦し」の問題と無関係ではなかったことを指摘しておきたい。デリダは、はじめてフランス語圏ユダヤ人知識会議で行なった講演「告白する――不可能なものを」のなかで、無条件的赦しと条件的赦しの関係を「アポリア」だとしつつ、ヘルマン・コーエンからベンヤミンを経てレヴィナスにいたる文脈をなぞりながら、「ユダヤ的な赦し」の問題に言及しているのである。[28]

先のシェークスピア論と同年に行なわれたこの講演でデリダが念頭においているのは、ヘブライ語のテシュヴァーという語である。この語は、赦しと同時に、改悛、自らの罪を告白し悔い改めること、さらには自分自身への、こう言ってよければ「本来的」な自分自身への「回帰」も表す言葉である。文脈によっては、ユダヤ教から離れつつあった者が、悔い改め、赦しを受け、こうして元来のユダヤ教へと「回帰」するという意味でこの「テシュヴァー」が用いられることもある。ちなみに、「テシュヴァー」のもっとも象徴的な事例の一つは、「ヨム・キプール」、すなわちユダヤ教の「大いなる赦しの日」に、キリスト教への改宗をやめてユダヤ教に向き直ったローゼンツヴァイクに認められるだろう。

デリダはここで、管見でははじめてレヴィナスの赦し論に言及し、そこでレヴィナスが条件付きの赦しの概念を用いていることを足早に示唆している。ただし、デリダの関心は、レヴィナス（およびベンヤミン）から「和解なき赦し」という考えを取り出すことで、赦しえないものの赦しという「赦しのアポリア」を浮き彫りにすることにある。注目すべきは、この「赦しのアポリア」が、さらに「告白のアポリア」とでも呼びうるものに結びつけられ、そこからさらに、自分自身についての告白に結びつけられていることだ。「告白するとは、赦すことが赦しえないものを赦すことであるのと同様に、告白不可能なものを告白することである。不可能なことを行なうことである」と述べた後、明白にレヴィナス的な語彙を用い、そのような「ジレンマ」を他者へと告げることが「私が免れることのできない唯一の責任」であり、引き受けざるをえない「選び」であると述べるにいたるのである。[29]「私が」とは、すなわちデリダその人のことである。

とするならば、ここに賭けられているのは、たんに赦しおよび告白一般の不可能性ではなく、こう言ってよければデリダ自身の「告白」をめぐる問題であろう。デリダは、一九九八年のフランス語圏ユダヤ人知識人会議での講演「告白する──不可能なものを」の後で──あるいはそれに先立ついくつかの「告白」的テクストの後で──、二〇〇二年の「ユダヤ性」をめぐるシンポジウムでの講演「アブラハム、他者」で自分自身の「ユダヤ性」の問題について集中的に論じることになる。そこに、ついに「テシュヴァー」、ユダヤへの「回帰」を完遂したデリダの姿を認めるべきなのだろうか。レヴィナスに対し、ユダヤ性とギリシア性の「偽装」的関係を突きつけたデリダにとって、ギリシアという装いとユダヤという装いはいかなるものであったのか。

「アブラハム、他者」においては、「テシュヴァー」が焦点化されることはない。とはいえ、サルトルの「本来的ユダヤ人」の議論を見越して、その前半部でなされる告白的回顧のなかで、かつて「最後のユダヤ人（le dernier des Juifs）」というあだ名を自身につけたことを引き合いに出し、次のような逆説的なあり方を描きだしている。

もっとも少なくユダヤ的である者、もっともユダヤ人にふさわしくない者、本来的なユダヤ人の称号に値する者のなかで最低〔最後〕の者、と同時に、そうであるがゆえに、場所との、局地的なもの、家族的なもの、共同的なもの、民族的なもの等々との、根こぎ的で普遍主義的な断絶の力ゆえに、万人のなかでもっともユダヤ的な役割を担うことを楽しむ者、さまざまな世代からなる遺産を引き受けることを定められた最後の、唯一の生き残り〔……〕。(30)

偽装をすることで自らがユダヤ人であることを拒否すればするほど自らのユダヤ性が浮き彫りになるということは、かつてハンナ・アレントがラーヘル・ファルンハーゲンに認めたアポリアであったのだが、(31)とはいえデリダ自身が自らに認めるのは、そのような「パーリアとしてのユダヤ人」というよりは、「不可能性」の論理によって構造化された「最後のユダヤ人」としての自らの姿であったと言えよう。すなわち、自らにおける「ユダヤ性」を問題にし、「テシュヴァー」の問題を立てることで、そのような「告白」、「回帰」ないし「赦し」がそれ自体として「不可能」なものにとどまることをたえず浮き彫りにするということである。

したがってデリダが「レヴィナス化」したかと言えば、当然のごとく、そのような粗雑な形容では問題はなにも捉えられないということになろう。レヴィナスに関してデリダが継続的に行なったことは、レヴィナスの問題系の内部にあえて介入し、あるいはそれを自らの言説そのものに介入させ、そのことで当の問題系を差異化し、攪乱するという作業であっただろう。もしそのようにまとめられるならば、おそらくそれは「脱構築」の営為そのものなのであろうから、結局デリダは徹頭徹尾「デリダ」にとどまったと言うこともできるかもしれない。いずれにせよ、そうであるならば、デリダとレヴィナスという問題系は、そのように内と外から差異化された多様な視点から考えてゆかなければならないだろう。

註

（1）たとえば、「倫理としての脱構築」を第一節の、「デリダのレヴィナスに対する借り」を第二節の節題とする以下の論考を参照。J. Roffe, "Ethics", in J. Reynolds and J. Roffe (eds), *Understanding Derrida*, New York/London, Continuum, 2004.

（2）このことのインパクトは、それに先立つ時期に書かれた次のような記述を見ると逆に確かめられるだろう。レスクレは、一九九三年公刊の伝記において、この会議には「ユダヤ系の出自をもつフランスの哲学者のなかでも、ジャック・デリダに出くわすことは決してないだろう」と書いていた（M.-A. Lescourt, *Emmanuel Lévinas*, Paris, Flammarion, 1993, p. 170）。

（3）J. Derrida, « Avouer – l'impossible : Retours,repentir et réconciliation », in *Comment vivre ensemble ?*, Paris, Albin Michel, 2001; *id.*, « Abraham, l'autre », in J. Cohen et R. Zagury-Orly (eds), *Judéités. Questions pour Jacques Derrida*, Paris, Galilée, 2003. これら二つの講演は以下に収められた。J. Derrida, *Le dernier des Juifs*, Paris, Galilée, 2014.（ジャック・デリダ『最後のユダヤ人』渡名喜庸哲訳、未來社、二〇一六年）

（4）J. Taminiaux, « Arendt et Lévinas, convergence impossible ? », dans Anne Kupiec et Etienne Tassin (ed.), *Critique de la politique. Autour de Miguel Abensour*, Paris, Sens&Tonka, 2007.

（5）E. Levinas, « Kierkegaard – existence et éthique » [1963] in *Noms propres*, Fata Morgana, 1976.（エマニュエル・レヴィナス「キルケゴール／実存と倫理」、『固有名』合田正人訳、一九九四年）。ジャック・ロランも指摘するように、後期レヴィナスに散見されるスピノザの「コナトゥス」概念に対する批判は、この論文ではじめて提示された。Cf. Jacques Rolland, *Parcours de l'autrement*, Paris, PUF, 2000, p. 163.

（6）Cf. E. Levinas, *Œuvre*, t. 1, Paris, Grasset/IMEC, 2009.（エマニュエル・レヴィナス『レヴィナス著作集1』三浦直希ほか訳、法政大学出版局、二〇一四年）

（7）E. Levinas, *Quatre lectures talmudiques*, Paris, Minuit, 1968/2005, p. 24.（エマニュエル・レヴィナス『タルムード四講話　新装版』内田樹訳、人文書院、二〇一五年）

（8）*Magazine Litteraire*, no. 419, 2003, p. 30.（「デリダ、レヴィナスを語る――「彼と私は愛情と信頼を分かちあっている」」合田正人訳、『みすず』第五一四号［二〇〇四年三月］）

（9）E. Levinas, *Œuvre*, t. 1, *op. cit.*, p. 75.（エマニュエル・レヴィナス『レヴィナス著作集1』前掲書、二七―二八頁）

(10) 以下の拙稿を参照されたい。渡名喜庸哲「エマニュエル・レヴィナス「捕囚手帳」の射程」、『京都ユダヤ思想』第五号、二〇一五年。

(11) 「暴力と形而上学」執筆と同じ時期にデリダ自身が行なっていたハイデガーに関するセミネールは、このことと無縁ではあるまい。Cf. J. Derrida, *Heidegger : la question de l'Être et l'Histoire. Cours de l'ENS-Ulm (1964-1965)*, Paris, Galilée, 2013.

(12) この点については、以下の拙論で問題の要諦を論じたことがある。Y. Tonaki, « Question de l'œuvre chez Emmanuel Levinas »,『フランス哲学・思想研究』、第一三号、二〇〇八年。

(13) ちなみに、デリダが聴講していたかは定かではないが、哲学コレージュで一九五二年に行なわれたレヴィナスの講演は「書かれたものと口頭のもの」と題され、われわれが先にまとめた議論を展開している。Cf. E. Levinas, « L'Écrit et l'Oral », in *Œuvres 2*, Paris, Grasset/IMEC, 2009.（エマニュエル・レヴィナス『レヴィナス著作集2』藤岡俊博ほか訳、法政大学出版局、二〇一六年）

(14) E. Levinas, « La trace de l'autre », in *En découvrant l'existence avec Husserl et Heidegger* [1967], Paris, Vrin, 2001, pp. 266-267.（エマニュエル・レヴィナス「他者の痕跡」、『実存の発見』佐藤真理人ほか訳、法政大学出版局、一九九六年、二七六頁）。また、この論文は加筆され「意味作用と意義（La signification et le sens）」というタイトルで一九七二年に『他者のユマニスム』に収録されている。

(15) レヴィナスにおける「典礼（liturgie）」の問題は見かけ以上に重要であるが、さしあたり『困難な自由』序文における言及のみをここでは指摘しておこう。DL 10/xiv-xv.

(16) この観点では『存在するとは別の仕方で』第二章が重要である。「他者の痕跡」の〈作品〉との関係については、以下を参照されたい。Y. Tonaki, « Question de l'œuvre chez Emmanuel Levinas », *op. cit.*

(17) 「他者の痕跡」において「彼」概念が導入された際、そこには注は付けられていないのだが、同論文の加筆版である「意味作用と意義」では、同じ箇所に付けられた注で「同様に彼性の「概念」に依拠しているロジェ・ラポルト氏の注目すべき著作」への言及がある（E. Levinas, *Humanisme de l'autre homme* [1972], Paris, Le livre de poche, pp. 65 et 117-118（エマニュエル・レヴィナス『他者のユマニスム』小林康夫訳、書肆風の薔薇、一九九〇年、一六八頁））。

(18) J. Derrida, « En ce moment même dans cet ouvrage me voici », in F. Laruelle (dir.), *Textes pour Emmanuel Lévinas*, Paris, Jean-Michel Place, 1980; repris in *Psyché I*, Paris, Galilée, 1987.（ジャック・デリダ「この作品の、この瞬間に、我ここに」、『プシュケー（I）』藤本一勇訳、岩波書店、二〇一四年）

(19) J. Derrida, *Les Yeux de la langue*, Paris, Galilée, 2012.

(20) これについては、とりわけ以下を参照されたい。増田一夫「エルゴ・ユダエウス・スム――「最後のユダヤ人」としてのデリダ」、別冊『環』第一三号、二〇〇七年。ジゼル・ベルクマン「「最後のユダヤ人」――デリダ、ユダヤ教とアブラハム的なもの」佐藤香織訳、『人文学報』（首都大学東京）、五一一巻、二〇一五年。

(21) この点にはじめて言及されるのは、「割礼告白」と題された以下の自伝的テクストである。J. Derrida, « Circonfession », dans *Jacques Derrida* , avec Geoffrey Bennington, Paris, Seuil, 1991.

(22) J. Derrida, « Le Siècle et le Pardon », in *Foi et Savoir*, Paris, Seuil, 2000.（ジャック・デリダ「世紀と赦し」鵜飼哲訳、『現代思想』第二八巻第一三号［二〇〇〇年一一月号］）

(23) J. Derrida, *Pardonner. L'impardonnable et l'imprescriptible*, Paris, Galilée, 2012.（ジャック・デリダ『赦すこと――赦し得ぬものと時効にかかり得ぬもの』守中高明訳、未來社、二〇一五年）

(24) E. Levinas, *Quatre lectures talmudiques*, *op. cit.*, pp. 44 et 46.（エマニュエル・レヴィナス『タルムード四講話』前掲書）

(25) J. Derrida, *Qu'est-ce qu'une traduction « relevante »* ?, Paris, l'Édition de l'Herne, 2005.

(26) E. Levinas, *Autrement qu'être ou au-delà de l'essence* [1974], Paris, Le livre de poche, p. 246-247.（エマニュエル・レヴィナス『存在の彼方へ』合田正人訳、講談社、一九九九年、三五九―三六〇頁）

(27) J. Derrida, *Adieu à Emmanuel Lévinas*, Paris, Galilé, 1997, p. 68.（エマニュエル・レヴィナス『アデュー』藤本一勇訳、岩波書店、二〇〇四年、五四頁（ただし、同邦訳ではparjureは「宣誓逸脱」と訳されている）

(28) J. Derrida, *Le dernier des Juifs*, *op. cit.*, p. 53.（『最後のユダヤ人』前掲、五四頁）

(29) *Ibid.*, p. 57.（同右、五八頁）

(30) *Ibid.*, p. 88.（同右、九四頁）

(31) これについては、以下を参照されたい。渡名喜庸哲「人は己のユダヤ性から逃れられるか――一九三〇年代のハンナ・アレントにおけるユダヤ性の問題」、『ヨーロッパ研究』第一一号、二〇一二年。

待期の贈与——モース・デリダ・レヴィナス

藤岡俊博

1　はじめに

二十世紀初頭にマリノフスキーやモースらの民族学者が主題化した「贈与（gift/don）」の概念は、直系である人類学や社会学であらたな調査研究や考察の対象とされただけでなく、哲学や思想の領域でも独自の理論的発展を経験した特異な概念である。しかしこの継承の過程で、「未開」社会における経済的給付のシステムを明らかにしたモースの『贈与論』(1)（一九二五）が、ある種の父殺しの身ぶりとともに相続されたこともまた特徴的な事実であった。実際、モース逝去の直後に出版されたモースの論文集『社会学と人類学』（一九五〇）に序文を寄せたレヴィ＝ストロースは、モースの業績の多彩な魅力と幅広い影響力を強調する一方で、ユダヤの民を約束の地に導きながら自分では足を踏み入れなかったモーセを引き合いに出し、モースが真の意味で新しい学問の地平を開くことができなかった理由を『贈与論』のうちに見出している。レヴィ＝ストロースによれば、モースがはまりこんだ陥穽は「未開」社会をめぐる理論と現実とのあいだの逡巡である。多様な社会活動の共通分母は「交換（échange）」であるという「論理的な確信」に支配されていたにもかかわらず、モースが「経験的観察」によって手にしたのは、交換ではなく贈与・受領・返礼からなる「三つの義務」であった。モースは現地住民の理論に客観的な批判を加えることなく、贈与と返礼という対立的操作を含む交換のシステムを各要素に還元したために、返礼時に物とともに還帰するハウ（物の霊）の概念によってあらためてそれらを接合せざるをえなかった。『親族の基本構造』（一九四九）を世に問い構造主義に先鞭をつけたばかりのレヴィ＝ストロースにとって、モースは新しい社会科学となることなく、その可能性を示すにとどまったのである。[2]『社会学と人類学』を「現代社会学叢書」[3]の第一弾として刊行する際に、責任編者のギュルヴィッチがこの序文について「モースの著作の非常に個人的な解釈」（SA VIII）という留保を付けたのはそのためであった。

『贈与論』は「贈与を除くすべてについて語っている」[4]とするデリダの『時間を与える』（一九九一）も、一見すると哲学の側からの同様の批判的継承であるかに映る。しかし、デリダの議論は実際には『贈与論』の批判であるどころか、むしろきわめて忠実なその読解であり、モースに対して批判的に見える論述はデリダ自身の贈与の主題を際立たせる役割を果たしている。本稿はデリダの議論の争点を再検討したうえで、『贈与論』との対照から浮かび上がるデリダの贈与の概念とレヴィナスにおける贈与の問題との関連について考えてみたい。

2　デリダの『贈与論』読解

デリダの議論の出発点は、「エコノミー（économie）」との明確な区別によって贈与の概念を画定することである。家（オイコス）の法（ノモス）であるかぎりで、エコノミーは所有や固有性および分配や分割の価値を含意するとともに、財や生産物をめぐる交換や流通や還帰の観念を含んでいる。エコノミーを統括するのはこうした価値や観念を束ねる円環（cercle）の形象であり、その構造はあらゆる苦難を経てもなお家郷に帰還したオデユッセウスの旅程になぞらえられる。それに対して贈与とは「エコノミーを中断する当のもの」、「円環を切開して、相互性（réciprocité）ないし対称性に、共通の尺度に立ち向かう当のもの」（DT 18）である。そしてデリダはエコノミーと贈与とを峻別するやいなや、即座に贈与は「不可能なもの（l'impossible）」（DT 19）であると宣言する。

なぜ贈与は「不可能なもの」なのか。エコノミーとの厳密な区別に従えば、〈贈与者Aが受贈者Bに贈与物Cを与える〉という贈与の論理に不可欠な構造は、贈与の可能性の条件であると同時にその不可能性の条件でもあるからである（DT 24）。不可能性の契機はこの構造全体とその各段階に刻まれている。第一に、循環的なエコノミーと区別される贈与の定義上の前提により、あらゆる返礼行為（反対贈与）は、AとBの相互性を帰結し贈与を交換に変えてしまうがゆえに、贈与を不可能にする。第二に、具体的な物による返礼がなされなくても、Cを受領したBが感謝を抱く場合はもちろんのこと、Cを贈与物とみなすだけでも贈与を停止させるには十分である。そのときBは物の代わりに認知や感謝という「象徴的等価物」をAに返すからである（DT 26）。第三に、贈与が贈与であるためには、そもそもAは自分が贈与していることを認識してはならない。自分を贈与者と認めただけで、Aは「一種の自己承認、自己自身の称賛、自己愛的な感謝」（DT 38）を自分に鏡像的に返すからである。最後に、贈与物Cそれ自体も、贈与の「対象」となるかぎりで、「主体」である贈与者と受贈者を交換のシステムに巻きこむ（DT 39）。いずれの場合においても、「贈与の現出〔外観〕そのもの、贈与という単なる現象が贈与を贈与としては破棄してしまう」（DT 27）。だから、贈与がなければ当然贈与はないが、贈与が贈与として現れる場合にも贈与はない。これがデリダが「贈与の不可能性ないしダブルバインド」（DT 29）と呼ぶ事態である。したがって贈与の条件とは、贈与そのものとしての「忘却、非現出、非現象性、非受領〔非認知〕、非保持」（DT 28）であって、贈与に不可欠なこの忘却は、精神分析的な抑圧の範疇には収まらない「絶対的な忘却」（DT 30）、忘却そのものが抹消される忘却ということになる。「贈与の出来事（われわれは贈与の行為とは言わない）があるためには、ある瞬間に、おそらく時間のエコノミーには属さないある瞬間に、時間なき時間のうちでなにかが到来するのでなければならない。それも、忘却が忘却し、忘却がみずからを忘却する〔忘却される〕ような仕方で〔……〕そうでなければならない」（DT 30）。贈与と忘却が相互に条件づけあうことを指摘したのち、デリダは、ハイデガーにおける「存在および存在の真理の条件」としての忘却と時間の問いとの関係、そして講演「時間と存在」（一九六二）での「それが与える（Es gibt）」が含意する贈与の問題へと移行していく（DT 32-37）。

『時間を与える』の議論が非常に巧妙であると同時にいささか作為的にも見えるのは、デリダが、以上のように贈与の不可能性を説得的に示したあとではじめてモースの『贈与論』に話題を移し、「マルセル・モースの『贈与論』ほどの記念碑的な書物も、贈与を除くすべてについて語っている、とまで言えるかもしれない」（DT 39）と述べる点である。なぜ作為的かと言えば、モースの「贈与」がそもそもデリダの言う意味でのエコノミーの側に位置することは、『贈与論』の読者であれば誰しもが知っているからだ。したがって『時間を与える』が、『贈与論』の内部でエコノミーが贈与を汚染していることを暴く「脱構築的なアプローチ」[5]を採用していると考えるのは誤りだろう。モースの「贈与」は純粋で無償のものではまったくないし、デリダも順次引用していくように、エコノミーを規定する特徴をすべて備えている。まずモースが分析したシステムとしての「贈与」は、与える・受け取る・返すという「三つの義務」（SA 205）が連結したものであり、「しかるべき仕方で返すことは絶対的な義務である」（SA 212）から、相互性（互酬性）の要請も同じく絶対的である。儀礼的贈与の代表例として挙げられるクラ交易は明示的に円環の形象とともに語られるし[6]（SA 176: DT 40）、もう一つの例であるポトラッチは「交換された贈与物のシステム」（SA 197: DT 55）と呼ばれる。要するにモースは「贈与と交換のあいだのこの両立不可能性〔……〕を十分気にかけてはいない」（DT 55）。モースの「贈与」がエコノミーと区別できないとすれば、「贈与そのもの（*le don*）」としてのなにかの「実在（existence）」は疑わしくなるだろう（DT 41）。だから「彼の『贈与論』はますます、贈与についての論ではなく「贈与」という語についての論に見えてくる」（DT 77）。

これが「結局モースは何について、誰について語っているのか」（DT 41）という問いへの直接の回答である。

贈与の実在と語をめぐるこの指摘は、『贈与論』だけでなく、それが属する学問分野および方法論をも射程に収めている。コントやスペンサーに代表される従来の社会学がもっぱら概念を取り扱ってきたことを批判するデュルケームは、「社会的諸事実を物（*choses*）とみなす」[7]ことを社会学的方法の第一の規則としていたからである。社会的事実とは、個人に「外的な強制力」を行使しうるような、そして「固有の実在（*une existence propre*）」を有しながらも個人的表現からは独立して一般的に広まっているような行為の様態と定義される。[8]この方法が早くも実践された『自殺論』（一八九七）では、日常的に使われる「自殺という語」[9]の曖昧さを廃し、「自殺という名称のもとで研究しようとする諸事実の領域を規定する」[10]ことが最初の課題とされ、物としての社会的事実の現れである統計データに基づき、各社会において「こうした自殺傾向はなんらかの身分で実在している（existe）」[11]と述べられる。レヴィ＝ストロースがモースを批判したのも、「現地住民のものであれ西洋のものであれ、理論は畢竟理論でしかない」にもかかわらず、モースが理論を客観的に吟味せず、「基底にある現実（la réalité sous-jacente）」（SA XXXIX）に到達できなかったからであった。

もっとも、レヴィ＝ストロースにとってこの「現実」は、「制度を通じて、あるいはそれ以上に言語において到達しうる無意識的な心的構造」（同）のうちに認められるものである。しかし、ある言語では売買や貸借などの「対立的な」操作が「同一の語で表現される」（SA 193）というモースの（実際にはモースが引用するホルムズの）指摘を、レヴィ＝ストロースが当該社会においてこうした「対立が実在しない」（SA XL）ことの証左として用いるとき、最終的な審級はやはり実在や現実に置かれているように見える。構造的次元と事実的次元のこの相互乗り入れの関係は、すでに『エクリチュールと差異』（一九六七）で示されたように、レヴィ＝ストロースの構造主義における経験論批判と経験的事実への依拠との矛盾を反映しているが、[12]レヴィ＝ストロースは贈与を交換に還元することで「物の問い」（DT 98）にまつわる困難を除去するというデリダの指摘は、社会学の方法論的な自己矛盾を突く批判としても機能するだろう。

デリダのモース読解について社会学の側から提起された反論の多くは、哲学と社会学の本性上の差異に立脚している。たとえばある論者は、経験的所与が哲学的範疇に生命を与えるという意味で、モースの試みを「民族誌による哲学の問いただし」とみなし、「社会学の使命」の名において経験論の援用をあらためて正当化する。(13) しかしこの主張は、レヴィ＝ストロースに向けられた、「経験論は〔……〕科学的であり続けたいと欲する言説を脅かすあらゆる過ちの母型である」(14)という批判を回避できないだろう。また理論的にも実践的にも『贈与論』の再評価に大きく貢献している「MAUSS《モース》」（社会科学における反功利主義運動）の代表的論者であるカイエは、デリダは人類学者や社会学者とは無縁の語義で贈与の語を用いているとし、『贈与論』は「アルカイックな諸社会には、気前よさと利益、贈与と交換のあいだのたえざる緊張が実在すること」(15)を明らかにしたと述べたうえで、デリダは「絶対的に純化され、自分自身の毒液から守られた、要するに毒《ギフト》なき贈与《ギフト》の諸条件」(16)を問うていると解釈する。しかしデリダの『贈与論』読解は、純粋な贈与だけでなく純粋な交換も排他的な仕方では成立しえない以上、これらの語を用いて実在のレベルで首尾一貫した言説を構成することはできないという主張であり（DT 67-68）、先在する贈与と交換の「緊張」という語り方そのものが不可能であることに注意しなければならない。デリダの批判への回答として「たがいに異質な贈与の諸秩序を区別する」(17)試みについても同様である。そもそもモース自身、『贈与論』の結論部分で、プレゼント（présent）・贈り物（cadeau）・贈与（don）という語が「完全には正確ではない」とし、〈自由／義務〉や、〈寛大さ・気前よさ・奢侈／倹約・利益・功利性〉といった対立概念を「もう一度るつぼに入れる」のがよいと言って、トロブリアンド諸島における「複合的な観念」を例に挙げる。「これは純粋に自由かつ無償の給付の観念でもなければ、純粋に利益を目指す有用物の生産と交換の観念でもない。そこで花開いているのは一種の雑種物（hybride）である」（SA 267: DT 78）。モースは端的に「雑種物」と言っているのであって、贈与と交換の「雑種物」とは言っていない。それゆえこの種の主張は社会学の学問的立場の擁護としては理由があるとは言え、デリダへの適切な応答になっていないばかりか、モースの結論の手前に戻ってしまっているのである。しかもマリオンが指摘するように、贈与において贈与者・受贈者・贈与物が相互性の関係で結ばれるという「贈与のあらゆる人類学（まずはモースのそれ）を支配するこの図式」は、「贈与者は贈与物を動力因として与え、目的因（受贈者の財および／ないし贈与者の栄光）に従って、（贈与物としてある）形相因および質量因を利用する」点で「完全に形而上学的なものである」[18]。だとすれば、哲学と社会学の分離はこれらの批判が考えるほど容易でもなければ正当でもないだろう。

さらにこうした反論が不十分に思われるのは、レヴィ＝ストロースのモース批判は「贈与の可能性そのものを破棄する」（DT 101）と明言するデリダが贈与をめぐる肯定的な主張を提示していることに関心を払っていない点である。デリダ自身が述べるように、モースもそれ以後の人類学者も、「贈与が実在する（le don existe）」と「贈与がある（il y a don）」の差異という問題を立てていないことがその原因だろう（DT 41-42）。贈与は実在しない、しかし贈与はある。モースの「贈与」をエコノミーと同一視するデリダが、贈与を交換とみなすレヴィ＝ストロースの批判と異なるのはこの根本的な主張による。

しかも重要なのは、贈与があることをデリダがほかならぬ『贈与論』の読解によって示していることである。第一に、贈与などの用語が正確ではないというモースの結論に、デリダは先立つ部分でなされたことを「忘れよという命令」（DT 78）を見出し、与えられているのは「他者に向けた宛先行為（l'acte de l'adresse）」であって、ほかならぬ『贈与論』こそがデリダの意味での贈与であることを示唆する（DT 79）。第二のより重要な点は、贈与と交換の両立不可能性に無頓着なモースがそれでも維持しようとする贈与と交換の差異にある。物々交換や即時的支払いでの売買に対する「贈与」の歴史的・法的先行性の主張にあたって、モースはこう述べる。「考えうるいかなる社会においても、期限を置いて義務を負わせるということが贈与の本来の性質である。〔……〕どのような反対給付を行なうにも「時間」が必要である」（SA 199）。モースが括弧に入れた「時間」の語にデリダは注釈を付し、「おそらく時間の語で問題になっているのは、時間軸《クロノロジー》の均質的要素における、遅延の、ずれの、成熟の構造であり、より複雑で質的な意味でより異質な差延の構造である」（DT 57）ことをモースが意識している可能性を指摘する。遅れてなされる返礼までのこの間隔が贈与と交換を分けるとモースは考えているが、デリダにとってこれは期限を置いた返礼によって交換が約束されている「贈与」である。ただし「贈与」と交換のこの同一性は、返礼までの待機を要求し、かつそれが贈与物そのものによって要求される点で「ア・プリオリな総合」の形態を取る。「これが『贈与論』の最も興味深い観念であり重要な導きの糸であると思われる。すなわち「期限を置いた」返還、延期された「期日」での返還の要請、循環的差延の要請が、贈与と反対贈与の経験に参加する人たちにとって、贈与され交換される物自体のなかに書きこまれている、ということだ」（DT 58）。ここから『贈与論』の読解を通じたデリダの贈与の思想が導かれる。「贈与が一つの贈与であるのは、贈与が贈与するのは、それが時間を与える場合にかぎられる。〔……〕贈与があるところには、時間がある」[19]（DT 59-60）。

贈与の不可能性を述べているために『贈与論』の批判的読解に見えるデリダの『時間を与える』は、実際には贈与とエコノミーの明確な区別を行なうことで贈与の概念の積極的な可能性を示したものであった。その過程で明かされたデリダ自身の贈与の主題は、同じく贈与について語るレヴィナスの贈与の問題とどのような関連を持つのだろうか。

3　レヴィナスにおける贈与

レヴィナスが「贈与の論理をめぐるデリダの議論展開を正しく理解するための中心的形象である」[20]とまで言えるかは別にしても、『時間を与える』で示されたデリダの贈与の主題がレヴィナスの思想と少なからぬ近接性を持っていることは間違いない。大きな共通点は両者における相互性の評価である。『全体性と無限』（一九六一）で、《同》と《他》の根本的な分離と、《同》が《他》を目指す「形而上学的欲望」を議論の前提に据えるレヴィナスは、[21]ブーバーの我汝関係を相互性に基づく形式的関係として批判する（TI 64／上・一二二）。絶対的な《他》との関係が可能となるのは、同じく絶対的に《同》であり続ける《自我》（Moi）を起点とする場合のみであり、また形而上学的欲望は「還帰を望むことのない」欲望であるから（TI 22／上・三九）、必然的に《同》と《他》の関係は、両項が等価で反転可能である相互性ではなく、「非対称性」（TI 46／上・八六）および「不可逆性」（TI 24／上・四四）という構造を持つ。そして《同》の成り立ちを形式的にではなく具体的に記述するという方法論に基づき、《同》から《他》へ非対称的かつ不可逆的に向かうこの運動は、一方向に進むベクトルを具現化する贈与を通じて語られる。《同》の根拠である《自我》は、それゆえ《他》との関係においては、そもそものはじめから贈与者として現れ、「寛大さ〔気前よさ〕（générosité）」（TI 22／上・四〇）の性格を備えることになる。

しかし『全体性と無限』における贈与は、相互性に回収されない運動の形式的構造を指示するにとどまらず、絶対的に他なるものである「他人（autrui）」との関係の根底に位置づけられる。《自我》は把持や了解によって世界内の諸事物をわが物とし、それらの他性を中断しながら延々と自己同定を続ける（TI 26-27／上・四八—五〇）。それに対して他人の現前は、《自我》が享受する幸福な《同》の世界に亀裂を生じさせる。それは、単に他人がいかなる仕方でも所有されえない存在者として現れるからではなく、他人が《自我》による世界の所有の正当性に異議を突きつけるからである。「《他人》の現前は、このように私の喜ばしい世界の所有を問いに付すことに等しい」（TI 73／上・一三九）。《同》においては「すべてがここにあり、すべてが私に属している」（TI 27／上・四九）から、他人の方は、「異邦人、寡婦、孤児」（TI 76／上・一四四）、さらには「無一物者ないしプロレタリア」（TI 73／上・一三八）という具体的形象をまとった「貧しき者」（TI 76; 281／上・一四三、下・一五八）として現れる。だから「他人を認識するとは、飢えを認識することである。他人を認識すること——それは与えること（donner）である」（TI 73／上・一三八）。他人が現前するやいなや、《自我》の私的な所有物であった事物は他人に「与えるもの」（TI 75／上・一四二）という一般的な性格を帯びるのである。ただし「手ぶらで他者に近づくことができない」（TI 42／上・七九―八〇）とされる気前よさに基づいたこの贈与は、「連帯的な贈与、あるいは欲求や困窮のうちにある他人に援助することを目指す相互扶助的な贈与」[22]を意味するだけではない。他人を認識することは、与えられるものと化した事物を媒介として他人への通路が開かれることであると同時に、「贈与によって共同性と普遍性を創設すること」（TI 74／上・一四〇）だからである。それを可能にするのが「言語（langage）」である。「言語が普遍的なのは、言語が個別的なものから一般的なものへの移行そのものだからであり、言語が私の事物を他人に差し出すからである」（TI 74／上・一四〇）。こうしてレヴィナスは、事物を他人に通じる一般的な語で示すこと、「《他人》に世界を語ること」（TI 189／上・三五七）をも贈与と呼ぶことになる。「事物を他者に名指す言語は、本源的な脱所有化であり、最初の贈与行為（donation）である」（同）。言語の定義そのもののうちに「贈与や〈与える－取る〉等々とのある種の関係」を見出すべきだとするデリダの指摘を、この議論と関連づけることも可能だろう（DT 105-106）。

レヴィナスの後期著作群に属する小著『他者のヒューマニズム』（一九七二）では、相互性がより明確にエコノミーと結び付けられるとともに、「相互性と交換からなるシステム」（HAH 40）および「エコノミーや世界の計算と相互性」（HAH 70）の彼方を目指す《他》への運動が、《所業》（Œuvre）という概念のもとで語られる。「〔……〕徹底的な仕方で考えられた《所業》は、決して《同》に戻ることのない、《同》から《他》への運動である。突き詰めて考えられた《所業》は、《同》のうちで《他》へと向かう徹底的な寛大さ〔気前よさ〕を要求する」。興味深いことに、続けてレヴィナスは、デリダが贈与の不可能性に見ていたのと同じ構造を《所業》に与えている。「それゆえ《所業》は《他》の忘恩（*ingratitude*）を要求する。感謝とはまさに、みずからの起源への還帰の運動であるだろう」[23]（HAH 44）。『全体性と無限』において、《他》の超越の忘却が分離の必要条件とされていることと合わせるならば（TI 188; 197／上・三五五、三七三）、無限に隔たった《同》と《他》の両端での忘却が双方の「関係」を規定することになる。このœuvreという語は、『全体性と無限』では基本的に「所産」ないし「作品」と訳せるような、《自我》の働きによって作られたもの・なされたものを意味する語として、しかも存在者の自体的な「表出（expression）」と区別された、《自我》の意志の疎外を意味する否定的な概念として用いられていたが（TI 193-194; 250-251／上・三六六―三六七、下・一〇四―一〇五）、『他者のヒューマニズム』では、「所業」と訳せるような《自我》の働きそのもの、その活動性・能動性を意味する肯定的な概念に変わっている。これは単なる用語法の変化ではない。新しい《所産＝所業》の概念が告知しているのは、贈与者としての主体から贈与そのものとしての主体への変容だからである。この著作で語られる別の表現を用いるならば、この主体は「他人に向けられる純粋な記号」、「記号のこの贈与行為そのものからなる記号」であり、「メッセージそのものであるメッセンジャー」（HAH 13）である。

のちの『存在するとは別の仕方で』（一九七四）でも、他者との関係の対極に相互性が位置づけられる点では大きな変更はない。「《存在》の知解可能性のシステムを形成する」諸関係が相互的で可逆的とみなされるのに対し（AE 133）、この著作での主体性を表す概念である「近さ（proximité）」および「他者のための一者（l'un-pour-l'autre）」は「非相互性」であり、「いかなる形でも自分の出発点に帰ることのない、一方向で唯一的意味をもつ関係（relation à sens unique）」と言われる（AE 134）。しかし主体が贈与しつつみずからを贈与するという贈与概念の変容ないし深化は、この著作で頂点を極める。主体は「自分の口に含んだパン、肩にかけたコートに至るまでも、他者に与えねばならない義務」（AE 93）のうちにある。「与えることは〔……〕、自分の口からパンを引き離し、自分自身の断食でもって他者の飢えを養うことである」（AE 94）。この贈与が最大限に「高くつく贈与（don qui coûte）」（AE 172, n. 2）であるのは、単に私の身体的欲求の満足を中断して他者を優先させるからではなく、それが他なるものを同化する享受の放棄であり、ひいては自己同一性を保証する働きの断念であるからだ。「与えることが近さそのものだとすれば、与えることが十全な意味を得るのは、私にとって所有よりも固有なものを手放すことによってでしかない」(AE 94)。私の所有物よりも固有なものは、私そのものをおいてない。レヴィナスが「自分の口に含んだパンを他者に与えること」を「他者のための自己の引き離し」へと接続するのは、この贈与の可能性において「存在することの努力(conatus essendi)」が解除されるからにほかならない(AE 222)。デリダが「贈与」のうちに贈与者による自己同一性の再我有化を見ていたのに対し(DT 23)、ここでの贈与(者)としての主体の自己同一性は、喪失することではじめて唯一的なものとして確証されるのである。

　贈与において自己と解離した自己の同一性が示されるという点のほかに、レヴィナスの贈与概念にはもう一つの逆説的な事態が含まれる。贈与(者)である主体はみずからが負った負債への「返礼」として贈与するのである。主体は、記憶されざる過去において、「一切の自由に先立って契約された負債」(AE 26)、「一切の借り入れに先立つ「借金」」(AE 175)を負っている。借受の事由が生じた時点が確定されない以上、この負債は「支払い不可能な負債」(AE 89)であるばかりか、返済すべき期限が無限に繰り延べされるために、「返済されるとそれだけ負債は増す」(AE 27)。負債を負った過去に遡ることができず、返済がつねに滞るゆえに、主体は「埋め合わせ不可能な遅れ」(AE 141)のうちにあるのだ。パトチュカを論じるデリダがおそらくはレヴィナスをも念頭に置きながら記す言葉によれば、この主体には「善性そのもの、贈与者の善性、贈与を与えること、贈与の贈与行為[24]」が与えられており、主体はこの贈与に返礼する唯一的な義務と責任のうちにあることになる。しかし、この「返礼」があくまでも贈与であって相互的な交換を導かないのは、過去の贈与の時点が到達不可能であることに加えて、この遅延の時間において返済が決して完了されず、当初の負債と同時間的・共時間的になりえないからである。贈与(者)である主体のこの時間をレヴィナスは「隔時性(diachronie)」と呼ぶ。一度も現在になったことがなく記憶も表象も不可能な過去に負った負債は、主体が自分の返済可能性を超えて贈与することを義務づける。だから贈与(者)である主体は「時間のなかにいるのではなく、隔時性そのものである」(AE

96)。無起源的な過去は善性の贈与によって、この主体に時間を与えたからである。すでに『実存から実存者へ』(一九四七)のレヴィナスは、各瞬間が等価であり現在が未来の幸福によって償われるとみなす時間概念を「エコノミーの時間」(EE 154) ないし「代償の時間」(EE 155) と呼び、「メシア」への希望が「償いえないものの償い」をもたらすとする時間 (EE 156) をこれに対置していたが、この後者の時間をあらためて贈与の時間と呼ぶこともできる。

レヴィナスにおいては、デリダが『贈与論』に見ていた贈与の不可能性は問題とならないのだろうか。問題とならないどころではない。ただし『存在するとは別の仕方で』において、この不可能性は倫理と正義との葛藤として、すなわち単独の他者に対する責任を課す倫理の次元と、「第三者」を含む複数の他者たちのあいだで比較考量する正義の次元の二重拘束として語られる。それぞれに含意される対立項を列挙すれば、〈語ること (le Dire)／語られたこと (le Dit)〉の概念対を筆頭に、他者の〈単独性／複数性〉、主体の〈唯一性／代替可能性〉、他者との関係の〈近さ／隣接〉、空間的規定としての〈非場所／場所〉、時間的規定としての〈隔時性／共時性〉、さらには〈(無) 起源〉、〈表象 (不) 可能性〉、〈記憶 (不) 可能性〉等々の数え切れない対立的価値の双方が、一方が他方をたえず上書きないし裏書きし直す形で論じられる。

しかし、実際にはこのダブルバインドはレヴィナスにおいて早くから経済的観点に立って提示されていた。『全体性と無限』に先立つ論文「自我と全体性」(一九五四) で、貨幣による数量化や補償に基づいた「経済的正義 (justice économique)」(EnN 27) の重要性が説かれる一方で、『困難な自由』(一九六三) に収められた短文「同害刑法」では、富者や強者に有利な罰金刑に対して、人間になされた侮辱は金銭では癒されないことが強調される (DL 227／一九九)。さらに晩年の論文「社会性と貨幣」(一九八七) では明確に、『存在するとは別の仕方で』に代表されるテクストが「脱利益内存在 (désintéressement) の価値論」(ESA 84) の記述の試みであったことが述べられるとともに、「与えることの善性」と貨幣による交換が相互に制限しあうものとして示される。ここでレヴィナスは明示的かつ意識的に贈与の不可能性を提出している。唯一的な他者ないし隣人への責任を負う贈与は「第三者の無視」であり、さらには「貨幣を起点とした経済的全体性」（ESA 85）において結び付けられた多くの人々の黙殺につながるというのだ。最後にレヴィナスは、第三者に注意を払い続けるために必要な正義は《理性》、法律、国家、制度などに訴えると述べている。この結論がレヴィナスの贈与の思想の一貫性を損なわないためには、第三者をはじめとした複数の人間がいずれも唯一的な他者であること、すなわち「あらゆる他者はまったき他者である」ことをたえず語り直さなければならないだろう。[25] 贈与のアポリアを超えた贈与の肯定性がレヴィナスにおいても意味を持つのはそのときだけである。

4　おわりに

本稿は、しばしばモースへの批判とみなされているデリダの『時間を与える』が、むしろ時間の贈与という積極的な贈与の可能性を『贈与論』それ自体に即して提示していることを明らかにしたうえで、エコノミーと区別された贈与の構造および不可能性が同様に見出されるレヴィナスの思想においても、贈与が隔時性という時間として考えられていることを確認した。レヴィナスにとって、隔時性は終わらない「返礼」としての贈与が続いていく忍耐の時間であり、これが他者との「近さ」そのものを規定していた。モースにおいて、「贈与」は返礼までの時間を与えることで開始され継続される、信用の形式をとった他者との関係であり、デリダの美しい表現によれば「時間化（temporalisation）が待機（temporisation）に変形すること」（DT 59）であった。「〔……〕時間とは孤立した単独の主体に関わる事柄ではなく、主体と他人との関係そのものである」（TA 17）というレヴィナスの主張が、デリダをあいだにはさむ形で『贈与論』から浮かび上がってくるのである。

実を言うと、時間を社会性の根拠に見る発想はそもそもモース自身が述べていたことでもあった。シミアンの論文「貨幣――社会的現実体」（一九三四）をめぐる討論会（一九三四年五月三〇日）で、モースは社会的なものにおける「待期（attente）」の重要性を指摘している。

> 私たち、あなた〔シミアン〕も私も根底において到達しているのは、待期の観念および未来の割引の重要性であり、これがまさに集合的思考の諸形態の一つなのです。社会にあって、私たちは私たちのあいだで、あれこれの結果を私たちのあいだで待期しています（nous attendre）。これが共同体の本質的形態であります。強制力、力、権威といった表現をかつて私たちは用いることができましたし、それらには価値がありました。しかし、私の考えでは、この集合的待期（attente collective）の観念こそ、私たちが取り組むべき根本的な観念の一つなのです。法や経済を生み出す観念を私はほかに知りません。「私は待期する（Je m'attends）」、これが集合的性質を持つあらゆる行為の定義そのものです。これが神学の起源にあります。神はお聴きになるでしょう――叶えるでしょうとは言いません、お聴きになるでしょう――私の祈りを。[26]

待機となった時間のみが贈与と交換を分けるとすれば、贈与が贈与であるためには待機は決して終わってはならないだろう。返礼が自己への還帰であり自己同一性の取り戻しであるかぎり、待期しつつ待期されざる返礼の待機は「私なき時間」（HAH 45）として続いていくだろう。自己とは他なるものを待期し、そこで自己自身を待期すること、そしておたがいに待期しあうこと[27]（s'attendre）――モース、デリダ、レヴィナスを通じて与えられたのは、自己と他者と両者の関係を一挙に思考するための待期の贈与という出来事である。

註

（1）「贈与論」は雑誌『社会学年報』に掲載された論文であるが、現在では単行本化されていることと、著作としての重要性に鑑み、本稿では『贈与論』と記す。

（2）Claude Lévi-Strauss, « Introduction à l'œuvre de Marcel Mauss », in Marcel Mauss, *Sociologie et anthropologie* [1950], 11e éd., Paris, PUF, « Quadrige », 2004, pp. XXXVII-XXXIX.（「マルセル・モース論文集への序文」、『社会学と人類学』（有地亨／伊藤昌司／山口俊夫訳、弘文堂、一九七三―一九七六年）所収）以下、同書からの引用に際しては略号SAを用い、頁番号とともに本文中に記す。

（3）同時刊行はギュルヴィッチ『社会学の今日的使命』、アルヴァックス『集合的記憶』、バスティッド『社会学と精神分析』である。

（4）Jacques Derrida, *Donner le temps*, Paris, Galilée, 1991, p. 39.（抄訳「時間を——与える」、『他者の言語　デリダの日本講演』（高橋允昭編訳、法政大学出版局、一九八九年）所収）以下、同書からの引用に際しては略号DTを用い、頁番号とともに本文中に記す。

（5）Marcel Hénaff, *Le don des philosophes*, Paris, Seuil, 2012, p. 26.

（6）モースにおいて輪・円環・太陽・交換といった形象が重層的に現れることは、『時間を与える』に先立ってガシェがすでに指摘していた。Cf. Rodolphe Gasché, « L'échange héliocentrique », *L'Arc*, 48, 1972, p. 77.（「太陽中心的な交換」、『マルセル・モースの世界』（足立和浩ほか訳、みすず書房、一九七四年）所収）なおこのテクストはＥＮＳにおけるデリダのセミネール（一九六九―七〇年度）での発表に基づくとのこと。

（7）Émile Durkheim, *Les règles de la méthode sociologique*, Paris, Félix Alcan, 1895, p. 20.（『社会学的方法の基準』宮島喬訳、岩波文庫、一九七八年）強調はデュルケーム。以下、引用文の強調はすべて原著者による。

（8）*Ibid.*, p. 19.

（9）Émile Durkheim, *Le suicide*, Paris, Félix Alcan, 1897, p. 1.（『自殺論』宮島喬訳、中公文庫、一九八五年）

（10）*Ibid.*, p. 2.

（11）*Ibid.*, p. 15.

（12）Cf. Jacques Derrida, « La structure, le signe et le jeu dans le discours des sciences humaines » [1966],（「人間科学の言説における構造、記号、遊び」）in ED 422／五八三。

(13) Tim Jenkins, « Derrida's Reading of Mauss », in Wendy James and N. J. Allen (ed.), *Marcel Mauss : A Centenary Tribute*, New York/Oxford, Berghahn Books, 1998, pp. 91-92.
(14) Jacques Derrida, « La structure, le signe et le jeu dans le discours des sciences humaines », in ED 422／五八三。
(15) Alain Caillé, *Don, intérêt et désintéressement. Bourdieu, Mauss, Platon et quelques autres* [1994], rééd., Paris, Le Bord de l'eau, 2014, p. 218.
(16) *Ibid.*, p. 222.
(17) Marcel Hénaff, *Le don des philosophes, op. cit.*, p. 33.
(18) Jean-Luc Marion, « Esquisse d'un concept phénoménologique du don », *Archivio di filosofia*, 62, 1994, p. 76.
(19) 『時間を与える』以外のテクストも含む、デリダにおける贈与の主題の全般的な解釈については、ダリン・テネフ「デリダにおける贈与と交換（Derridative）」（横田祐美子／松田智裕／亀井大輔訳、『人文学報　フランス文学』、第五一一号、首都大学東京人文科学研究科、二〇一五年）を参照。
(20) Robert Bernasconi, « What Goes Around Comes Around : Derrida and Levinas on the Economy of the Gift and the Gift of Genealogy », in Alan D. Schrift (ed.), *The Logic of the Gift. Toward an Ethic of Generosity*, New York/London, Routledge, 1997, p. 257.
(21) 以下、巻頭に掲げたTI（*Totalité et infini*）、DL（*Difficile liberté*）のほか、レヴィナスの著作からの引用に際しては次の略号を用い、頁番号とともに本文中に記す。AE : *Autrement qu'être ou au-delà de l'essence* [1974], Paris, Le Livre de Poche, 2004（『存在の彼方へ』合田正人訳、講談社学術文庫、一九九九年）; EE : *De l'existence à l'existant* [1947/1978], 2e éd. augmentée, Paris, Vrin, 2004（『実存から実存者へ』西谷修訳、ちくま学芸文庫、二〇〇五年）; EnN : *Entre nous* [1991], Paris, Le Livre de Poche, 1998（『われわれのあいだで』合田正人／谷口博史訳、法政大学出版局、一九九三年）; ESA : Roger Burggraeve, *Emmanuel Levinas et la socialité de l'argent*, Leuven, Peeters, 1997（『貨幣の哲学』合田正人／三浦直希訳、法政大学出版局、二〇〇三年）; HAH : *Humanisme de l'autre homme* [1972], Paris, Le Livre de Poche, 2000（『他者のユマニスム』小林康夫訳、書肆風の薔薇、一九九〇年）; TA : *Le temps et l'autre* [1948/1979], 7e éd, Paris, PUF, « Quadrige », 1998（『時間と他者』原田佳彦訳、法政大学出版局、一九八六年）
(22) Marcel Hénaff, « Altérité et réciprocité. La question du don chez Levinas », in R. Burggraeve, J. Hansel, M.-A. Lescourret, J.-F. Rey et J.-M. Salanskis (éd.), *Levinas autrement*, Louvain/Paris, Peeters, 2012, p. 181.
(23) これと同じ文章はすでに論文「他者の痕跡」（一九六三年、『実存の発見』所収）にも見られる。
(24) Jacques Derrida, *Donner la mort*, Paris, Galilée, 1999, p. 63.（『死を与える』廣瀬浩司／林好雄訳、ちくま学芸文庫、二〇〇四年）

（25）Cf. *ibid.*, pp. 118-120.

（26）Marcel Mauss, *Œuvres*, t. 2, présentation de Victor Karady, Paris, Minuit, 1974, p. 117.

（27）Cf. Jacques Derrida, *Apories*, Paris, Galilée, 1996, pp. 116-118.（『アポリア』港道隆訳、人文書院、二〇〇〇年）

終わりなきデリダ　ハイデガー、サルトル、レヴィナスとの対話

2016年11月25日　初版第1刷発行

編　者　齋藤元紀・澤田 直・渡名喜庸哲・西山雄二
発行所　一般財団法人　法政大学出版局
〒102-0071 東京都千代田区富士見2-17-1
電話 03(5214)5540　振替 00160-6-95814
組版：HUP　印刷：日経印刷　製本：積信堂

Printed in Japan

ISBN978-4-588-15081-4

◉編者略歴

齋藤元紀（さいとう・もとき）　1968年生。高千穂大学教授。現代哲学。著書に『存在の解釈学』（法政大学出版局）、編著に『始まりのハイデガー』（共編、晃洋書房）、『ハイデガー哲学は反ユダヤ主義か』（共編、水声社）、訳書にロックモア『カントの航跡のなかで』（共訳、法政大学出版局）ほか。

澤田 直（さわだ・なお）　1959年生。立教大学教授。現代哲学・フランス語圏文学。著書に『〈呼びかけ〉の経験』（人文書院）、『ジャン＝リュック・ナンシー』（白水社）、編著に『サルトル読本』（法政大学出版局）、訳書にサルトル『真理と実存』（人文書院）ほか。

渡名喜庸哲（となき・ようてつ）　1980年生。慶應義塾大学准教授。フランス思想。編著に『カタストロフからの哲学』（共編、以文社）、訳書にブーレッツ『20世紀ユダヤ思想家』（全3巻、共訳、みすず書房）、『レヴィナス著作集』（1・2巻、共訳、法政大学出版局）、デリダ『最後のユダヤ人』（未來社）ほか。

西山雄二（にしやま・ゆうじ）　1971年生。首都大学東京准教授。フランス思想。著書に『異議申し立てとしての文学』（御茶の水書房）、『哲学への権利』（勁草書房）、編著に『カタストロフィと人文学』（勁草書房）、訳書にデリダ『哲学への権利』（全2巻、共訳、みすず書房）ほか。

◉執筆者・訳者略歴（目次掲載順）

ジャック・デリダ（Jacques Derrida）　1930–2004年。高等師範学校などの講師を経て、社会科学高等研究院で教鞭を執った。哲学。日本語に訳された著書に『エクリチュールと差異』『哲学の余白』『散種』『絵画における真理』『有限責任会社』『法の力』（以上、法政大学出版局）ほか。

亀井大輔（かめい・だいすけ）　1973年生。立命館大学准教授。哲学。著書に『間文化性の哲学』（共著、文理閣）、訳書にデリダ『デリダ、脱構築を語る』（共訳、岩波書店）、デリダ『獣と主権者Ⅰ・Ⅱ』（共訳、白水社）ほか。

宮﨑裕助（みやざき・ゆうすけ）　1974年生。新潟大学准教授。哲学・現代思想。著書に『判断と崇高』（知泉書館）、『続・ハイデガー読本』（共著、法政大学出版局）、訳書にド・マン『盲目と洞察』（共訳、月曜社）、デリダ『哲学への権利2』（共訳、みすず書房）ほか。

川口茂雄（かわぐち・しげお）　1976年生。甲南大学准教授。フランス・ドイツ哲学。著書に『表象とアルシーヴの解釈学』（京都大学学術出版会）、『岩波講座　現代　第9

巻　デジタル情報社会の未来』（共著、岩波書店）、編著に『リクール読本』（法政大学出版局）、訳書にグレーシュ『『存在と時間』講義』（共訳、法政大学出版局）ほか。

峰尾公也（みねお・きみなり）　1986年生。早稲田大学大学院文学研究科博士課程。ハイデガー哲学・現代フランス思想。論文に「前期ハイデガーにおける〈現実性〉概念の捉え直し」（『現象学年報』第30号）、「バタイユの〈眼〉について」（『早稲田大学大学院文学研究科紀要』第59輯）ほか。

フランソワ・ヌーデルマン（François Noudelmann）　1958年生。パリ第8大学教授。哲学。著書に *Sartre*（L'Harmattan）, *Pour en finir avec la généalogie*（Léo Scheer）, *Le Génie du mensonge*（Max Milo）,『ピアノを弾く哲学者』（太田出版）ほか。

翠川博之（みどりかわ・ひろゆき）　1968年生。東北大学非常勤講師。フランス文学・思想。論文に「サルトルの演劇理論」（『サルトル読本』法政大学出版局）、「アンガジュマンの由来と射程」（『ポストコロニアル批評の諸相』東北大学出版会）、訳書にミシュレ『フランス史Ⅴ』（共訳、藤原書店）ほか。

藤本一勇（ふじもと・かずいさ）　1966年生。早稲田大学教授。フランス哲学、表象・メディア論。著書に『外国語学』（岩波書店）、『情報のマテリアリズム』（NTT出版）ほか、訳書にデリダ『散種』（共訳、法政大学出版局）、デリダ『プシュケーⅠ』（岩波書店）ほか。

北見秀司（きたみ・しゅうじ）　1960年生。津田塾大学教授。哲学・社会思想史。著書に『サルトルとマルクスⅠ・Ⅱ』（春風社）、論文に « Sartre et Merleau-Ponty »（*Les Temps Modernes*, no. 572）、「アタック・フランスのEU批判と代替案が示す〈もうひとつの世界〉の可能性」（『近代世界システムと新自由主義グローバリズム』作品社）、「政治的エコロジーと『もうひとつのグローバリゼーション』」（『総合人間学9〈居場所〉の喪失、これからの〈居場所〉』学文社）ほか。

オリエッタ・オンブロージ（Orietta Ombrosi）　1969年生。ローマ大学准教授。哲学。著書に *L'Umano ritrovato. Saggio su Emmanuel Levinas*（Marietti）, *Il crepuscolo della ragione. Benjamin, Adorno, Horkeimer, e Levinas di fronte alla Catastrofe*（Giuntina）, *Pascal, d'un infini à l'autre*（Parigi）ほか。

馬場智一（ばば・ともかず）　1977年生。長野県短期大学助教。哲学、倫理学、思想史。著書に『倫理の他者』（勁草書房）、編著に『グローバル化時代における現代思想 vol. 5　若手研究者ワークショップ　「ヨーロッパ」とその他者』（東京大学東洋文化研究所）、論文に「全体性の彼方へ」（『京都ユダヤ思想研究』第6号）、訳書にデリダ『哲学への権利』（全2巻、共訳、みすず書房）ほか。

小手川正二郎（こてがわ・しょうじろう）　1983年生。國學院大學准教授。現象学・

フランス哲学。著書に『甦るレヴィナス』（水声社）、共著に『続・ハイデガー読本』（法政大学出版局）、論文に「「女性的な」身体性と「男性的な」身体性」（『メルロ＝ポンティ研究』第20号）、訳書にマルカ『評伝レヴィナス』（共訳、慶應義塾大学出版会）ほか。

藤岡俊博（ふじおか・としひろ）　1979年生。滋賀大学経済学部准教授。フランス哲学、ヨーロッパ思想史。著書に『レヴィナスと「場所」の倫理』（東京大学出版会）、訳書にカイエ『功利的理性批判』（以文社）、ブーレッツ『20世紀ユダヤ思想家』（1・2巻、共訳、みすず書房）、『レヴィナス著作集』（1・2巻、共訳、法政大学出版局）ほか。

桐谷 慧（きりたに・けい）　1986年生。東京大学およびストラスブール大学博士課程。フランス哲学。論文に「ジャック・デリダにおける『今』の脱構築」（『年報　地域文化研究』第15号）、« La question de l'eschatologie chez Jacques Derrida »（*UTCP Booklet* 26）、「『暴力と形而上学』におけるデリダのレヴィナス読解について」（『日本フランス語フランス文学会関東支部論集』第23号）。翻訳にナンシー「安全保障でも恐怖でもなく」（共訳、『現代思想』2016年1月臨時増刊号）ほか。

島田貴史（しまだ・たかふみ）　1986年生。東京大学大学院博士後期課程。フランス現代思想。論文に "The Idea of History as Difference of Force: Derrida Reading Nietzsche and Heidegger"（*UTCP Booklet* 27）、翻訳にナース「デリダ最盛期」（共訳、『現代思想』2015年2月臨時増刊号）、サッカー「二一世紀のための生哲学」（共訳『現代思想』2015年6月号）、サッカー「絶滅と存在についての覚え書き」（『現代思想』2015年9月号）。

長坂真澄（ながさか・ますみ）　1976年生。群馬県立女子大学准教授。宗教哲学・独仏現象学専攻。共著に『リクール読本』（法政大学出版局）、論文に「アポリアの始まり　若きデリダのフッサール『算術の哲学』読解」（『現象学年報』第30号）、「知の不可能性において語る声　ジャック・デリダ『声と現象』再読」（『宗教哲学研究』第32号）、「無限の理念　存在と存在者の彼方で：レヴィナスによる『カントと形而上学の問題』読解より」（『フランス哲学・思想研究』第21号）ほか。

松田智裕（まつだ・ともひろ）　1986年生。立命館大学文学研究科博士後期課程。哲学。論文に「新たなものの出現としての出来事」（『フランス哲学・思想研究』第20号）ほか、翻訳にグラネル「ジャック・デリダと起源の抹消」（共訳、『知のトポス』第10号）ほか。

吉松 覚（よしまつ・さとる）　1987年生まれ。パリ西大学博士課程・パリ高等師範学校。哲学およびフランス思想。共著に *Occhi e sguardi nelle filosofia e nelle arti*（Universitalia）、論文に「遅延と切迫」（『人間・環境学』第24号）、翻訳にヘグルンド「ラディカル無神論的唯物論」（『現代思想』2016年1月号）ほか。

「デリダとハイデガー、サルトル、レヴィナス」に関する文献案内

桐谷 慧・島田貴史・長坂真澄・松田智裕・吉松 覚

以下、デリダとハイデガー、サルトル、レヴィナスに関する関連文献リストを付す。リスト作成に際して、文献をおおまかに二つに区分した。まず、ハイデガー、サルトル、レヴィナスを論じたデリダの主要文献をそれぞれ列挙し、解題を付した。ハイデガーに関する文献は数が多いので、主要なものに限って解題が付けられている。三つのパートで重複して挙げられる文献があるが、それぞれハイデガー、サルトル、レヴィナスとの関連において異なる視点から異なる解題が記されている。次に、デリダとハイデガー、サルトル、レヴィナスの関わりを理解するうえで有益な研究文献（欧文と日本語）を示した。

デリダ×ハイデガー

主要文献解題

De la grammatologie, Minuit, 1967.（『根源の彼方に――グラマトロジーについて』足立和浩訳、現代思潮新社、1972年）

第一部にあたる論考がはじめ『クリティック』誌に掲載され、いくつかの修正と加筆を経て、後に単行本として刊行された。本書でまず問題となるのは、様々な存在者を根源的な絶対者の派生態として想定する思考の枠組みである。これを乗り越えるべく、デリダはハイデガーの存在論的差異を参照する。ハイデガーにおいて「存在」は自己充足する超時間的な存在者として想定されているわけではない。それは歴史のなかでその時代の言語をとおして現れるのだから、言語や歴史との連関のなかではじめて思考されるのであって、その外部ではなにものでもない。『存在の問いへ』において「存在」が×印とともに書かれるとき、想定されているのは「存在」が言語・歴史のなかで現れつつ自らを抹消する運動である。デリダはハイデガーの語る存在論的差異のなかに痕跡の構造を読み取り、それを「差延」の運動として捉え直していく。（松田）

« Ousia et grammè : note sur une note de Sein und Zeit », *Marges : de la philosophie*, Minuit, 1972, pp. 31-78.（「ウーシアとグランメー――『存在と時間』の或る注記についての注記」、『哲学の余白（上）』所収、高橋允昭・藤本一勇訳、法政大学出版局、2007

年、77-136頁）

1968年にジャン・ボーフレの記念論集である『思考の忍耐』に寄せられ、後に『哲学の余白』に収録されたテクスト。『存在と時間』の第82節に付されたアリストテレスとヘーゲルの時間概念の類似性を指摘した註について論じられており、ハイデガーのテクストのデリダによる「読解格子」が提示されている。一方でデリダは、ハイデガーの解釈に寄り添いながらアリストテレスからヘーゲルにいたる時間概念の歴史を足早に検討し、それはつねに現在に特権を与える形而上学的なものであったとする。しかし他方では、『存在と時間』においてハイデガーが重視しなかった問題を取り上げることによって、彼の哲学史解釈と距離を置こうとも試みる。通俗的時間概念に対して根源的時間性を対置する『存在と時間』におけるハイデガーの議論に対して、デリダは、時間概念そのものが形而上学的であり、新たに非形而上学的な時間概念を定立することは不可能であるとする。（桐谷）

« Les fins de l'homme », *Marges : de la philosophie*, Minuit, 1972, pp. 129-164.（「人間の目的＝終わり」、『哲学の余白（上）』所収、高橋允昭・藤本一勇訳、2007年、197-237頁）

形而上学的人間学を批判するヘーゲル、フッサール、ハイデガーの思想が、なおも人間学の圏域におさまっていることを喝破したデリダは（「デリダ×サルトル」における解題を参照）、ヘーゲル的な〈人間学の終焉〉も、形而上学と同様に目的論を終末論、神学、そして存在論に分かちがたく秩序づけるものだと指摘する。そのような状況は、人間学的な閉域を巧みに制限－画定＝制限－除去したハイデガーの存在論にも見出される。ここでデリダはハイデガーにおける近接性という問題系に注目する。現存在は存在に最も近く、存在を了解してはいなくともその前了解のなかに身を置いている。この近さこそが、問われるべき存在の問いを問いかける対象としての人間に固有な尊厳を回復させるとハイデガーは論じるが、それは形而上学的人間（学）主義を批判しつつも一種の人間の思考にとどまるという。この所作もまた、もう一つの〈人間への固執〉を形づくっているのだ。（吉松）

« Restitutions : de la vérité en pointure », *La vérité en peinture*, Flammarion, 1978, pp. 291-436.（「返却〔もろもろの復元〕、ポワンチュールにおける真理の」、『絵画における真理（下）』所収、阿部宏慈訳、法政大学出版局、1998年、121-338頁）

対話形式のテクストであり、初出は雑誌『マキュラ』第3号。ハイデガーは『芸術作品の根源』においてゴッホが描いた農夫の靴について論じているが、それに対して美術史家メイヤー・シャピロは、ゴッホが描いた靴は都市の人たる画家自身のものであるとする批判を行っている。「返却」においてデリダが取り上げるのは、ゴッホの靴をめぐるこの議論である。シャピロはハイデガーを鋭く批判するのだが、デリダは二人の間に様々な照応関係を見出す。たとえば、靴は正しい所有者へと返却されうるという考えである。複数の声を絡ませあいながらデリダはこの論争を検討し、最終的には、シャピロとハイデガーが共に考慮に入れていない、そもそも二

つの靴が対をなしていないという奇数性の可能性を提起する。ハイデガー読解という観点からは、物とフェティシズムの問題、後の「信」の問いへも通ずる「信頼性(Verläßlichkeit)」の問題などが論じられていることも注目に値する。(桐谷)

« Le retrait de la métaphore », *Psyché : Inventions de l'autre*, Galilée, 1987, pp. 63-93.(「隠喩の退隠」、『プシュケー——他なるものの発明(I)』所収、藤本一勇訳、岩波書店、2014年、71-117頁)

ハイデガーは『根拠律』や「語りの本質」講演において、形而上学と隠喩との結託を指摘する。存在を語るのに存在者の隠喩を用いるのが形而上学だからである。とはいえ、彼自身が言うように、存在そのものを言葉は名指すことができない。名指すやいなや、存在は存在者に転じるからである。デリダはこの点に着目する。ハイデガーは、隠喩を語ることを禁じるが、同時に、存在を語ることもできない。こうした隠喩の退きと存在の退きという二重拘束の中で、いかにハイデガーがなおも存在を語ろうとするのかに着目するのが、デリダの本論考である。ハイデガーの道は、感性的なものから叡智的なものへの移行としての隠喩ではない語りとして、詩的な語りを辿ることから開かれる。存在者からではなく、存在論的差異から出発すること、そこに語りのあり方の逆転がある。デリダはこれを逆転的隠喩と名づけ、その可能性を問う。(長坂)

« *Geschlecht* : différence sexuelle, différence ontologique », *Psyché : Inventions de l'autre*, Galilée, 1987, pp. 395-414.(「Geschlecht——性的差異、存在論的差異(1, 2)」高橋允昭訳、『理想』第626, 629号[1985年7, 10月号]、122-132, 185-199頁)

デリダは1980年代に、性、世代、種族などを意味するドイツ語Geschlechtをめぐって、四つのハイデガー論を著した。その一作目となる本テクストは、『論理学の形而上学的な始元諸根拠』『根拠の本質について』などをとりあげる。ハイデガーによれば、現存在は人間学的、形而上学的な性の二元性をもたず、つまり両性のいずれにも属さず、無性的である。しかし無性的であることの否定性は、性別をもつこと自体ではなく性の二元的分割に対してのみ向けられているため、いっそう根源的な次元においては消去される。そこでは前-両数的な性のあり方が依然として想定されており、現存在の根源的な力強さと積極性が明らかになる。また、現存在は事実的なものとしては一つの固有な身体に割りふられ、特定の性へと個別化され、それぞれの現存在へと散乱させられている。一見すると否定的価値をもつように思われるこの散乱は、より根源的には現(da=そこ)存在の本質的可能性である被投性に根拠づけられており、後者は先立つ延長された空間のなかへ投げられてあることでもなければ、プラトン的、キリスト教的な頽落でもないとされる。デリダは、無性的であることや散乱の否定性をさらに消去して根源的積極性を示すハイデガーの上記の方法が、みずからの主張するような形而上学批判となるどころか、伝統的な哲学素を強固ならしめるという逆説を明らかにする。また否定性を介するこの方法が、手前存在でも現存在でもない生命の存在論として展開されるとき、実存論的

分析に基づく問題構成の全体が問いに付されることを示す。（島田）

« La main de Heidegger（*Geschleht* II）», *Psyché : Inventions de l'autre*, Galilée, 1987, pp. 415-451.（「ハイデガーの手（ゲシュレヒトⅡ）」藤本一勇訳（抄訳）、『現代思想』第27巻6号［1999年5月臨時増刊号］、126-147頁）

『思惟とは何の謂いか』で引かれるヘルダーリンの詩「ムネーモシュネー」にみられる人間に固有なものとしての手を端緒に、人間的Geschlechtを考察する、二作目のGeschlecht論。『存在と時間』の手前存在者、手許存在者の議論以来、手はハイデガーの概念体系において重要な役割を果たしてきた。思惟と手仕事のアナロジーは、国家社会主義における学業の技術化、専門化への抵抗である一方、人間と動物の形而上学的分割に依拠しており、タイプライターへの告発と手書きへの肯定的評価はロゴス中心主義的身振りである。複数の手ではなく（ひとつの）手そのものが人間の本質を占有するという「取り集め」の思惟を経由して、トラークルにおいて人間的Geschlechtが性的差異と分裂を型打ち（Schlag、Geschlechtと同語源）される腐敗と、この腐敗の前プラトン的、前キリスト教的な根源性が検討される。なお、ハイデガーのトラークル論の「リズム」を考察するものといわれている三作目は未公刊である。（島田）

« L'oreille de Heidegger : Philopolémologie（*Geschlecht* IV）», *Politiques de l'amitié*, Galilée, 1994, pp. 341-419.（「ハイデッガーの耳」、『友愛のポリティックス（2）』所収、鵜飼哲・大西雅一郎・松葉祥一訳、みすず書房、2003年、177-290頁）

現存在が携える「友の声」（『存在と時間』第34節）を出発点とするGeschlecht論の四作目。Hören（聴取）はHörigkeit（聴従）やGehörigkeit（帰属）とともに他者との共存在の問題系を構成する。またこの聴取はロゴスに照応すること（ホモロゲイン）でもあり、ロゴスは1935年（『形而上学入門』）にはポレモスと、1955年（「それは何か、哲学とは」）にはフィリアと呼ばれる。アリストテレス的友愛や哲学（フィロソフィー）より根源的なこのフィリアはポレモスと対立しないが、『総長就任講演』（1933年）における闘争がその根源性と派生性の区別およびハイデガーの言説の政治的戦略を失調させることが明かされる。なお、デリダの死により本論考が最終作となったGeschlecht論は完結したとは言いがたく、四作品が向けられていたハイデガーのトラークル論も、いつか正当な評価をしたいと語ったのち、ついに論じられることはなかった。（島田）

Heidegger et la question : De l'esprit et autre essais, Flammarion, 1990.（『精神について——ハイデッガーと問い』港道隆訳、平凡社ライブラリー、2010年）

1987年のコロックでの講演に基づいた著作であり、デリダのもっとも広範なハイデガー論である。「精神（Geist）」は、『存在と時間』では引用符つきで避けられていたが、『総長就任講演』では引用符抜きの「精神的（geistig）」の形で強調され、

さらに後のトラークル論「詩における言葉」では「精神＝霊火的（geistlich）」となる。その過程をデリダは、ハイデガーの諸著作における次の四つの問題系と関連づけつつ辿る。すなわち第一に、思惟の敬虔さとしての問いや言語に先立つ精神の約束、「信」が論じられる「問い」の問題系、第二に、技術による脱力化の汚染から、またプラトン的・形而上学的伝統からハイデガーが精神を救おうとするさいの「技術」の問題系、第三に、世界をつねに精神的世界として規定しつつハイデガーが、人間、動物、石をそれらの世界との関係性によって区分するさいの「動物」の問題系、そして最後に、トラークル論における精神がプラトン的・形而上学的精神に先立つとされるさいの「画時代性」の問題系である。これらの議論をとおして明らかにされる精神の二重性は精神を亡霊に変貌させ、また霊火的精神は炎と灰のモチーフを惹起する。デリダは精神をめぐるギリシア語・ラテン語・ドイツ語の囲いをヘブライ語へと開きつつ、夕暮れの国＝西洋よりいっそう早い朝へ向かうトラークルとハイデガーの対話的歩みを辿る。（島田）

« Heidegger, l'enfer des philosophes », *Points de suspension*, Galilée, 1992, pp. 193-202.（「ハイデガー、哲学者たちの魔窟」浜名優美・福田和美訳、『現代思想』第16巻3号［1988年3月号］、108-117頁）

« Comment donner raison ? », *Points de suspension*, Galilée, 1992, pp. 203-207.（「いかに正しいとするか」未訳）

いずれも、ハイデガーとナチズムの関係について触れたテクスト。1987年、ハイデガーのナチスへの関与を詳述したヴィクトル・ファリアスの『ハイデガーとナチズム』の仏訳が公刊され、フランスにて騒動を巻き起こした。ハイデガーのみならず、ハイデガーの読者たちまでもが弾劾を受けたというこの騒動のさなか、デリダはディディエ・エリボンとの対話（« Heidegger, l'enfer des philosophes »）などにおいて事件に対するジャーナリスティックな反応を批判し、ファリアスの著作に根本的な新しさはなかったとする。そして、これを機にハイデガーを排斥しようとする者たちは、むしろヨーロッパとナチズムの根深い関係から目をそらそうとしているのだと論ずる。デリダは、ハイデガーをナチズムから救い出すのではなく、ナチスへの関与のゆえにハイデガーの読解を中止するのでもなく、ナチズムを真摯に思考し続けるためにこそハイデガーを読まなければならないと主張する。（桐谷）

Apories, Galilée, 1996.（『アポリア——「真理の諸限界」を［で／相］待−期する』港道隆訳、人文書院、2000年）

1992年にスリジー＝ラ＝サルのコロックで行われた講演に基づく著作。デリダはセネカの「生の短さについて」を枕として議論を始めつつ、「現存在の不可能性の可能性」という『存在と時間』におけるハイデガーの有名な死の規定との対決を試みる。デリダは「不可能性の可能性」を、「そのものとして現れることの不可能性がそのものとして現れることの可能性」と読みかえ、現存在はそのような死そのものとは関係をもたないのではないかと問う。このようにして、ハイデガーにおけ

る「本来性」と「非本来性」、「死ぬこと」と「くたばること」、「人間」と「動物」といった区別が問いに付され、そこにアポリアが見出される。このようなアポリアをめぐる議論は、「ウーシアとグランメー」以来のデリダのハイデガー読解の延長線上に位置づけられるであろうが、本書はアポリアそのものの不可能性という重大な問いを提起して締めくくられている。（桐谷）

L'animal que donc je suis, Marie-Louise Mallet (éd.), Galilée, 2006.（『動物を追う、ゆえに私は（動物で）ある』鵜飼哲訳、筑摩書房、2014年）

1997年にスリジー＝ラ＝サルで行われたコロックに基づく著作。その最終章はコロック最終日での即興の報告であり、そこでデリダはハイデガーの『形而上学の根本諸概念』での行論を丁寧に追い、人間、動物、石のあいだで生や世界をめぐってハイデガーが度々行った否認の症候を跡づけていく。石と区別される限りで動物は生きかつ死ぬ（『存在と時間』の議論に反して）が、他方、生でなく実存を本質とする現存在と区別される限りで動物は現存在のようには死なず、くたばるのみである。石には世界がなく欠落すらもないが、世界が貧しい動物は世界を持たないという様態で世界を持つ。こうした否認の追跡の結果、世界概念は曖昧になり、アリストテレス以来動物に割り当てられてきた欠落（ステレーシス）が人間にまで及ぶ可能性が示唆される。人間に固有とされる「それとして」を人間が本当にもつのかが問われ、「それとして」を低減してゆく方途が提起される。（島田）

« Jacques Derrida : Entretiens du 1er juillet et du 22 novembre 1999 », *Heidegger en France II. Entretiens*, Dominique Janicaud (éd.), Albin Michel, 2001, pp. 89-126.（「ハイデガーをめぐる対談」西山達也訳、『現代思想』第43巻2号［2015年2月臨時創刊号］、8-39頁）

1999年に行われたドミニク・ジャニコーとの対談。ジャニコーの質問に答えつつ、1950年代から60年代にかけてデリダがどのようにしてハイデガーを読んでいたのかが振り返られ、また、デリダ自身が行ってきたハイデガー読解についての説明もなされる。対談を通してハイデガーに対する感嘆と不安とを同時に伴った両義的な関係が繰り返し強調され、みずからが書いたほぼすべてのテクストがある意味ではハイデガーとの対決であるとさえ語られる。デリダは、ハイデガーのテクストにも散種や他性に通ずるモチーフが見出されることを認めつつも、最終的には〈一〉や「取り集め」といった側面にアクセントが置かれている点が自身とハイデガーとの隔たりであるとする。デリダのハイデガー読解について自身の口から簡明に説明されており、両者の関係を理解するうえで重要なテクストであるといえる。（桐谷）

La bête et le souverain, volume II (2002-2003), Galilée, 2010.（『ジャック・デリダ講義録　獣と主権者（II）』西山雄二・亀井大輔・荒金直人・佐藤嘉幸訳、白水社、2016年）

2002年から2003年にかけて行われたデリダの最晩年のセミネールの記録であり、ダニエル・デフォーの『ロビンソン・クルーソー』とハイデガーの『形而上学の根本諸概念』が並行して読解される。世界の概念、動物、ロゴス、埋葬など様々なテーマが取り上げられているが、とりわけデリダは、ハイデガーがフュシス（自然）を論じるさいなどに用いているWalten（日本語訳は「支配」など）という語に着目する。デリダは、この語が容易には仏語に置き換えがたいことを指摘したうえで、『形而上学入門』や『同一性と差異性』などのテクストも検討しつつ、ハイデガーにおいてWaltenとは、同時に出来事、起源、力などであり、存在にも存在者にも属さずにむしろ存在論的差異を産出するものであると論ずる。このようなWaltenについて、デリダはブランショの「中性的なもの」に似ているとし、あらゆる存在−神学的な主権の規定を超過する超−主権的なものだとする。（桐谷）

Heidegger : la question de l'Être et l'Histoire : Cours de l'ENS-Ulm 1964-1965, Galilée, 2013.（『ハイデガー——存在の問いと歴史　高等師範学校講義1964-1965』未訳）

1964年から65年にかけてパリの高等師範学校において行われたデリダの講義の記録。より後期の著作も視野に入れつつ、主に『存在と時間』の第1部第2編第5章「時間性と歴史性」を取り上げ、ハイデガーにおける存在と歴史の問いを検討している。フッサールやヘーゲルとの比較も通して、デリダは、Geschehen（生起）から歴史性を思考するハイデガーの議論に、歴史の問いの重要な刷新を見出す。しかしながら同時に、歴史性が時間性に根ざしていることなどを理由として、『存在と時間』における現存在の分析は形而上学的なものに留まっているともする。デリダは、形而上学を端的に乗り越えることの不可能性を指摘しつつ、形而上学とそれを乗り越えようとする言説の関係について考察を行う。この講義においては、存在と隠喩の問題、現在の特権の批判、自己触発など、後にデリダが発展させることとなる多くのテーマがすでに取り上げられていることも注目に値する。（桐谷）

その他

« Introduction », Edmund Husserl, *L'origine de la géométrie*, PUF, 1962.（「『幾何学の起源』序説」、エドムント・フッサール『幾何学の起源』所収、田島節夫・矢島忠夫・鈴木修一訳、青土社、1976年）

La voix et le phénomène, PUF, 1967.（『声と現象』林好雄訳、ちくま学芸文庫、2005年）

« Violence et métaphysique », *L'écriture et la différence*, Seuil, 1967, pp. 117-128.（「暴力と形而上学」、『エクリチュールと差異』所収、合田正人・谷口博史訳、法政大学出版局、2013年、153-307頁）

« La différance », *Marges : de la philosophie*, Minuit, 1972, pp. 1-29.（「差延」、『哲学の余白（上）』所収、高橋允昭・藤本一勇訳、法政大学出版局、2007年、31-75頁）

« Le supplément de copule : la philosophie devant la linguistique », *Marges : de la philosophie*, Minuit, 1972, pp. 209-246.（「繋辞の代補——言語学の前にある哲学」、『哲学の余白

（下）』所収、藤本一勇訳、法政大学出版局、2008年、31-81頁）
« La mythologie blanche : la métaphore dans le texte philosophique », *Marges : de la philosophie*, Minuit, 1972, pp. 247-324.（「白い神話——哲学テクストのなかの隠喩」、『哲学の余白（下）』所収、藤本一勇訳、法政大学出版局、83-171頁）
Positions, Minuit, 1972.（『ポジシオン』高橋允昭訳、青土社、2000年）
Éperons : Les syles de Nietzsche, Flammarion, 1978.（「尖鋭筆鋒の問題」森本和夫訳、『ニーチェは、今日？』所収、ちくま学芸文庫、2002年）
La Carte postal : De Socrate à Freud et au-delà, Flammarion, 1980.（『絵葉書（Ⅰ）——ソクラテスからフロイトへ、そしてその彼方』若森英樹・大西雅一郎訳（抄訳）、水声社、2007年）
"Interpreting Signatures（Nietzsche/Heidegger）", *Dialogue and Deconstruction: The Gadamer-Derrida Encounter*, Diane P. Michelfelder and Richard E. Palmer（eds.）, SUNY Press, 1989, pp. 58-71; « Guter Wille zur Macht（II）. Die Unterschriften interpretieren（Nietzsche/Heidegger）», *Text und Interpretation: Deutsch-franzosische Debatte*, Philippe Forget（ed.）, Wilhelm Fink, 1984, pp. 62-77.（「権力への善き意志（Ⅱ）——署名を解釈する（ニーチェ／ハイデガー）」三島憲一訳、フィリップ・フォルジェ編『テクストと解釈』所収、産業図書、1990年、105-139頁）
"On Reading Heidegger: An Outline of Remarks to the Essex Colloquium", *Research in Phenomenology* 17, n° 1, 1987, pp. 171-185.
« Comment ne pas parler : Dénégations », *Psyché : Inventions de l'autre*, Galilée, 1987, pp. 535-595.
« Les pupilles de l'Université : Le principe de raison et l'idée de l'Université », *Du droit à la philosophie*, Galilée, 1990, pp. 461-498.（「大学の瞳——根拠律と大学の理念」宮﨑裕助訳、『哲学への権利（2）』所収、みすず書房、2015年、187-224頁）
Le problème de la genèse dans la philosophie de Husserl, PUF, 1990.（『フッサール哲学における発生の問題』合田正人・荒金直人訳、みすず書房、2007年）
Donner le temps : 1. La fausse monnaie, Galilée, 1991.（「時間を——与える」高橋允昭訳、『他者の言語〈新装版〉』所収、法政大学出版局、2011年、59-145頁〔講演原稿にもとづく抄訳〕）
« "Il faut bien manger" ou le calcul du sujet », *Points de suspension : Entretiens*, Galilée, 1992, pp. 269-301.（「「正しく食べなくてはならない」あるいは主体の計算」鵜飼哲訳、ジャン＝リュック・ナンシー編『主体の後に誰が来るのか？』所収、現代企画室、1996年、146-184頁）
« Istrice 2. Ick bünn all hier », *Points de suspension, op. cit.*, pp. 309-336.
Sauf le nom, Galilée, 1993.（『名を救う』小林康夫・西山雄二訳、未來社、2005年）
Spectres de Marx : L'État de la dette, le travail du deuil et la nouvelle Internationalle, Galilée, 1993.（『マルクスの亡霊たち——負債状況＝国家、喪の作業、新しいインターナショナル』増田一夫訳、藤原書店、2007年）
« Le temps des adieux. Heideger（lu par）Hegel（lu par）Malabou », *Revue philosophique de la France et de l'étranger*, n° 188（1）, 1998, pp. 3-47.
Donner la mort, Galilée, 1999.（『死を与える』廣瀬浩司・林好雄訳、ちくま学芸文庫、

2004年）
Foi et Savoir, suivi de « Le siècle et le pardon », Seuil, 2000.（「信仰と知――たんなる理性の限界内における「宗教」の二源泉」松葉祥一・榊原達哉訳、『批評空間』第2期11, 12, 13, 14号、1996-7年、89-110, 130-148, 166-180, 169-180頁／「世紀と赦し」鵜飼哲訳、『現代思想』第28巻11号［2000年11月号］）
La bête et le souverain, volume I (2001-2002), Galilée, 2008.（『ジャック・デリダ講義録　獣と主権者（Ｉ）』西山雄二、郷原佳以、亀井大輔、佐藤朋子訳、白水社、2014年）
« Conférence du 5 février 1988 », « Rencontre du 6 février 1988 », Jacques Derrida, Hans-Georg Gadamer et Philippe Lacoue-Labarthe, *La conférence de Heidelberg : Heidegger : Portée philosophique et politique de sa pensée*, Mireille Calle-Gruber (éd.), Lignes, 2014, pp. 37-138.

研究文献――欧文

Aubenque, Pierre, *Faut-il déconstruire la métaphysique ?*, PUF, 2009.
Baring, Edward, "Theism and Atheism at Play: Jacques Derrida and Christian Heideggerianism", *The Trace of God: Derrida and Religion*, Edward Baring and Peter E. Gordon (eds.), Fordham University Press, 2015, pp. 72-87.
Beardsworth, Richard, *Derrida & the Political*, Routledge, 1996.
Behler, Ernst, *Derrida - Nietzsche, Nietzsche - Derrida*, Ferdinand Schöningh, 1988.（エルンスト・ベーラー「デリダ－ハイデガー－ニーチェ――『ニーチェ－デリダ、デリダ－ニーチェ』第二章から」今村孝訳（抄訳）、『同志社外国文学研究』第70号、同志社大学外国文学会編、1995年、91-104頁）
Beistegui, Miguel de, *New Heidegger*, Continuum, 2005.
Belo, Fernando, *Le jeu des sciences avec Heidegger et Derrida*, vol. 1 et vol. 2, L'Harmattan, 2007.
Boutot, Alain, « De l'esprit », *Annuaire philosophique, 1987-1988*, Seuil, 1988, pp. 63-106.（アラン・ブウト「デリダ――フォルマリストの偽証　J・デリダ『精神について』を読む」中田光雄訳、『思想』第806号［1991年8月号］、44-78, 98頁）
Caputo, John. D., *Radical Hermeneutics: Repetition, Deconstruction, and the Hermeneutic Project*, Indiana University Press, 1987.
――――, *Demythologizing Heidegger*, Indiana University press, 1993.
Clark, Timothy, *Derrida, Heidegger, Blanchot: Sources of Derrida's Notion and Practice of Literature*, Cambridge University Press, 1992.
Cohen-Levinas, Daniel et Michaud, Ginette (éds.), *Appels de Jacques Derrida*, Hermann, 2014.
Costache, Adrian, *Gadamer and the Question of Understanding: Between Heidegger and Derrida*, Lexington Books, 2016.
Dallery, Arleen B. and Scott, Cahrles E. with Roberts, Holley P., (eds.), *Ethics and Danger: Essays on Heidegger and Continental Thought*, State University of New York Press, 1992.
Dastur, Françoise, « Pour une zoologie « privative » », *Alter*, 3, 1995, pp. 281-318.
――――, « Heidegger, Derrida et la question de la différence », *Derrida la tradition de la philosophie*, Marc Crépon et Frédéric Worms (éds.), Galilée, 2008, pp. 87-107.
――――, "Derrida's Reading of Heidegger", *Interpreting Heidegger: Critical Essays*, Daniel O.

Dahlstrom (ed.), Cambridge University Press, 2011, pp. 273-298.
———, *Déconstruction et phénoménologie*, Hermann, 2016.
David, Pascal, "What does 'To Avoid' Mean? On Derrida's 'De l'Esprit'", *Heidegger Studies*, 8, 1992, pp. 15-27.
Direk, Zeynep, and Lawlor, Leonard (eds.), *A Companion to Jacques Derrida*, Wiley-Blackwell, 2014.
Forment-Meurice, Marc, *C'est-à-dire : Poétique de Heidegger*, Galilée, 1996.
Gaché, Rodolphe, *The Tain of the Mirror: Derrida and the Philosophy of Reflection*, Harvard University Press, 1986.
———, *Inventions of Difference: On Jacques Derrida*, Harvard University Press, 1994.
———, *Of Minimal Things: Studies on the Notion of Relation*, Stanford University Press, 1999.
———, « L'expérience aporétique aux origines de la pensée. Platon, Heidegger, Derrida », Georges Leroux (trad.), *Études françaises*, vol. 38, n° 1-2, 2002, pp. 103-121.
Granel, Gérard, « Jacques Derrida et la rature de l'origine », *Critique*, n° 246, 1967, pp. 887-905.（ジェラール・グラネル「ジャック・デリダと起源の抹消」宮﨑裕助・松田智裕訳、『知のトポス――世界の視点』第10号、新潟大学大学院現代社会文化研究科共同研究プロジェクト「世界の視点をめぐる思想史的研究」、2015年、215-253頁）
Greisch, Jean, « Les mots et les roses : La métaphore chez Martin Heidegger », *Revue des Sciences Philosophiques et Théologiques*, n° 57 (3), 1973, pp. 433-455.
———, *L'arbre de vie et l'arbre du savoir*, Cerf, 2000.
Guest, Gérard, "The Turning of Ereignis: Situating 'Deconstruction' in the Topology of Being", *Heidegger Studies*, 15, 1999, pp. 19-35.
Hermacher, Werner, « Approches - De quelques chiasmes de chaque événement », *Cahier de L'Herne : Jacques Derrida*, Marie-Louise Mallet et Ginette Michaud (éds.), Herne, 2004, pp. 179-184.
Hodge, Joanna, *Derrida on Time*, Routledge, 2007.
Janicaud, Dominique, *Heidegger en France*, vol. 1 et vol. 2, Albin Michel, 2001.（「ハイデガーをめぐる対談」西山達也訳、『現代思想』第43巻2号［2015年2月臨時増刊号］、8-39頁）
Kates, Joshua, *Essential History: Jacques Derrida and the Development of Deconstruction*, Northwestern University Press, 2005.
Kara, Ashok, *The Ghosts of Justice: Heidegger, Derrida and the Fate of Deconstruction*, iUniversity Press, 2001.
Krell, David Farrell, *Daimon Life: Heidegger and Life-Philosophy*, Indiana University Press, 1992.
———, *Phantoms of the Other: Four Generations of Derrida's Geschlecht*, State University of New York Press, 2015.
Lacoue-Labarthe, Philippe, « À Jacques Derrida - Au nom de », *L'Imitation des modernes : Typographies II*, Galilée, 1985.（「ジャック・デリダへ――の名において」大西雅一郎訳、『近代人の模倣』所収、みすず書房、2003年、336-381頁）
MacDonald, Iain, *The Concept of Repetition: Heidegger, Kierkegaard, Derrida*, University of Essex, 1998.

Marrati-Guénoun, Paola, *La genèse et la trace : Derrida lecture de Husserl et Heidegger*, Kluwer Academic Publishers, 1998.

Mitchell, Andrew, “Contamination, Essence, and Decomposition: Heidegger and Derrida”, *French Interpretations of Heidegger: An Exceptional Reception*, David Pettigrew and François Raffoul (eds.), State University of New York Press, 2008, pp. 131-150.

Potestà, Andrea, « L’exhibition de l’absent : Derrida, Heidegger et l’in-origine de l’œuvre d’art », *Derrida et la question de l’art*, Adnen Jdey (éd.), Cécile Defaut, 2011, pp. 297-313.

Protevi, John, *Time and Exteriority: Aristotle, Heidegger, Derrida*, Bucknell University Press, 1994.

Radloff, Bernhard, “‘Das Gestell’ and ‘L’écriture’: The Discourse of Expropriation in Heidegger and Derrida”, *Heidegger Studies*, 5, 1989, pp. 23-46.

Rapaport, Herman, *Heidegger and Derrida: Reflections on Time and Language*, University of Nebraska press, 1991.（ハーマン・ラパポート『ハイデッガーとデリダ——時間と脱構築についての考察』港道隆・桧垣立哉・後藤博和・加藤恵介訳、法政大学出版局、2003年）

————, “Brushed Path, Slate Line, Stone Circle: on Martin Heidegger, Richard Long, and Jacques Derrida”, *Deconstruction and the Visual Arts: Art, Media, Architecture*, Cambridge University Press, 1994, pp. 151-167.

————, *The Theory Mess: Deconstruction in Eclipse*, Columbia University Press, 2001.

Riddel, Joseph Neill, “From Heidegger to Derrida to Chance: Doubling and (Poetic) Language”, *Early Postmodernism: Foundational Essays (A Boundary 2 Book)*, Paul A. Bové (ed.), Duke University Press, 1995, pp. 207-231.

Rockmore, Tom, *Heidegger and French Philosophy: Humanism, Antihumanism and Being*, Routledge, 1995.（トム・ロックモア『ハイデガーとフランス哲学』北川東子・仲正昌樹監訳、法政大学出版局、2005年）

Rorty, Richard, *Essays on Heidegger and Others*, Cambridge University Press, 1991.

Sallis, John, *The Verge of Philosophy*, University of Chicago Press, 2008.

Silverman, Hugh J. and Ihde, Don (eds.), *Hermeneutics & Deconstruction*, State University of New York Press, 1985.

Silverman, Hugh J., “Derrida, Heidegger, and the Time of the Line”, *Derrida and Deconstruction*, Hugh J. Silverman (ed.), Routledge, 1989, pp. 149-163.

Silverman, Hugh J. and Aylesworth, Gary E. (eds.), *The Textual Sublime: Deconstruction and its Differences*, State University of New York Press, 1990.

Spinosa, Charles, “Derrida and Heidegger: Iterability and *Ereignis*”, *A Companion to Heidegger*, Hubert L. Dreyfus and Mark A. Wrathall (eds.), Wiley-Blackwell, 1992, pp. 484-510.

Taminiaux, Jacques, « “Voix” et “phénomène” dans l’ontologie fondamentale de Heidegger », *Revue philosophique de la France et de l’étranger*, n° 180 (2), 1990, pp. 395-408.（ジャック・タミニオー「ハイデガーの『基礎的存在論』における「声」と「現象」」慎改康之訳、カトリーヌ・マラブー編『デリダと肯定の思考』所収、未來社、2001年、452-475頁）

Thomson, A. J. P., *Deconstruction and Democracy: Derrida’s Politics of Friendship*, London, Continuum, 2005.

Thorsteinsson, Björn, *La question de la justice chez Jacques Derrida*, L'Harmattan, 2007.
———, "From Différance to Justice: Derrida and Heidegger's 'Anaximander's Saying'", *Continental Philosophy Review*, 48, 2, 2015, pp. 255-271.（ビョルン・ソルステインソン「差延から正義へ——デリダとハイデガーの「アナクシマンドロスの言葉」」亀井大輔訳、『現象学年報』第27号、日本現象学会編、2011年、49-61頁〔講演原稿にもとづく訳〕）
Van der Heiden, Gert-Jan, *The Truth (and Untruth) of Language: Heidegger, Ricœur, and Derrida on Disclosure and Displacement*, Duquesne University Press, 2010.
Wigley, Mark, *The Architecture of Deconstruction: Derrida's Haunt*, MIT Press, 1993.
Wood, David, *The Deconstruction of Time*, Humanities Press international, 1989.
——— (ed.), *Of Derrida, Heidegger, and Spirit*, Northwestern University Press, 1993.
———, *Thinking after Heidegger*, Polity, 2002.
Zarader, Marlène, *La dette impensée : Heidegger et l'héritage hébraïque*, J. Vrin, 1990.（マルレーヌ・ザラデル『ハイデガーとヘブライの遺産——思考されざる債務』合田正人訳、法政大学出版局、1995年）

研究文献——日本語

上利博規「デリダとハイデッガー—— signeの固有性をめぐる政治学」、ハイデッガー研究会編『〈対話〉に立つハイデッガー』所収、理想社、2000年、65-80頁。

東浩紀『存在論的、郵便的——ジャック・デリダについて』新潮社、1998年。

五十嵐沙千子「「精神」について——デリダのハイデガー」、『哲学・思想論集』第36号、2010年、141-164頁。

小野紀明『二十世紀の政治思想』岩波書店、1996年。

加藤恵介「アポリアをめぐって——デリダによる「死の分析論」解釈」、秋富克哉・関口浩・的場哲朗共編『ハイデッガー『存在と時間』の現在——刊行80周年記念論集』所収、南窓社、2007年、191-208頁。

———「デリダのハイデガー講義について」、『神戸山手大学紀要』第16号、2014年、89-98頁。

亀井大輔「デリダの自己触発論の射程——ハイデガー、アンリとの対比をつうじて」、『ミシェル・アンリ研究』第3号、2013年、105-123頁。

———「自己伝承と自己触発——デリダの『ハイデガー』講義（1964-1965）について」、『現代思想』第43巻2号［2015年2月臨時増刊号］、173-182頁。

久米博「隠喩と差異——デリダ、ハイデガー、リクール」、『思想』第718号［1984年4月号］、55-74頁。

小森謙一郎「J. デリダの筆跡学——ハイデガーの口とニーチェの手」、『言語態』第5号、東京大学総合文化研究科言語情報科学専攻言語態研究会編、2004年、17-31頁。

関根小織「隠喩と形而上学——デリダとハイデッガー」、ハイデッガー研究会編『ハイデッガーと思索の将来——哲学への〈寄与〉』所収、理想社、2006年、265-285頁。

高橋哲哉『デリダ——脱構築と正義』講談社学術文庫、2015年。

高橋允昭「Differenz と différance」、『デリダの思想圏』世界書院、1989年、43-70頁。

長坂真澄「詩作と思索を差異化するもの——デリダのハイデガー読解より」、『宗教学研究室紀要』第11号、京都大学文学研究科宗教学専修編、2014年、3-21頁。

————「「存在」の語を抹消する交差線——デリダの『ハイデガー』講義（1964-1965）より」、『宗教学研究室紀要』第12号、京都大学文学研究科宗教学専修編、2015年、62-79頁。

————「デリダと存在神学——カント、ハイデガー、レヴィナスの交錯する場所へ」、『現代思想』第43巻2号［2015年2月臨時増刊号］、308-329頁。

中田光雄「デリダと「権利」の観念——そして、「権利」とハイデガー…？」、『正義、法－権利、脱－構築——現代フランス実践思想研究』創文社、2008年、240-266頁。

中村雄二郎「デリダの方法とハイデッガーの〈精神〉——デリダ「精神について」をめぐって」、『思想』第794号［1990年8月号］、52-69頁。

————・山本尤・港道隆・西谷修「〈シンポジウム〉ハイデガー／ナチズム／デリダ」、『思想』第806号［1991年8月号］、5-43頁。

西山達也「ハイデガーとデリダ、対決の前に——retrait概念の存在論的・政治的画定」、*Heidegger-Forum*、Vol. 1、2007年、62-73頁。

西山雄二「超－主権的なWalten（ヴァルテン）の問いへ——ジャック・デリダ『獣と主権者Ⅱ』をめぐる覚書」、『現代思想』第43巻2号［2015年2月臨時増刊号］、139-153頁。

藤本一勇「権力批判としての脱構築——ハイデガー・レヴィナス・デリダ」、『創文』第415号［1999年11月号］、1-5頁。

————「デリダにおける時間のアポリア」、『デリダを読む』情況出版、2000年、269-292頁。

————「四つの差延と脱構築の正義」、仲正昌樹編『脱構築のポリティクス』所収、御茶の水書房、2003年、33-61頁。

————「差延のポリティクス」、仲正昌樹編『法の他者』所収、御茶の水書房、2004年、171-215頁。

増田一夫「デリダ　初めに——存在論的差異と存在者的隠喩」、『現代思想』第43巻2号［2015年2月臨時増刊号］、101-115頁。

増田靖彦「「脱構築」と「解体」のあいだ——デリダにおけるアポリア的なもの」、『哲学世界』第21号、早稲田大学大学院文学研究科人文科学専攻哲学コース編、1998年、59-70頁。

三松幸雄「伝承の物質性、アルシーヴの権力——ハイデガー＝デリダ主義の「閉域」に抵抗するもの」、『哲学・科学史論叢』第8号、東京大学教養学部哲学・科学史部会編、2006年、79-137頁。

港道隆「世界ラテン化におけるハイデッガーとデリダ」、*Heidegger-Forum*、Vol. 1、2007年、86-96頁。

————「刻む時々——技術の最初の問い」、『別冊 環13——ジャック・デリダ 1930-2004』藤原書店、2007年、294-323頁。

デリダ×サルトル

主要文献解題

« Les fins de l’homme », *Marges : de la philosophie*, Minuit, 1972, pp. 129-164.（「人間の目的＝終わり」、『哲学の余白（上）』所収、高橋允昭・藤本一勇訳、2007年、197-237頁）

1968年にニューヨークで開催された国際シンポジウムにて発表された、哲学と人間学の関係を問うた論考。そこでデリダはまず、フランス（の人文学）における「人間」の地位を問うべく、サルトルの「人間的実在」という概念およびサルトルの人間主義を取り上げている。ヘーゲル、フッサール、ハイデガーはそれぞれの仕方で人間学を批判しているが、サルトルは彼らを人間学的に読解することで「現象学的存在論」を練り上げる。一般的には端的に「誤読」であったとされる、この人間学的読解への批判が顧みられてこなかったことにデリダは注目する。彼の論は単にサルトルの読解を批判するものではなく、むしろ、当時のフランス思想の人間主義批判がヘーゲル、ハイデガー、フッサールを人間主義的形而上学と混淆している点、そしてこの三人のドイツの哲学者たちが形而上学的人間主義に向けた批判もまた、当の人間主義の範囲内にとどまっている点を指摘する。（吉松）

「自伝的な「言葉」—— pourquoi pas（why not）Sartre」港道隆訳、『現代思想』第15巻8号［1987年7月号］、58-81頁、および『精神について——ハイデッガーと問い』平凡社ライブラリー、2009年、275-323頁。

港道隆、生方淳子らとの会談で、日本語媒体でしか公刊されていない。人間主義の問いについてデリダは人間の死という言説を唱える者と自らを区別し、サルトルの「誤読」（「人間の目的＝終わり」参照）を退歩としつつも、自身の青年期での読書体験、サルトルの図式化する概念の素早さとその魅惑する力、バタイユやブランショやポンジュ、マラルメにジュネなどデリダの著作でも分析される著述家との出会いなどからサルトルの影響を語っている。また、後に拒否することになる（「アブラハム、他者」参照）サルトルのユダヤ人についての考察も当初は正しいと思っていたと告白する。ただし、当時「解放的」と見なされていたボーヴォワールとのカップルはブルジョア的に映ったと否定的な評価を与えている。そしてサルトルのアンガジュマンが開いた、文筆家の政治参加の新たな様態にも敬意を払いつつ、デリダ自身の思想にも一貫して政治的なものが根を張っていたと明言される。（吉松）

« “Il courait mort” salut, salut », *Papier Machine*, Galilée, 2001, pp. 167-213.（「「彼は走っていた、死んでもなお」やあ、やあ」、『パピエ・マシン（下）——パピエ・ジャーナル』所収、中山元訳、2005年、9-106頁）

サルトルが創刊した雑誌『レ・タン・モデルヌ』の50周年記念号に寄せたテクスト。救済と時代という歴史的なテーマを扱うサルトルと、実践としてのアンガジ

ュマンに敬意を表し、サルトル自身が用いていた語を中心に据えて論が展開されていく。そしてサルトルの引用に見出される、死んでもなお走り続け、アテナイの勝利を伝えたマラトンの伝令役の形象に焦点が当てられる。「頭」であったサルトルが歿しランズマンに引き継がれてからもなお、「現代（レ・タン・モデルヌ）」を語り続けていることに同誌の偉大さがあるとし、さらにそこから有限性、絶対者の問題や、サルトルの文学論における永遠というテーマが引き出される。しかし、晩年に自己免疫や生き延びを語り絶対的なものを脱構築したデリダは、永遠や絶対者に対して単に歴史性を対置しようとはしない。むしろサルトルの思想は、正義や贈与などデリダ的なテーマを可能にしてくれたのだという。（吉松）

« Abraham, l'autre », *Le dernier des Juifs*, Galilée, 2014, pp. 67-126.（「アブラハム、他者」、『最後のユダヤ人』、渡名喜庸哲訳、未來社、2016年、69-142頁）

ユダヤ性とデリダへの問いかけが中心的な主題となったコロックでの報告。ここでデリダはユダヤ性にまつわる、人称間の分断、本来性／非本来性の分断、ユダヤ教とユダヤ性の分断という三つの「分断」を問題としている。そこで焦点が当てられるのは、サルトルの『ユダヤ人問題の考察』における、ユダヤ人とは他のものによってユダヤ人とされる人のことであるという定義、およびユダヤ人問題をフランスのユダヤ人に限定していたこと、そして自らをユダヤ人として選び取りユダヤ的条件を実現する者が「本来的」なユダヤ人だとしたことである。デリダが問題視するのは、彼がユダヤ人を第三者の問題として語ってしまったことであり、かつ、彼はそうしたユダヤ人の共同体についての記述に批判的だった。むしろユダヤ人として生まれ育ったデリダは、自らの哲学素はユダヤ性なしにはありえなかったとしつつも、サルトルによるユダヤ人の「本来性」の議論に疑義をさしはさむ。（吉松）

研究文献——欧文

Baring, Edward, *The Young Derrida and French Philosophy, 1945-1968*, Cambridge University Press, 2014.

Bougon, Patrice, « Sartre, Sarah Kofman et Jacques Derrida, La déconstruction et son héritage », *Sens [Public], Revue électronique internationale*.（http://www.sens-public.org/IMG/pdf/SensPublic_PBougon_SartreKofmanDerrida.pdf）

————, « Sartre et Derrida, lecteurs de Genet. La tache aveugle », *L'écriture et la lecture : des phénomènes miroir ? L'exemple de Sartre, Cahiers de l'ERIAC, n° 2 : Rencontres philosophiques*, 2011.

Decossas, Jérôme, *Le sens, le langage : de Saint-Thomas à Sartre, Camus, Derrida, et retour*, D. M. Morin, 1998.

Giovannangeli, Daniel, « La phénoménologie partagée : remarques sur Sartre et Derrida », *Les Études philosophiques*, n° 2, 1992, Avrin-Juin, pp. 245-256.

————, *Le retard de conscience : Husserl, Sartre, Derrida*, Ousia, 2005.

Howells, Christina, "Sartre and Derrida: Qui Perde Gagne", *Journal of the British Society of Phenomenology* 13, n° 1, 1982, pp. 26-34.

Martinot, Steve, *Forms in the Abyss: A Philosophical Bridge Between Sartre And Derrida*, Temple University Press, 2006.

Rajan, Tilottama, *Deconstruction and the Remainders of Phenomenology: Sartre, Derrida, Foucault, Baudrillard*, Stanford University Press, 2002

Simont, Juliette, « Bel effet d'où jaillissent les roses... (à propos du *Saint Genet* de Sartre et du *Glas* de Derrida) », *Les Temps modernes*, n° 510, janvier 1989, pp. 113-137.

Wood, Philop R., "Derrida Engagé and Post-structuralist Sartre: A Redefinition of Shifts in Recent French Philosophy", *MLN* 104, n° 4, 1989, pp. 861-879.

研究文献——日本語

梅木達郎「逃げ去るテクスト——サルトル／デリダ、二つのジュネ論をめぐって」、『GS・たのしい知識』第II期・第5-1/2号、UPU、1987年、227-236頁。

高橋允昭「デリダと実存主義」、『デリダの思想圏』世界書院、1989年、127-178頁。

三宅芳夫「来たるべき幽霊、あるいはデリダとサルトル」、『現代思想』第27巻3号［1999年3月号］、198-217頁。

デリダ×レヴィナス

主要文献解題

« Violence et métaphysique. Essai sur la pensée d'Emmanuel Levinas », *L'écriture et la différence*, Seuil, 1967, pp. 117-228.（「暴力と形而上学——エマニュエル・レヴィナスの思想についての試論」、『エクリチュールと差異』所収、合田正人・谷口博史訳、法政大学出版局、2013年、153-307頁）

1964年に『形而上学・道徳雑誌』に掲載され、いくつかの修正を経て『エクリチュールと差異』に収録された論文。そこでデリダは、『全体性と無限』に至るレヴィナスの歩みを追いつつ、彼の語る他者の無限性の地位を問題にしている。レヴィナスは、フッサールやハイデガーのなかに他性を中立化する観照主義的な光の暴力性を見いだし、それに抗するかたちで充溢的現前から無際限に溢れ出す他者の無限性に定位した形而上学を構想する。しかしレヴィナス自身が語るように、そのような他者について思考し、語るためには言語を介さねばならない。デリダは、レヴィナスのなかに他者の無限性と言語との不可分な関係を読み取り、それを「暴力」ないし「エコノミー」の問題として提示する。そして、レヴィナスによる読解とは別の仕方でフッサールとハイデガーを取り上げ、このような暴力の必然性に直面した哲学者として、彼らをレヴィナスその人と対話させていく。（松田）

« La différance », *Marges : de la philosophie*, Minuit, 1972, pp. 1-29.（「差延」、『哲学の余白（上）』所収、高橋允昭・藤本一勇訳、法政大学出版局、2007年、31-75頁）

はじめ1968年のフランス哲学会での口頭発表原稿をもとに、『フランス哲学会報』さらに『テル・ケル』誌に掲載された論文。デリダによれば、「差延（différance）」は差異の時空間的な分節化運動であり、それを本質、存在者、現前性から出発して考えることはできない。むしろそれは、自らを現前性に与えつつ自身を絶えず隠蔽する運動である。この点で、「差延」の構造はハイデガーの語る存在論的差異のそれと類似する。しかし、ハイデガーが存在を「意味」や「真理」に結びつけるとき、存在は現前性という枠組みのなかで存在者化されてしまうのではないか。そこでデリダは、ハイデガーのうちになお残る現前性を徹底して払拭すべく、レヴィナスの「痕跡」概念を参照する。「痕跡」は現前性から派生することのない絶対的な過去であり、現前性に抵抗する時間性である。この概念を援用しながら、デリダは現前性に訴えることのない新たな思考の道を模索する。（松田）

« En ce moment même dans cet ouvrage me voici », *Psyché : Inventions de l'autre*, Galilée, 1987, pp. 159-202.（「この作品の、この瞬間に、我ここに」、『プシュケー――他なるものの発明（Ⅰ）』所収、藤本一勇訳、岩波書店、2014年、209-279頁）

「暴力と形而上学」においてデリダがレヴィナスに対し提示した問題の一つが、言語の問題であった。哲学的言語は「痕跡」や「存在の彼方」を「存在」による感染なく語ることができるのか。デリダによれば、レヴィナスの1960年代末から70年代前半の複数のテクストは、その問いに対し「応答」している。レヴィナスの言い回しでは、彼が存在の彼方を語る「今まさにこの瞬間」、存在の彼方は言説によって裏切られるかのようである。しかしその「今この瞬間」語られる言語自体は、「おそらく」存在の彼方との関係によってこそ可能となるのだと言う。デリダはこれを受け、存在論に属す「瞬間」と存在論を逃れる「瞬間」とが重なり合ってこそ、レヴィナスの主張が意味を持つことを強調する。つまり、「存在」からの感染の危険があってこそ「存在の彼方」への開けはその機会を持ちうる。それゆえ、感染の危険は引き受けられるのでなければならないとされる。この感染の必要性はさらに、「存在の彼方」の「彼性」における「彼（Il）」が、存在論の一項としての「彼」／「それ」／無人称代名詞（il）、「彼女（elle）」の感染を受ける必要性へと展開される。（長坂）

Altérités : Jacques Derrida et Pierre-Jean Labarrière ; avec des études de Francis Guibal et Stanislas Breton, Osiris, 1986.（『複数の他性――ジャック・デリダとピエール＝ジャン・ラバリエール――フランシス・ギバルとスタニスラス・ブルトンによる探究とともに』未訳）

フランシス・ギバル、スタニスラス・ブルトンによる他性をめぐる講演に続く討論において、デリダはレヴィナスに言及している。デリダは、自身の思索とレヴィ

ナス哲学の間に内容や立場上の差異はなく、差異があるとすればそれは「署名」の差異、つまり記述の仕方や自伝的背景から来る差異であるとする。彼は「倫理」という語の使用に対するためらいを告白する。倫理が前提する自我や人間といった概念は、それら自体が脱構築を必要とするからである。確かに、この脱構築そのものは、倫理的要請とはいえる。しかしデリダはその要請をむしろ〈必然性〉と呼ぶ。彼は自らの思索を、現前に対する欲望と脱構築の〈必然性〉との戦争であると表現する。この必然性は、他なるものの（再）現前化を欲する欲望に限界をもうける必然性である。この限界は欲望を阻み不可能にする。とはいえそもそも、欲望を惹起し可能とするのも、他なるものによって刻印される、この限界なのである。（長坂）

Adieu à Emmanuel Levinas, Galilée, 1997.（『アデュー――エマニュエル・レヴィナスへ』藤本一勇訳、岩波書店、2004年）

レヴィナスの死に際して発表された「アデュー」と「受け入れの言葉」の二編から成る。「暴力と形而上学」、「この作品の、この瞬間に、我ここに」に続き、「存在の彼方」の「存在」による感染、あるいは両者の錯綜が論じられるが、本作でこの錯綜は、倫理的政治の可能性の考察として結実する。レヴィナス哲学において、存在論的次元の彼方に位置する〈倫理的なもの〉と、存在論的次元に位置する〈政治的なもの〉とは、構造上分断されている。しかし、1970-80年代にレヴィナスは、タルムードに登場する様々な政治的小譚を読解しつつ、「イスラエル」や「ダヴィデの国家」の名のもとに、倫理的命令に基づく政治体制について思考している。それは、存在論の彼方に位置する次元が、存在論のただ中において実現することを希求する模索である。デリダはこの議論を詳細に読み込み、倫理的であるような政治的決定という難問の考察を展開する。（長坂）

Donner la mort, Galilée, 1999.（『死を与える』廣瀬浩司・林好雄訳、ちくま学芸文庫、2004年）

『暴力と形而上学』以来、デリダのレヴィナス解釈の主要な論点のひとつとして、キルケゴールとレヴィナスの思想的類似性の問題があった。キルケゴールは特異性を忘却する普遍化の契機として倫理を批判し、他方、レヴィナスは自らの全体性批判をキルケゴールの主体的実存主義から峻別している。両者は一見正反対に位置するように見えるが、デリダによれば、両者はともに概念なき責任の次元を思考した。キルケゴールの『おそれとおののき』におけるアブラハムと神の関係は単独者と無限的他者との関係でもあるのであって、したがって神への責任は他性への責任である。他方、レヴィナスにおいて倫理は他性への責任に定位する。では、倫理と宗教がともに他性への責任に根づく以上、両者を区別するものはなにか。こうしてデリダは、キルケゴールとレヴィナスの類縁性をとおして、倫理と信仰の区別という問題にアプローチしてゆく。（松田）

« L'intouchable ou le vœu d'abstinence (l'exorbitant I, le tact « au-delà du possible »,

caresser, frapper, penser, peser : le deuil de l'Éros et l'autre main de –) », *Le toucher, Jean-Luc Nancy*, Galilée, 2000, pp. 81–108.（「触れえないもの、あるいは禁欲の誓い（並はずれたＩ、「可能事を越えた」接触、愛撫すること、殴打すること、思考すること、重さがあること、すなわちエロスの喪および〜の別の手）」『触覚、ジャン＝リュック・ナンシーに触れる』第4章、松葉祥一・榊原達哉・加國尚志訳、青土社、2006年、133–180頁）

触れること／触覚をめぐって繰り広げられる本書の第4章にて、デリダは、レヴィナスが『時間と他者』及び『全体性と無限』の「エロスの現象学」で展開する「愛撫」の概念に立ち戻る。デリダはここで、二つの「可能なものの彼方」——倫理とエロス——の接触について語る。私の愛撫の最中において「愛される女」は遠ざかり、「触れえない」質料性として現れる。愛撫の不可能性こそが愛撫の可能性をなす。その意味で愛撫は「可能なものの彼方」を開く。デリダは、倫理とエロスという二つの「可能なものの彼方」の境界線は、どこにあるのかと問いかける。エロスは倫理を前提すると同時に、倫理を脅かすものでもある。しかし、デリダの注意はむしろ、両者の奇妙な類似にこそ向けられる。幼児性、動物性、無責任性として描写される「愛される女」は、触れうることと触れえないことの同時性という構造を持つ。この構造は、メシア的なものの構造でもあるのである。（長坂）

« Derrida avec Lévinas : Entre lui et moi dans l'affection et la confiance partagée », *Le magazine littéraire*, n° 419, 2003, p. 30.（「デリダ、レヴィナスを語る——「彼と私は愛情と信頼を分かち合っている」」合田正人訳、『みすず』第514号［2004年3月号］、14-24頁）

本インタヴューにおいてアラン・ダヴィッドは、レヴィナスとデリダの思想の交差、キアスム、接触について、デリダ自身に尋ねている。デリダは答えて語る。一方で、デリダはレヴィナスと哲学的使命を共有している。彼によれば、レヴィナスが遂行したのは、存在論に対する「脱構築」にほかならない。しかし、この共感が深ければ深いほど、問わざるをえない問題もある。哲学的言説の問題、性差をめぐる問題、しかし数あるこうした問いの中でも特に差し迫っているのは、政治的な問題である。デリダによれば、レヴィナスは、サブラーとシャティーラでの虐殺に対してイスラエル国家には責任がないと断言するような人々には、属さなかった。デリダは警告する。我々は「倫理」や「他なるもの」といった標語に安住することによって、レヴィナス哲学を脱政治化するべきではない。レヴィナス哲学の読解からこそ、我々は、政治的なものを読みとっていくのでなければならない。（長坂）

L'animal que donc je suis, Marie-Louise Mallet（éd.）, Galilée, 2006.（『動物を追う、ゆえに私は（動物で）ある』鵜飼哲訳、筑摩書房、2014年）

1997年に行われた講演原稿と生前残された原稿をもとに、デリダの死後に刊行されたテクスト。デカルト以来、動物は自己を表象する能力をもたない存在者、さ

らに応答する能力をもたない存在者だとされてきた。デリダによれば、この力能の欠如は「私はできる」の欠如でもあり、この点で動物の問いは主体性の問題と表裏一体である。この問題は、主体を人質として規定することで伝統的な主体概念を転倒するレヴィナスにおいても、重要な争点となる。たしかにレヴィナスにおいて主体は「顔」に対面するものとして示される。しかし、動物の苦しみが人間の苦しみの転移によるとされる限り、他者の「顔」は人間的なものとして想定されており、動物は依然として力能の欠如としてしか示されないのではないか。こうしてデリダは、「ボビーの犬」へのレヴィナスの言及など様々なテクストを取り上げつつ、力能の欠如とは異なる仕方で動物的な生の在り方を記述する可能性を探っていく。（松田）

研究文献──欧文

Bernasconi, Robert, "The Trace of Levinas in Derrida", *Derrida and Différance*, D. Wood and R. Bernasconi (eds.), Northwestern University Press, 1988, pp. 13–30.

———, " Levinas and Derrida: The Question of the Closure of Metaphysics", *Face to Face with Levinas*, Richard A. Cohen (ed.), State University of New York Press, 1986, pp. 181–202.

———, "Deconstruction and the Possibility of Ethics", *Deconstruction and Philosophy: The Texts of Jacques Derrida*, J. Sallis (ed.), University of Chicago Press, 1987, pp. 122–139.

———, "Different Styles of Eschatology: Derrida's Take on Levinas's political Messianism" *Research in Phenomenology* 28, n° 1, 1998, pp. 3–19.

Bovo, Elena, *Absence/Souvenir. La relation à autrui chez Emmanuel Levinas et Jacques Derrida*, Brepols, 2005.

Cohen-Levinas, Danielle, et Crépon, Marc (éds.), *Levinas-Derrida : Lire ensemble*, Herman, 2015.

Cornell, Drucilla, *The Philosophy of the Limit*, Routledge, 1992.（ドゥルシラ・コーネル『限界の哲学』仲正昌樹監訳、御茶の水書房、2007年）

Crépon, Marc, et Worms, Frédéric (éds.), *Derrida, la tradition de la philosophie*, Galilée, 2008.

Critchely, Siomon, *The Ethics of Deconstruction: Derrida and Levinas*, Edinburgh University Press, 1992.

———, *Ethics-Politics-Subjectivity: Essays on Derrida, Levinas and Contemporary French Thought*, Verso, 1997.

———, *Continental Philosophy: A very short Introduction*, Oxford University Press, 2001.

C. Srajek, Martin, *In the Margins of Deconstruction: Jewish Conceptions of Ethics in Emmanuel Levinas and Jacques Derrida*, Kluwer Academic Publishers, 1998.

Davis, Colin, *Levinas: An Introduction*, University of Notre Dame Press, 1996.（コリン・デイヴィス『レヴィナス序説』内田樹訳、国文社、2000年）

DeRoo, Neal, *Futurity in Phenomenology: Promise and Method in Husserl, Levinas and Derrida*, Fordham University Press, 2013.

De Vries, Hent, *Philosophy and the Turn to Religion*, John Hopkins University Press, 1999.

———, *Religion and Violence: Philosophical Perspectives from Kant to Derrida*, John Hopkins University Press, 2002.（ヘント・デ・ヴリース『暴力と証し——キルケゴール的省察』河合孝昭訳（抄訳）、月曜社、2009年）

———, *Minimal Theologies: Critiques of Secular Reason in Adorno and Levinas*, John Hopkins University Press, 2005.

Fagan, Madeleine, *Ethics and Politics after Poststructualism: Levinas, Derrida and Nancy*, Edinburgh University Press, 2013.

Hägglund, Martin, *Radical Atheism: Derrida and the Time of Life*, Stanford University Press, 2008.

Lawlor, Leonard, *Derrida and Husserl: The basic Problem of Phenomenology*, Indiana University Press, 2002.

Kleinberg, Ethan, "Not Yet Marrano: Levinas, Derrida, and the Ontology of Being Jewish", *The Trace of God: Derrida and Religion*, Edward Baring and Peter E. Gordon (eds.), Fordham University Press, 2015, pp. 39-58.

Llewelyn, John, *Appositions of Jacques Derrida and Emmanuel Levinas*, Indiana University Press, 2002.

Margel, Serge, *L'avenir de la metaphysique. Lectures de Derrida*, Hermann, 2011.（セルジュ・マルジェル「現象を救うこと——レヴィナス、デリダとメシアニズムの問い」渡名喜庸哲訳（抄訳）、『現代思想』第43巻2号［2015年2月臨時増刊号］、296-307頁）

May, John, *Reconsidering Difference: Nancy, Derrida, Levinas and Deleuze*, The Pennsylvania University Press, 1997.

Marion, Jean-Luc, *Figures de phénoménologie. Husserl, Heidegger, Levinas, Henry, Derrida*, Vrin, 2012.

Petrosino, Silvano, *La scène de l'humain : Pensée grâce à Derrida et Levinas*, Cerf, 2013.

Salanskis, Jean-Michel, *Derrida*, Les Belles Lettres, 2010.

———, *L'émotion éthique : Levinas vivant I*, Klincksieck, 2011.

———, *L'humanité de l'homme : Levinas vivant II*, Klincksieck, Paris, 2011.（ジャン＝ミシェル・サランスキ「レヴィナスに対する諸反論について」小手川正二郎訳（抄訳）、『現代思想』第40巻第3号［2012年3月臨時増刊号］、128-146頁）

Sebbah, François-David, *L'épreuve de la limite. Derrida, Henry, Levinas et la phénoménologie*, PUF, 2001.（フランソワ＝ダヴィッド・セバー『限界の試練——デリダ、アンリ、レヴィナスと現象学』合田正人訳、法政大学出版局、2013年）

Shepherd, Andrew, *The Gift of the Other: Levinas, Derrida, and a Theology of Hospitality*, Pickwick Publications, 2014.

Wood, David, *The Step Back: Ethics and Politics after Deconstruction*, SUNY Press, 2005.

Wyschogrod, Edith, "Derrida, Levinas, and Violence", *Derrida and Deconstruction, Continental Philosophy II*, Hugh J. Silverman (ed.), Routledge, 1989, pp. 177-200.（エディス・ウィショグラッド「デリダ、レヴィナス、暴力」中島隆博訳、『現代思想』第17巻9号［1989年8月号］、182-200頁）

伊原木大祐「責任の無限——レヴィナスの思想について」、『宗教研究』第80巻第3号、日本宗教学会編、2006年、619-640頁。

————『レヴィナス——犠牲の身体』創文社、2010年。

大西雅一郎「城門としてのエルサレム——レヴィナスとデリダ」、『成蹊大学経済学部論集』第32巻第2号、成蹊大学経済学部学会編、2002年、267-297頁。

亀井大輔「〈歴史〉をめぐるデリダとレヴィナス——「暴力と形而上学」について」、『現象学年報』第22号、日本現象学会編、2006年、113-120頁。

————「二つの「痕跡」の交差——デリダとレヴィナスのあいだで」、『倫理学研究』第41号、2011年、102-112頁。

河上正秀「実存と他者へ——レヴィナス、デリダのキルケゴール読解」、『哲学・思想論集』第27号、筑波大学大学院人文社会科学研究科哲学・思想専攻編、2001年、1-15頁。

熊野純彦『レヴィナス入門』ちくま新書、1999年。

合田正人『レヴィナス——存在の革命に向けて』ちくま学芸文庫、2000年。

————「「暴力と形而上学」の一読解」、『暴力と人間存在』所収、筑摩書房、2008年、317-334頁。

小手川正二郎「レヴィナス『全体性と無限』における現象学的方法と存在論的言語——「転回」解釈への一批判」、『現象学年報』第30号、日本現象学会編、2014年、107-115頁。

————『蘇るレヴィナス——『全体性と無限』読解』水声社、2015年。

榊原達哉「エマニュエル・レヴィナスにおける《共同体》の思考——ジャック・デリダの分析を通した」、『徳島文理大学研究紀要』第80号、徳島文理大学編、2010年、81-90頁。

佐藤真理人「デリダのレヴィナス批判——「暴力と形而上学」をめぐって」、『フィロソフィア』第83号、早稲田大学哲学会編、1995 年、1-24頁。

佐藤義之『レヴィナスの倫理』勁草書房、2000年。

鈴木康則「エコノミーあるいは超越論的暴力——デリダの「エコノミー」論」、熊野純彦・麻生博之編『悪と暴力の倫理学』所収、ナカニシヤ出版、2006年、69-88頁。

————「正義と歓待　デリダとレヴィナスが遺した思考」、『理想』第685号、2010年、59-72頁。

関根小織『レヴィナスと現れないものの現象学——フッサール・ハイデガー・デリダと共に反して』晃洋書房、2007年。

高橋哲哉『デリダ——脱構築』講談社学術文庫、2015年。

谷口博史「言葉と暴力をめぐって——ブランショ、デリダ、レヴィナス（上，下）」、『みすず』第514, 515号、27-56, 40-54頁、2004年3, 4月。

長坂真澄「レヴィナスの思想と懐疑論——哲学における真理基準遡行の足跡」、『現代思想 』第40巻3号［2012年3月臨時増刊号］、190-207頁。

————「デリダと存在神学——カント、ハイデガー、レヴィナスの交差する場所へ」、『現代思想』第43巻2号［2015年2月臨時増刊号］、308-321頁。

中島隆博「涙を流す瞬間——時間の超越論的エコノミーについて、ジャック・デリダとともに」、『現代思想』第29巻第17号［2001年12月臨時増刊号］、156-171頁。

檜垣立哉「逆向き幽霊としての子供——デリダに対抗するレヴィナス」、『現代思想』第40巻3号［2012年3月臨時増刊号］、147-157頁。

港道隆「ouiとouiのアフォリズム」、『現代思想』第17巻9号［1989年8月号］、201-217頁。

————『レヴィナス——法-外な思想』講談社、1997年。

————「現象学から顔-痕跡へ、そして代補」、『現代思想』第40巻第3号［2012年3月臨時増刊号］、85-127頁。

吉永和加『〈他者〉の逆説——レヴィナスとデリダの狭き道』ナカニシヤ出版、2016年。